Georgien

Kaukasus

Michael Will

GPX-Daten zum Download

www.kompass.de/gpx

Kostenloser Download der GPX-Daten der im Wanderführer enthaltenen Wandertouren.

AUTOR

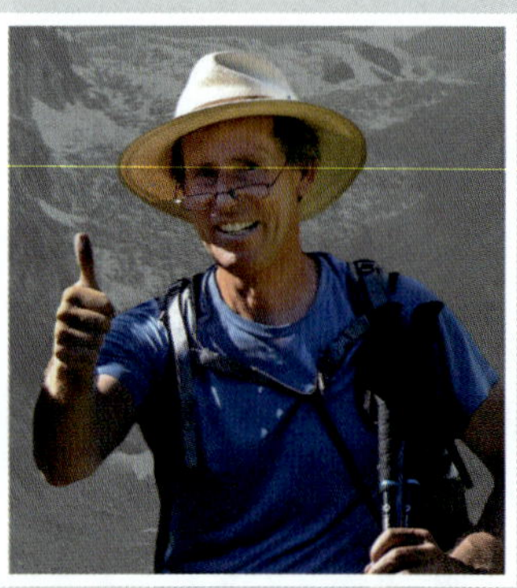

Michael (Willo) Will • geboren 1962 im Alpenrosenweg in Hamburg, Flugtriebwerkmechaniker, Skilehrer, Flugzeugbauingenieur, Abenteurer, Weltwanderer, Extremskifahrer, „Director Business Development“ a. D., Wanderbuchautor, stolzer Vater von zwei Söhnen, hat derzeit sein „Basecamp“ an der Kieler Förde.

Frei nach Franz Kafka ist sein Treibstoff: „Wege zu gehen, damit sie entstehen“. Ein großer Teil seiner ganz persönlichen Glücksformel ist das Schreiben von Wanderführern als Lebensmodell. Durch seine starke Naturverbundenheit und seine 50-jährige alpine Erfahrung vermittelt er in seinen Wandervorschlägen den einzigartigen Charme und die beeindruckende Vielfalt einer Region. Die Einbindung von Sehenswürdigkeiten und Naturschönheiten machen die beschriebenen Wanderungen immer wieder zu einem persönlichen Erlebnis. Dabei legt er großen Wert auf individuelle Unterkünfte und besondere Restaurants.

Mehr über Michael (Willo) Will erfahren Sie auf seiner Homepage www.gpstrackfinder.com.

VORWORT

Vergleichbar mit der Füllung zwischen dem Teig der traditionellen georgischen Teigspezialität Kubdari, liegt Georgien zwischen dem Großen und dem Kleinen Kaukasus, zwischen 0 m und 5201 m Höhe, zwischen dem Schwarzen und dem Kaspischen Meer, zwischen Europa und Asien. Schon die Karawanen der Seidenstraße zogen mit ihren kostbaren Waren durch Georgien. Die Einflüsse der persischen, mongolischen, osmanischen und russischen Reiche, der georgischen Königreiche und der Sowjetzeit haben Georgiens vielfältiges kulturelles Erbe und eine ausgeprägte eigene Identität bewahrt. Heute befindet sich Georgien mehr denn je im Umbruch.

Tiflis (3 Touren), die Hauptstadt Georgiens, besticht durch ihren unverwechselbaren Charakter mit historischen Denkmälern, Sakralbauten und Gebäuden, unterschiedlichsten Architekturstilen, modernen Glaspalästen, breiten Prachtstraßen und grünen Gärten. All dies fügt sich harmonisch zu einem einzigartigen Stadtbild zusammen.

Georgien steht für Vielfalt, alte Kulturen, gelebte Gastfreundschaft und kulinarische Köstlichkeiten. Die Natur birgt einen unendlichen Schatz: Mit sieben Klima- und sechs Vegetationszonen beherbergt Georgien die höchste Biodiversität Europas und zählt zu den 25 artenreichsten Gebieten der Erde. Entsprechend vielfältig präsentiert sich die Natur auf den Wanderungen: bis zu 1,5 m hohe Blumenwiesen, reißende Flüsse, blühende Rhododendren bis in 2700 m Höhe, einzigartige Berglandschaften, atemberaubende Gletscherkulissen, Vulkanlandschaften im Süden Georgiens, wohlschmeckendes Quellwasser, saftig grüne Bergwiesen, einzigartige Naturcampingplätze, faszinierende Sonnenunter- und -aufgänge und monumentale Bäume. Im Kaukasus gibt es noch wilde, unberührte Natur, in der der Wandernde meist niemandem begegnet! Der Große Kaukasus beeindruckt auch durch seine archaisch anmutenden Bergdörfer mit ihren Schieferhäusern und uralten Wehrtürmen – die teilweise über 2000 Jahre alt sind.

Der Bergtourismus entwickelt sich nur langsam. Massentourismus, wie wir ihn aus den Alpen kennen, gibt es im Kaukasus nicht! Stepantzminda (8 Touren), Omalo (9 Touren), Mestia und Ushguli (22 Touren) haben alle eines gemeinsam: Sie sind ein Paradies für Wanderer und Bergsteiger. Georgien ist ein wunderschönes Land, das es zu entdecken gilt. Mit diesem Wanderführer mit 50 Touren wünsche ich Ihnen erlebnisreiche und spannende Erfahrungen in Georgien.

Michael (Willo) Will

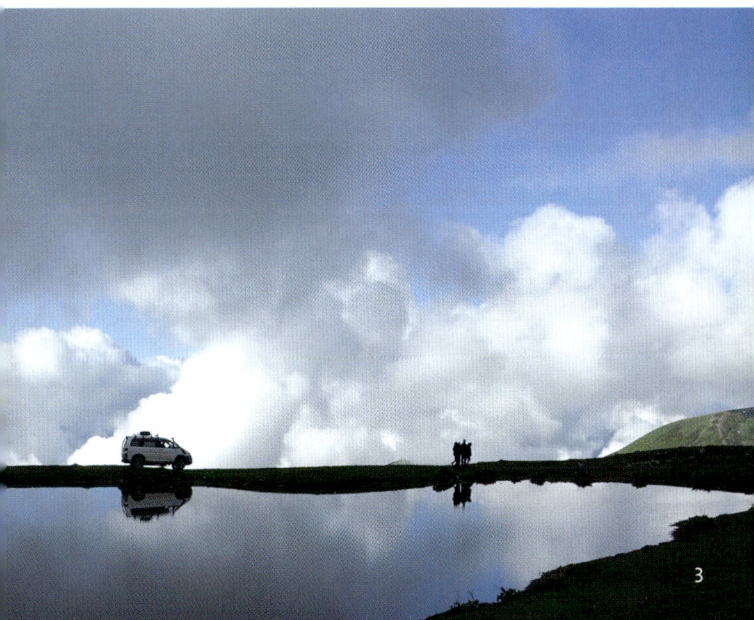

INHALT UND TOURENÜBERSICHT

AUFTAKT

ANHANG

km	h	hm	hm									Karte
12,3	4:15	985	985	✓								
14,6	5:00	985	985	✓								
17,4	6:15	1450	1450	✓	✓							
10,9	4:15	1150	1150					✓				
12,3	4:15	585	585	✓		✓		✓				
14,6	5:00	1350	1350		✓		✓				✓	
16,8	6:15	640	1970					✓				
5,8	2:30	360	360	✓			✓					
12,7	4:00	520	520	✓	✓							
15,5	5:30	630	550	✓	✓						✓	
17,8	6:15	1090	400		✓						✓	
13,8	4:30	490	1005		✓		✓				✓	
10,7	3:30	620	300		✓		✓				✓	
6,8	2:30	570	600					✓				
10,4	4:00	720	920	✓	✓							
3,3	1:00	275	275	✓	✓			✓				
10,9	4:00	870	870	✓	✓			✓				
7,8	2:45	870	870	✓	✓		✓	✓				
12,7	4:45	1280	640	✓	✓			✓			✓	

INHALT UND TOURENÜBERSICHT

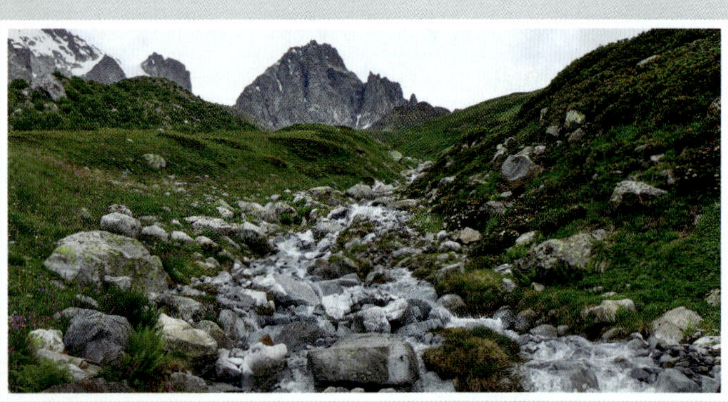

An der Moräne des Guli-Gletschers.

km	h	hm	hm									Karte
10,7	4:40	15	657	✓	✓							
4,6	1:30	300	300	✓	✓							
7,2	2:45	465	465	✓	✓							
15,4	5:15	480	480	✓	✓		✓					
13,7	5:00	1150	1150	✓	✓		✓					
3,9	1:45	460	460	✓	✓							
14,2	4:45	350	350	✓	✓							
18,7	7:45	1200	1200	✓	✓			✓				
6,8	2:45	325	325	✓	✓							
4,7	1:45	370	370	✓	✓							
20,6	8:00	1100	1100	✓	✓							
10,2	3:00	480	480	✓								
15,2	5:15	1025	1025	✓								
14,3	5:00	700	700	✓								
19,8	6:30	1200	1200	✓				✓				

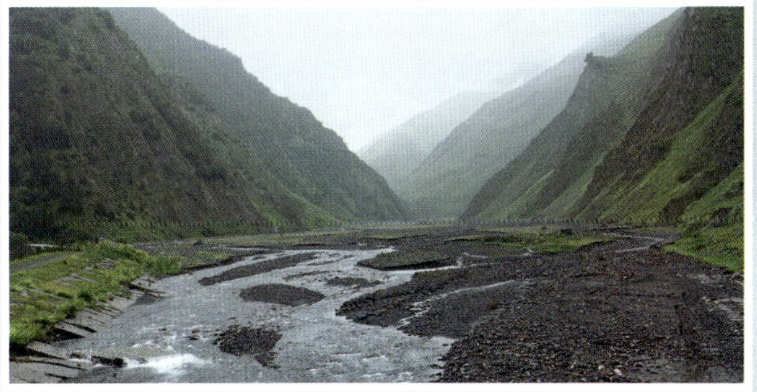

Der Arkhmostskali-Fluss bei Akhaltsikhe.

INHALT UND TOURENÜBERSICHT

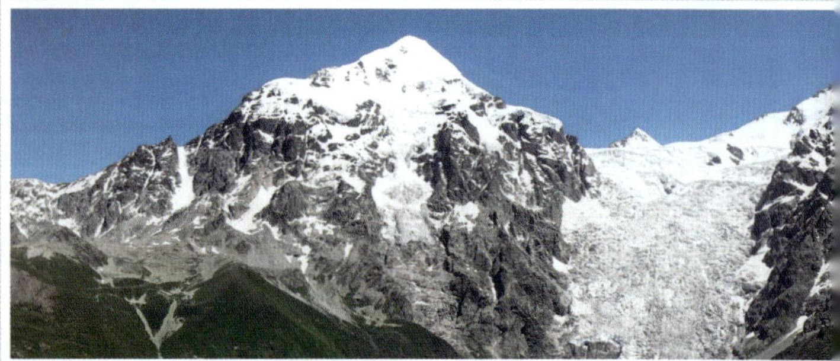

Die zahlreichen vergletscherten Gipfel des Kaukasushauptkammes.

km	h	hm	hm									Karte
24,2	9:15	1350	1275				✓				✓	
24,9	9:15	1395	1200				✓	✓				
19,4	7:30	900	900				✓				✓	
12,9	5:45	1060	820									
12,3	4:00	50	1200				✓					
3,4	1:00	260	260	✓								
13,1	4:15	870	870	✓								
9,7	3:45	430	430	✓	✓		✓					
1,7	0:45	110	110	✓								
10,5	4:45	300	300	✓								
10	3:45	360	360	✓				✓				
6,9	2:45	360	360	✓	✓				✓			
5,4	2:15	150	150	✓	✓		✓		✓			
8,3	3:45	130	130		✓		✓		✓			
12,5	4:45	620	620	✓	✓		✓	✓	✓			
9,1	4:30	500	500	✓				✓	✓			

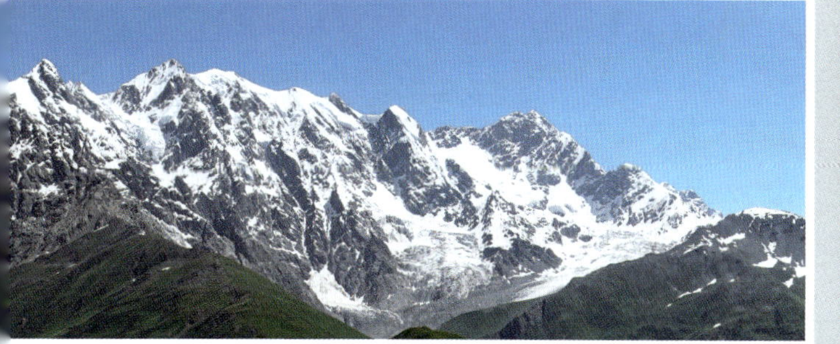

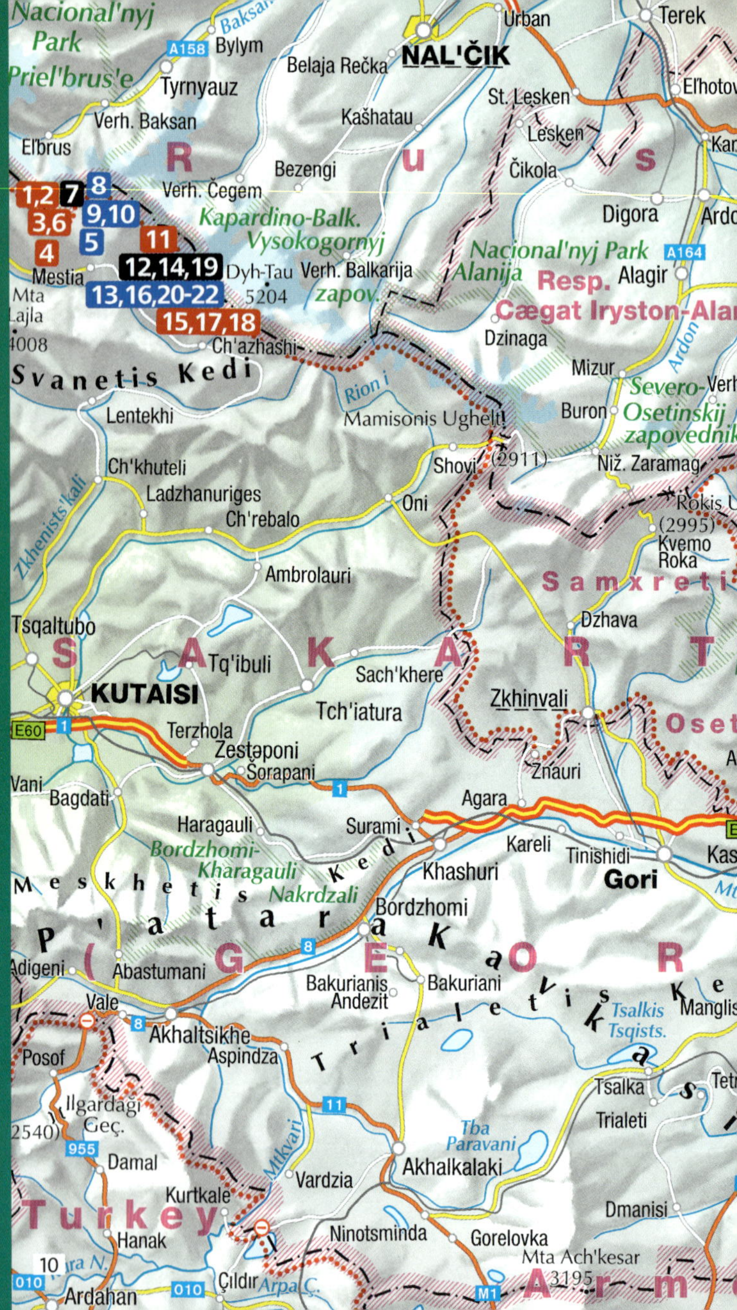
Nacional'nyj Park Priel'brus'e
Baksan
A158
Bylym
Tyrnyauz
Belaja Rečka
NAL'ČIK
Urban
Terek
Elʼhotov
Verh. Baksan
Kašhatau
St. Lesken
Lesken
Elʼbrus
R
u
s
Bezengi
Čikola
Verh. Čegem
Digora
Ardo
1,2
7
8
3,6
9,10
4
5
11
Kapardino-Balk. Vysokogornyj zapov.
Nacional'nyj Park Alanija
A164
Alagir
Mestia
12,14,19
Dyh-Tau
5204
Verh. Balkarija
Resp.
Cægat Iryston-Alar
13,16,20-22
15,17,18
Mta Lajla
4008
Ch'azhashi
Dzinaga
Ardon
Mizur
Svanetis Kedi
Rioni
Severo-Osetinskij zapovednik
Verh
Buron
Lentekhi
Mamisonis Ughelt
Ch'khuteli
Shovi
(2911)
Niž. Zaramag
Ladzhanuriges
Oni
Rokis U
Zkhenists'kali
Ch'rebalo
(2995)
Kvemo Roka
Ambrolauri
Samxreti
Dzhava
Tsqaltubo
S
A
K
A
R
T
Tq'ibuli
Sach'khere
KUTAISI
Tch'iatura
Zkhinvali
E60
1
Terzhola
Zestaponi
Oset
Šorapani
Znauri
Vani
Bagdati
1
Agara
Haragauli
Surami
Kareli
Tinishidi
Kas
Bordzhomi-Kharagauli Nakrdzali
Khashuri
Gori
Meskhetis Kedi
Mt
Bordzhomi
P'atara Kavkasioni
8
G
E
O
R
Adigeni
Abastumani
Bakurianis Andezit
Bakuriani
Trialetis Kedi
Vale
8
Tsalkis Tsqists.
Manglis
Akhaltsikhe
Posof
Aspindza
Tsalka
Tetr
Ilgardaği Geç.
11
Trialeti
(2540)
955
Tba Paravani
Mtkvari
Damal
Akhalkalaki
Vardzia
Kurtkale
Turkey
Dmanisi
Hanak
Ninotsminda
Gorelovka
Mta Ach'kesar
3195
Kura N.
010
010
Ardahan
Çıldır
Arpa Ç.
M1
Arm

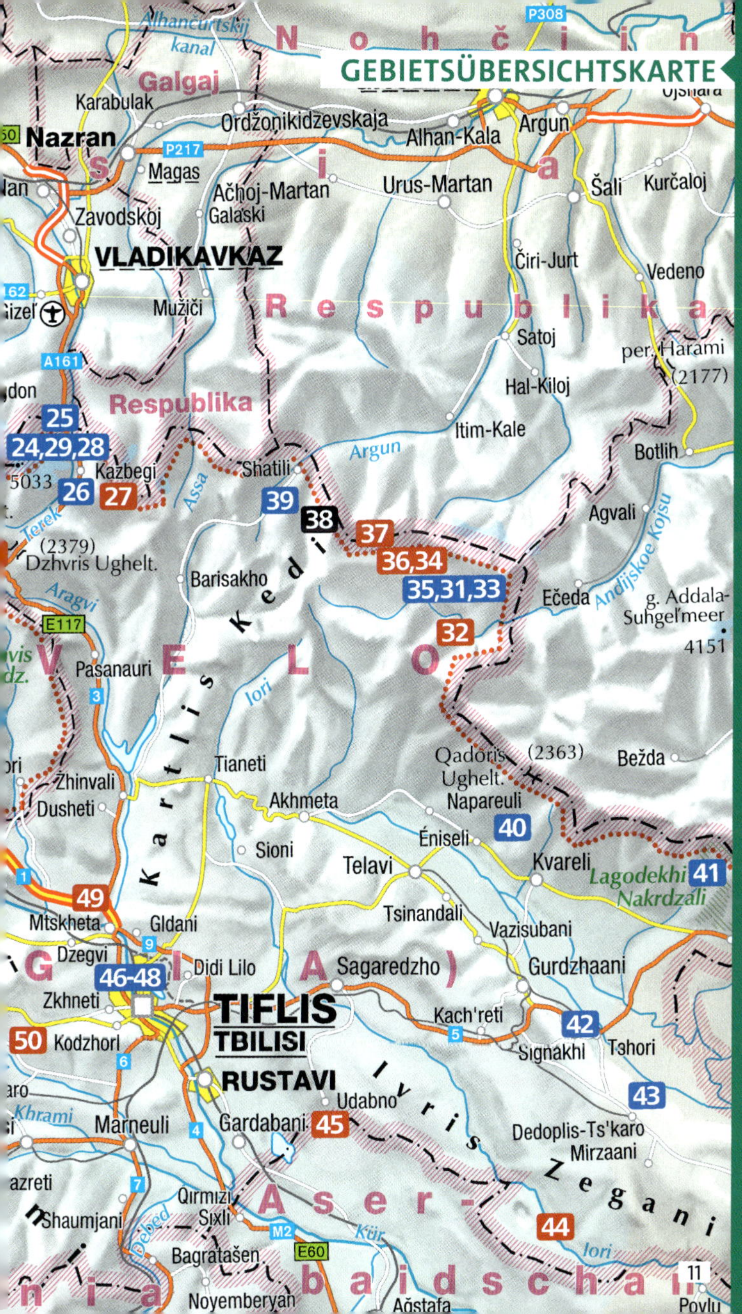
Nazran
Karabulak
Ordžonikidzevskaja
Alhan-Kala
Argun
Magas
Urus-Martan
Šali
Kurčaloj
Ačhoj-Martan
Galaški
Zavodskoj
VLADIKAVKAZ
Čiri-Jurt
Vedeno
Mužiči
Respublika
Satoj
per. Harami (2177)
Hal-Kiloj
Itim-Kale
Botlih
Kazbegi
Shatili
Argun
Agvali
Dzhvris Ughelt.
Barisakho
Ečeda
Andijskoe Kojsu
g. Addala-Suhgel'meer 4151
Pasanauri
Tianeti
Qadoris Ughelt. (2363)
Bežda
Žhinvali
Dusheti
Akhmeta
Napareuli
Sioni
Telavi
Éniseli
Kvareli
Lagodekhi Nakrdzali
Mtskheta
Gldani
Tsinandali
Vazisubani
Dzegvi
Didi Lilo
Sagaredzho
Gurdzhaani
Zkhneti
TIFLIS
TBILISI
Kach'reti
Signakhi
Tshori
Kodzhori
RUSTAVI
Udabno
Marneuli
Gardabani
Dedoplis-Ts'karo
Mirzaani
Shaumjani
Qırmızı Sıxlı
Bagrataşen
Noyemberyan
Ağstafa
Povlu

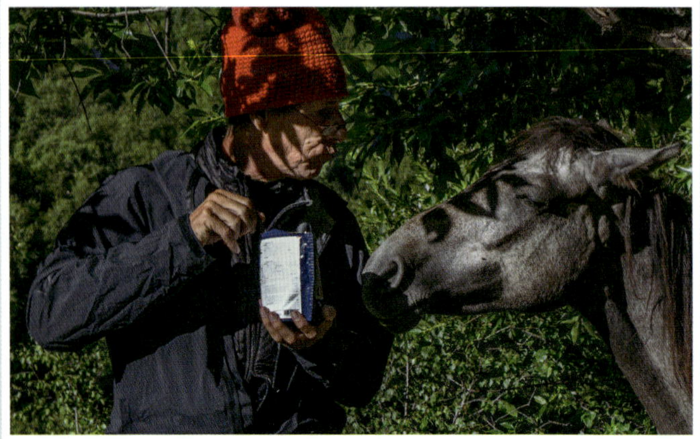

GEOGRAFIE

Georgien hat eine Fläche von 69.681 km² und ist damit etwas kleiner als Bayern mit 70.550 km². Georgien liegt im Südkaukasus, östlich des Schwarzen Meeres und südlich des Großen Kaukasus. Es grenzt im Norden an Russland, im Süden an die Türkei und Armenien und im Osten an Aserbaidschan. Georgien bildet eine Landbrücke zwischen dem Schwarzen und dem Kaspischen Meer, was die strategische Bedeutung des Landes unterstreicht.

Die Grenzfestlegung zwischen Europa und Asien unterliegt unterschiedlichen historischen und weltanschaulichen Ansichten. Umstritten ist das Gebiet zwischen dem Kaspischen- und dem Schwarzen-Meer, also genau dort, wo Georgien liegt. Diskutiert wird, ob der Hauptkamm des Kaukasus, die Südgrenze der osteuropäischen Ebene oder eher die Manytschniederung als imaginäre Grenzlinie dient. Geografisch ist also nicht in Stein gemeißelt, ob Georgien nun zu Asien oder zu Europa gehört.

Die Verwaltung Georgiens ist stark zentralisiert und gliedert sich in neun Regionen und die Hauptstadt Tiflis (georg. „Tbilissi“) die ebenfalls den Status einer Region hat. Größtenteils auf dem Gebiet der Region Innerkartlien liegt die seit 1922 autonome Republik Südossetien, die 1990 beim Zerfall der Sowjetunion ausgerufen wurde. Die Region Abchasien hat seit 1994 eigene staatliche Strukturen ausgebildet, die sich unter dem Schutz Russlands der Souveränität Georgiens entziehen. Damit sind derzeit rund 20 Prozent Georgiens russisch besetzt und sorgen seit Jahren für Konfliktpotenzial. Auf keinen Fall sollte die Grenze ohne Genehmigung überquert werden, da dies als illegaler Grenzübertritt gilt und mit hohen Strafen geahndet wird. Auch das Auswärtige Amt empfiehlt, sich nicht zu weit in die Grenzgebiete zu begeben.

GEBIRGE UND TIEFEBENEN

Gebirge und Vorgebirge bedecken 87% der Fläche Georgiens. Den größten Anteil daran hat der etwa 1100 km lange Kaukasus, ein von West-Nordwest nach Ost-Südost verlaufendes Hochgebirge in Eurasien zwischen dem Schwarzen und dem Kaspischen Meer. Das Gebirge erstreckt sich über die Länder Georgien, Aserbaidschan, Armenien sowie Teile Russlands, der Türkei und des Iran. Der höchste Berg des Kaukasus ist der 5642 m hohe Elbrus in Russland, der höchste Berg Georgiens ist der 5201 m hohe Schchara. Der Kaukasus gliedert sich in drei Gebirgszüge: den Großen Kaukasus, den Kleinen Kaukasus und das Talyschgebirge.

Der **Kleine Kaukasus** ist ein etwa 600 km langes, von West-Nordwest nach Ost-Südost verlaufendes Gebirge in Asien zwischen dem Schwarzen und dem Kaspischen Meer. Er ist bis zu 120 km breit und liegt in den Ländern Georgien, Armenien und Aserbaidschan. Der höchste Berg des Kleinen Kaukasus ist mit 3724 m der Kamischdag auf dem Gebiet der Republik Aserbaidschan. Der höchste Berg des Kleinen Kaukasus in Georgien ist der Didi Abuli mit 3300 m.

Die Transkaukasische Senke liegt zwischen dem Großen Kaukasus und dem Kleinen Kaukasus. Von Westen nach Osten erstrecken sich die Kolchische Tiefebene, das Lichigebirge, das Alsani-Becken, das Gomborigebirge und das Kura-Becken. Die **Kolchische Tiefebene** erstreckt sich zwischen der Schwarzmeerküste im Westen, dem Großen Kaukasus im Nordosten, dem Kleinen Kaukasus im Süden und dem Lichigebirge im Osten. West- und Ostgeorgien werden durch das in Nord-Süd-Richtung verlaufende Lichigebirge (oder Suramigebirge) getrennt. Dieses Gebirge verbindet auch den Kleinen Kaukasus mit dem parallel im Norden verlaufenden Großen Kaukasus. Der tiefste Punkt des Gebirgs ist der 949 m hohe Suramipass. Der höchste

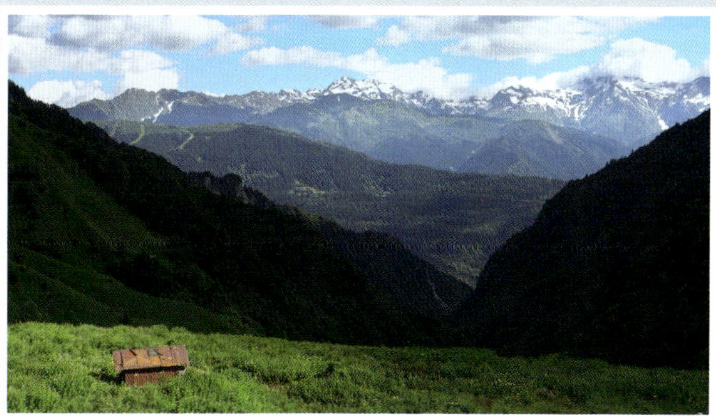

Eine verlassene Hirtenhütte im Nichts.

Punkt ist Lochoni mit 1926 m. Das Alsani-Becken ist eine Tiefebene im Osten Georgiens und im Westen Aserbaidschans. Es wird im Norden durch den Großen Kaukasus und im Süden durch das Gomborigebirge begrenzt. Die Ebene wird vom namensgebenden Fluss Alasani durchflossen. Die Landschaft entstand im Pliozän aus den Sedimenten der umliegenden Gebirge. Die Ebene gehört zu den fruchtbarsten Gebieten Georgiens und ist ein Zentrum des Weinbaus. Hinter dem Alsani-Becken und dem südlich davon gelegenen Gomborigebirge erstreckt sich in südöstlicher Richtung das größere Kura-Becken mit dem namensgebenden Fluss Kura bis zum Kaspischen Meer im Osten.

Erwähnenswert sind noch das **Egrissigebirge** und das **Ratschagebirge**, beides Teilgebirge des Großen Kaukasus. Das Egrissigebirge liegt südlich des Hauptkamms und verläuft von West nach Ost. Die höchste Erhebung ist der 3173 m hohe Zjekuri. Das Ratschagebirge erstreckt sich südlich des Kaukasushauptkammes über eine Länge von 85 km in Ost-West-Richtung. Die höchste Erhebung ist der 2862 m hohe Lebeurismta.

GEOLOGIE

Der **Kaukasus** ist wie die Alpen und der Himalaja ein Faltengebirge. Die Grundlage für die Bildung eines Faltengebirges ist immer die Plattentektonik, d.h. eine tektonische Platte schiebt sich über oder unter eine andere Platte. Die Hebung des Kaukasus wurde durch die Nordwärtsbewegung der Arabischen Platte in Richtung Eurasien verursacht. Die geologische Auffaltung war ein mehrstufiger Prozess, der vor etwa 135 Millionen Jahren begann und vor etwa 30 bis 35 Millionen Jahren seine letzte große Phase hatte.

Das Armenische Hochland bildet den zentralen Teil der nordanatolisch-nordiranischen Gebirgskette und umfasst im weiteren Sinne auch den **Kleinen Kaukasus**. Es entstand vor etwa 60 bis 80 Millionen Jah-

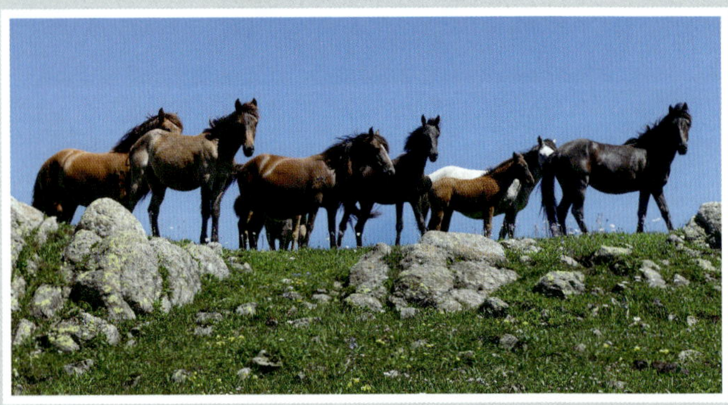

Wildpferde.

ren. Spuren früherer vulkanischer Aktivität finden sich im Kleinen Kaukasus, wo erstarrtes Magma die Falten durchbrach. Die Höhenzüge des Kleinen Kaukasus wurden über Jahrmillionen durch Erosion abgerundet. Erst mit der Bildung des Großen Kaukasus wurde der Kleine Kaukasus auf seine heutige Höhe gehoben.

FAUNA

Mit sieben Klimazonen, sechs Vegetationszonen und heute noch abgelegenen Gebirgsregionen beherbergt Georgien die höchste Biodiversität Europas auf seinem Breitengrad und gehört zu den 25 artenreichsten Gebieten der Erde.

Davon sind etwa 150 einheimische Säugetierarten, von denen ein Fünftel als endemisch gilt. Braunbär, Dachs, Fuchs, Kaukasischer Hirsch und Reh, Maralhirsch, Bezoarziege, Saiga-Antilope, Kaukasischer Steinbock/Tur, Wisent, im Grenzgebiet das Armenisches Gmelin-Mufflon, Igel, Indisches Weißschwanz-Stachelschwein, Wolf, Luchs, Streifenhyäne, Goldschakal, Marder und Maulwurf.

Der Persische Leopard, auch Kaukasischer-Leopard genannt, war einst in weiten Teilen der Kaukasusregion verbreitet. Nur wenige Exemplare überlebten die gnadenlose Bejagung und den Rückgang der Lebensräume in teilweise voneinander isolierten Teilpopulationen im Kaukasus. Nun berichtet der WWF, dass im August 2021 nach 12 Jahren endlich wieder ein Kaukasus-Leopard in eine Kamerafalle getappt ist! Zuletzt wurden 2009 Spuren eines Leoparden im Waschlowani-Nationalpark in Südgeorgien gefunden.

Einst durchstreiften **Bergwisente**, auch Kaukasische Wisente genannt, Georgien. Lebensraumverknappung und Bejagung führten zum Rückgang der Wisentpopulationen. Seit 1927 das letzte freilebende Tier von einem Wilderer getötet wurde, sind Wisente dort ausgestorben. Der WWF und der Tierpark Berlin haben fünf Wisente in den Kaukasus gebracht, damit sie sich dort ansiedeln und eine neue Herde bilden können.

Mit **400 Vogelarten** ist der Kaukasus auch eines der artenreichsten Gebiete Europas. Beliebte Reiseziele für Ornithologen sind die Kolchische Tiefebene, die Hochebenen des Kleinen Kaukasus, die Niederung und ist die Adlerschlucht im Waschlowani-Nationalpark. Die Hauptattraktion sind dort Greifvögel wie der Östliche Kaiseradler, der Schmutzgeier und der Gänsegeier. Sie alle stehen auf der Roten Liste Georgiens und der Weltnaturschutzunion (IUCN). Die riesigen Vögel finden in den Felsnischen ideale Nistplätze. Weitere Vogelarten sind Silberreiher, Seidenreiher, Kraniche und der seltene Schwarzstorch. Auch der Fasan ist hier zu Hause. Eine der seltensten Falkenarten, der Würgfalke, wird ebenfalls in der Schlucht gesichtet. Auch der Bienenfresser, die Blauracke, die Blaumerle, der Pirol, der Stieglitz, der Wiedehopf, der Grünfink, der Mauerläufer, die Nachtigall, die Amsel, die Kohlmeise und die Singdrossel sind hier anzutreffen.

Von den **16 Amphibienarten** sind 4 endemisch. Von den **77 heimischen**

Reptilienarten sind 22 endemisch. Von den über **200** in Georgien vorkommenden **Fischarten** sind etwa 1/3 endemisch.

Ein wichtiger Wirtschaftsfaktor Georgiens ist die Landwirtschaft. In vielen fruchtbaren Talebenen wird Ackerbau betrieben, in den übrigen Gebieten werden **Nutztiere** wie Hühner, Rinder, Schweine, Schafe, Ziegen, Pferde, Gänse, Enten und Puten in der Landschaft gehalten. Zu viele und zu große Herden führen jedoch zu Überweidung und Erosionsproblemen.

FLORA

Die Pflanzenwelt Georgiens ist mit 4130 dokumentierten Gefäßpflanzen – davon 255 Endemiten – die artenreichste und endemischste in ganz Europa (Quelle: Justus-Liebig-Universität Gießen). Bedingt durch die ausgeprägten Unterschiede in der Niederschlagsverteilung von West nach Ost, die Temperaturunterschiede vom Schwarzen Meer bis zu den über 5000 m hohen Berggipfeln, das Fehlen einer vollständigen Vergletscherung während der Eiszeiten und die Vielzahl geschlossener, isolierter Talsysteme mit eingeschränktem Artenaustausch konnte sich eine so hohe Zahl von Endemiten entwickeln. So finden sich in der Bergwelt des Großen Kaukasus einzigartige Biotope auf kleinstem Raum. 40,6 % der Landesfläche Georgiens sind von Wald bedeckt, davon über 4 % Urwald. 34,1 % des Landes werden landwirtschaftlich genutzt. Vor allem in Kachetien wird Wein angebaut, die gesamte Rebfläche beträgt ca. 130.000 ha.

In der **nivalen Höhenstufe** (ab 3700 m) dominieren Moose und Flechten. Die **subnivale Höhenstufe** (ab 3000 m) ist durch Polster- und Mattenvegetation gekennzeichnet.

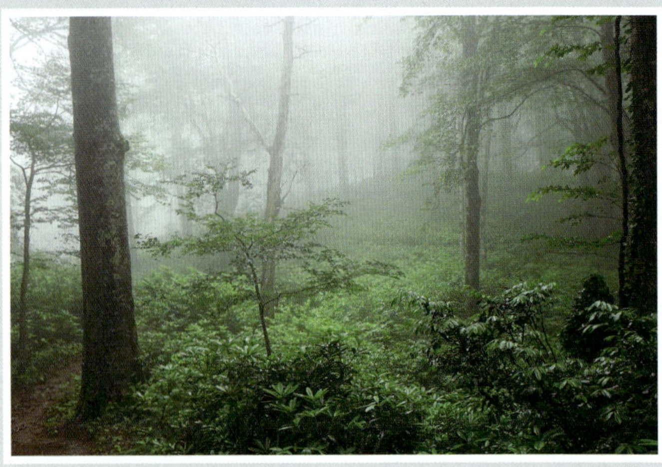

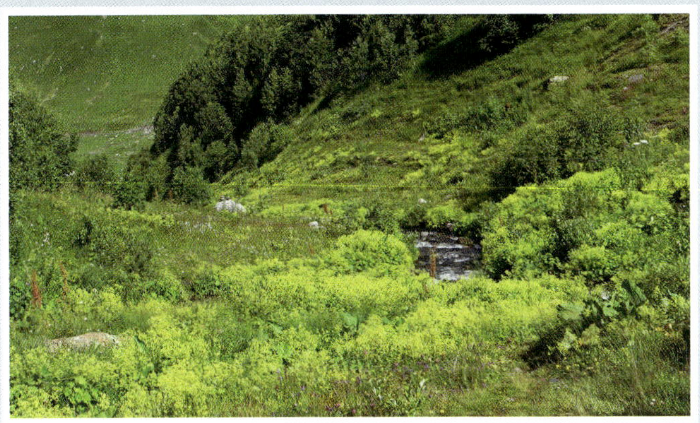

Wiese in der Nähe von Chazhashi (Tour 16).

In der **alpinen Höhenstufe** (2300-2800 m) wachsen auf rohhumusreichen, torfigen Böden dichte Gebüsche der Kaukasischen Alpenrose. Typisch sind auch Heidekrautgewächse wie Heidelbeere, Preiselbeere, Kaukasische Krähenbeere sowie die Rohhumus besiedelnden Arten Kleines und Rundblättriges Wintergrün. Darüber schließt sich an Nordhängen mit hoher, lang anhaltender Schneebedeckung der niedrige Birken-Krummholzwald mit Litwinows Birke an. Die häufigsten natürlichen Rasen der alpinen Stufe sind vom Wind gefegte, mit Haarblättrigem Schuppenried und bodensaure Magerrasen, mit Borstgras, Dunkler Segge, Niederliegendem Schwingel sowie Zwergstrauchheiden, Schneeboden- und Schuttfluren.

Die **subalpine Höhenstufe** (1750 bis 2500 m) ist durch Fettwiesengürtel gekennzeichnet, in die kleinflächig Kartoffel- und Tomatenäcker eingestreut sind. In der Baum- und Strauchschicht finden sich vereinzelt lichte Birkenwälder, Litwinows- und die seltenere Raddes-Birke, Kaukasische Vogelbeere und Sal-Weide, in der Krautschicht charakteristische Hochstaudenfluren wie Sosnowski-Bärenklau, Nasen- und Orientalischer Eisenhut, Wald-Storchschnabel, Breitblättrige Glockenblume, Greiskraut in der Krautschicht. Es gibt mehr als 400 Baumarten, von denen 60 endemisch sind. In den Bergen Georgiens liegt die natürliche Baumgrenze je nach Exposition zwischen 2200 m und 2750 m, die aktuelle Waldgrenze zwischen 1900 m und 2500 m. Die subalpine Stufe (< 2000 m) ist gekennzeichnet durch Buchenwälder mit Orientbuche, Krummholzwälder mit Trautvetters Ahorn, Hochstaudenfluren und stellenweise Kiefernwälder, die obere Stufe durch Birkenwälder, Krummholzwälder und alpine Rasen.

Die **kolline Höhenstufe** liegt zwischen Meereshöhe und 1750 m Seehöhe. Die Laubwälder der Bergregionen mit Eichen, Kastanien und Buchen gehen ab einer Höhe von 1200 m in Nadelwälder über, ab hier dominieren Fichten, Tannen und Kiefern. Die Kolchische-Tiefebene am Schwarzen Meer ist geprägt von Palmen, Zypressen, Bambus, Eukalyptus und Zitrusbäumen. Im Osten des Landes gibt es Trockenwälder mit Pistazien und Wacholder.

Weitere **Pflanzen, Blumen und einige Gartenpflanzen** in alphabetischer Reihenfolge: Alpenveilchen, Breitblättrige Schachblume, Bruniablättrige Schachblume, Dariali-Primel, Felsenglockenblume, Garedschi-Salbei, Gelbe Schwertlilie, Glockenblume, Großblütige Betonie, Hügelschachblume, Kaukasische Akelei, Kaukasische Alpenrose, Kaukasischer Wachtelweizen, Kaukasisches Knabenkraut, Kaukasischer Lein, Kaukasische Lilie, Kaukasische Pfingstrose, Kaukasische Silberwurz, Kleines Knabenkraut, Kolchische Pimpinelle, Krim-Lilie, Langblättriges Waldvögelein, Netzblatt-Schwertlilie, Nuchens Gamander, Orientalisches Helmkraut, Östliches Gamander, Pfingstrose, Pontische Azelee, Roter Hornmohn, Schabzigerklee, Schneeglöckchen, Schwertblume, Sibirische Schwertlilie, Sommer-Adonisröschen, Sommerenzian, Steifer Wanzelschnabel, Tulpe, Wittmanns Pfingstrose und Zottiger Mannschild.

KLIMA

Auch klimatisch betrachtet ist Georgien sehr vielfältig. Die Lage zwischen zwei Meeren, die Gebirge, die Täler, die Tiefebenen und Hochebenen schaffen unterschiedlichste mikroklimatische Bedingungen.

Der Westen Georgiens zwischen dem Lichigebirge, der Kolchischen

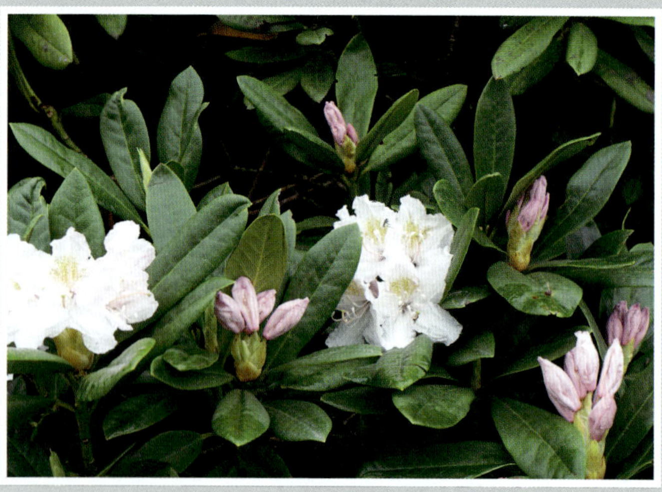

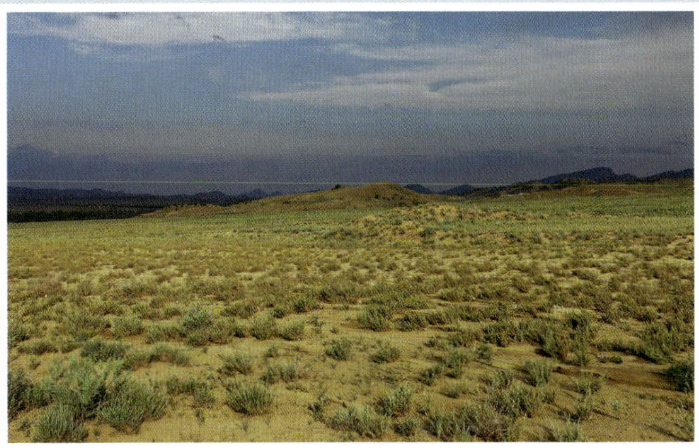

Durch die Steppe.

Tiefebene und dem Schwarzen Meer gehört zum warmgemäßigten Klima. An der Schwarzmeerküste und in der Kolchischen Tiefebene herrscht ein **feuchtes subtropisches Klima**, weiter landeinwärts im Hinterland von Batumi ein immerfeuchtes **warmgemäßigtes Klima**. Das Meer sorgt hier für angenehm milde Winter von durchschnittlich 3 bis 5 °C und anhaltend warme Sommer. Die dortigen Regenwälder und Feuchtgebiete wurden von der UNESCO zum Weltnaturerbe erklärt. Auf Wanderungen ist es oft sehr schwül, gegen Nachmittag ziehen häufig Gewitter auf.

Neben dem etwas feuchteren Steppenklima im Osten Georgiens, z. B. in weiten Teilen der Weinbauregion Kachetien, wo man auch den Waschlowani-Nationalpark mit seinen Schlammvulkanen besuchen kann, und Niederkartlien (georg. „Qvemo Qartli") gibt es sogar eine kleine Wüste als schönes Ausflugsziel mit einer Mondlandschaft und dem Kloster Dawid Garetscha. In den Sommermonaten kann es auf den Wanderungen sehr heiß werden.

Das boreale oder Schnee- und Waldklima hat eine Durchschnittstemperatur des kältesten Monats unter -3°C und des wärmsten Monats über 10°C. In Georgien unterscheidet man das **sommerwarmfeuchte Kontinentalklima** mit seinen Bergwäldern entlang der Georgischen Heerstraße bei Stepanzminda. Im Kleinen und Großen Kaukasus herrscht **subarktisches Klima**. In den Sommermonaten kann man in Swanetien und Tuschetien sehr gut wandern. In Höhen über 2600 m kann es jederzeit schneien und die Temperaturen können unter 0° fallen. Die Bilder unten zeigen Frost im Gras und einen zugefrorenen Teich.

Eisklimate mit einer Durchschnittstemperatur des wärmsten Monats unter 10 °C treten am vergletscherten Kaukasushauptkamm auf. Wanderungen zu den Gletscherzungen sind in den Sommermonaten ein besonderes Erlebnis.

Es ist zu beachten, dass die **Lufttemperatur** mit zunehmender Höhe in Abhängigkeit von der Luftfeuchtigkeit abnimmt. Bei trockener Luft sinkt die Temperatur um ca. 1° pro 100 m und je nach Feuchtigkeitsgehalt zwischen 0,4-0,9°. Ein Beispiel mit den oben genannten Tagestemperaturen von Tiflis in 380 m Höhe im Vergleich zum Schchara in 5193 m Höhe ist unten dargestellt.

Eine der besten Wettervorhersagen bietet die Webseite von Meteoblue. Diese ist für 7 Tage abrufbar, dazu gibt es einen Trend für die nächsten 14 Tage. Angezeigt werden jeweils Temperatur, Windrichtung, Windgeschwindigkeit, Niederschlag, Niederschlagswahrscheinlichkeit und die zu erwartenden Sonnenstunden angezeigt.

FAKTEN

Georgien hat als eines der ersten Länder der Welt im Jahr 337 das Christentum zur Staatsreligion erklärt. Georgien ist geprägt von topografischen Extremen. Auf der einen Seite das Schwarze Meer auf 0 m Höhe, auf der anderen Seite der höchste Berg des Landes, der 5193 m hohe Schchara. Die Temperaturunterschiede könnten kaum größer sein: In den Sommermonaten von bis zu 40° in Tiflis und zur gleichen Zeit bis zu -10° auf dem Schchara.

Georgien hat eine Gesamtbevölkerung von 3,7 Millionen Einwohnern, von denen etwa 1,1 Millionen in Tiflis leben.

Mit dem Zerfall der Sowjetunion am 26. Dezember 1991 erklärte Georgien seine staatliche Unabhängigkeit und stürzte in eine schwere Wirtschaftskrise.

Seit einigen Jahren wächst der Tourismus in einem atemberaubenden Tempo. Im Jahr 2019 lag der Umsatz – je nach Statistik – zwischen 15 und 20 % des Bruttoinlandsprodukts. Im Jahr nach Corona waren es dann nur noch 1,58 Millionen Touristen und 7,3 % des Bruttoinlandsprodukts. Für 2025 rechnet das Ministerium mit 10 Millionen Besuchern.

Der Kaukasus beherbergt einen riesigen ökologischen Schatz, 13 % der Landesfläche stehen unter Naturschutz.

	J	F	M	A	M	J	J	A	S	O	N	D
Tagestemperatur	-27	-26	-15	-10	-6	-6	-2	-2	-7	-13	-20	-26
Nachttemperatur	-35	-34	-31	-26	-21	-17	-14	-14	-18	-24	-29	-34

Die Tabelle zeigt die Tages- und Nachttemperaturen auf dem Schchara.

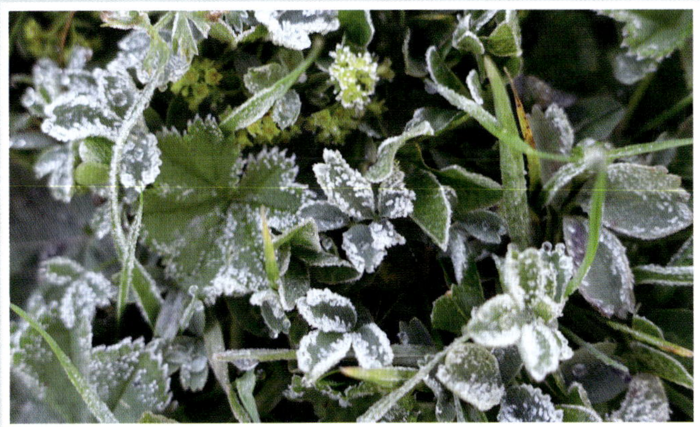

MÖGLICHE GEFAHREN BEIM WANDERN IN GEORGIEN

Laut Statistik sind die meisten Unfälle beim Wandern auf die **Überschätzung der eigenen Fähigkeiten** zurückzuführen. Viele Touren haben lange Aufstiege, große Höhenunterschiede und ungewohnte Witterungsbedingungen wie niedrige Temperaturen kombiniert mit Regen und Nebel. Bereiten Sie sich auf alle Touren vor. Viele Aufstiege erfordern ein gutes Training im Vorfeld, um den Anforderungen gerecht zu werden.

Ausreichende Flüssigkeitszufuhr ist beim Wandern in Georgien wichtig. Wasserknappheit ist in Georgien jedoch kein Problem. Wasser aus Bächen und Flüssen kann in ländlichen Regionen ohne Gesundheitsrisiko getrunken werden.

Ab einer Hangneigung von 30° besteht bei Restschneefeldern Rutschgefahr. Der Abrutschende beschleunigt unkontrolliert und am Ende des Schneefeldes befindet sich im schlimmsten Fall ein Geröllfeld oder Fels. Vor allem in den Morgenstunden, wenn das Schneefeld noch nicht aufgefirnt ist, sollten Steigeisen und Pickel verwendet werden.

Wanderwege führen teilweise über **steinschlag- und rutschgefährdete Abschnitte**. Bei extremen Witterungsverhältnissen wie starken Regenfällen ist erhöhte Vorsicht geboten.

Bei Wanderungen kann es häufig zu dichtem **Nebel oder Bewölkung** kommen. Wie im Kapitel Orientierung und Markierung beschrieben, findet man bei schlechter Sicht nicht immer markierte Wege, die eine eindeutige Orientierung ermoglichen. Deshalb sollte man den heruntergeladenen GPS-Track auf seinem Smartphone oder Navigationsgerät dabei haben und natürlich vorher geübt haben, wie man damit umgeht. Wer nicht auf diese Weise navigieren möchte, sollte sich vorher mit einer Wanderkarte und einem Kompass vertraut machen. Kartenempfehlungen finden Sie im Kapitel Wanderkarte.

Gewitter kündigen sich durch hoch aufsteigende Kumuluswolken an. Schutz kann man immer in Gebäuden finden. Wenn dies nicht der Fall ist: einen niedrigen Punkt wählen, zum Beispiel eine Mulde im freien Gelände. Am sichersten ist es, dort in die Hocke zu gehen – die Füße möglichst dicht beieinander – und so die Kontaktfläche zum Boden möglichst gering zu halten. Entgegen der landläufigen Meinung sollte man sich nicht auf den Boden legen. Auch breitbeiniges Stehen ist zu vermeiden, empfehlen die Gewitterforscher.

Der Biss der **Kaukasusotter** ist mit dem der Kreuzotter vergleichbar. Gebiete, in denen diese Schlange vorkommen kann, sollten nur mit festem und hohem Schuhwerk betreten werden. In Georgien besteht von April bis Oktober die Gefahr der Übertragung von Borreliose/Lyme durch Zecken, vor allem auf Gräsern, Sträuchern und im Unterholz. Hautbedeckende Kleidung und insektenabweisende Mittel bieten Schutz. Mücken gibt es viele und sie können sehr lästig sein, aber durch Mücken übertragene Krankheiten kommen in Georgien kaum oder gar nicht vor. Nach Angaben des Tropeninstituts besteht saisonal ein geringes Malariarisiko. Seit 2010 wurden jedoch keine offiziellen Fälle mehr gemeldet.

Immer wieder kreuzt der Wanderweg einen Bach oder Fluss, oft ohne Brücke. Beim Durchqueren des Gewässers, einer sogenannten Furt, ist Vorsicht geboten: Idealerweise zieht man Furtschuhe an und schätzt dann von einer erhöhten Position aus die Wassertiefe und Fließgeschwindigkeit ab. Je nach Fließgeschwindigkeit ist das Durchqueren von bis zu knietiefem Wasser kein Problem.

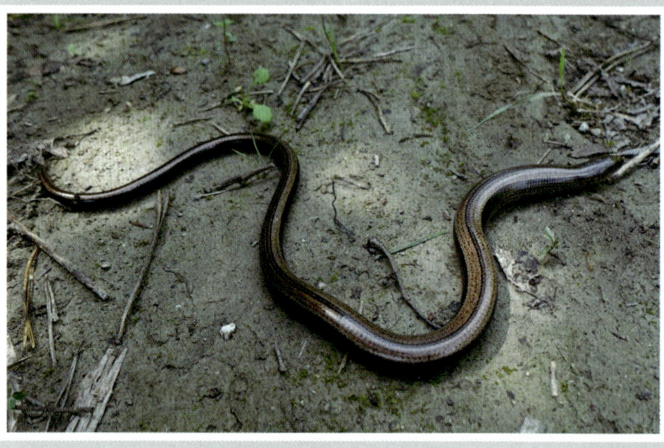

Wenn sich der Fluss durch kleine Inseln teilt, ist die Stelle sehr geeignet. Die Wassertemperatur ist meist sehr niedrig. Alle in diesem Reiseführer beschriebenen Furten sind bei normalen Verhältnissen problemlos zu durchqueren, nach starken Regenfällen, während der Gletscher- und/oder Schneeschmelze können sich die Verhältnisse jedoch rasch ändern.

Braunbären sind grundsätzlich scheue Tiere. Dank ihres ausgezeichneten Hör- und Geruchssinns weichen sie Menschen in der Regel rechtzeitig aus. Um eine Begegnung mit einem Braunbären auf einer Wanderung zu vermeiden, empfiehlt es sich, in Gebieten mit Bärenpopulationen laut zu sprechen oder zu singen, dichtes Gebüsch jedoch zu meiden. Bei starkem Regen oder Gewitter sind die Sinne der Bären beeinträchtigt, sodass erhöhte Vorsicht geboten ist. Die meisten Angriffe auf Menschen gehen von Bärenweibchen mit Jungen aus, die ihren Nachwuchs schützen wollen. Sollten Sie trotz aller Vorsichtsmaßnahmen einem Bären begegnen, laufen Sie nicht weg, sondern bleiben Sie ruhig stehen. Vermeiden Sie alles, was der Bär als Bedrohung auffassen könnte, wie z. B. Steine werfen oder Drohgebärden. Wenn der Bär sich aufrichtet, ist das kein aggressives Verhalten, sondern ein Versuch, sich einen besseren Überblick zu verschaffen. Vermeiden Sie es, dem Bären in die Augen zu schauen, da dies als Aggression interpretiert werden könnte. Sollte der Bär angreifen, empfiehlt der WWF, sich auf den Boden zu legen und die Hände in den Nacken zu legen, damit der Bär erkennt, dass ihm keine Gefahr droht.

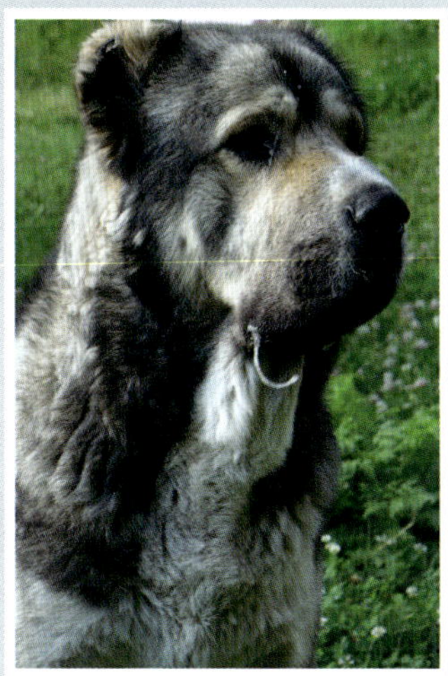

Kaukasischer Owtscharka.

Auf Wanderungen in abgelegenen Bergregionen begegnet man immer wieder dem **Kaukasischen Owtscharka** mit seinem genetisch verankerten Wach- und Schutzverhalten. Mit einem Gewicht von über 50 Kilogramm und einer Schulterhöhe von über 70 Zentimetern (Rüden) ist er sehr unerschrocken und verteidigt sein Territorium extrem aggressiv. Ich bin schon in vielen Ländern gewandert, aber selten mit so vielen Hunden in Kontakt gekommen. Im Gespräch mit einem Ranger in Georgien wurde mir sehr eindrücklich erklärt, dass dieser Hund gefährlicher als ein Bär ist. Ein Patentrezept gibt es nicht, so habe ich mich auf Wanderungen verhalten: Viehherden habe ich mit einem Abstand von mindestens 500 m umgangen. Falls doch unerwartet Hunde kommen, sollte man ihnen auf gar keinen Fall in die Augen schauen, das interpretieren die Hunde als aggressives Verhalten. Ich ging einfach langsam weiter, ließ die Wanderstöcke hinter mir auf dem Boden schleifen lassen, so konnten sie nicht von hinten angreifen. Mit Stöcken werden die Hunde geschlagen, daher haben sie Respekt vor ihnen. Ich hatte viele Begegnungen und bin so immer glimpflich davongekommen.

Vorsicht vor dem **Prozessionsspinner**! Diese haarige Plage bevorzugt warme und trockene Kiefernwälder, ich habe sie auf der Wanderung 27 in ca. 2800 m Höhe gefunden. Die Raupen sind bis zu 50 mm lang und behaart. Die sehr feinen Brennhaare der Raupe enthalten ein Gift, das beim Menschen Dermatitis mit starken Hautreizungen, Allergien und Asthma auslösen kann. Bei Kontakt mit der Raupe sollte man sich duschen und die Haare waschen, beim Abtrocknen nur abtupfen, nicht reiben, um eventuell noch vorhandene Brennhaare nicht abzubrechen. Betroffene Hautstellen können mit Antihistaminika-Gel aus der Apotheke behandelt werden. Bei starkem Juckreiz oder auffälligen Hauterscheinungen sollte ein Hautarzt aufgesucht werden, der gegebenenfalls weitere Fachärzte hinzuzieht. Bei heftigen allergischen Schockreaktionen sofort den Notarzt rufen!

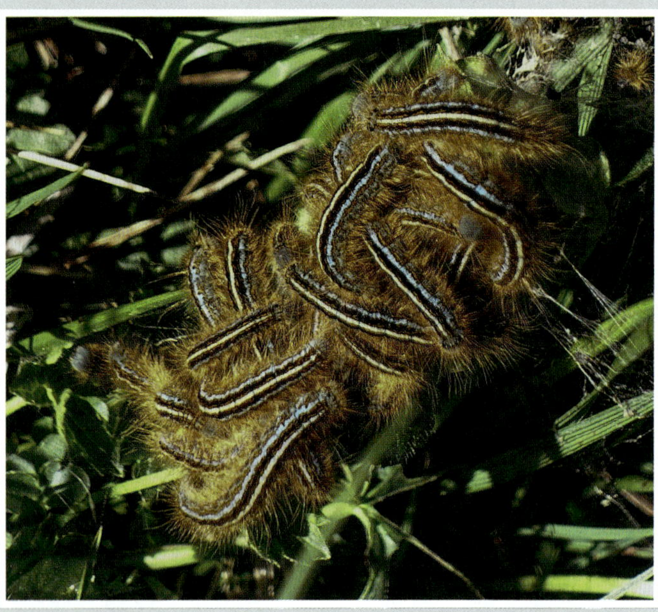

Der Prozessionsspinner.

SCHWIERIGKEITSGRADE

Die Touren sind in drei Schwierigkeitsgrade unterteilt: Blau (leicht), Rot (mittel) und Schwarz (schwer). Die Klassifizierung ist als Richtwert zu verstehen, ausschlaggebend dafür sind jene Wegabschnitte mit dem höchsten Schwierigkeitsgrad.

■ LEICHT

Spaziergänge oder leichte Wanderungen verlaufen auf breiten, gut begehbaren Wegen oder Pfaden. Es gibt keine besonderen Gefahrenstellen. Starke Steigungen, steinige oder rutschige Passagen sind jedoch möglich. Die Beschilderung ist nicht überall vorhanden, sodass an Weggabelungen Orientierungsprobleme auftreten können.

■ MITTEL

Unwegsame und abgelegene Küstenstreifen, Bergregionen und Schluchten. Einzelne Passagen können felsig, steinig und steil sein. Sie erfordern Trittsicherheit, Schwindelfreiheit und Wandererfahrung. Einige Abschnitte der Touren erfordern einen guten Orientierungssinn.

■ SCHWER

Technisch anspruchsvoll und fordern aufgrund ihrer Länge und zu überwindenden Höhenmeter eine gute Kondition. Erwarten Sie schmale, steile oder abschüssige und rutschige Passagen in weglosem oder unübersichtlichem Gelände. Sie erfordern absolute Trittsicherheit, Schwindelfreiheit, den Einsatz der Hände und teilweise erste Klettererfahrungen. Diese Routen befinden sich in abgelegenen Gebieten, in denen keine rasche Hilfe zu erwarten ist.

EMPFOHLENE AUSRÜSTUNG

Auf allen roten und schwarzen Wanderwegen braucht man eigentlich feste, **knöchelhohe Wanderschuhe** mit griffiger Gummiprofilsohle. Ich persönlich wandere auf allen Schwierigkeitsgraden mit einem **Zustiegsschuh**. Dieser hat eine eher flache Sohle, die auf Waldwegen genügend Halt bietet, auf Fels und Geröll aber präzise auftritt und auch in technischen Passagen genügend Reibung bietet. Leichte **„Fast-Hiking"-Schuhe** für schnelle Wanderer setzen sich immer mehr durch und eignen sich für alle Wanderungen mit dem Schwierigkeitsgrad Blau.

Wer bereits Anfang Juni auf Tour geht, braucht dann steigeisenfeste Schuhe, **Steigeisen und Pickel,** um im steilen Gelände sicher über die Restschneefelder zu kommen. Ein **Klettersteigset** ist für keine der hier beschriebenen Touren erforderlich. Dieser Führer enthält auch keine Touren durch vergletschertes Gebiet. Da viele Wege auf sehr rutschigem Untergrund verlaufen, sind **Wanderstöcke** zur zusätzlichen Stabilisierung sehr hilfreich. Noch hilfreicher sind die Stöcke aber, wenn man unerwartet auf Kaukasische Hirtenhunde trifft. Man lässt die Stöcke hinter sich über den Boden schleifen, sodass der Hund nicht so leicht von hinten angreifen kann. Im Frühling und Herbst kann es in höheren Lagen zu Schneefall kommen. Dann sind **Gamaschen** sehr nützlich.

Bei der **Bekleidung** gilt das Zwiebelschalenprinzip, d. h. mehrere Bekleidungsschichten unterschiedlicher Dicke und aus unterschiedlichen Materialien können miteinander kombiniert werden. Die Kleidungsstücke werden wie die einzelnen Schichten einer Zwiebel übereinander getragen. Der Vorteil dieses Bekleidungsprinzips liegt unter anderem darin, dass zwischen den Bekleidungsschichten insgesamt mehr Luft als Wärmeisolator gespeichert wird. Außerdem wird der Abtransport der beim Schwitzen entstehenden Feuchtigkeit positiv beeinflusst. So ist jederzeit eine optimale Anpassung an die äußeren Bedingungen möglich. Aufgrund der Höhenlage und je nach Jahreszeit ist schnell trocknende Funktionsbekleidung sinnvoll. Sie besteht aus einer Trekkinghose, einer Windjacke, Wechselkleidung in einem Plastikbeutel, einer Mütze, einem warmen Pullover und einer wind- und wasserdichten Jacke und Hose. Regenschutz für den Rucksack wird gerne vergessen.

Ein **Telefon** für Notfälle ist wichtig! **Sonnenschutz und Regenbekleidung** gehören zu jeder Jahreszeit ins Gepäck. Georgien ist das Land der vielen Bäche und Flüsse, die es immer wieder zu durchqueren gilt. Um das eiskalte Wasser und die spitzen Steine zu meistern, sind leichte **Watschuhe** eine Wohltat! Auf allen Wanderungen sollte immer ein **Navigationsgerät** und/oder ein Kompass mit Karte mitgeführt werden. Nebel kann jederzeit auftreten! Eine kleine **Wanderapotheke** mit den notwendigen persönlichen Medikamenten, Desinfektionsspray für kleinere Verletzungen, Blasenpflaster und eine Trillerpfeife für den Notfall gehören standardmäßig in den Rucksack.

Für **mehrtägige Touren** braucht man Zelt, Schlafsack, Isomatte, Campinggeschirr, Besteck, Teller, Topf und Müllbeutel. Und natürlich die entsprechende Tourenverpflegung nach Bedarf. Einen Hüttenschlafsack braucht man nicht, da es keine Hütten wie in den Alpen gibt, sondern nur Gasthäuser, die Bettwäsche zur Verfügung stellen. Da es entlang der Wanderrouten nur wenige Einkehrmöglichkeiten gibt, sollte eine

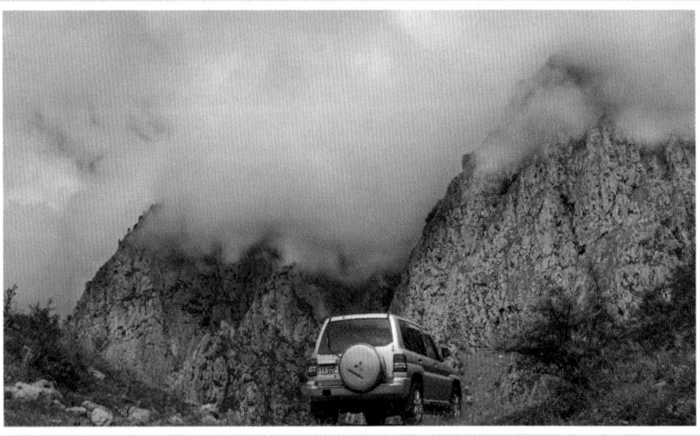

entsprechende **Tourenverpflegung** eingeplant werden. Je nach Bedarf reichen ein Müsliriegel, ein paar Bananen oder eine Handvoll Kekse als Wegzehrung. In den meisten Dörfern gibt es **Brunnen** und an vielen Wanderwegen **Quellen**. Wer ganz sicher sein will, was er trinkt, sollte sich vorsichtshalber bei den Einheimischen erkundigen, ob das Wasser trinkbar ist. Bei den Mehrtagestouren in diesem Wanderführer sind zahlreiche Quellen aufgeführt.

MARKIERUNGEN, ORIENTIERUNG UND GPS-KOORDINATEN

Die georgische Tourismusbehörde hat damit begonnen, weitere Wanderwege anzulegen und zu markieren. Derzeit soll das Wanderwegenetz ca. 247 km umfassen. Jedes Jahr kommen neue Wege hinzu. Auf den meisten Wegen ist die Orientierung jedoch auch ohne **Markierung** gut möglich. Viele der in diesem Wanderführer beschriebenen Wege werden häufig begangen, sodass ein Weg erkennbar ist. Es gibt jedoch drei Probleme, die das Auffinden der Wege erheblich erschweren. Erstens zertrampelt das Vieh die Wege bis zur Unkenntlichkeit. Zweitens wachsen die Gräser und Sträucher auf den Wiesen in gigantische Höhen (siehe Bild unten), sodass ein Weg kaum noch zu erkennen ist. Und drittens werden die Wanderwege kaum gepflegt, sodass sich die Natur nach Jahren die Wege zurückerobert. Drahtseilsicherungen oder Klettersteige gibt es noch nicht, obwohl sie an manchen Stellen sehr sinnvoll wären.

Im Gebirge sowie in unwegsamem Gelände helfen vereinzelt aufgestellte Steinmännchen bei der **Orientierung**. In fast weglosem Gelände orientiert man sich an markanten Landschaftsmerkmalen. Dies erfordert einen guten Orientierungssinn und die Fähigkeit, das Ziel intuitiv zu finden. Auf diese notwendigen Orientierungserfahrungen und -kenntnisse wird in der Tourenbeschreibung dieses Wanderführers explizit hingewiesen.

Zur besseren Orientierung in einem unbekannten Land sind in diesem Führer die **GPS-Koordinaten im Dezimalgrad** am Ausgangspunkt der Wanderung, bei Sehenswürdigkeiten, bei Restaurants und bei Unterkünften mit angegeben und auch bereits verlinkt. Diese Daten können bei Google Maps eingegeben werden. Zum Beispiel definiert die GPS-Koordinate: *41.693033 44.808208* den Standort der Friedensbrücke in der georgischen Hauptstadt Tiflis. Der erste aufgeführte Wert gibt die *41.693033* nördliche Breite an. Da Tiflis bekanntlich über dem Äquator liegt, so ist der Wert positiv. Der Breitengrad reicht von -90° am Südpol über 0° am Äquator bis +90° am Nordpol. Der zweite Wert der GPS-Koordinaten, also *44.808208* in unserem Beispiel, beschreibt den Längengrad. Er geht vom Nullmeridian (0°) aus und wird auch als „Greenwich-Meridian“bezeichnet. Er wird in östlicher Richtung von 0 bis **plus** 180° und in westlicher Richtung von 0 bis **minus** 180° in gemessen. Da Tiflis östlich des Nullmeridians liegt, ist der Wert *44.808208* positiv. Für Städte, die westlich des Nullmeridians liegen, muss ein negatives Vorzeichen vor die Zahlenfolge gesetzt werden. Die GPS-Koordinaten in Dezimalgrad sind kompatibel mit „Google Maps" oder „Google Earth". Durch Einfügen der GPS-Koordinaten in die Suchleiste der Webseite können Punkte bis auf wenige Meter genau angezeigt werden. Ebenso können diese Werte zur Navigation in „Google Maps" eingegeben werden.

WEITERE WANDERWEGE

Wege in der Region **Samzche-Dschawachetien** im Süden von Georgien. *visitsj.ge/what-to-do/hiking-trail-map/*

Wanderwege, herausgegeben vom georgischen **Ministerium für Umwelt und Naturschutz.**
apa.gov.ge/en/eco-tourism/Trails

Der im Bau befindliche „**Transcaucasian Trail** (TCT)" wird ein rund 3000 km langer Fernwanderweg. Er durchquert den Großen und den Kleinen Kaukasus sowie Aserbaidschan und verbindet rund zwei Dutzend Nationalparks und Schutzgebiete miteinander.
transcaucasiantrail.org/en/home/

TIPPS ZUM NACHHALTIGEREN REISEN

Sich in ein Flugzeug zu setzen und nach Georgien zu fliegen ist schon einmal per Definition nicht umweltfreundlich. Ein Beispiel: Die einfache Flugstrecke von Frankfurt nach Tiflis beträgt 3880 km. Das bedeutet einen **CO2-Ausstoß** (siehe Rechner) von ca. 1500 Kilogramm. In Deutschland liegt der Ressourcenverbrauch bei 33 bis 40 Tonnen pro Kopf und Jahr. Als global nachhaltiges Maß gelten 8 Tonnen pro Kopf und Jahr. Hin und zurück laden wir Georgienreisenden ca. 3 Tonnen in unseren ökologischen Rucksack – das wären bereits 30 % des angestrebten nachhaltigen Wertes!

Der **ökologische Rucksack** drückt das Gewicht aller natürlichen Ressourcen aus, die für Ihren Konsum anfallen. Das heißt: alle Produkte inklusive ihrer Herstellung, Nutzung und Entsorgung. Die Belastbarkeit der oben genannten Daten ist sicherlich umstritten. Nachhaltigkeit bedeutet keineswegs, auf Reisen zu verzichten. Denn der Tourismus in Georgien sichert viele Arbeitsplätze und Reisen fördert das interkulturelle Verständnis. Vielmehr geht es darum, einen sanften Tourismus zu praktizieren. So bleibt unweigerlich die Frage: Was kann ich Gutes für Tiere, Natur und die lokale Bevölkerung tun, um nachhaltig zu reisen? Mit den folgenden Tipps möchte ich Anregungen geben, die Sie auf jeder Reise umsetzen können, wenn Sie wollen.

Bis August 2023 wurden über 180 Millionen Bäume allein durch die Nutzung der Webseite von **Ecosia** gepflanzt. Ein großartiges Projekt für unseren Planeten! Das Handelsblatt schreibt, dass ca. 80 Buchen nötig wären, um 1 Tonne CO2 pro Jahr zu kompensieren. Dabei wird von Buchen ausgegangen, die im Bestand gewachsen sind, eine Höhe von 23 m aufweisen und einen Stammdurchmesser von ca. 30 cm bei einer Stammhöhe von 1,3 m haben. Um den Flug nach Georgien CO2-neutral zu machen, bräuchten wir also 240 dieser Buchen!

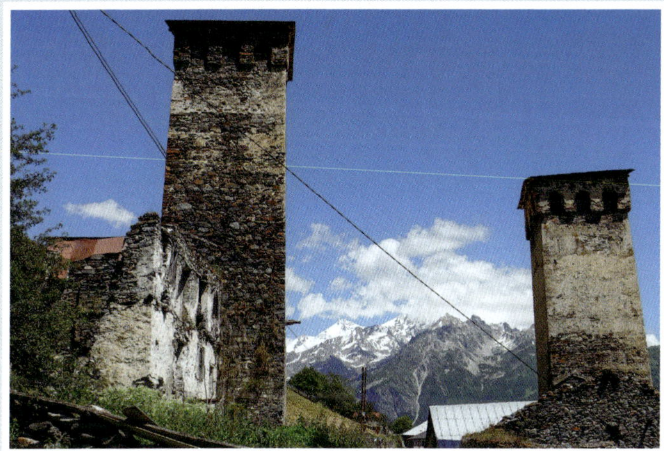

Wehrtürmen in der Ortschaft Lakhiri.

Je mehr Sie in den Urlaub mitnehmen, desto schwerer wird Ihr **Gepäck**. Und umso weniger nachhaltig reisen Sie! Wer bewusst und überlegt packt, spart Gewicht, senkt den Treibstoffverbrauch, ist mit wenig Gepäck flexibler und reist nachhaltig.

Obwohl Georgien ein kleines Land ist, kommt man schnell in Versuchung, mit dem Flugzeug von A nach B zu reisen. Das gut ausgebaute **Bus-, Bahn- und Marschrutka-Netz** ist eine gute Alternative.

Die **Seife** von Dr. Bronner kann zur Körper-, Hand-, Gesichts- und Zahnpflege, zur Reinigung von Kosmetikpinseln, als Tiershampoo, als Geschirrspülmittel und vieles mehr verwendet werden. Und das alles ohne synthetische Schaumbildner, Verdickungsmittel und Konservierungsstoffe. Für alle umweltfreundlichen Produkte wird ethische, soziale und ökologische Verantwortung übernommen - um die Welt nachhaltig zu verbessern. Der perfekte Begleiter, wenn man mit leichtem Gepäck unterwegs ist.

Outdoor-Bekleidung ist per definitionem langlebig und damit der erste Schritt auf dem Weg zu mehr Nachhaltigkeit. Weitere Kriterien sind: ausschließlich nachwachsende Rohstoffe oder recycelte und recycelbare Polyestermaterialien zu verwenden, ressourcenschonendere Fasern in der Produktion einzusetzen, weniger Energie zu verbrauchen, Artikel ohne Biozide herzustellen und zu verarbeiten und bei wasserabweisenden Materialien auf die Chemikalie (PFC) Fluorcarbon zu verzichten. Ideal ist es, wenn der Bekleidungshersteller ein Kreislaufsystem betreibt, bei dem Produkte zurückgenommen werden und als neues Kleidungsstück ein zweites Leben erhalten.

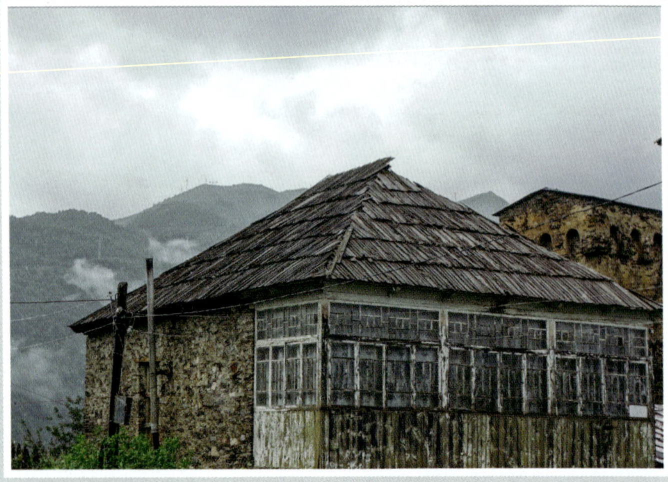

Das Bergdorf Iprali.

Gütesiegel wie der jährlich auf der ISPO verliehene „Award Eco Responsibility, Bluesign Standard", die gemeinnützige Organisation FWF (Fair Wear Foundation) oder Gots (Global Organic Textile Standard) geben Entscheidungshilfen beim Kauf.

Wählen Sie für Ihre Übernachtungen **Biohotels, Biogasthöfe und Biobauernhöfe.** Nur so kann man sich sicher sein, dass weniger Plastikmüll produziert und ressourcenschonend gewirtschaftet wird. Unterkünfte, die sich Bio nennen dürfen, müssen nachhaltige Prinzipien einhalten, die regelmäßig kontrolliert werden.

Wenn Sie Ihre Reise über einen **Reiseveranstalter** organisieren, achten Sie darauf, dass dieser nach einem etablierten Gütesiegel zertifiziert ist – für Reisen im Sinne des nachhaltigen Tourismus. Viele Reiseveranstalter orientieren sich am Qualitätssiegel TourCert. Nur so können Sie sicher sein, dass der Reiseveranstalter über die gesetzlichen Anforderungen hinaus soziale und ökologische Verantwortung übernimmt.

Nehmen Sie Ihre eigene Trinkflasche mit auf Reisen, um den Kauf zusätzlicher **Plastikflaschen** zu vermeiden. **Quellwasser** und Wasser aus abgelegenen Gebirgsbächen kann bedenkenlos getrunken werden. Das Leitungswasser in Georgien ist zwar sauber, aber für Urlauber mit Magenproblemen nicht unbedingt verträglich. Wir empfehlen daher, vor allem in den Städten sicherheitshalber nur abgefülltes Wasser zu trinken.

Versuchen Sie, möglichst **papierlos zu reisen.** Klassische Reiseführer oder Karten aus Papier landen nach dem Urlaub im Müll oder im

Schrank, bis sie schließlich entsorgt werden. Laden Sie alle Wanderungen aus diesem Wanderführer und die dazugehörigen Karten auf Ihr Smartphone. Sie können auch die Offline-Karte des Zielortes in der Google Maps App herunterladen. Alle anderen Reiseunterlagen sollten digital gespeichert werden, zum Beispiel in einer Cloud, um weniger Müll zu produzieren und nachhaltiger zu reisen.

Möchte man Druck-Erzeugnisse wie Straßen- oder Wanderkarten, einen Reiseführer oder einen Wanderführer kaufen, so gibt es mit der kleinen Firma MapFox einen deutschen Anbieter. 6 Mitarbeiter, die in Deutschland Steuern zahlen, präsentieren 66.000 Titel. Sowohl das Sortiment als auch die Preise sind im Vergleich zu den großen Online-Versandhäusern absolut konkurrenzfähig.

Als Deutschlands größter **Recommerce-Anbieter** kauft Momox gebrauchte Straßen- oder Wanderkarten, einen Reise- oder einen Wanderführer, CDs, DVDs und Spiele an und gibt ihnen ein zweites Leben.

Lassen Sie keinen **Müll** liegen, nehmen Sie Ihren eigenen Müll wieder mit, benutzen Sie Mülleimer, ja, sammeln Sie Müll ein. So respektieren Sie die Umwelt & Natur vor Ort. Sagen Sie „Nein“ zu Plastik (Tüten, Trinkhalme etc.).

Essen Sie in lokalen und kleinen Restaurants, um die lokale Bevölkerung zu unterstützen. Lassen Sie sich von den kulinarischen Köstlichkeiten Georgiens verführen. Reduzieren Sie Ihren Fleischkonsum.

Buchen Sie Ihren **Mietwagen** bei georgischen Autovermietungen

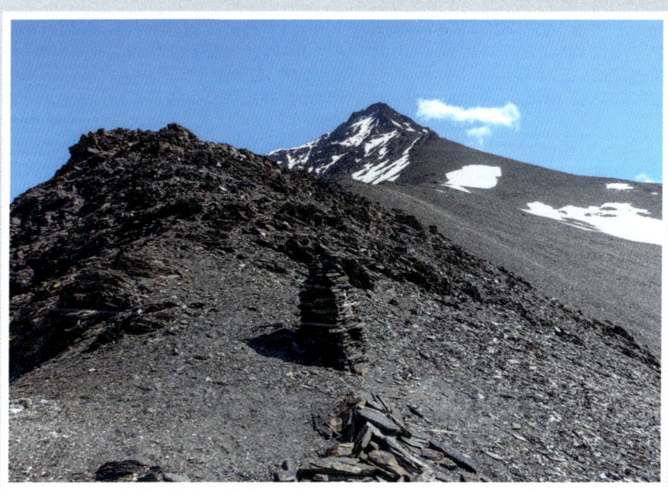
Eine Wüste aus Schieferbruch am Atsunta Pass.

und nicht bei internationalen Konzernen.

Vorsicht ist beim **Kauf von Souvenirs** geboten. Nachhaltig handelt, wer Kunsthandwerk und lokale Produkte kauft und importierte Massenware links liegen lässt.

Das Servicepersonal, das Sie während Ihres Urlaubs bedient, bekocht und chauffiert, wird schlechter bezahlt als die Unternehmen, die dahinter stehen. Obwohl die Preise in der georgischen Gastronomie den Preis für den Service beinhalten und **Trinkgelder** weder üblich noch erwartet werden, kann man seine Reise etwas nachhaltiger gestalten, indem man Trinkgelder gibt – natürlich nur, wenn der Service angemessen war.

Verwenden Sie nur **umweltfreundliche Sonnencremes.** Die darin enthaltenen chemischen und giftigen UV-Filter Oxybenzon u nd Octinoxat zerstören in zu hohen Konzentrationen die Lebewesen in den Seen.

Nach Angaben der Vereinten Nationen haben weltweit 4,2 Milliarden Menschen keinen Zugang zu sicheren sanitären Einrichtungen, und 893 Millionen Menschen verrichten ihre **Notdurft** im Freien. Was also tun, wenn sich die Notdurft unterwegs nicht vermeiden lässt? Die einfachste Möglichkeit, sich auch ohne Toilettenpapier den Hintern zu säubern, ist die Kombination aus Wasser und Waschlappen oder Lappen. Außerdem gibt es für unterwegs eine kleine, wiederverwendbare Handdusche von „HappyPo“. Die Verwendung von Papiertaschen-

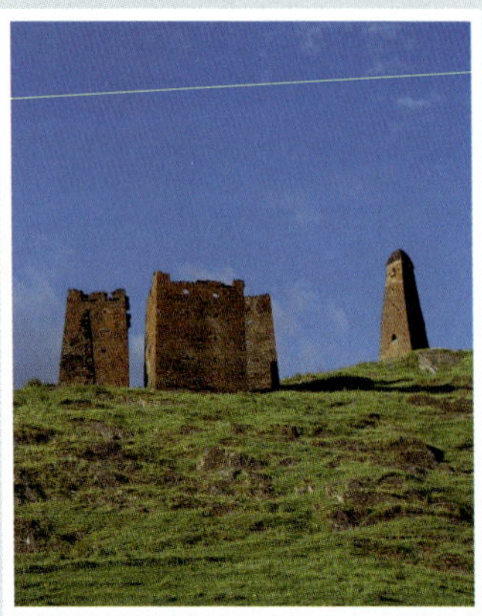

Das Dorf Parsma, mit seinen traditionellen Schiefersteinbauten.

tüchern geht gar nicht! Diese lösen sich in der Natur nur sehr schwer auf! Recycling-Toilettenpapier ist eine Option. Mein Tipp: Beim Projekt „Goldeimer“ gibt es ein dreilagiges und 100 % recyceltes Toilettenpapier mit dem Blauen Engel, mit dessen Kauf man Sanitärprojekte in Ländern unterstützt, die keine gute eigene sanitäre Infrastruktur haben. Im Fall der Fälle sollte man sich bei der Notdurft möglichst weit vom Wanderweg entfernen und die Hinterlassenschaften mit Steinen oder Laub tarnen.

Ein weiteres sehr kontrovers diskutierte Thema mit vielen unterschiedlichen Meinungen und Standpunkten ist der **Tierschutz** im Urlaubsland. Unstrittig ist, dass möglichst hohe Tierschutzstandards für eine nachhaltige Zukunft unabdingbar sind. Jede Kultur hat sich im Laufe der Jahrtausende anders entwickelt und oft fehlt das interkulturelle Verständnis, um dieses Handeln zu verstehen. Eine Reise nach Georgien kann das vielleicht ändern!

Bleiben Sie soweit vorhanden auf den ausgewiesenen und markierten Wanderwegen, **sensible Ökosysteme** werden nicht zertreten und Tiere nicht gestört. So erhalten wir einerseits ihren Lebensraum und schützen andererseits ihr Rückzugsgebiet in der Natur.

AUCH WENN DIE TIPPS NUR KLEINE SCHRITTE AUFZEIGEN: JEDE VERBESSERUNG ZÄHLT.

MEINE LIEBLINGSTOUR

Von den 50 Wanderungen des Wanderführers hat mir die **Tour 19** am besten gefallen.

Der sogenannte Lamalialesgora-Kamm ist ein gigantischer, 12 km langer „Aussichtsbalkon“ auf den Hauptkamm des Kaukasus. Während der gesamten Wanderung über diesen Bergrücken haben wir immer einen Blick auf zahlreiche Gipfel, von denen der 5193 m hohe Schchara der höchste ist. Der Weg führt sehr nah an den Eispanzern des Schchara- und des Namkuami-Gletschers vorbei. Der Naturzeltplatz am Romisghelis-See, einem Gletschersee, der vor langer Zeit durch Schmelzwasser entstand, ist einfach nur der Wahnsinn! In lauen Sommernächten hört man die ganze Nacht das Eis brechen und in die Tiefe stürzen. Was für eine Supertour!
→ Tour 19, Seite 101

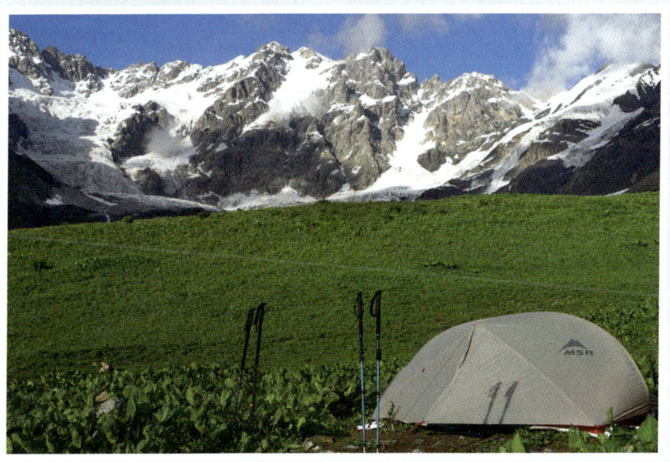

MEINE HIGHLIGHTS

1

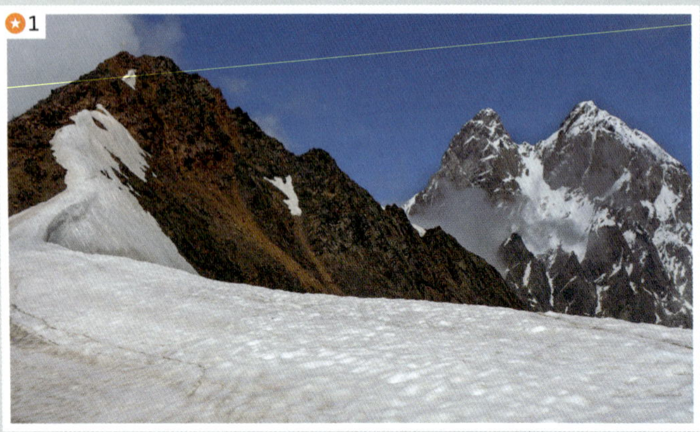

2

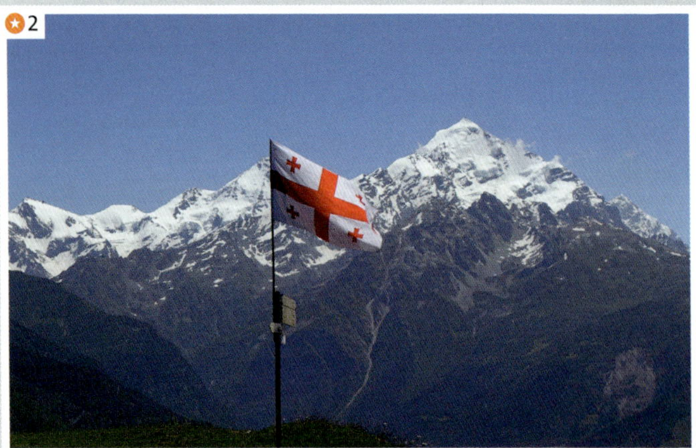

- **1: Koruldi Kamm, 3328 m – Einzigartige Gratwanderung hoch über den Uschba-Gletscher**
  → Tour 7, Seite 57
- **2: Mestia – Aussichtspunkt – Panoramawanderung inmitten der Bergriesen**
  → Tour 9, Seite 67
- **3: Mestia – Ushguli Tag 3 von 4 Variante**
  → Tour 14, Seite 84
- **4: Chaukhi Pass, 3338 m – Die Kaukasischen Dolomiten**
  → Tour 27, Seite 126
- **5: Omalo – Mutso – Tag 3 von 4 Grenzgang zum Atsunta-Pass**
  → Tour 38, Seite 174

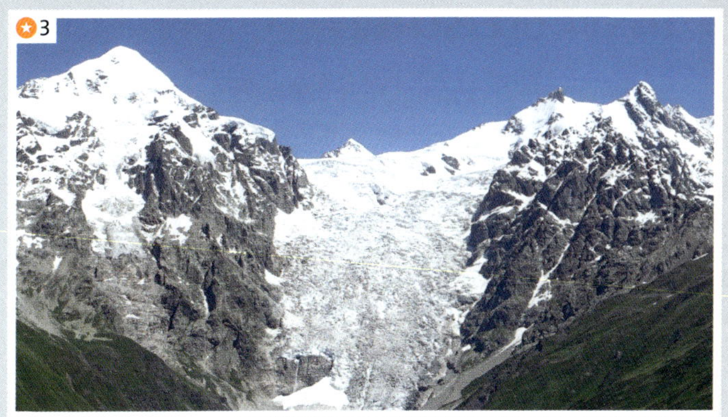
3

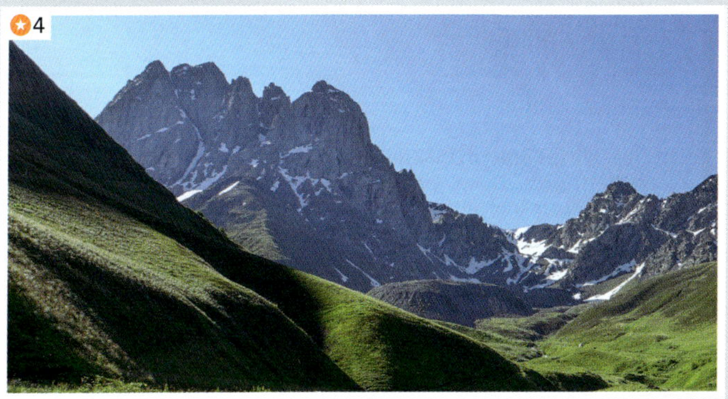
4

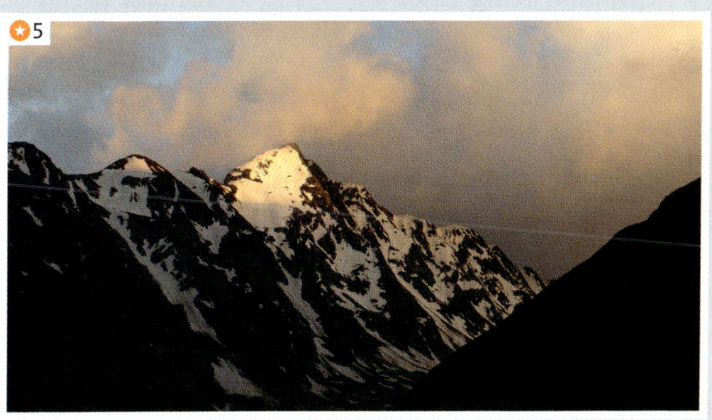
5

USHBA GLETSCHER

Unterhalb des Doppelgipfels des Uschba

 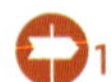 12,3 km  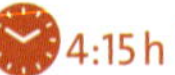 4:15 h 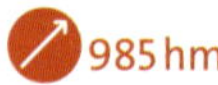 985 hm 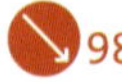 985 hm

START | Ca. 21 km nordwestlich von Mestia. Die letzten 3-4 km der Zufahrt führen über eine Piste, die nur bedingt mit einem normalen Pkw befahrbar ist. Parkmöglichkeiten gibt es vor der Brücke. Startkoordinaten: 43.101079 42.595898
CHARAKTER | Anstrengende Wanderung mit sehr steilen Anstiegen. Unterhalb des Gletschers ist die Orientierung schwierig. Zahlreiche Äste von Büschen und Bäumen ragen in den Weg. Trittsicherheit und Schwindelfreiheit sind an einer exponierten Stelle erforderlich.

▶ Über die 01 **Brücke (1682 m)** des Gletscherflusses Dolra erreichen wir das „Hikers Inn" mit dem kleinen aufgestauten See – das überdimensionale Tauchbecken für die dortige Sauna. Auf dem weiteren schattigen Weg ragen rechts und links die Felswände der umliegenden Berge steil in die Höhe. Dazwischen gibt der ansonsten dichte Wald den Blick auf drei Wasserfälle frei. Nach einem ebenen Wegstück überquert eine weitere 02 **Brücke (1872 m)** den Lauf der Dolra. Wir öffnen und schließen ein Viehgatter und erreichen mehrere Holzhütten, den Stützpunkt der georgischen Grenzbeamten. Eine Grenzkontrolle findet hier aber nicht statt! Wir folgen dem Wegweiser Richtung „Ushba Gletscher" bis zu einem roten Pfeil auf einem großen Stein. Hier gabelt sich der Pfad und wir 03 **biegen**

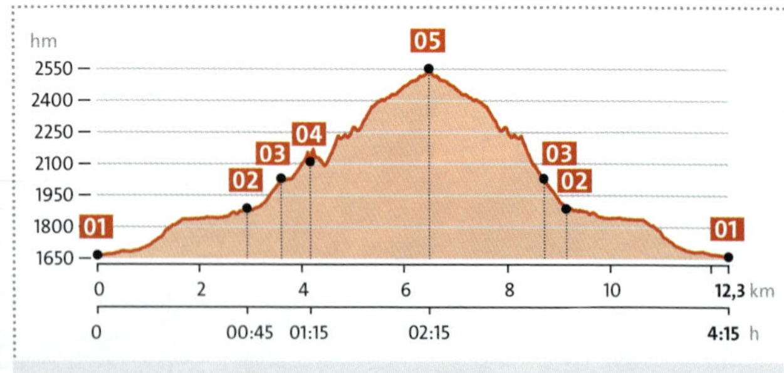

01 Brücke, 1682 m; 02 Brücke, 1872 m; 03 Abzweigung, 2025 m; 04 Shdugra Wasserfall, 2159 m; 05 Ushba Gletscher, 2516 m;

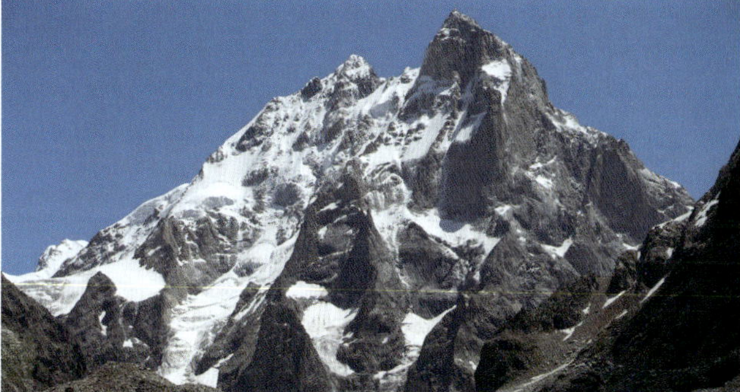

Der Uschba Gletscher und der gleichnamige Doppelgipfel.

rechts ab (2025 m). Durch baumloses Gelände führt der Pfad nun zu einem Aussichtspunkt auf den **04 Shdugra Wasserfall (2159 m)**. Auf dem immer steiler werdenden Pfad muss man sich gelegentlich mit den Händen abstützen. Vor einem weiteren kleinen Wasserfall führt rechts noch ein Pfad zu einem dritten und größeren Wasserfall. Wir kehren wieder zum kleinen Wasserfall zurück, überqueren dort den Bachlauf und beginnen auf einem Trampelpfad den Berghang zu queren und dann abzusteigen. Nach ca. 50 m gabelt sich der schwach ausgetretene Pfad, wir folgen dem halbrechten und steigen dabei über einen Felsen. Zahlreiche Äste ragen in den nur schwer zu findenden Pfad hinein. Mit dem heruntergeladenen GPS-Track ist der Weg aber gut zu finden. Wir erreichen den Hauptweg, den wir bei Wegpunkt 03 verlassen haben. Nach einigen Metern rechts aufwärts überqueren wir den Bach nach links. Es folgt ein extrem steiler Anstieg. Achtung, es folgt eine Schlüsselstelle, die man leicht übersehen kann! Dort, wo sich rechts des Weges ein Fels befindet, der auch mit einem Steinhaufen markiert ist, geht der Weg rechts weiter.

Nun durchquert man ein Birkenwäldchen. Das folgende Wegstück bietet schöne Ausblicke auf das Bechotal und dahinter im Süden auf das vergletscherte Bergmassiv um den 4009 m hohen Berg Laila. Es folgt ein längeres Wegstück, bis wir einen Bach überqueren müssen. Eigentlich kein Problem, aber an heißen Sommertagen (Gletscherschmelze) eine schwierige und nicht ganz ungefährliche Angelegenheit. Etwas oberhalb der

Hinweis

Beste Wanderzeit: Ende Juni bis Ende September. Von Ende Mai bis Ende Oktober ist der Weg nur bis zum Wasserfall begehbar. Durch die Gletscherschmelze schwillt ein zu überquerender Bachlauf an heißen Sommertagen zu einem tosenden Gewässer an. Vorsicht ist geboten!

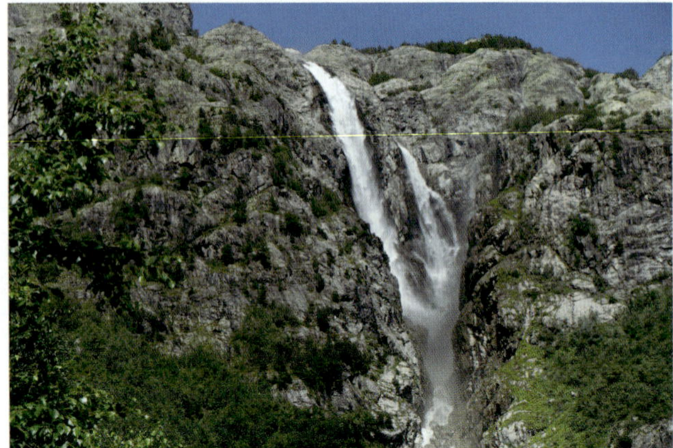

Der höchste Wasserfall Georgiens, der ca. 160 m hohe Shdugra Wasserfall.

üblichen Bachüberquerung liegen zwei relativ große Felsen dicht beieinander, die langbeinige Wanderer mit einem Sprung überqueren können, ansonsten muss man durch das Wasser waten. Hinter einer Gedenktafel für die am Ushba tödlich verunglückten Bergsteiger und zahlreichen Geröllfeldern des Gletschers folgt der 05 **Ushba Gletscher (2517 m)**. Ohne den Abstecher zu den Wasserfällen geht es auf dem bekannten Hinweg zurück zur 01 **Brücke (1682 m)**.

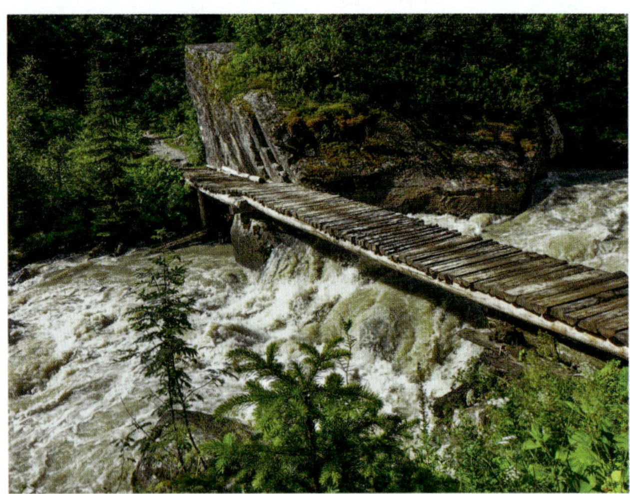

Eine Brücke führt über den Gletscherfluss Dolra.

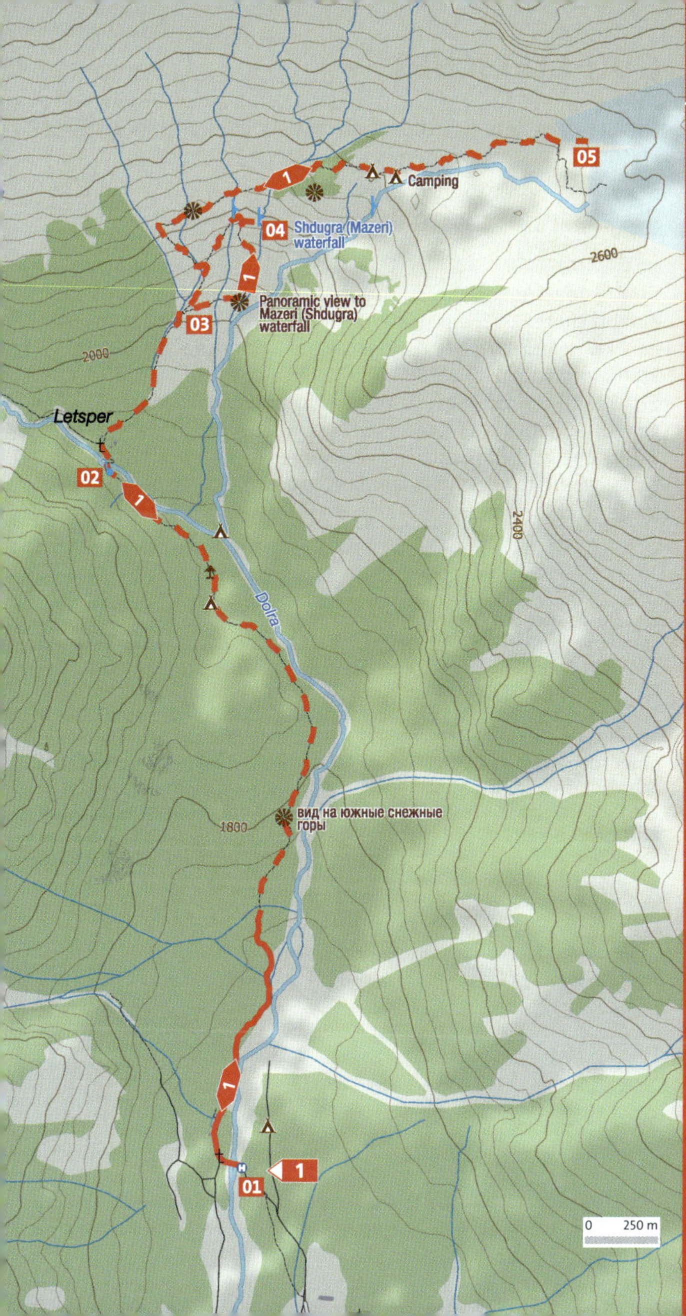

05
Camping
04
Shdugra (Mazeri) waterfall
2600
Panoramic view to Mazeri (Shdugra) waterfall
03
2000
Letsper
02
2400
Dolra
вид на южные снежные горы
1800
01
1
0 250 m

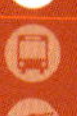
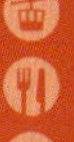
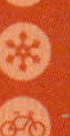
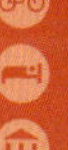

GULI-GLETSCHER

Gletscher in alpiner Landschaft mit Wolken und mächtigen Felsen

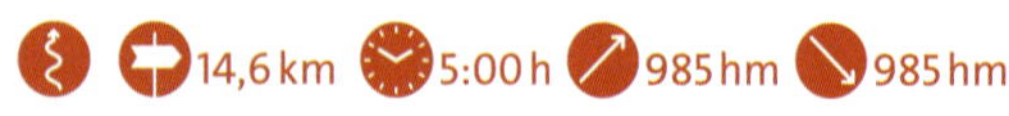

START | Ca. 21 km nordwestlich von Mestia. Die letzten 3-4 km der Zufahrt führen über eine Piste, die nur bedingt mit einem normalen Pkw befahrbar ist. Parkmöglichkeiten gibt es vor der Brücke. Startkoordinaten: 43.067988 42.620096
CHARAKTER | Anstrengende Wanderung mit sehr steilen Anstiegen. Unterhalb des Gletschers ist die Orientierung schwierig. Zahlreiche Äste von Büschen und Bäumen ragen in den Weg. Trittsicherheit und Schwindelfreiheit sind an einer exponierten Stelle erforderlich.

Der Nordgipfel des Uschba wurde zum ersten Mal 1888 bestiegen, der Südgipfel 1903 nach etwa 20 vergeblichen Versuchen. Der Südgipfel galt damals als der schwierigste Berg der Welt. 1935 durchstiegen Ludwig Vörg, Ludwig Schmaderer und Adolf Göttner die 2000 Meter hohe Westwand des Uschba. Die nachfolgend beschriebene Route durch ein einsames Seitental zum Guli-Gletscher ist bei Wanderern nur wenig bekannt, aber bei Bergsteigern sehr beliebt, da sie den Einstieg zur klassischen Gabriel-Khergiani-Route zum Südgipfel des Uschba bildet. Bis zum Basislager am Fuße des mächtigen Guli-Gletschers steigen wir Normalwanderer auf. Der weglose Aufstieg dorthin über den schmalen Grat der Gletschermorä-

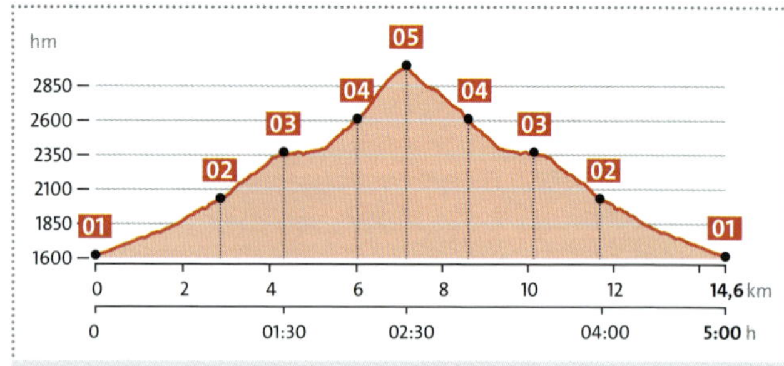

01 Bagvdanari, 1630 m; 02 Dorf Gul, 2027 m; 03 Schäferhütten, 2359 m; 04 Bach, 2603 m; 05 Guli-Gletscher, 2987 m;

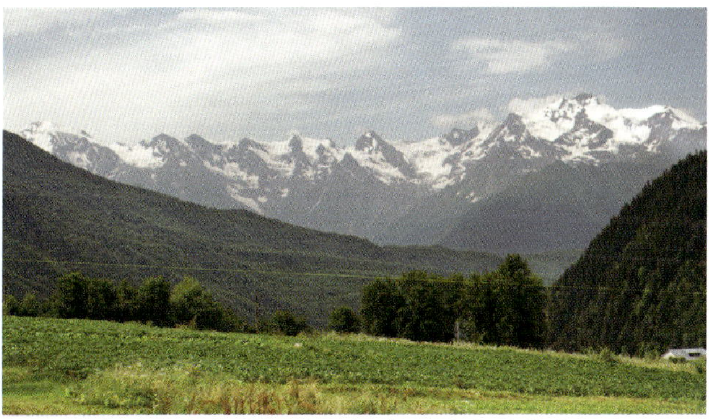

Am Start des Bergdorfes Bagvdanari sehen wir das Laila Bergmassiv.

ne ist sehr abenteuerlich. Am Ziel der Wanderung bietet sich dann ein faszinierender Panoramablick auf die steil aufragenden Felswände des Uschba, die schwindenden Eismassen des Guli-Gletschers und die umliegende Bergwelt.

▶ Am östlichen Rand des kleinen Bergdorfes 01 **Bagvdanari (1630 m)** beginnt hinter der Brücke über den Bach Gulichala eine Piste bergauf. Dort folgen wir der Beschilderung in Richtung „Koruldi Seen". Halb links vor uns erhebt sich in der Ferne der Südgipfel des Uschba. Rechts am Ausgang des Hochtals sind bei guter Sicht die schneebedeckten Gipfel der Berggruppe um den Laila zu sehen. Dort, wo die Piste über freies Wiesengelände führt, sind bereits die Ruinen eines Dorfes zu sehen, das wir im weiteren Verlauf dann auch durchqueren. Weitere Wegweiser folgen. Die Piste geht in einen Pfad über und wir erreichen weitere Ruinen, nun das Dorf 02 **Gul (2027 m)**. Unter zwei riesigen Linden neben der Kapelle befindet sich ein sehr schöner Aussichtspunkt. Der weitere Aufstieg führt über Wiesen mit vereinzelten Kiefern. Zu den Wegweisern gesellen sich einige weiß-rot-weiße Markierungen. An einer Weggabelung wählen wir den halbrechten Zweig. Dieser führt nach wenigen Metern über einen Felsvorsprung. In der Ferne ist bereits der Guli-Gletscher zu sehen. Bei einigen 03 **Schäferhütten (2359 m)** gabelt sich der Pfad wieder, rechts geht es in Richtung „Koruldi Seen", wir gehen geradeaus zwischen den Hütten hindurch. Der folgende Pfad durch bis zu zu 1,50 m hohe Blumen ist nur schwer zu erkennen. Kurz darauf passieren wir eine Quelle und marschieren weiter in Richtung des Gletschers und seiner großen Moräne. Zwei am Weg liegende Schluchten werden weiträumig umgangen und zahlreiche Bäche überquert, bis der Pfad ein Stück parallel zum Bachlauf der Gulichala verläuft. Danach ist der Pfad nur noch schwer auszumachen. An der rechten Flanke der Endmoräne überqueren wir dann einen weiteren 04 **Bach (2603 m)** nach halb links. Wenn man nicht über die Endmoräne aufsteigen will, geht man an dieser Stelle – also links fließt der Gletscherbach und rechts drei Bäche – zum rechten

Hinweise

Beste Wanderzeit: Ende Juni bis Ende September.
Variante: Der Weg auf der Endmoräne kann auf dem Rückweg in umgekehrter Richtung umgangen werden.

der drei Bachläufe. Hier beginnt der Normalweg bis zur Gletscherzunge bei Wegpunkt 05. Danach steigen wir über einen mit Rhododendren bewachsenen Bergrücken, weiter durch eine steinige Rinne und über einen mit Moos und einzelnen Birken bewachsenen Hang in Richtung des rechten (Blickrichtung zum Gletscher) Endmoränenkammes auf. Es folgt eine spektakuläre Gratwanderung – die Trittsicherheit und Schwindelfreiheit erfordert. Hinter einem riesigen Felsblock, der auf dem Grat liegt, befindet sich der schönste Aussichtspunkt auf den 05 **Guli-Gletscher (2987 m)**.

Auf der Höhe dieses riesigen Felsens steigen wir dann nach rechts über ein Schotterfeld hinunter in eine Rinne und folgen dem ausgetretenen Pfad bergab. Nach ca. 150 m passieren wir das Basislager für die Besteigung des Uschba. Ein unscheinbarer Pfad führt weiter über Wiesen bergab. Doch schon nach wenigen Metern gibt es zahlreiche Pfade, die die Orientierung erschweren. Nachdem wir einen Bach überquert haben, geht es einige Meter weglos – parallel zu diesem eben überquerten Bach bergab, bis wir wieder auf einen Weg treffen. Doch auch dieser verliert sich im Gelände, sodass wir in Richtung großer Felsbrocken absteigen und so auf den bekannten Hinweg stoßen, dem wir zurück bis zum Start und Ziel 01 **Bagvdanari (1630 m)** folgen.

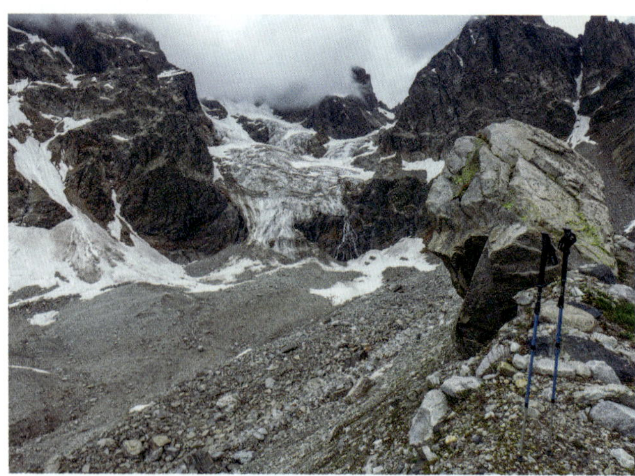

Der Guli-Gletscher unterhalb des 4710 m hohen Südgipfel des Uschba.

North 4697
Süd-Ushba 4710
3400
Uschba Gletscher
Mazeri 4012
Mazeri
Guli Glacier

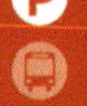

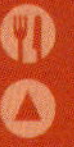

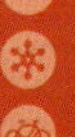

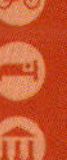

3200
3000
05
2
2
04
2
2461
03
Guli Pass
2200
Gulichala
Ushba view
2000
Gul Church of the Archangel
02
Guli - გული
Lakara
Wild camping (> 5 tents)
Kheldra
Bagvdanari - ბაგვდანარი
2
01
2
Akhalsheni - ახალშენი
2400
2764
2600
2579
1800
2574
2544
0 500 m
2400
2594

3

GULI • 2926 m

Aussichtsberg mit Blick auf über das Tal von Mestia und die umliegenden Berge

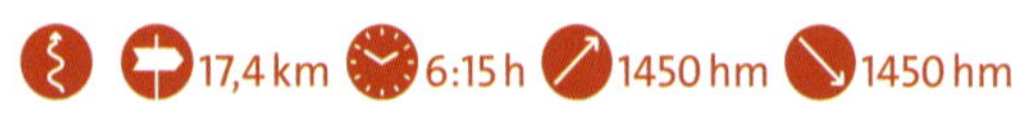

START | Etwa 2 km westlich von Mestia an der Hauptstraße beim Dorf Lendscheri. Parkmöglichkeiten gibt auf dem Seitenstreifen an der Hauptstraße. Startkoordinaten: 43.039133 42.701617
ÖPNV: Der Start befindet sich an der Hauptverbindung der Marschrutkas nach Mestia.
CHARAKTER | Technisch einfacher, aber konditionell anspruchsvoller Aufstieg. Da der Weg sehr selten begangen wird, ist die Orientierung schwierig. Der heruntergeladene GPS-Track ist hier sehr hilfreich.

Der 2926 m hohe Berg Guli ist technisch einfach zu besteigen und erhebt sich 1450 m über das Tal. Dieser kräftezehrende Höhenunterschied und die Wegfindung durch das bis zu 1,90 m hohe Gras sind die beiden großen Herausforderungen. Auf dem Gipfel sitzt man dann in der ersten Reihe und blickt nach Norden auf den 4710 m hohen Südgipfel des Uschba und den Guli-Gletscher an seinem Fuß.

In südwestlicher Richtung – hinter dem Hügel mit den Skipisten bei – Mestia erhebt sich der 4858 m hohe Tetnuldi, in südlicher Richtung der 4900 m hohe Laila und in nordwestlicher Richtung der 3579 m hohe Cherinda. Ein wahres Stelldichein der vergletscherten Berge.

▶ Von Mesti kommend verlassen wir nach einer markanten 180-°-Kurve die Hauptstraße nach

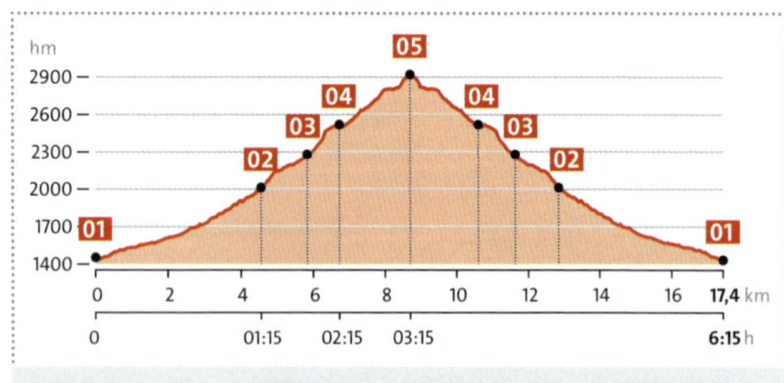

01 Lendscheri, 1468 m; 02 Schäferhütte, 2026 m; 03 Bach, 2278 m; 04 Weg zu den Koruldi Seen, 2522 m; 05 Guli, 2924 m;

Varianten

Variante 1: Ab dem Wegpunkt 03 der Wanderung 07 bis nach Mestia absteigen und so die Tour zur Rundwanderung machen.
Variante 2: Es ist auch möglich der Beschreibung der Wanderung 06 zu folgen und dann in umgekehrter Richtung der Wanderung 07 zu folgen. Die Gesamtstrecke ist ca. 800 m länger.

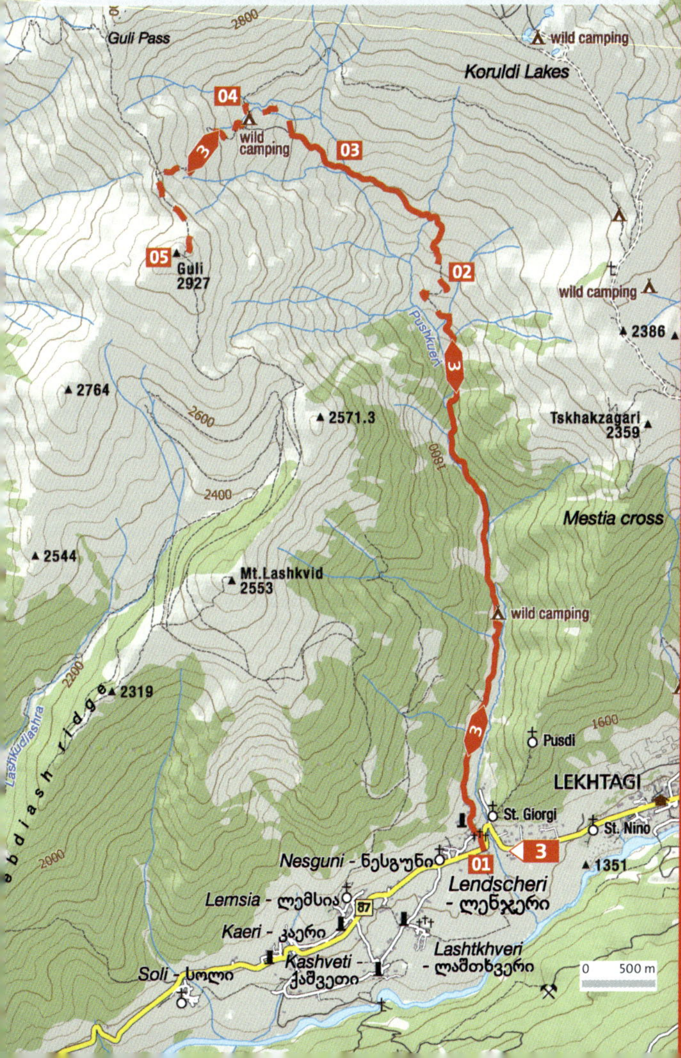

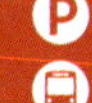
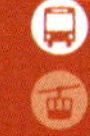
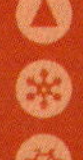
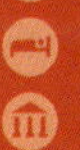

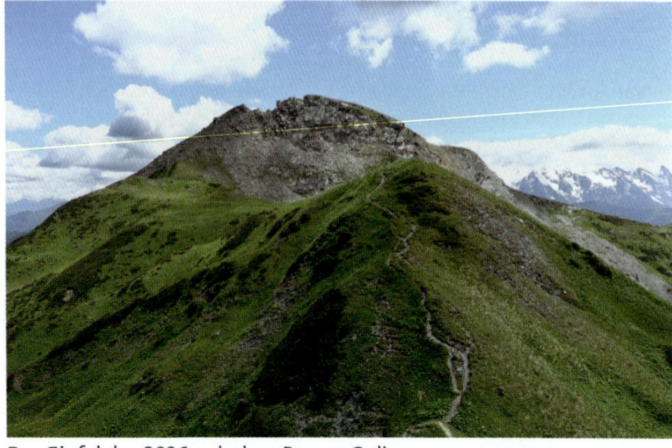

Der Gipfel des 2926 m hohen Berges Guli.

rechts und gelangen so in das beschauliche Dorf 01 **Lendscheri (1468 m)**. Die von einer hohen Steinmauer gesäumte Gasse endet vor dem frei stehenden Glockenturm der Dorfkirche. Von hier aus folgt man dem Weg entlang der letzten Häuser des Dorfes Richtung Norden. Nach einer Brücke über den Fluss wird die Schlucht immer enger. Der Weg verengt sich zu einem Viehpfad und schlängelt sich am Fluss entlang, bis er wieder auf einen Fahrweg trifft. Ein erster Bach wird überquert. Auf einem noch breiten Weg erreichen wir eine erste 02 **Schäferhütte (2026 m)**. Danach geht der Weg in einen Pfad über und ist stellenweise völlig zugewachsen. Bei einer zweiten Hütte ist dann nur noch die Orientierung mittels eines heruntergeladenen GPS-Tracks möglich. Zwei Bäche werden überquert. Am Wegesrand steht eine einzelne Kiefer. Ein weiterer Bach wird problemlos überquert. Wieder auf einem Pfad und wenig später in einer kleinen Schlucht angekommen, folgt die Überquerung eines weiteren 03 **Bach (2278 m)**. Bei niedrigem Wasserstand kann man über die Steine balancieren, ansonsten muss man durchwaten. Beim anschließenden Aufstieg ist der Pfad nur schemenhaft zu erkennen, auch hier ist der heruntergeladene GPS-Track sehr hilfreich. Ansonsten orientiert man sich am Verlauf des Baches, den man zuvor durchquert hat. Nachdem wir ein kurzes Stück parallel zu diesem Bach aufgestiegen sind, erreichen wir den querenden 04 **Weg zu den Koruldi Seen (2522 m)**. Ab hier ist ein ausgetretener Pfad zu erkennen, der sich in langen Serpentinen durch Rhododendren bis auf einen schmalen Bergrücken schlängelt. An der Weggabelung wählen wir den linken Arm. Dieser führt zunächst über einen immer breiter werdenden Bergrücken in Richtung des zu besteigenden Berges. Es folgt felsiges Gelände bis zum aussichtsreichen Gipfel des Berges 05 **Guli (2924 m)**. Der Rückweg erfolgt auf dem bekannten Hinweg bis zum Ausgangspunkt 01 **Lendscheri (1468 m)** oder über die beschriebene Variante nach Mestia.

MKHERI KIRCHE ST. GEORG

4

Der heilige Sankt Georg und die Gletscherberge

  10,9 km  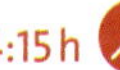 4:15 h 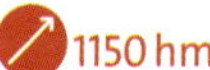 1150 hm  1150 hm

START | Etwa 7 km westlich von Mestia zweigt in der Ortschaft Latali nach links eine Piste für Geländewagen ab, die nach ca. 2,3 km im Dorf Lahili endet. An dieser Stelle stehen ein großer Baum und viele gelbe Wegweiser. Parkmöglichkeiten gibt es am Rand der Piste. Startkoordinaten: 43.003016 42.621116
ÖPNV: Das Dorf Latali liegt an der Hauptverbindung der Marschrutkas nach Mestia. Es besteht die Möglichkeit, mit dem Taxi zum Start und Ziel in der Nähe des Dorfes Lahili zu fahren.
CHARAKTER | Gute Kondition und Orientierungssinn sind für diese technisch einfache Tour erforderlich. Beste Wanderzeit: Ende Mai bis Ende Oktober. Art des Weges: 20 % Piste und 80 % Wanderweg.

Georg war Soldat in der römischen Provinz Syria Palaestina. Während der Christenverfolgung unter dem römischen Kaiser Diokletian (284 bis 305) erklärte er, immer ein Christ bleiben zu wollen. Deshalb wurde er im Jahr 303 gerädert und dann an der Stadtmauer von Nikomedia (heute İzmit in der Türkei) enthauptet. Seitdem wird er in der orthodoxen Kirche als Groß- oder Erzmärtyrer verehrt. Außerdem wird er als Schutzpatron von Aragonien, Katalonien, Georgien, England, Deutschland, Griechenland, Litauen, Palästina, Portugal, Genua, Istanbul, Moskau und Venedig beansprucht. Das rote Kreuz auf weißem Grund ist das Georgskreuz und findet sich in vielen Wappen

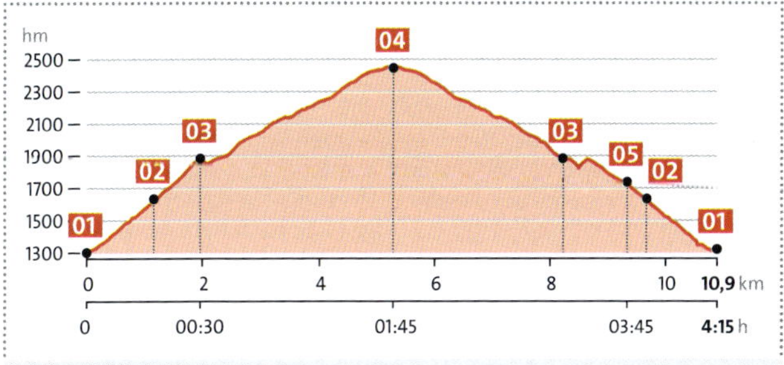

01 Lahili, 1321 m; 02 Quelle, 1619 m; 03 Schotterpiste, 1861 m; 04 St. Georg, 2438 m; 05 Schlüsselstelle, 1749 m;

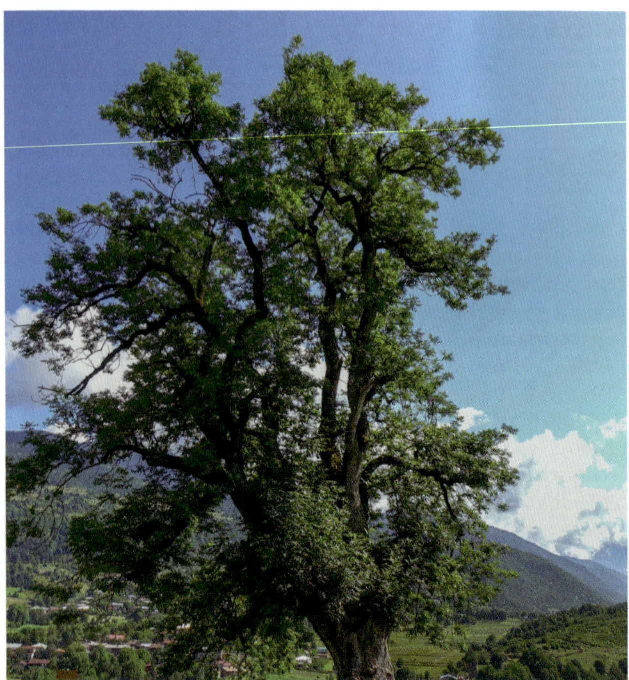

Der Start der Wanderung bei einem riesigen Baum bei Lahili.

und Flaggen wieder, zum Beispiel in den Flaggen Englands und Georgiens. Jedes Jahr am 23. April pilgern die Menschen auf den 2438 m hohen Berg Mkheri und feiern in der kleinen Kapelle den Gedenktag des heiligen Georg. Diese Wanderung (oder Pilgerfahrt) wird oft übersehen, da sie nicht direkt in Mestia beginnt. Das ist schade, denn es handelt sich um eine der schönsten Tageswanderungen in der Region. Vom Gipfel aus hat man einen einzigartigen 360-Grad-Panoramablick auf die Gipfel Uschba, Tetnuldi, Schchara, Cherinda und andere. Besonders beeindruckend ist die Nähe zu den mächtigen Gletschern unter dem 4009 m hohen Gipfel des Berges Laila.

▶ Vom großen Solitärbaum bei der Ortschaft 01 **Lahili (1321 m)** gehen wir an der Weggabelung in südlicher Richtung auf der Piste unter den Walnussbäumen und an der kleinen St. Georgskirche vorbei. An der Weggabelung lassen wir den halb links abzweigenden Weg links liegen und folgen den halb rechten Arm. Nach ca. 360 m Gesamtstrecke – hinter einer kleinen Lichtung – verlassen wir die holprige Piste nach halb rechts auf einen beginnenden Pfad. Nach wenigen Metern quert der Pfad eine weitere Lichtung. Im anschließenden Wald ist dann wieder ein ausgetretener Pfad zu erkennen. Es folgt ein schöner, historischer Hohlweg. An einer weiteren Weggabelung wählen wir

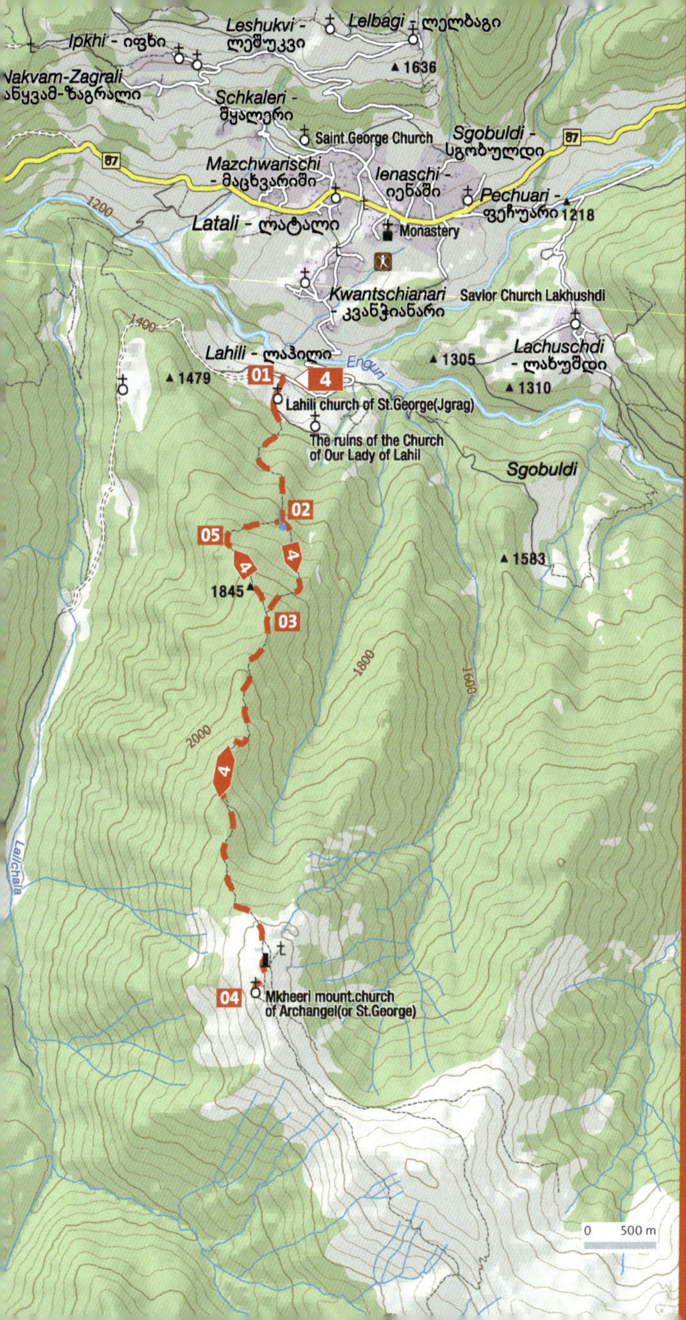

Leshukvi - ლეშუკვი
Lelbagi - ლელბაგი
Ipkhi - იფხი
1636
Nakvam-Zagrali - ანყვამ-ზაგრალი
Schkaleri - შყალერი
Saint George Church
Sgobuldi - სგობულდი
87
87
Mazchwarischi - მაცხვარიში
Ienaschi - იენაში
Pechuari - ფეჩუარი
1218
1200
Latali - ლატალი
Monastery
Kwantschianari - კვანჭიანარი
Savior Church Lakhushdi
1400
Lahili - ლაჰილი
Enguri
1305
Lachuschdi - ლახუშდი
1479
01
4
1310
Lahili church of St.George(Jgrag)
The ruins of the Church of Our Lady of Lahil
Sgobuldi
02
05
4
4
1583
1845
03
1800
1600
2000
4
Laiichala
04
Mkheeri mount.church of Archangel(or St.George)
0 500 m

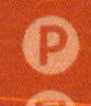
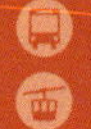

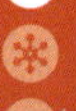
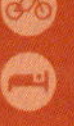

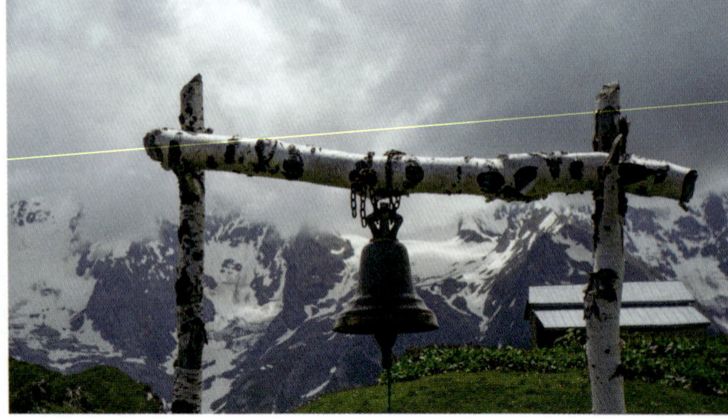
Die St. Georg Kirche auf dem 2438 m hohen Mkheri.

den halb linken Zweig. Nach einer 02 **Quelle (1619 m)** gabelt sich der Weg erneut. Halb links führt der weitere Aufstieg, der im Folgenden beschrieben wird. Halb rechts mündet der Rückweg ein. Der Rückweg ist der einfachere, da man nicht ständig um die umgestürzten Bäume herumgehen muss. Es folgt ein extrem steiler Pfad. Immer wieder müssen umgestürzte Bäume umgangen werden. Viele Äste ragen in den Weg hinein. Der Weg hat sich tief in die Landschaft eingeschnitten und die flankierenden Hänge sind über und über mit Moos bewachsen. An einer weiteren Weggabelung mitten im Wald folgen wir dem halb linken Ast. Stellenweise ist kaum noch eine Spur zu erkennen. Auf dem folgenden Wegstück ist der heruntergeladene GPS-Track sehr hilfreich. An einer weiteren Weggabelung versperren zahlreiche umgestürzte Bäume halb links das Weiterkommen, wir gehen halb rechts und erreichen die neu gebaute 03 **Schotterpiste (1861 m)**. Dem Verlauf folgen wir nun kontinuierlich bergab, bis wieder ein Pfad beginnt. Dort, wo der Wald den Blick freigibt, trauen wir unseren Augen nicht. Viele Gletscher sind zu sehen. Rhododendren säumen von nun an den Weg. Der Wald wird lichter und über Wiesen erreichen wir die Kapelle 04 **St. Georg (2438 m)**. Bei gutem Wetter ist die Aussicht einmalig. Wir gehen zunächst auf dem bekannten Hinweg zurück bis zum Wegpunkt 03, biegen dann aber nicht nach rechts in den Wald ab, sondern gehen noch auf der neu angelegten Piste weiter. Doch Vorsicht, in einer scharfen Linkskurve verlassen wir die Piste und gehen geradeaus dem ursprünglichen Pfad weiter. Ab und zu sieht man verblasste rot-weiße Markierungen an den Bäumen. Der Pfad endet wieder an der neu angelegten Piste. Hier folgen wir dem Verlauf der Piste nach rechts und erreichen nach einer Linkskurve die 05 **Schlüsselstelle (1749 m)**.

Wegen der neu angelegten Straße ist die Abzweigung zum ursprünglichen Pfad schwer zu finden. Ein Steinhaufen markiert die Stelle, an der wir die Piste verlassen. Ein weiterer faszinierender Hohlweg führt bis zum Wegpunkt 02 und auf dem bekannten Hinweg zurück zur Ortschaft 01 **Lahili (1321 m)**.

HATSVALI – HESHKILI HÜTTEN

Skigebiet und Schäferhütten

  12,3 km  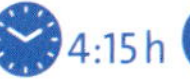 4:15 h 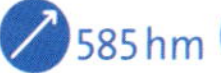  585 hm 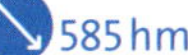 585 hm

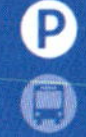
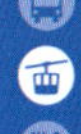

START | Etwa 11 km südöstlich von Mestia liegt die Mittelstation des „Hatsvali Skigebiet". Parkmöglichkeiten bestehen auf dem großen Parkplatz neben der Gondelbahn. Alternativ bringt Sie der Sessellift von der Talstation in Mestia bis zur Mittelstation. Startkoordinaten: 43.029490 42.733611.
CHARAKTER | Leichte Wanderung ohne besondere Anforderungen.

Das kleine, aber feine Hatsvali Skigebiet wurde 2023 eröffnet und verfügt über einen Zubringer-Sessellift von Mestia, einen kleinen Schlepplift und eine Gondelbahn – die die Skifahrer bis auf 2348 m Höhe bringt. 7 km Pisten stehen zur Verfügung: 1,4 km leicht, 2,3 km mittel und 3 km schwer. Eine weitere Piste von der Mittelstation nach Mestia ist in Planung. Die Wanderung führt auf aussichtsreichen Wegen zu den sogenannten Heshkili-Schäferhütten, von denen nur noch zwei im Original erhalten sind. Die restlichen Gebäude wurden renoviert und bieten ein Restaurant und Übernachtungsmöglichkeiten. Etwas unterhalb der Hütten befindet sich ein Fotopunkt und eine sogenannte „Flying Swing". Weitere schöne Aussichtspunkte befinden sich hinter der Bergstation auf dem Zuruldi-Bergrücken. Von hier aus sind einige der markantesten Gipfel des Kaukasus wie Uschba, Tetnuldi und Laila zu sehen.

▶ Wir verlassen die Talstation der Gondelbahn des **01** **Hatsvali Skigebiets (1873 m)** in westlicher Richtung auf dem ausgeschilderten Weg zu

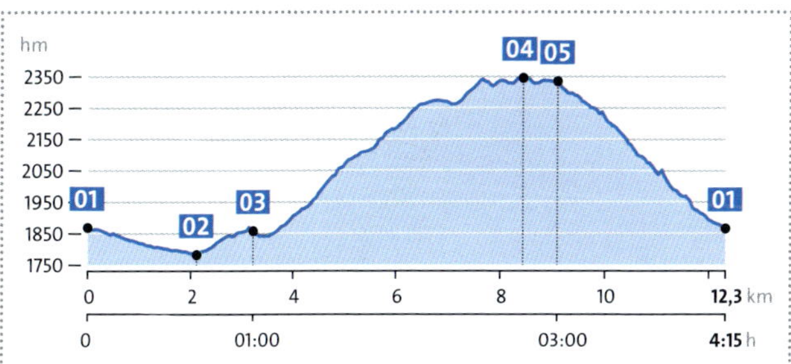

01 Hatsvali Skigebiet, 1873 m; **02** Schotterpiste, 1785 m; **03** Heshkili Schäferhütten, 1850 m; **04** Zuruldi Kamm, 2382 m; **05** Abzweigung, 2342 m;

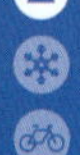

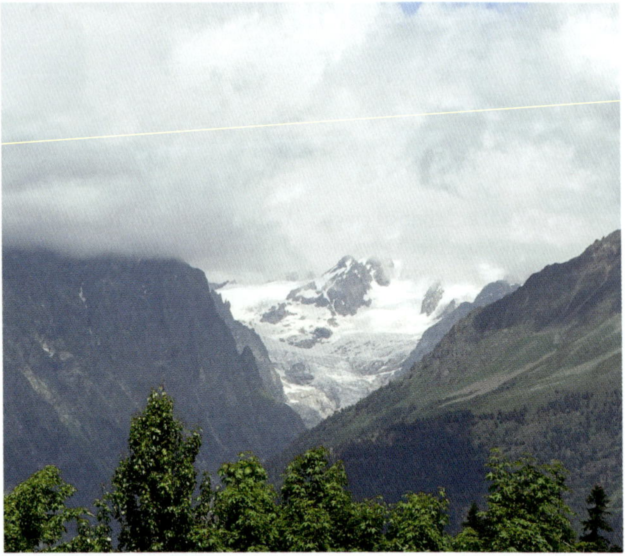

Der Chalaadi-Gletscher.

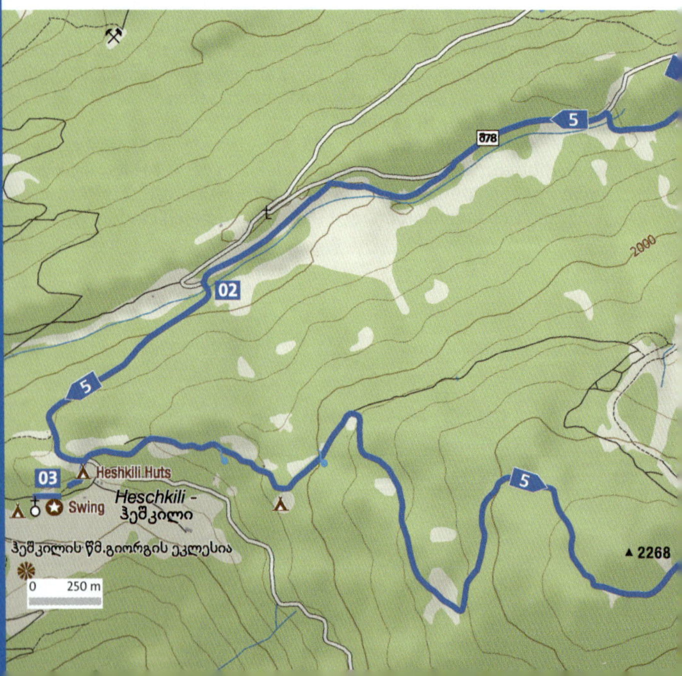

den 4 km entfernten, ausgeschilderten „Hashkili Sheperd Huts“. Nach einem braunen Holzgebäude beginnt der Pfad, der bald auf die Zufahrtsstraße zu dieser Tour trifft. Dieser folgen wir bergab durch ein Waldgebiet. Nach einem längeren Wegstück verlassen wir die Straße nach halb links auf eine beginnende Piste. Einen nach links abzweigenden Pfad über einen Bach lassen wir aus. Kurz vor der Zufahrtsstraße biegen wir dann nach halb links auf einen unscheinbaren Pfad durch kleine Haselnussbäume ab. Dieser führt einige Meter an einem Zaun entlang. Der Pfad endet an einer 02 **Schotterpiste (1785 m)**, der wir nach links bergauf folgen. Nach einem längeren Anstieg zweigt dann rechts ein Fahrweg zu den 03 **Heshkili Schäferhütten (1850 m)** ab. Etwas unterhalb der Hütten befindet sich ein Aussichtspunkt. Wir kehren auf den Fahrweg zurück, wo wir nach rechts abgebogen sind, und gehen nun geradeaus auf die gegenüberliegende, steil ansteigende Schotterpiste. Einen links abzweigenden Fahrweg lassen wir links liegen. Es folgt ein längeres Stück bergauf. Nach einem ebenen Wegstück erreichen wir eine querende Skipiste. Auf der Fahrspur der Skipiste geht es hinauf zur Bergstation mit einem Restaurant auf. Hinter dem Gipfelplateau führt ein Weg über einen immer schmaler werdenden Bergrücken, den sogenannten 04 **Zuruldi Kamm (2382 m)**. Der Weg geht in einen Pfad über, der vor einer Schotterpiste endet, auf der wir nach rechts ein Stück über den Bergrücken weitergehen. Dort, wo der Birkenwald den Blick freigibt, bieten sich einmalige Aussichtspunkte auf die umliegende Bergwelt. Wir kehren um und gehen auf der Schotterpiste zurück, ignorieren die Linksabzweigung vom Hinweg und zweigen direkt unterhalb der Seilbahntrasse nach 05 **Rechts (2342 m)** ab. Der Weg ist auch nach Mestia ausgeschildert. In zahlreichen Serpentinen geht es talwärts. Immer wieder bieten sich schöne Aussichtspunkte, bis wir die Talstation der Gondelbahn im 01 **Hatsvali Skigebiet (1873 m)** erreichen.

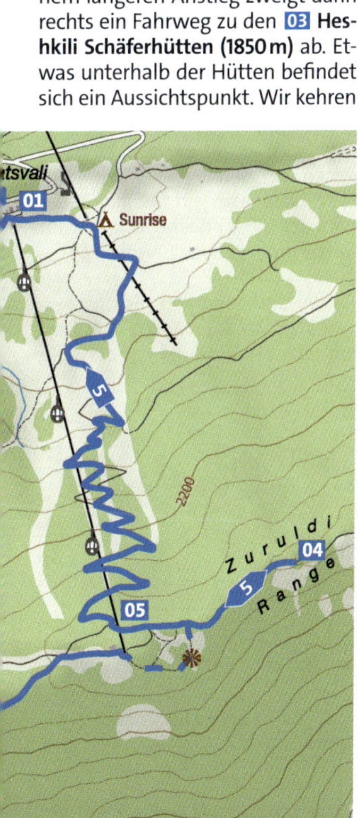

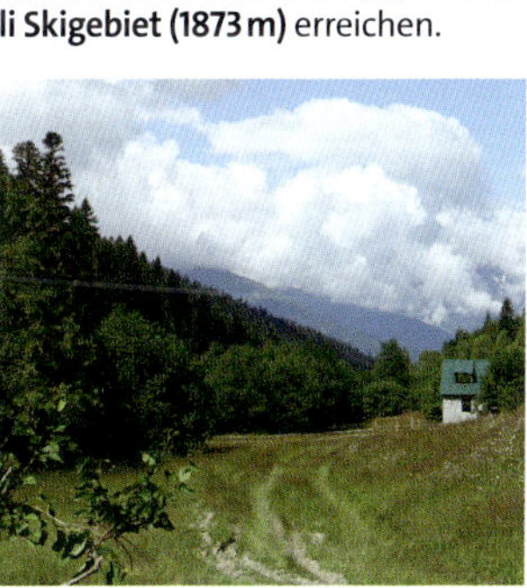

Eine Wanderung durch einsame Seitentäler.

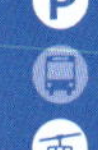

6

MESTIA – KORULDI SEEN – TAG 1 VON 2

Perfekte Reflexion und einzigartiger Panoramablick

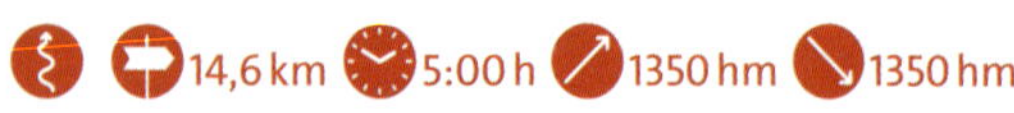

START | Historischer Seti-Platz im Zentrum von Mestia.
ÖPNV: Mestia wird von zahlreichen Marschrutkas aus allen Himmelsrichtungen angefahren.
Startkoordinaten: 43.044768 42.728066
CHARAKTER | Die Tour erfordert eine gute Kondition, vor allem wenn sie als Zweitagestour geplant wird. Beste Wanderzeit: Ende Juni bis Ende September.

Ausgangspunkt der Tour ist Mestia, das aufgrund seiner abgelegenen Lage und langen Isolation bis heute einen mittelalterlichen Ortskern bewahrt hat. Allgegenwärtig sind in dem Ort die bis zu 25 m hohen Wehrtürme, die sowohl als Wohnhäuser als auch als Verteidigungsposten gegen Eindringlinge dienten. Etwa 40 dieser Türme sind noch im Original erhalten, einige sind bis zu 500 Jahre alt. Sobald wir beim Aufstieg das Mestia Gipfelkreuz – den Wegpunkt 02 – erreicht haben, erhebt sich vor uns (bei guter Sicht) der majestätische Berg Uschba, der im weiteren Verlauf der Wanderung hinter dem bis zu 3300 m hohen Koruldi-Bergrücken verschwindet. An den Koruldi-Seen angekommen, spiegeln sich im ruhigen Wasser oft die nebelverhangenen Bergsilhouetten. Bei guter Sicht bietet sich ein faszinierender Blick auf die schneebedeckten Gipfel der umliegenden Bergriesen.

▶ Wir verlassen den historischen Seti-Platz in 01 **Mestia (1408 m)** auf der Hauptdurchgangsstraße

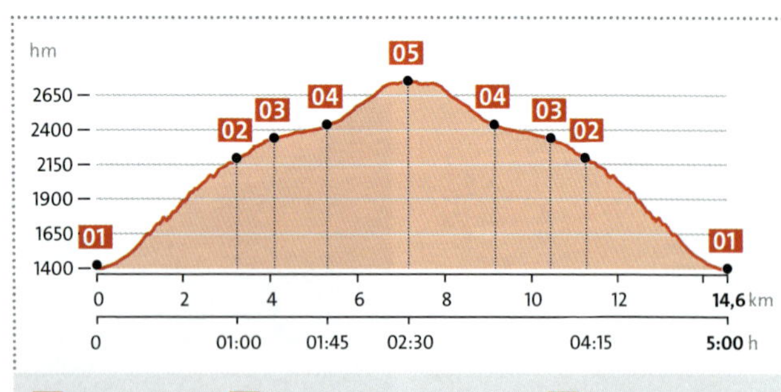

01 Mestia, 1408 m; 02 Mestia Gipfelkreuz, 2200 m; 03 Kleine Quelle, 2343 m; 04 Weg zum Guli Pass, 2438 m; 05 Koruldi Seen, 2749 m;

in westlicher Richtung und biegen nach kurzer Strecke halb links in die gepflasterte Straße ein. An der nächsten Gabelung folgen wir dem Arm halb rechts, biegen bei der nächsten Möglichkeit halb links ab, folgen dem Verlauf der Gasse nach halb rechts, passieren den Khergani-Wehrturm und das „Old House Hotel/Restaurant“. Die mit Feldsteinen gepflasterte Straße steigt nun sehr steil an und geht später in eine Piste über.

Hinter einem Wasserverteilerhaus beginnt dann ein ausgeschilderter Pfad zu den „Koruldi Seen“. An einer weiteren Weggabelung folgen wir dem halb links ansteigenden Arm, bis dieser an einer Piste endet. Hier gehen wir noch ca. 60 m geradeaus bergauf, um dann nach links wieder einige Meter bergab zu gehen und dort dann nach rechts abzubiegen. Wir marschieren nun direkt neben einem Weidezaun auf einem schmalen Pfad über Wiesen bergauf. Vor einem weiteren Zaun führt der Pfad dann nach rechts bergauf und an einigen Kiefern vorbei. Wir überqueren einen weiteren Pfad, tan-

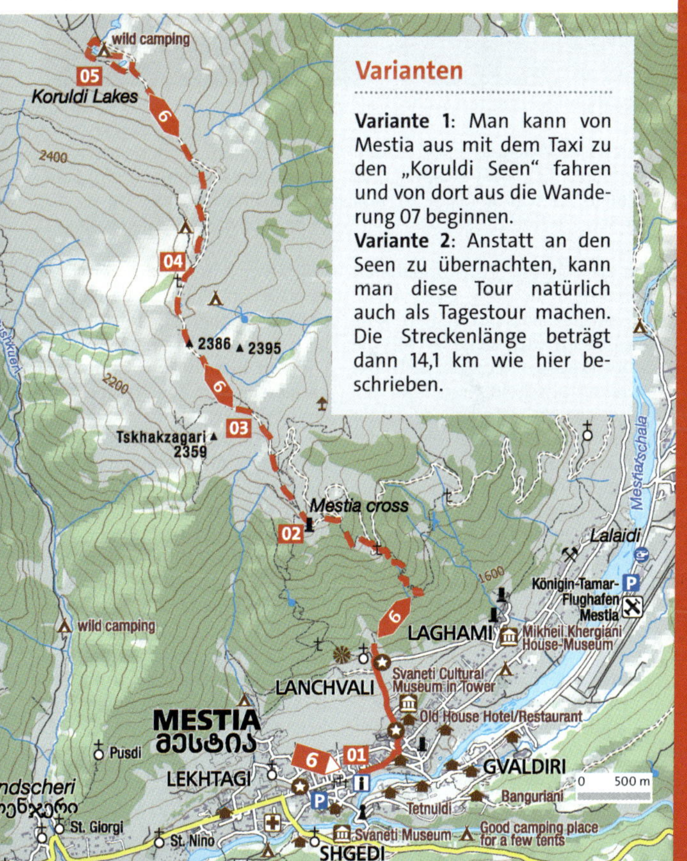

Varianten

Variante 1: Man kann von Mestia aus mit dem Taxi zu den „Koruldi Seen“ fahren und von dort aus die Wanderung 07 beginnen.

Variante 2: Anstatt an den Seen zu übernachten, kann man diese Tour natürlich auch als Tagestour machen. Die Streckenlänge beträgt dann 14,1 km wie hier beschrieben.

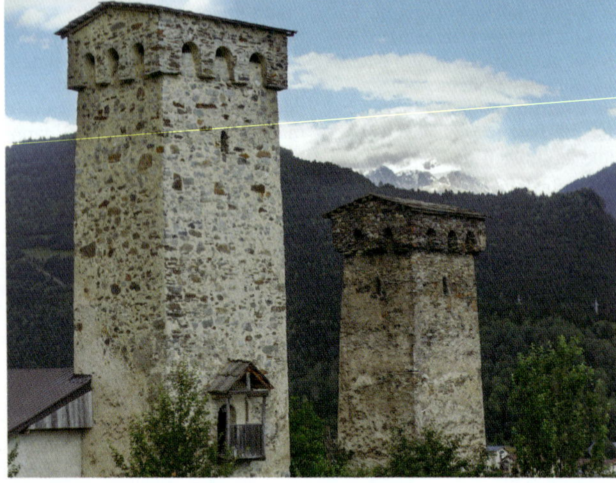

Die omnipräpräsenten Wehrtürme von Mestia.

gieren eine Piste und erreichen den Wegpunkt 02 **Mestia Gipfelkreuz (2200 m)**. Bei guter Sicht ist nun der Berg Uschba zu sehen.

Auf der breiten Piste orientieren wir uns in Richtung einer Anhöhe, auf der eine Hütte steht. Kurz vor dieser Hütte verlassen wir die Schotterpiste und biegen halb links in einen unscheinbaren Pfad ein, der dann links unterhalb der Hütte vorbeiführt. Dieser ist ein kurzes Stück kaum zu erkennen, bis er in einen Fahrweg mündet. Nach nun ca. 400 m kommen wir zu einer 03 **Kleinen Quelle (2343 m)**, eine gute Möglichkeit frisches Trinkwasser zu zapfen. Besonders wichtig, wenn man an den „Koruldi Seen" übernachten möchte, da es dort keine Trinkwasserstellen gibt!

Zusatzausrüstung

Wenn die Tour als Zweitagestour begangen wird, sollte man Isomatte, Schlafsack, Zelt, Kocher und Proviant für zwei Tage mitführen.

Wir folgen dem Verlauf der Schotterpiste kontinuierlich bergauf. An einer Weggabelung – etwas oberhalb steht ein Holzmast – wählen wir den halb linken Strang. Wir passieren eine Feuchtwiese und einige Hütten. Sobald wir links von der Piste – in ca. 80 m Entfernung – einen weißen Markierungspfeiler sehen, treffen wir auf den halb links einmündenden 04 **Weg zum Guli Pass (2438 m)**. Hierher kehren wir am zweiten Wandertag zurück. Ein kurzes Stück führt der Wanderweg über einen Bergrücken, bis wir dann wieder auf die Piste stoßen treffen, die uns zu den sechs 05 **Koruldi Seen (2749 m)** bringt. Im Bereich der Seenplatte schlagen wir unser Lager auf oder wandern auf dem bekannten Hinweg zurück bis nach 01 **Mestia (1408 m)**.

KORULDI KAMM, 3328 m – MESTIA – TAG 2 VON 2

7

Einzigartige Gratwanderung hoch über den Uschba-Gletscher

 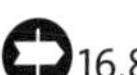16,8 km 6:15 h 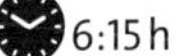 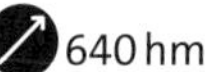640 hm 1970 hm

START | Koruldi Seen; Fortsetzung der Wanderung 06. Startkoordinaten: 43.087067 42.703100
CHARAKTER | Die Tour erfordert eine sehr gute Kondition, vor allem wenn sie als Zweitagestour geplant wird. Absolute Trittsicherheit und Schwindelfreiheit sind für die Gratwanderung erforderlich.

Am höchsten Punkt dieser Wanderung auf 3328 m erhebt sich die höhere der beiden Doppelspitzen, die Südspitze des 4710 m hohen Uschba, um weitere 1382 Höhenmeter. Während der Gratwanderung sind wir teilweise nur 1,5 km von den senkrecht aufragenden Felswänden der Doppelspitzen entfernt. Von hier aus können wir den Verlauf des insgesamt 6 km langen Chalaadi-Gletscher über weite Strecken verfolgen. Aber auch alle bekannten Bergriesen sind von dieser luftigen Position aus gut zu erkennen. Der Aufstieg zum Koruldi Kamm ist technisch problemlos. Die teilweise ausgesetzte Gratwanderung ist dann nichts für schwache Nerven und wird bei starkem Wind zu einem gefährlichen Unterfangen. Bis in den August hinein trifft man auf Restschneefelder. Da diese Route selten begangen wird, fehlt eine ausgetretene Spur. Die Navigati-

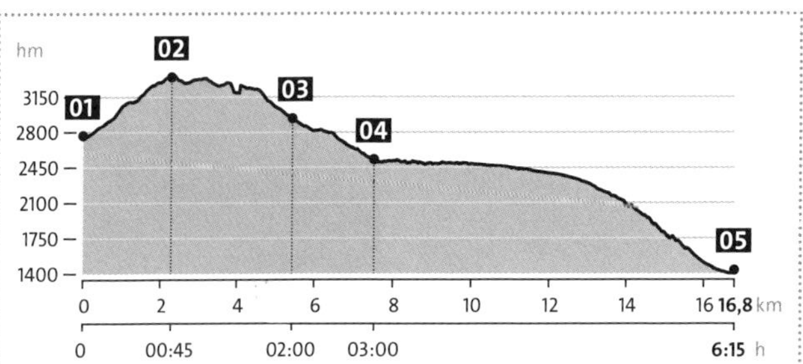

01 Koruldi Seen, 2749 m; **02** Koruldi Kamm, 3328 m; **03** Guli Pass, 2954 m; **04** Wegverzweigung, 2556 m; **05** Mestia, 1408 m;

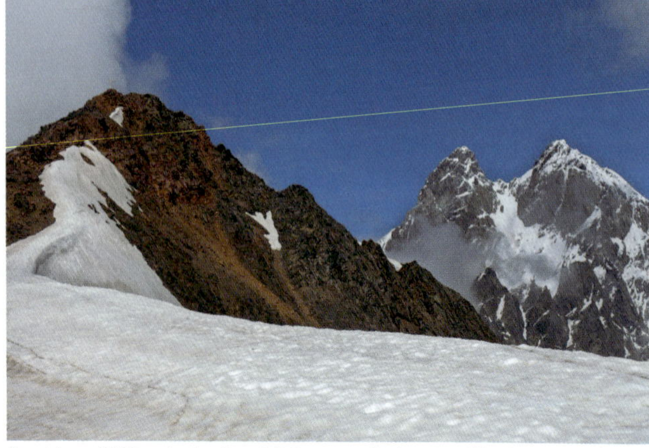
Der bis zu 3328 m hohe Koruldi Kamm mit dem Uschba im Hintergrund.

on auf diesen Abschnitten erfolgt über den heruntergeladenen GPS-Track, der vor allem bei Nebel unerlässlich ist.

▶ Auf Höhe der **01 Koruldi Seen (2749 m)** geht die Schotterpiste in einen Pfad über, der kontinuierlich und gut sichtbar über einen Bergrücken ansteigt. Zusätzlich führt eine Piste in langen Serpentinen über den losen Schotter des Hanges hinauf, die wir nach kurzem Aufstieg tangieren. Dann endet der Pfad an dieser Piste, deren Verlauf wir durch die Rechtskurve und dann ca. 300 m folgen, um dann links über den losen Schotter auf einer der vielen Trittspuren aufzusteigen. Dort, wo das Gelände steiler wird, geht es im Zickzack bergauf. Vor einem felsigen Vorgipfel teilt sich der Pfad in zwei Arme. Der geradeaus weiterführende Pfad ist schwieriger, da er an einer Stelle etwas ausgesetzt ist und durch Geröll rutschig ist. Beide Varianten führen zu einer Einsattelung. Von hier aus folgt der Schlussanstieg über rotbraunes, loses Gestein bis zu einem Gipfelkreuz mit einer weiteren Einsattelung. Hinter Felsen findet man Schutz bei starkem Wind. Mithilfe der Hände verlassen wir die Einsattelung und erklimmen den **02 Koruldi Kamm (3328 m)**. Auf den ersten Metern ist der Grat schmal. Dann wird er breiter und führt zu einer weiteren Einsattelung hinunter. Es folgt ein kurzer Aufstieg und wieder ein Abstieg zu einer weiteren Einsattelung. Achtung! In der Senke befindet sich ein Tümpel, der während der

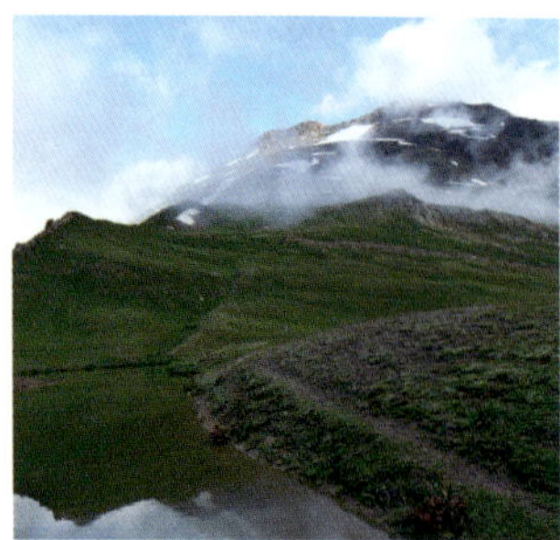
Der Aufstieg von den Koruldi Seen zum Koruldi Kamm.

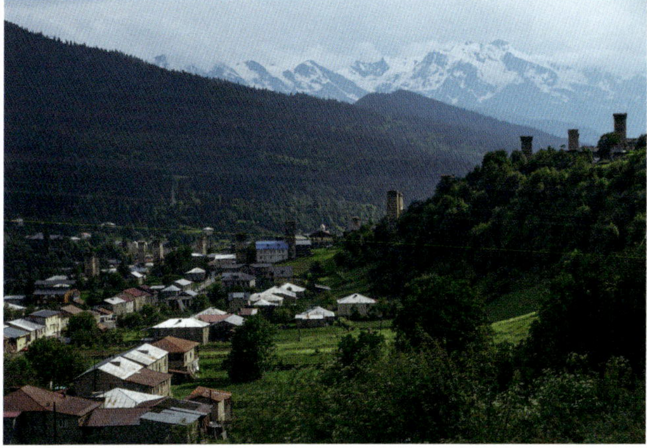

Der historische Ort Mestia.

Zusatzausrüstung

Wenn die Tour als Zweitagestour begangen wird, sollte man Isomatte, Schlafsack, Zelt, Kocher und Proviant für zwei Tage mitführen.

Rechercherereise noch mit Schnee bedeckt war. War der bisherige Weg aufgrund der Geländeform klar, so ist der weitere Pfad nur noch schemenhaft zu erkennen. Ab hier ist die Navigation mit dem heruntergeladenen GPS-Track sehr hilfreich. In westlicher Richtung queren wir einen Berghang mit kleinen Plattenschiefern. Kurz darauf ist rechter Hand der Guli-Gletscher zu sehen, bevor wir wieder zu einer Einsattelung absteigen. Es folgt ein ständiges Auf und Ab durch eine weglose Steinwüste. Restschneefelder werden noch bis in den August umlaufen. Der Einstieg zum Abstieg ist schwer zu finden. Bitte unbedingt den GPS-Track benutzen! Dann geht es über ein riesiges Schotterfeld hinunter zu den Wiesen. Ab hier folgen wir dem ausgetretenen Pfad bis zum **03 Guli Pass (2954 m)**. Von hier aus wandern wir auf dem grünen Bergrücken bis zur nächsten Einsattelung. Geradeaus geht es weiter bis zum 2946 m hohen Berg Guli. Wir wenden uns nach links und beginnen mit dem Abstieg. Wiesen und Rhododendren wechseln sich ab, während es im Zickzack stetig bergab geht. Zwischen zwei Bächen folgen wir bei der **04 Wegverzweigung (2565 m)**, dem halb links weiterführenden ausgetretenen Pfad und nicht dem halb rechts abzweigenden, nur schemenhaft erkennbaren Pfad der Wanderung 03 – es sei denn, wir wollen diese Variante gehen. Auf dem fast ebenen Pfad quert man den Hang unterhalb des Koruldi Kamms. Nach ca. 4 km erreicht man den Wegpunkt *04 Weg zum Guli Pass (2438 m)* des Vortags (Wanderung 06) und wandert auf dem bekannten Hinweg zurück bis nach **05 Mestia (1408 m)**.

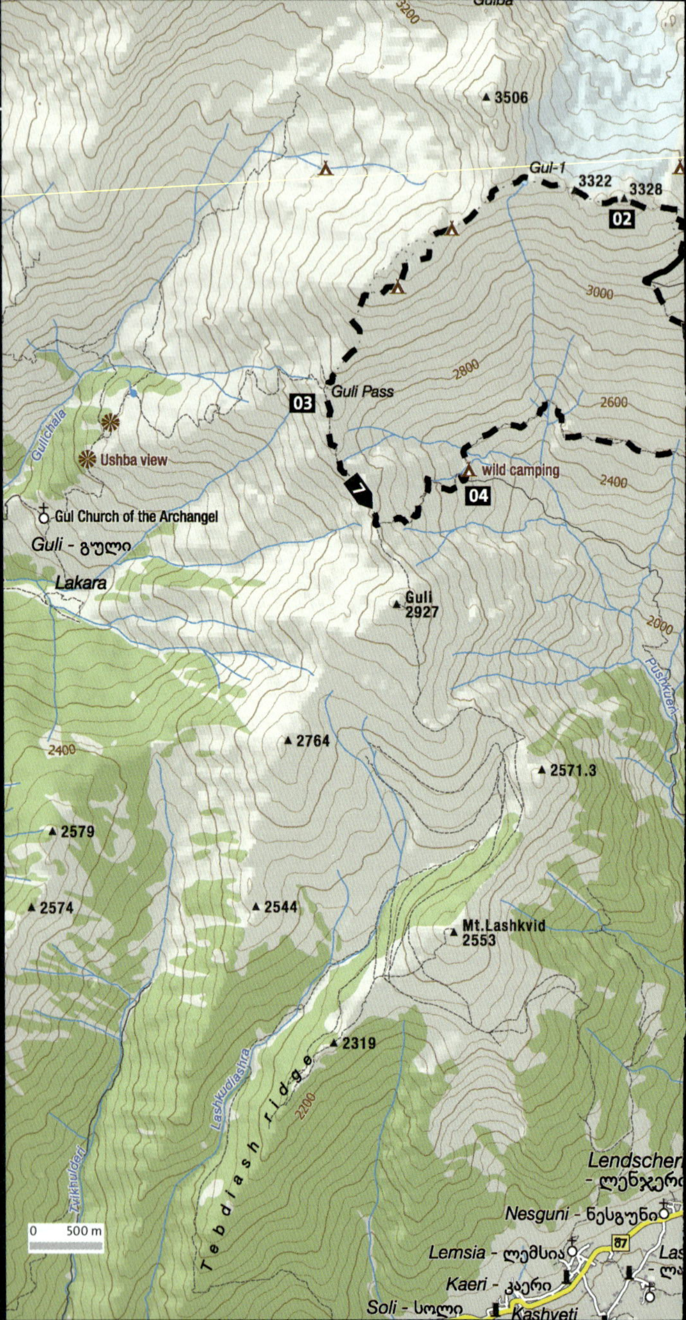

3506
Gul-1
3322
3328
02
3000
2800
Guli Pass
03
2600
Gulichala
Ushba view
wild camping
2400
04
7
Gul Church of the Archangel
Guli - გული
Lakara
Guli
2927
2000
Pushkuen
2764
2400
2571.3
2579
2574
2544
Mt.Lashkvid
2553
2319
Lashkudlashra
Tebdiash ridge
2200
Zvikhulderi
Lendscheri - ლენჯერი
Nesguni - ნესგუნი
0 500 m
87
Lemsia - ლემსია
Kaeri - კაერი
Soli - სოლი
Kashveti

Varianten

Variante 1: Man kann von Mestia aus mit dem Taxi zu den „Koruldi Seen“ fahren und von dort aus die Wanderung 07 beginnen. Variante 2: Ab dem Wegpunkt 04 dieser Wanderung den Abstieg wie bei Wanderung 03 wählen.

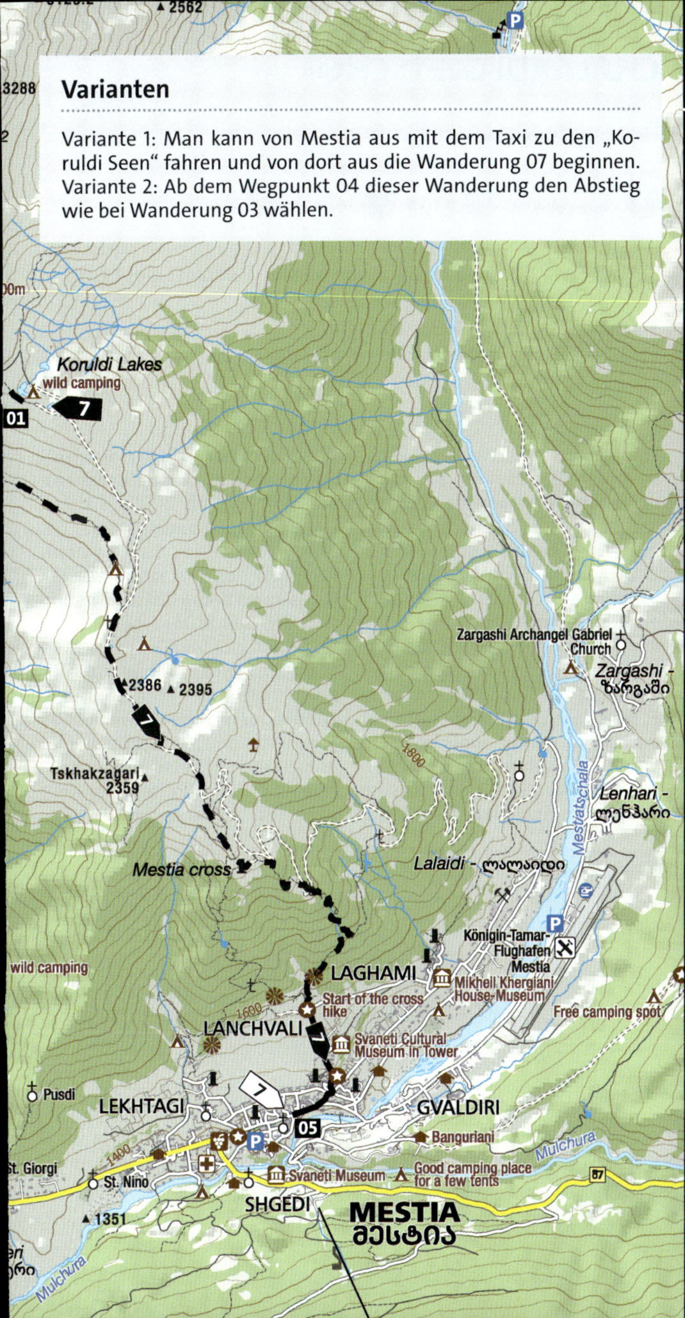

8

CHALAADI GLETSCHER

Der tiefste Gletscher Europas?!

 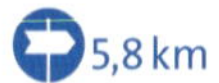 5,8 km 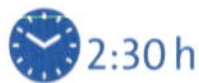 2:30 h 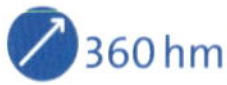 360 hm  360 hm

START | Etwa 12 km nordöstlich von Mestia. Parkplatz gibt es am Ende der Piste vor der Hängebrücke.
Startkoordinaten: 43.109322 42.744315
CHARAKTER | Einfache Wanderung für die ganze Familie.

Eine Besonderheit ist das Tiefreichen der Gletscher im Kaukasus in Abhängigkeit von der geografischen Breite. So zum Beispiel liegt der Chalaadi-Gletscher nur 1941 m hoch! Zum Vergleich: Der südlichste Gletscher Europas – der nur noch 25 m dicke Calderone-Gletscher, im Gran-Sasso-Massiv in den Abruzzen – liegt zwischen 2650 und 2830 m hoch. Er liegt damit deutlich höher, aber auch rund 60 km südlicher. Aufgrund der weltweiten Gletscherschmelze wird er in den nächsten Jahren verschwinden. Der tiefste Alpengletscher ist der Bramkofelgletscher in den Julischen Alpen mit 1875 bis 2000 m Höhe. Dieser liegt allerdings auf der Nordhalbkugel ca. 430 km nördlicher als der Chalaadi-Gletscher. Da es keine unumstrittene Definition der Grenze zwischen Europa und Asien gibt und Georgien am 3. März 2022 einen Antrag auf Mitgliedschaft in der EU gestellt hat, könnte man diese These in den Raum stellen: „In Georgien gibt es die tiefsten Gletscher Europas“. Nun zur Tour: Ein weiterer sehr beliebter Wanderweg in der Nähe

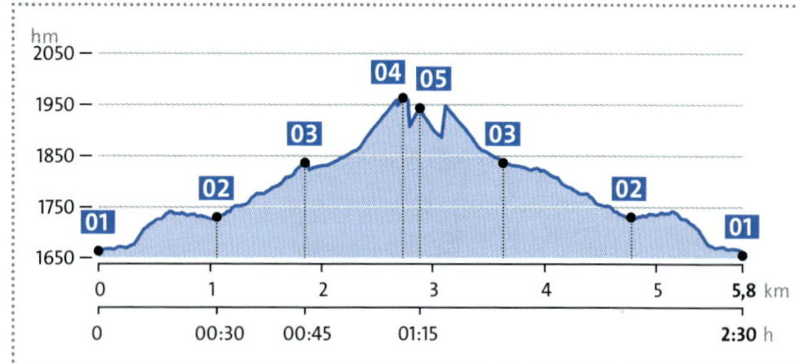

01 Mestiatschala Tal, 1656 m; 02 Chalaadi Fluss, 1739 m; 03 Chalaadi Tal Camping, 1834 m; 04 Chalaadi Gletscher Aussichtspunkt, 1894 m; 05 Chalaadi Gletscher Aussichtspunkt, 1941 m;

8

von Mestia ist die Erkundung des genannten Gletschers und seiner Lage in einer besonders engen Schlucht mit steil aufragenden Felswänden und seinem extrem wilden Gletscherfluss.

▶ Am Ende der Schotterpiste hinter dem Parkplatz im 01 **Mestiatschala Tal (1656 m)**, überqueren wir die sehr wackelige Hängebrücke über den Mestiatschala-Fluss. Hier teilt sich das Tal in zwei Seitentäler auf. Von rechts kommt der Hauptfluss von der russischen Grenze und ist nicht zugänglich. Wir wandern nach links in Richtung des ausgeschilderten Chalaadi-Gletscher. Nach wenigen Metern vor einem kleinen Café zweigt der Pfad nach links ab. Der Pfad schlängelt sich durch ein Waldgebiet und nach einem kurzen Abstieg erreicht man an

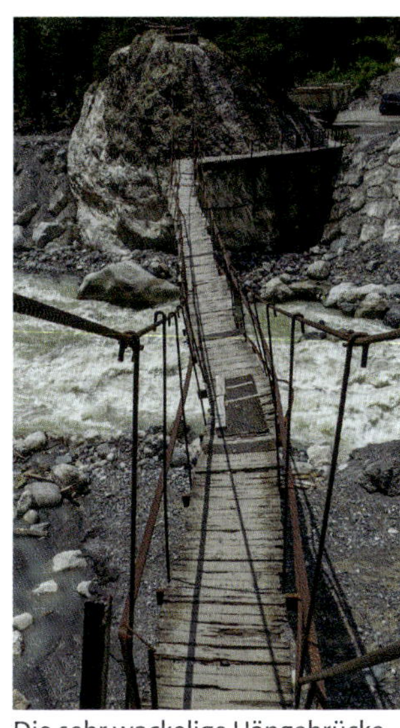

Die sehr wackelige Hängebrücke über den Mestiatschala-Fluss.

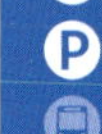

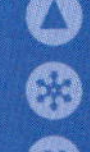
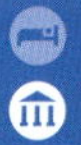

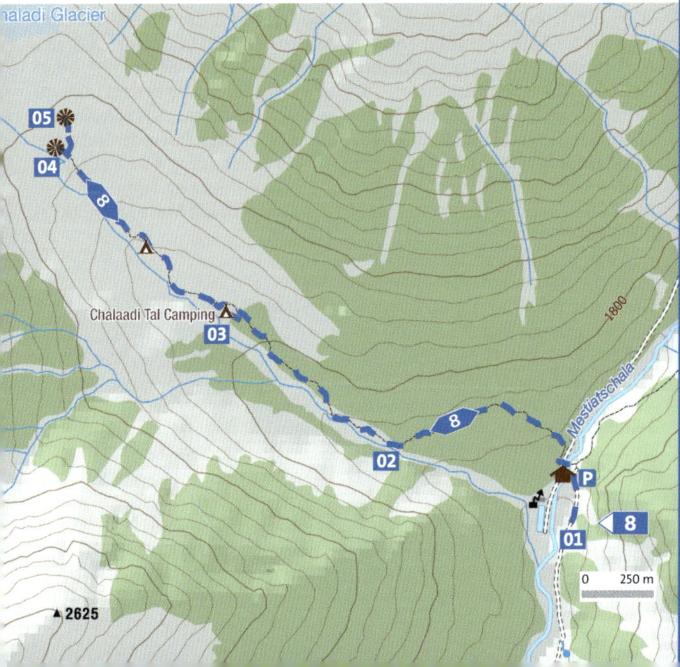

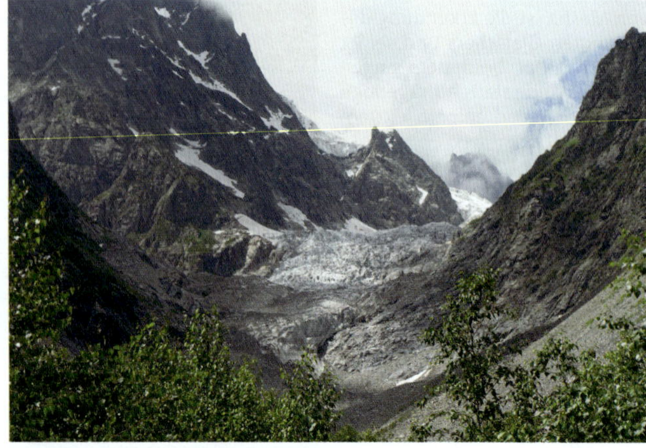

Vom Campingplatz ist bereits der Gletscher sehr gut zu erkennen.

das Ufer des wilden 02 **Chalaadi Flusses (1739 m)**. Besonders in den heißen Sommermonaten, wenn die Gletscher schmelzen, wird der Flusslauf extrem reißend! Der Weg führt weiter am Fluss entlang bis zu einem großen Felsen. Auf diesem steht geschrieben, dass der Gletscher 1974 noch bis hierher reichte. Hier befindet sich auch der Zeltplatz 03 **Chalaadi Tal Camping (1834 m)**. Langsam lichtet sich der Wald und gibt den Blick über den Gletscher frei, von der Gletscherzunge bis zu den Höhen des Uschba-Gebirges frei. Am Aussichtspunkt am 04 **Chalaadi Gletscher (1894 m)** angekommen, stehen wir vor der 30 bis 40 m hohen Gletscherzunge, aus der der vom Gletscher gespeiste Fluss entspringt. Die Wassermenge unterliegt starken jahreszeitlichen und tageszeitlichen Schwankungen. In unmittelbarer Nähe der Gletscherzunge besteht erhebliche Steinschlaggefahr durch die sich ständig lösende Schuttbedeckung am oberen Rand der Gletscherzunge. Erläuterung: Im Laufe der Zeit können große Teile der Gletscheroberfläche mit Schutt bedeckt werden. Das Gesteinsmaterial kommt entweder langsam durch Schmelzen an die Oberfläche oder fällt durch Lawinen und Felsstürze herab. Rechts von der Gletscherzunge führt ein Pfad über diese Schuttbedeckung zu einem weiteren Aussichtspunkt über dem 05 **Chalaadi Gletscher (1941 m)**. Zurück geht es auf dem bekannten Hinweg zum Star- und Zielpunkt im 01 **Mestiatschala Tal (1656 m)**.

Hinweis

Früher führte ein Wanderweg in das wildromantische Mestiatschala-Tal mit dem gleichnamigen Fluss. Wegen der Bauarbeiten für das Wasserkraftwerk Mestiatschala herrscht heute viel Verkehr, sodass die Anfahrt mit dem eigenen Fahrzeug oder einem Taxi zu empfehlen ist.

MESTIA – AUSSICHTSPUNKT

Panoramawanderung inmitten der Bergriesen

 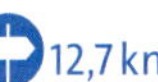 12,7 km 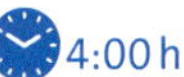 4:00 h 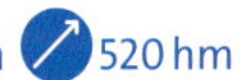 520 hm 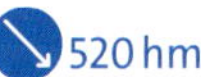 520 hm

START | Historischer Seti-Platz im Zentrum von Mestia. ÖPNV: Mestia wird von Marschrutkas aus allen Himmelsrichtungen angefahren. Startkoordinaten: 43.044262 42.725742
CHARAKTER | Einfache Wanderung für die ganze Familie.

Die historisch-geografische Region Swanetien liegt im Nordwesten Georgiens im Großen Kaukasus und gehört zu den beliebtesten Wanderzielen innerhalb Georgiens. Nicht ohne Grund: Die unberührte Gebirgslandschaft mit ihren zahlreichen Gletschern und bizarren Felsformationen strahlt eine Spiritualität aus, der man sich nur schwer entziehen kann. Die Wanderung bietet bei guter Sicht unvergleichliche Ausblicke auf den Kaukasus-Hauptkamm und das Swanetische Gebirge – ein etwa 85 km langes Teilgebirge des Großen Kaukasus, das sich südlich von dessen Hauptkamm in West-Ost-Richtung erstreckt.

▶ An der Haltestelle der Marschrutkas und Taxis verlassen wir die Durchgangsstraße von 01 **Mestia (1408 m)** in südlicher Richtung. Bereits nach 40 m führt nach rechts eine Gasse zu einem lohnenden Abstecher zum historischen Seti-Platz mit einer Skulptur der Königin Tamar. Sie herrschte von 1184 bis 1213 über das mittelalterliche Georgien, das im Goldenen Zeitalter auf dem Höhepunkt seiner Macht stand. Zurück auf dem Hauptweg in südlicher Richtung folgen wir an der

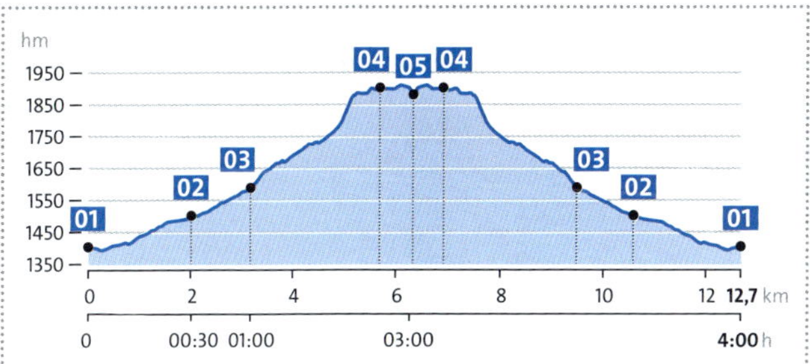

01 Mestia, 1408 m; 02 Aussichtspunkt, 1455 m; 03 Abzweigung, 1540 m; 04 Aussichtspunkt, 1863 m; 05 Aussichtspunkt, 1871 m;

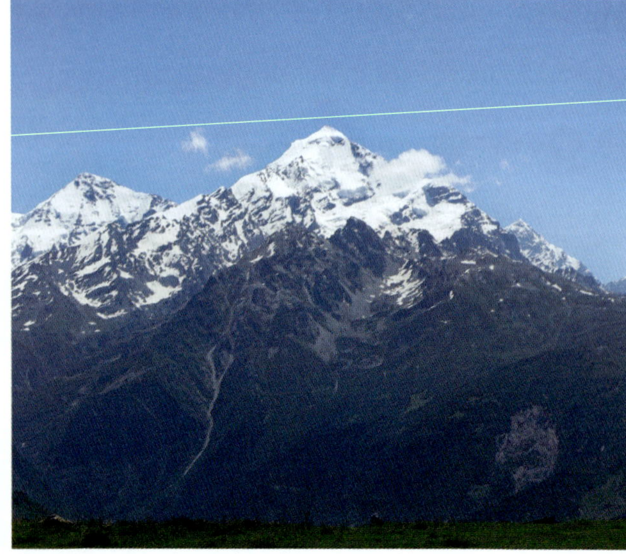

Ein schöner Aussichtspunkt auf den – Tetnuldi 4858 m.

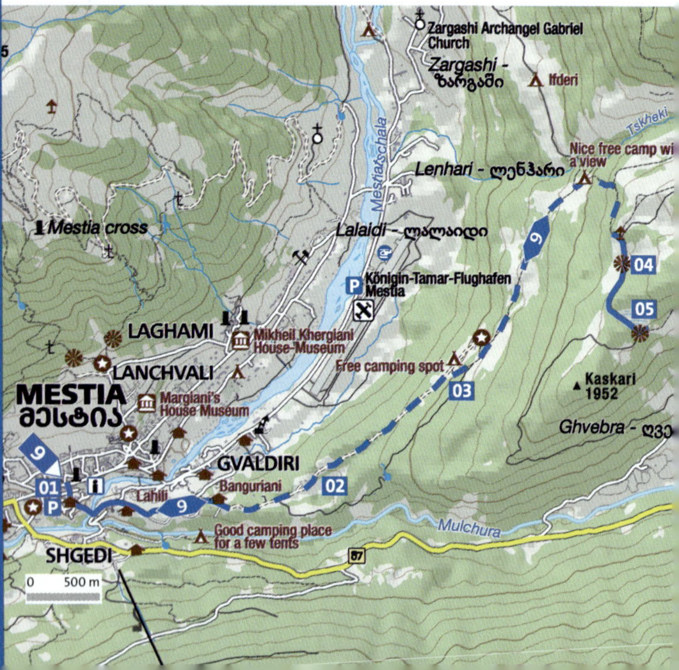

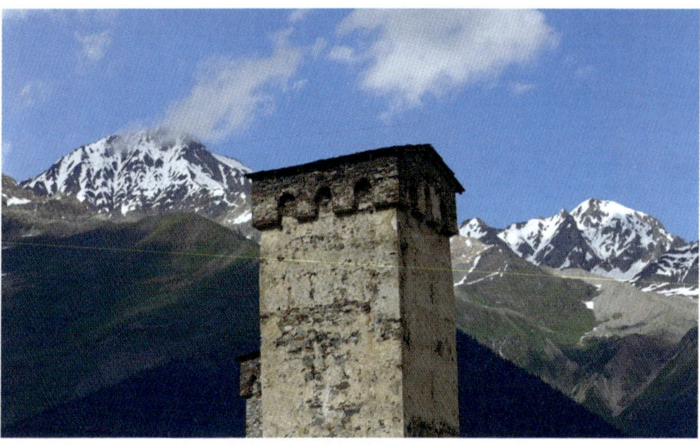

Die Sicht von Mestia – Links Latraldashi, 3370 m – Rechts Banguriani, 3838 m.

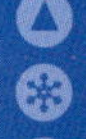

Weggabelung dem halblinken Arm am türkischen Restaurant vorbei und überqueren den Mestiatschala-Fluss. Die zahlreichen Wegweiser unterhalb einer Steinmauer zeigen nach links, dorthin gehen wir auch. Bei guter Sicht erheben sich vor uns in südwestlicher Richtung der 3370 m hohe Berg Latraldashi (links) und der 3838 m hohe Banguriani (rechts). An der folgenden Weggabelung wählen wir den halb rechten Arm.

Die Schotterpiste führt an einer freien Fläche vorbei, hier halten wir uns halb links auf der Straße mit den Laternen. An einer weiteren Gabelung nehmen wir den halb rechten Arm und passieren das Hotel Banguriani. Eine Abzweigung nach rechts ignorieren wir. Der Wald zu unserer Rechten gibt den Blick nach Osten frei und von diesem 02 **Aussichtspunkt (1455 m)** sehen wir gletscherbedeckte Berge, den 4858 m hohen Tetnuldi und links davon den 4806 m hohen Gistola. Wir gehen weiter bergauf und nach einer langen Strecke sehen wir links den 4710 m hohen Uschba. An dieser Stelle biegen wir nach 03 **rechts (1540 m)** ab. Auch gibt es Wegweiser in Richtung Zhabeschi und Adishi und auch gelegentlich weiß-gelb-weiße Markierungen. In nördlicher Richtung ist auch der Eispanzer des Chalaadi Gletschers (siehe Wanderung 08) gut zu erkennen. Der Pfad, der durch ein Waldstück mit vielen Haselnussbäumen führt, steigt nun steil an und endet an einer Piste. Hier biegen wir rechts ab und erreichen einen weiteren schönen 04 **Aussichtspunkt (1863 m)**. In südwestlicher Richtung liegen die vergletscherten Berge um den 4900 m hohen Laila. Dieser Gebirgszug ist Teil des Swanetischen Gebirges, das wiederum zum Großen Kaukasus gehört. Der Fahrweg über Wiesen endet am schönsten 05 **Aussichtspunkt (1871 m)** der heutigen Wanderung. Nach Osten schweift der Blick über ein Tal bis zum 4858 m hohen Tetnuldi. Er ist der zehnt-höchste Berg Georgiens und ab 3000 m Höhe vergletschert. Auf dem bekannten Hinweg geht es zurück nach 01 **Mestia (1408 m)**.

MESTIA – USHGULI, TAG 1 VON 4

Gletscherblick mit Zikadengesang

  15,5 km  5:30 h 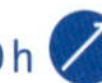 630 hm  550 hm

START | Historischer Seti-Platz im Zentrum von Mestia.
Ziel: Natur Campingplatz unterhalb des Dorfes Zhabeshi; nur zu Fuß erreichbar.
ÖPNV: Mestia wird von Marschrutkas von überall angefahren.
Startkoordinaten: 43.044262 42.725742
CHARAKTER | Leichte Orientierung. Keine besonderen technischen Anforderungen.

Die mehrtägige Wanderung von der Kleinstadt Mestia zum Unesco-Weltkulturerbe Ushguli – am Fuße des Hauptkamms des Großen Kaukasus entlang der russischen Grenze – gehört zu den eindrucksvollsten Erlebnissen in Georgien. Noch vor wenigen Jahren herrschte entlang der Wanderroute idyllische Ruhe ohne Infrastruktur. Inzwischen hat sich die Streckenwanderung zu einem touristischen Anziehungspunkt entwickelt und es gibt zahlreiche Herbergen mit Restaurants entlang der Strecke. Mit Ausnahme der Varianten (siehe Wanderungen 14 und 15) ist die Tour nur mit Tagesgepäck zu bewältigen. Auch in der Hochsaison gibt es noch freie Übernachtungsmöglichkeiten. Bei der nachfolgenden Beschreibung der Touren 10 bis 16 kann zwischen drei Varianten gewählt werden: Nur mit Tagesgepäck, von Gasthaus zu Gasthaus *(19:45 Std. | ↔ 57,8 km | ↗ 2830 m | ↘ 2205)*, Übernachtung auf den schönsten Naturzeltplätzen (mit frischem Quellwasser) entlang

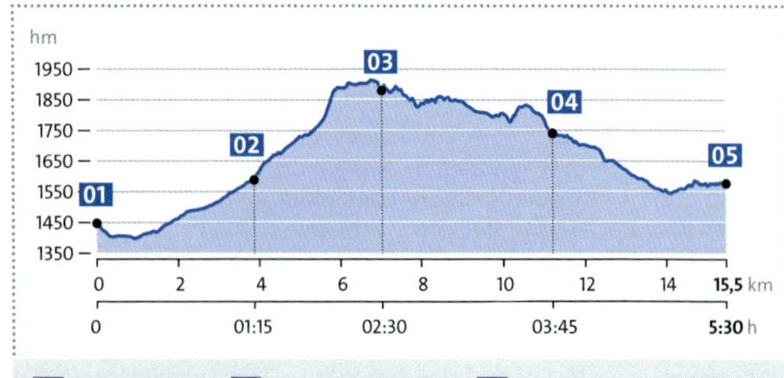

01 Mestia, 1408 m; 02 Abzweigung, 1543 m; 03 Aussichtspunkt, 1871 m; 04 Lakhiri, 1703 m; 05 Zeltplatz, 1529 m;

Information für Mehrtagestour

Zusatzausrüstung: Isomatte, Schlafsack, Zelt, Kocher und Proviant für vier Tage.
Übernachtungsmöglichkeiten: In der Ortschaft Lakhiri: Km 11,2 Guesthouse Gvidani Tel.: +995599561581. In der Ortschaft Zhabeschi: Km 15,9 + 1,8 km Guesthouse Gestola Tel.: +995591069923, Guesthouse Victor Tel.: +995557642262, Guesthouse Gogia Tel.: + 995511171812.
Quellwasser: Bei km 15,8 folgt man dem Zufluss des Tümpels, steigt dabei einige Meter neben einem Geröllfeld den Hang hinauf, bis man auf ein Rohr stößt, aus dem frisches Quellwasser fließt.

der Strecke und die Varianten für den 3. und 4. Tag abseits der Touristenströme *(18:45 Std. | ↔ 51 km | ↗ 3060 m | ↘ 2420)*. Los geht's. Der erste Tag ohne große Höhenunterschiede eignet sich zum Einlaufen und zum Kennenlernen der Region. Die Höhepunkte der Strecke bis zum Wegpunkt 03 sind in der Wanderung 09 ausführlich beschrieben.

▶ An der Haltestelle der Marschrutkas und Taxis verlassen wir die Durchgangsstraße von **01 Mestia (1408 m)** in südlicher Richtung. An der Weggabelung folgen wir dem halb linken Arm am türkischen Restaurant vorbei und überqueren den Mestiatschala-Fluss. Die zahlreichen Wegweiser unterhalb einer Steinmauer zeigen nach Zhabeschi und Adishi, hier gehen wir nach links. An der folgenden Weggabelung wählen wir den halb rechten Arm.

Die Schotterpiste führt an einem freien Platz vorbei. Hier halten wir uns halb links auf der Straße mit den Laternen. An einer weiteren Weggabelung nehmen wir den halb rechten Arm und passieren das Hotel Banguriani. Eine Abzweigung nach rechts ignorieren wir. Wir gehen weiter bergauf und

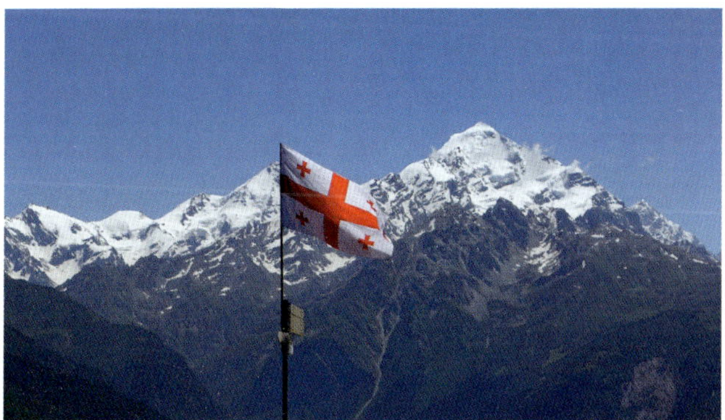

Die georgische Flagge vor dem Tetnuldi.

nach einer langen Strecke sehen wir links den 4710 m hohen „South Ushba“. An dieser Stelle biegen wir nach **02** **rechts (1543 m)** ab.

Es gibt es auch Wegweiser in Richtung nach Zhabeschi und Adishi und auch gelegentlich weiß-gelb-weiße Markierungen. Der Pfad, der durch ein Waldstück mit vielen Haselnussbäumen führt, steigt nun steil an und endet an einer Piste. Hier biegen wir rechts ab. Der Weg endet hinter den Feuchtwiesen am wohl schönsten **03** **Aussichtspunkt (1871 m)** der heutigen Etappe. Nach Osten schweift der Blick über das Mulkhra-Tal bis zum 4858 m hohen Tetnuldi. Der weiter nach Osten führende Pfad gabelt sich bereits nach wenigen Metern Abstieg. An dieser leicht zu übersehenden Stelle folgen wir dem halb links und fast eben verlaufenden Arm. In dem folgenden kleinen Talkessel erschweren zahlreiche Viehspuren die Orientierung, wir folgen der oberen Spur bis zu einigen Tannen auf einer Anhöhe. Der Pfad geht in eine Piste über. An einer Weggabelung nehmen wir den halb links ansteigenden und ebenfalls ausgeschilderten Weg Richtung Lakhiri. Dieser führt oberhalb von Funkantennen direkt auf den fernen und vergletscherten Berg Tetnuldi zu. Dann verlassen wir den Fahrweg auf den halb links ansteigenden Pfad, der auch nach Lakhiri ausgeschildert ist. Schließlich führt eine Piste hinunter in den historischen Ortskern von **04** **Lakhiri (1703 m)**. Unmittelbar nach dem „Guesthouse Gvidani“ biegen wir am großen Platz links ab und gehen durch die Gasse und kommen vorbei an zahlreichen Wehrtürmen, einer Kapelle und einem Friedhof. Am Ortsausgang folgen wir den Wegweisern in Richtung Zha-

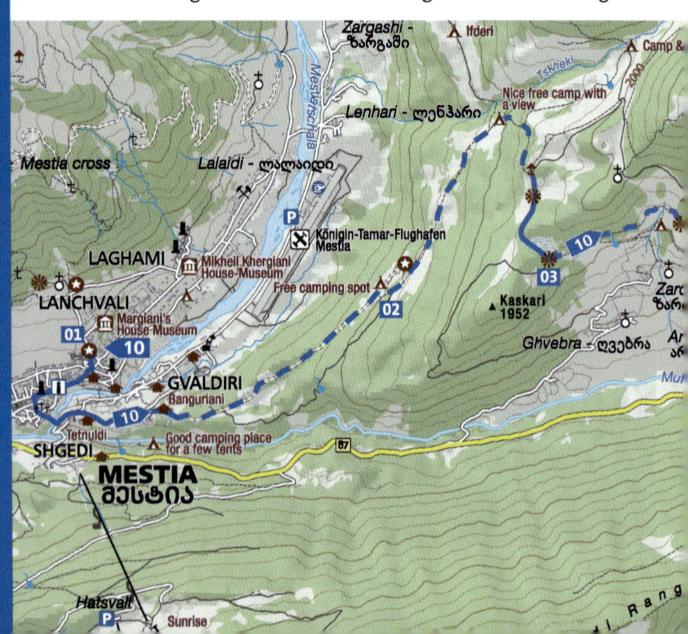

beschi. Ein Bach wird auf Holzbohlen überquert und kurz danach gabelt sich der Weg, während wir links durch ein Feld und an einem Zaun entlang weiterwandern. Sobald wir weiter unten ein kleines Schwimmbecken bei einem Haus sehen, gehen wir über die Wiese hinunter zum unterhalb gelegenen Pfad an der kleinen Anlage mit dem Schwimmbecken vorbei und und folgen der beginnenden Piste bis zu ihrem Ende.

In der Ortschaft Tscholaschi (leicht mit Zhabeschi zu verwechseln) angekommen, biegen wir links in den Hauptweg ein. Nach einem kleinen Platz wählen wir an der Straßengabelung den Zweig, der halb rechts weiter bergab führt. In der scharfen Rechtskurve der Straße, die später den Fluss überquert, wandern wir geradeaus weiter in Richtung der ausgeschilderten Ortschaft Zhabeschi. Es folgt ein wildromantischer Wanderweg entlang des Mulchura-Flusses mit vielen Möglichkeiten, das Zelt aufzustellen. Am besten gefiel mir der 05 **Zeltplatz (1529 m)** hinter einem kleinen Stausee. In der dort aufgebauten Hütte verkaufen Georgier kühle Getränke!

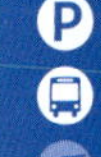

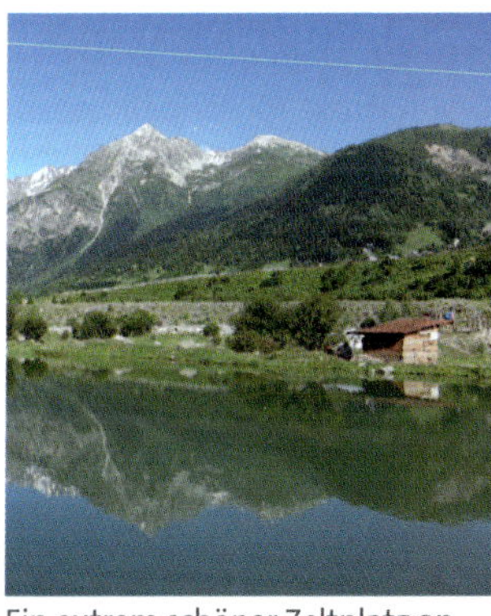

Ein extrem schöner Zeltplatz an einem Stausee.

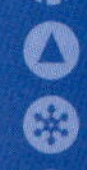

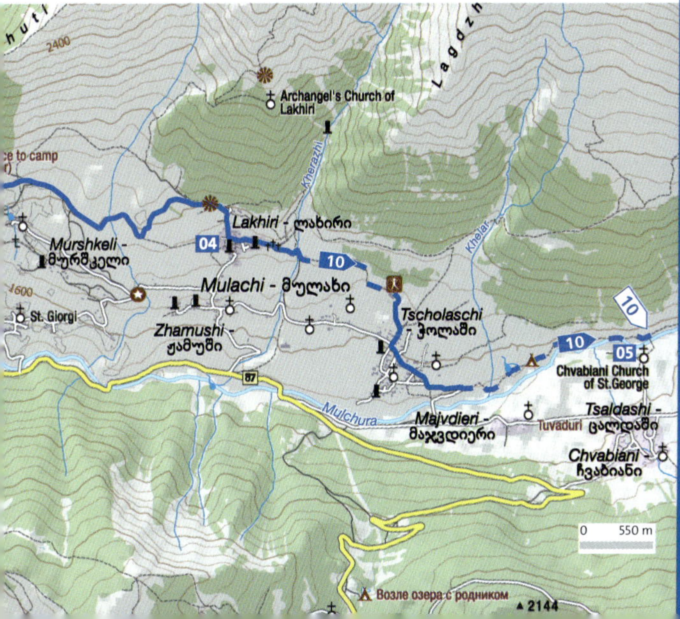

MESTIA – USHGULI, TAG 2 VON 4

Unter den Flügeln des vergletscherten Berges Tetnuldi

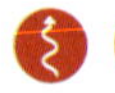  17,8 km  6:15 h  1090 hm 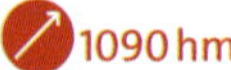  400 hm

START | Naturzeltplatz unterhalb von Zhabeshi; Fortsetzung der Wanderung 10
Ziel: Naturzeltplatz unterhalb des „Adishi Gletschers“
ÖPNV: In der Ortschaft Zhabeshi, 1,8 km entfernt.
Startkoordinaten 43.049596 42.853083
CHARAKTER | Leichte Orientierung. Keine besonderen technischen Anforderungen. Wegen der Länge der Strecke und des Höhenunterschieds ist eine gute Kondition erforderlich.

Der allgegenwärtige Berg auf der heutigen Wanderung ist der pyramidenförmige und immer schneebedeckte Berg Tetnuldi. Unter Bergsteigern sagt man, dass der 4858 m hohe Tetnuldi zwar niedriger ist als der 5047 m hohe Kasbek, aber technisch schwieriger zu besteigen ist. Nun denn! Ein weiterer Höhepunkt der Etappe ist das mittelalterliche Dorf Adishi, mit seiner Erlöserkirche aus dem 10. bis 11. Jahrhundert, gleich drei weiteren Kirchen und zahlreichen Wehrtürmen, na ja, und vielen neu gebauten Unterkünften. Nach dem Dorf ist auch der absolute Star der heutigen Tour benannt, der 9 km lange Adishi-Talgletscher. Er bildet sich aus den Einströmen der benachbarten Gletscher, die sich an den Südhängen von Tetnuldi, Gistola und Lakutsia befinden. Der Gletscher ist die Quelle des Flusses Adishchala, an dem wir unser Lager auf-

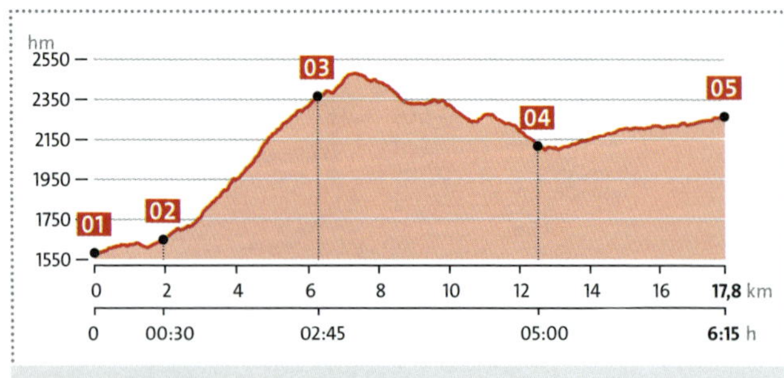

01 Zeltplatz, 1529 m; 02 Zhabeshi, 1665 m; 03 Skigebiet Tetnuldi, 2371 m; 04 Adishi, 2117 m; 05 Zeltplatz, 2269 m;

Information für Mehrtagestour

Zusatzausrüstung: Isomatte, Schlafsack, Zelt, Kocher und Proviant für vier Tage.
Übernachtungsmöglichkeiten: In der Ortschaft Zhabeschi bei km 1,8 km das Guesthouse Gestola Tel.: +995591069923, Guesthouse Victor Tel.: +995557642262, Guesthouse Gogia Tel.: + 995511171812. In der Ortschaft Adishi bei km 12,3 das Guesthouse Elizabeth Tel.: +995595135187, Guesthouse Gunters Tel.: +995598933381, Guesthouse Lentos Tel.: +995598527030, Guesthouse Betoqli Tel.: +995595715255.
Trinkwasserquelle: Ziemlich genau bei km 17,5 führt der mitgelieferte GPS-Track direkt an einer Quelle vorbei. Sie ist nicht leicht zu finden, da sie links vom Wanderweg, etwas erhöht, in einer Wiese liegt.
Sehenswert: Adishi (*42.997717 42.914233*); Adishi Gletscher (*42.984650 42.972150*).

schlagen. Dieser schwillt an heißen Sommertagen zu einem für uns Wanderer unüberwindbaren Fluss an. Hier gibt es keine Brücke! Mehr dazu bei der Beschreibung der nächsten Etappe.

▶ Wir verlassen den 01 **Zeltplatz (1529 m)** flussaufwärts. Auf der folgenden Wiese gehen wir um das halb rechts von uns liegende Gebäude herum und überqueren die Brücke und den Mulkhra-Fluss auf der beginnenden Piste. Wir folgen nun dem Bach, der quer durch das Dorf 02 **Zhabeshi (1665 m)** fließt. Hinter der Hauptstraße steigen wir bis zum Ende des Oberdorfes auf und überqueren dort nach rechts den Bach, dem wir zuvor parallel gefolgt sind. Die Piste endet an einem Anwesen, links davon beginnt der weitere Weg. Wir treffen auf den

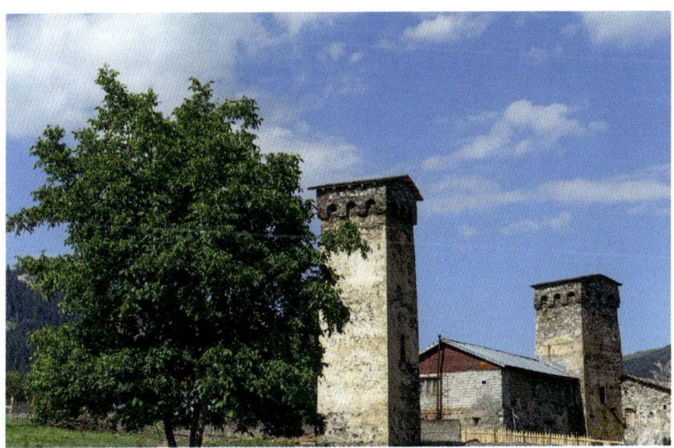

Die Wehrtürme in dem Dorf Zhabeshi.

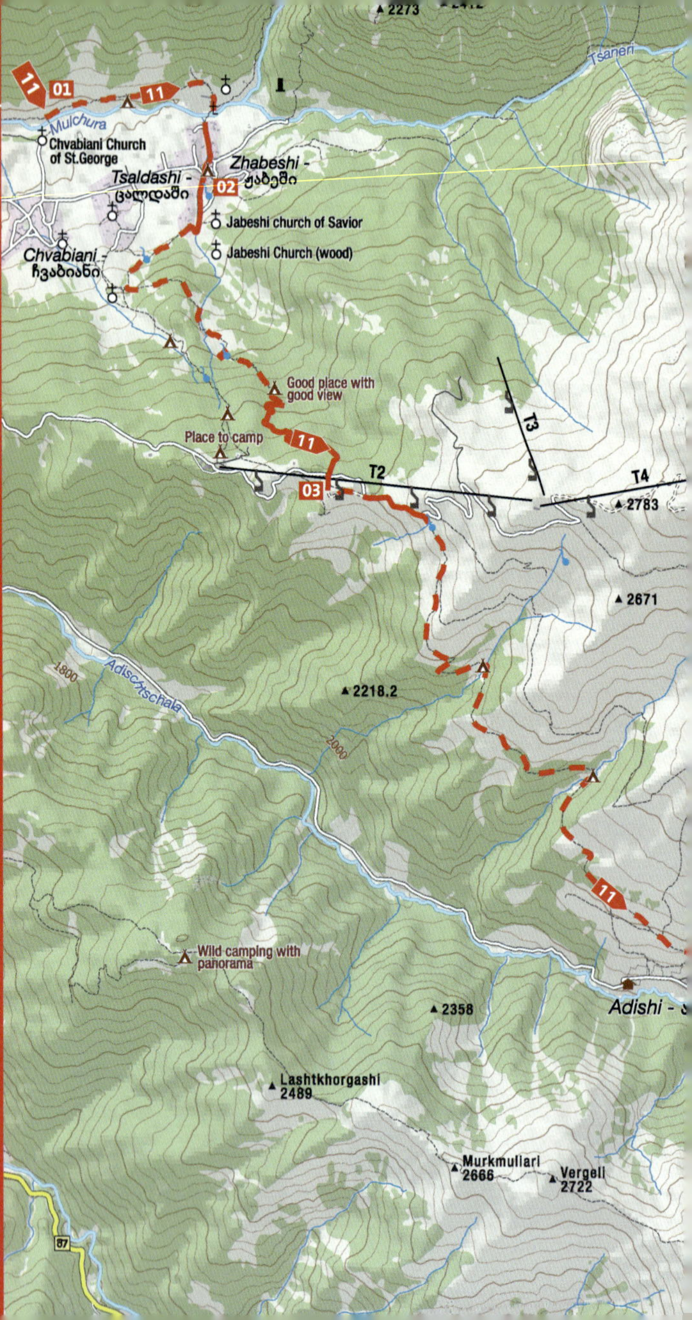

2273

Tsaneri

11

01

11

Mulchura

Chvabiani Church
of St.George

Zhabeshi -
ჟაბეში

Tsaldashi -
ცალდაში

02

Jabeshi church of Savior

Jabeshi Church (wood)

Chvabiani -
ჩვაბიანი

Good place with
good view

11

Place to camp

T3

T2

T4

03

2783

2671

1800

Adischtschala

2218.2

2000

11

Wild camping with
panorama

2358

Adishi -

Lashtkhorgashi
2489

Murkmuliari
2666

Vergeli
2722

87

ersten Wegweiser nach Adishi, 9,3 km. An einer Wegkreuzung biegen wir nach links ab und folgen nun dem Bach. Der Pfad führt kontinuierlich durch einen lichten Wald bergauf und endet an einer Skipiste des **03** **Skigebiets Tetnuldi (2372 m)**. Diese überqueren wir zur gegenüberliegenden Schotterpiste, die nach einer lang gezogenen Linkskurve wieder in die Skipiste mündet, deren Verlauf wir noch ein kurzes Stück folgen. Doch Vorsicht: Der nächste Wegweiser am Pistenrand ist leicht zu übersehen, denn hier biegen wir nach halb rechts ab. Zahlreiche Rhododendren säumen nun den Weg. Es folgt ein lichter Birkenwald, bis wir auf einem ausgetretenen Pfad wieder in den Wald eintauchen. Nach einem längeren Wegstück wird ein Bach überquert. Durch sehr artenreiche Wiesen mit Kraut- und Halbstrauchpflanzen wandern wir gemächlich bergab zu einem weiteren Bach, den wir nach einer eingestürzten Holzhütte ebenfalls überqueren. In der Ferne ist dann schon das Bergdorf **04** **Adishi (2117 m)** mit seinen vielen Wehrtürmen zu sehen. Wir verlassen das Bergdorf Adishi auf der einzigen Piste in östlicher Richtung und marschieren weit oberhalb des Adishchala-Flusses. Dort, wo sich die Fahrspur gabelt, führen beide Wege zum Ziel. Der Pfad führt bis zu einem wunderschön gelegenen **05** **Zeltplatz (2269 m)**, nahe der 2298 m hohen Zunge des Adishi-Gletschers, auf den man vom Zeltplatz einen herrlichen Ausblick hat.

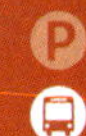

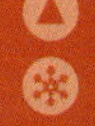

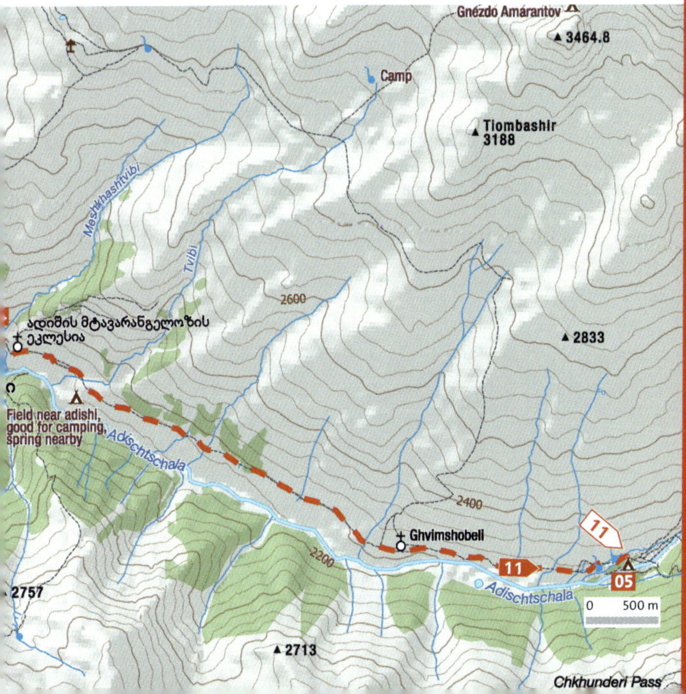

MESTIA – USHGULI, TAG 3 VON 4

Von der Frosch- zur Vogelperspektive

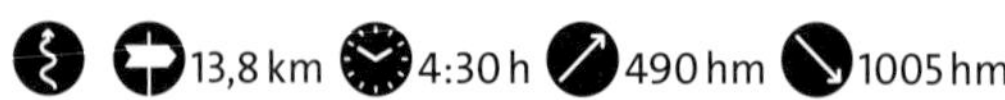

START | Naturzeltplatz unterhalb des Adishi Gletschers; Fortsetzung der Wanderung 11;
Ziel: Zeltplatz etwas unterhalb des Dorfes Lalkhori.
Startkoordinaten: 42.984544 42.971866
CHARAKTER | Leichte Orientierung. Keine besonderen technischen Anforderungen. Bei hohem Wasserstand ist die Überquerung des Flusses gefährlich!

Hatten wir den mächtigen Adishi-Gletscher bisher nur aus der Froschperspektive gesehen, so werden wir ihm heute an den Aussichtspunkten auf Augenhöhe begegnen. Doch zuvor gilt es allerdings noch ein kleines Problem zu lösen: Wie gelingt es uns, den Gletscherfluss zu überqueren (siehe Lösung im Infokasten)? Vom Chkhunderi-Pass aus sieht man in nordwestlicher Richtung, wie sich am Hauptkamm des Kaukasus die 4000er bis 5000er, wie bei einem Konzert die Besucher, dicht an dicht aufreihen – einzigartig! Von links, mit dem 4858 m hohen Tetnuldi, bis ganz rechts, wo schon die Westspitze des 5069 m hohen Schchara zu sehen ist. Der Abstieg ins „Khaldechala Tal" und der Weg aus dem Tal über Iprali bis nach Lalkhori ist dann nur noch Kür.

Mithilfe des mitgelieferten GPS-Tracks überqueren wir 01 **Adishchala Fluss (2269 m)** und folgen dem Trampelpfad entlang des Ufers bis zum Hauptweg. Oder wir warten und hoffen darauf,

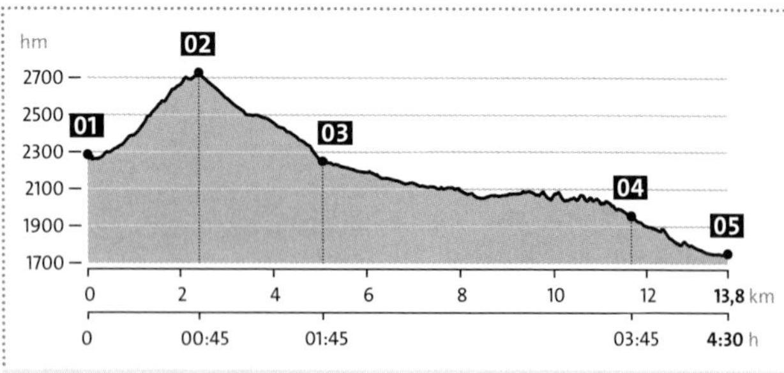

01 Adishchala Fluss, 2269 m; 02 Chkhunderi-Pass, 2722 m; 03 Khaldechala Tal, 2252 m; 04 Iprali, 1970 m; 05 Lalkhori, 1760 m;

Informationen für Mehrtagestour

Zusatzausrüstung: Isomatte, Schlafsack, Zelt, Kocher und Proviant für vier Tage. Watschuhe.
Hinweis: Der Gletscherfluss Adishchala sollte an zu erwartenden heißen Tagen auf jeden Fall in den Morgenstunden überquert werden. Der Wasserstand ist dann deutlich niedriger als in den Mittags- und Nachmittagsstunden, da das Schmelzwasser der Gletscher geringer ist. In den Abendstunden nach heißen Sommertagen ist die Überquerung lebensgefährlich und man sollte am Fluss bis in die frühen Morgenstunden warten! In der Regel kommt morgens ein Reiter mit Pferd aus Adishi und gewährt gegen ein geringes Entgelt die Überquerung des Flusses. Sollte er einmal nicht kommen – wie bei uns – zeigt der mitgelieferte GPS-Track eine Passage, an der man durch den Fluss waten kann. Da die Strömung trotzdem sehr stark ist, sollte man mit den Wanderschuhen durchgehen oder zusätzliche Watschuhe mitbringen. Wegen dieser Gefahrenstelle ist die Etappe mit dem Schwierigkeitsgrad schwarz eingestuft!
Übernachtungsmöglichkeiten: In der Ortschaft Iprali bei km 11,9 das Guesthouse Betegi Tel.: +995595089503, das Iprari Family Hotel Tel.: + 995599250578. In der Ortschaft Lalkhori bei km 13,9 das Guesthouse Robinzon Tel.: + 995593203790, Guesthouse Three Brothers, Guesthouse Bezengi Tel.: +995 599 53 87 82.

dass ein Reiter mit seinem Pferd kommt und eine bezahlte Passage anbietet. Im Zickzack führt der Pfad steil bergauf bis zu einem ersten schönen Aussichtspunkt. Danach geht es weiter bergauf, vorbei an vielen Rhododendren. Vom Wanderweg aus ist im Osten hinter der Ortschaft Adishi der Berg Uschba bei Mestia zu se-

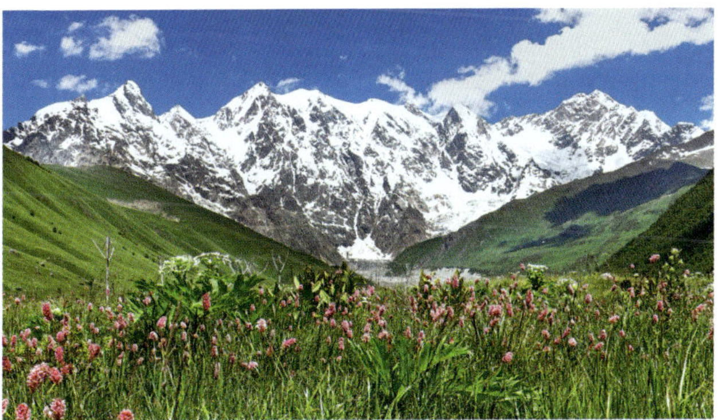

Das Khaldechala Tal und im Hintergrund der Hauptkamm des Kaukasus.

hen. Immer wieder lohnt sich ein Blick zurück auf den mächtigen Adishi-Gletscher mit seiner Endmoräne. Nach dem **02 Chkhunderi Pass (2722 m)** beginnt der Abstieg. In langen Serpentinen geht es nun bergab. Bald kommt der Zaresko-Khaldes-Gletscher am Kaukasushauptkamm in Sicht. In einer scharfen Rechtskurve sprudelt wieder eine Quelle aus dem Untergrund. Der Pfad endet im **03 Khaldechala Tal (2252 m)**. Wir folgen dem Weg nach rechts talauswärts. Nach einem längeren Stück geht der Pfad in eine Piste über und wir erreichen das Bergdorf **04 Iprali (1970 m)**. Kurz nach der Kapelle an der Straßengabelung folgen wir dem Fahrweg halb rechts steil bergab. Dieser mündet später in einen neuen breiten Fahrweg, dem wir in mehreren engen Kehren talwärts folgen, um dann in der Ortschaft **05 Lalkhori (1760 m)** nach rechts abzubiegen und der Hauptstraße bis kurz nach der Brücke zu folgen. Dort zweigt links eine Piste ab und nach nur 20 m geht es rechts auf einem Pfad bergauf zu einem Naturzeltplatz.

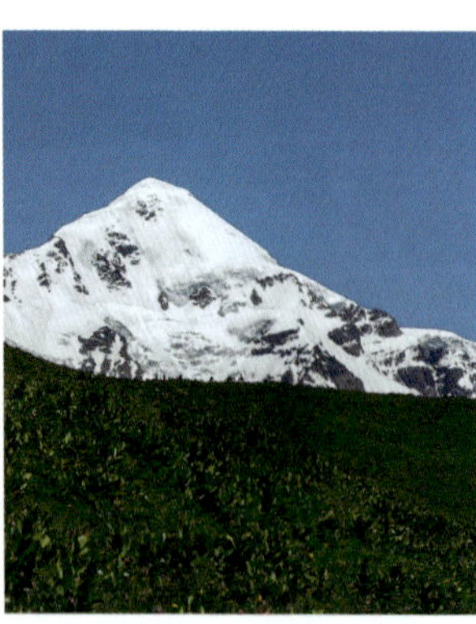

Der Tetnuldi vom Chkhunderi Pass ausgesehen.

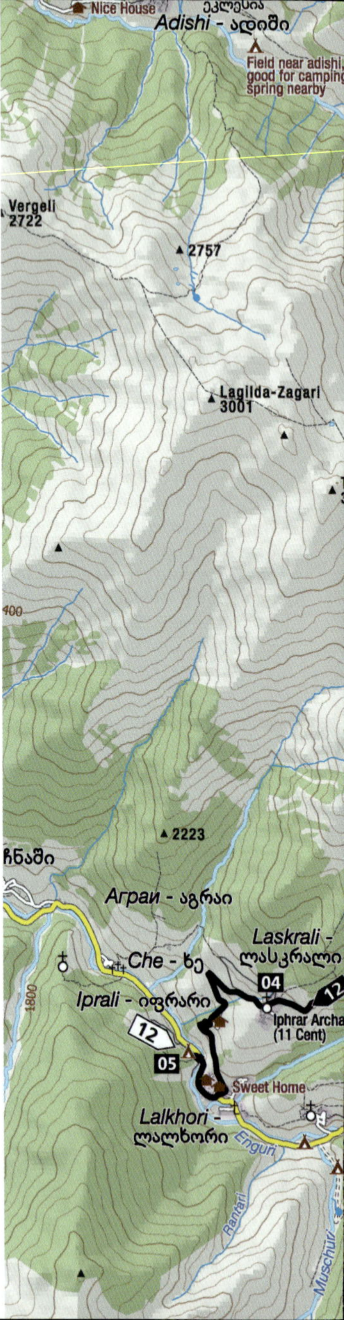

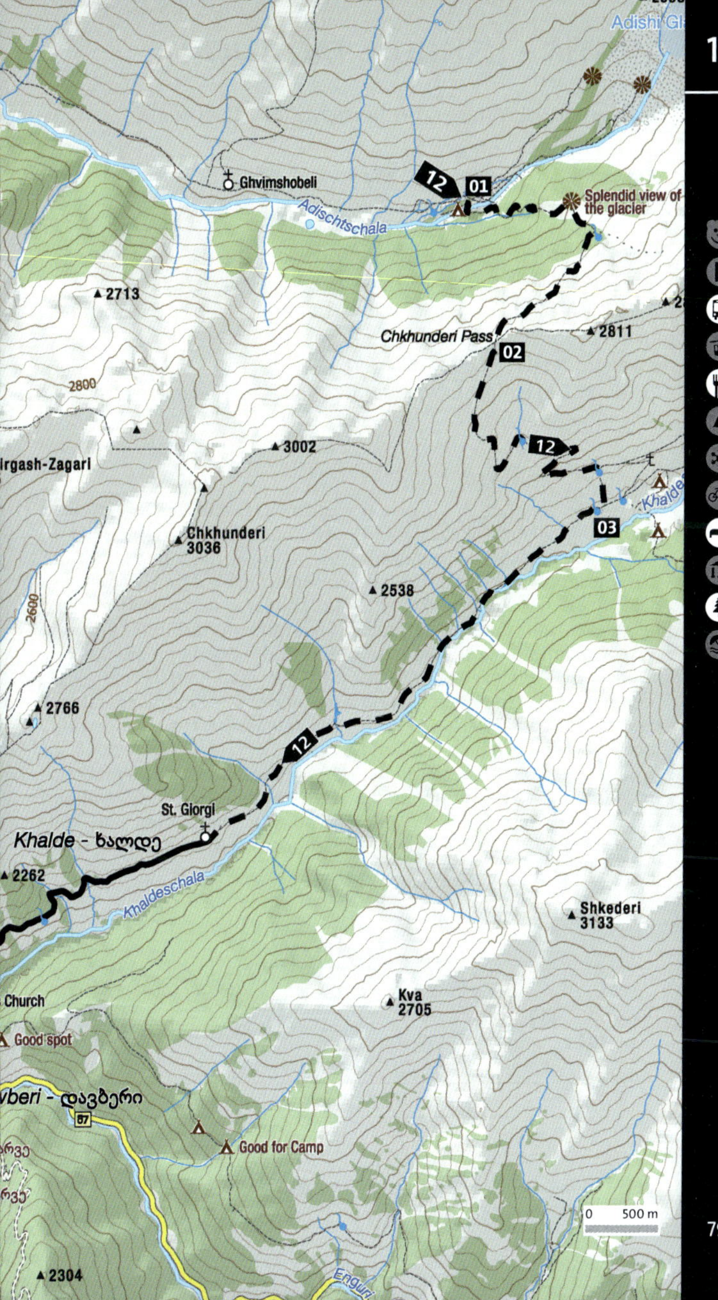
Ghvimshobeli
Adischtschala
Splendid view of the glacier
01
12
Chkhunderi Pass
02
2811
2713
2800
3002
Chkhunderi
3036
12
03
Khalde
2538
2766
2600
12
St. Giorgi
Khalde - ხალდე
2262
Khaldeschala
Shkederi
3133
Kva
2705
Church
Good spot
Good for Camp
Enguri
2304
0 500 m

MESTIA – USHGULI, TAG 4 VON 4

Saftige grüne Wiesen und prächtiger Mischwald

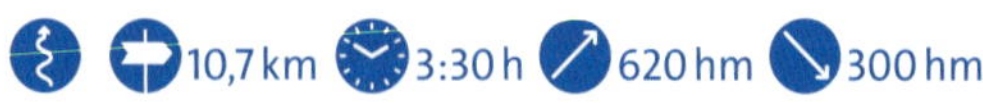

START | Naturzeltplatz etwas unterhalb des Dorfes Lalkhori; Fortsetzung der Wanderung 12. Ziel: Das Bergdorf Ushguli.
ÖPNV: Marschrutkas an der Hauptstraße in Lalkhori am Start und an der Brücke im Bergdorf Ushguli am Ziel.
Startkoordinaten: 42.934265 42.917794
CHARAKTER | Einfache Orientierung. Keine besonderen technischen Anforderungen.

Die vierte Etappe von Lalkhori nach Ushguli ist die kürzeste und auch die leichteste der insgesamt 57,8 km langen viertägigen Wanderung. Sie führt über saftig grüne Wiesen und durch schattigen Mischwald mit Birken, Haselnusssträuchern, vereinzelten Kirschbäumen, einigen Eichen und einigen riesigen Kiefern. Gut trainierte Wanderer können die 3. und 4. Etappe zu einer längeren Tageswanderung zusammenlegen. Das ergibt dann insgesamt: *08:00 Std. | ↔ 24,4 km | ↗ 1110 m | ↘ 1305 m*. Der alte Verbindungsweg zwischen den Dörfern Lalkhori und Ushguli führt hoch über der Schotterpiste nach Ushguli. Viele Wanderer versäumen es, kurz nach Lalkhori nach links abzubiegen und sind dann gezwungen, auf der stark befahrenen Piste und einem steinschlaggefährdeten Wegabschnitt zu wandern.

▶ Hinter dem Campingplatz unterhalb der Ortschaft **01 Lalkhori (1760 m)** überqueren wir entlang der Hauptstraße den Engu-

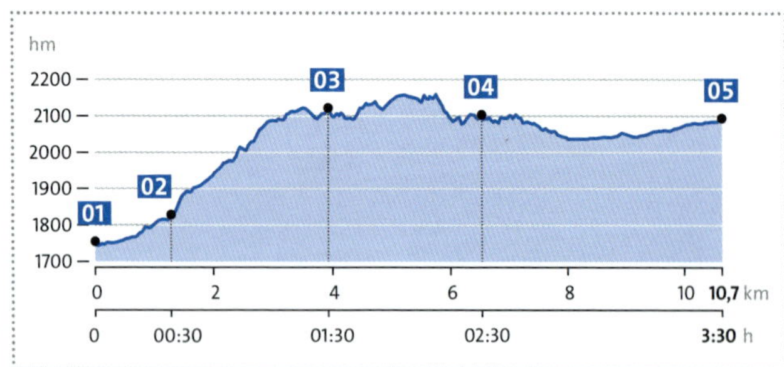

01 Lalkhori, 1760 m; **02** Dawberi, 1837 m; **03** Bach, 2123 m; **04** Birkenwald, 2111 m; **05** Ushguli-Brücke, 2090 m;

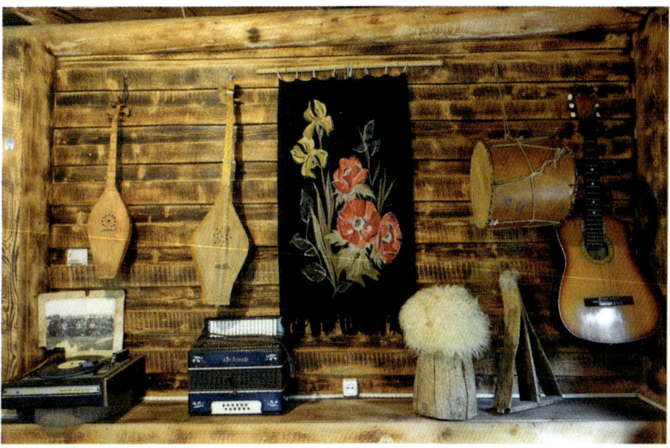

Die Einkehr in dem Dorf Lalkhori.

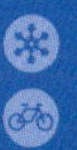
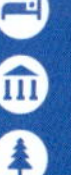

ri-Fluss, treffen auf den Hinweg der gestrigen Etappe und überqueren kurz darauf den Adishchala-Fluss. Unmittelbar nach dem Café, noch vor der dritten Brücke, biegen wir halb links auf den beginnenden Pfad ein. Wenn der Weg durch einen Zaun versperrt ist, kann man links über den Zaun steigen. Will man das nicht, kann man auch auf der Hauptstraße weitergehen, bis links ein Weg über den Fluss abzweigt. Beide Wege führen hinauf zum kleinen Ort 02 **Dawberi (1837 m)**.

Am Ortsausgang gehen wir an der Kreuzung der Pfade geradeaus weiter. Ein alter Hohlweg führt nun steil bergauf. Nach einem kurzen Anstieg sehen wir unterhalb Dawberi. Der nächste Wegweiser zeigt 8,8 km bis zur Ushguli-Brücke. Weitere Wegweiser folgen, während der Pfad über Wiesen und durch kleine Waldstücke führt. Ein erster 03 **Bach (2123 m)** wird überquert, weitere folgen auf dem deutlich ausgetretenen und gut erkennbaren Weg. Ein weiterer Bach hat sich tief in den steilen Berg eingeschnitten, die entstandene Schlucht muss weiträumig umgangen werden. Es folgt noch ein kurzer Aufstieg durch einen niedrigen 04 **Birkenwald (2111 m)**.

Über eine Lichtung entlang einer Stromleitung führt der Pfad hinunter zur Schotterpiste nach Ushguli. Wir verlassen den parallel zur Schotterpiste verlaufenden Viehweg und biegen halb rechts auf eine Nebenstraße ab, die durch das romantische Dorf Murkmeli führt, aber nach einem kurzen Stück wieder auf die Schotterpiste mündet, auf der wir bis zum Ziel, der 05 **Ushguli-Brücke (2090 m)** wandern. An der alten und neuen Ushguli-Brücke stehen Taxis und Marschrutkas für die Rückfahrt nach Mestia bereit.

Informationen für Mehrtagestour

Zusatzausrüstung: Isomatte, Schlafsack, Zelt, Kocher und Proviant für vier Tage.

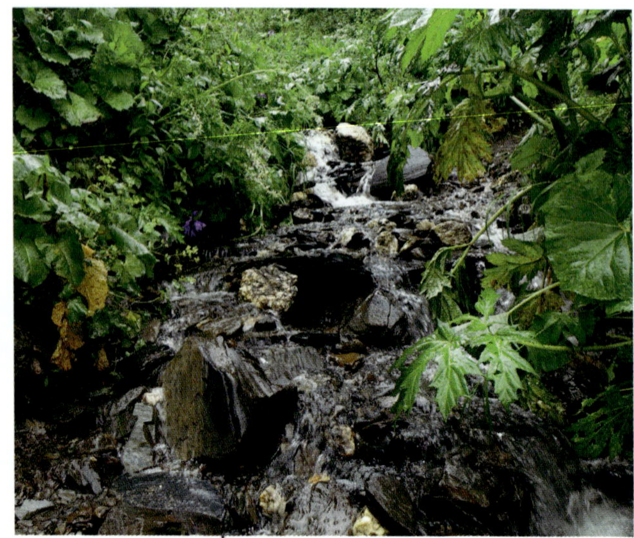

Zahlreiche Bäche werden überquert auf dieser Etappe.

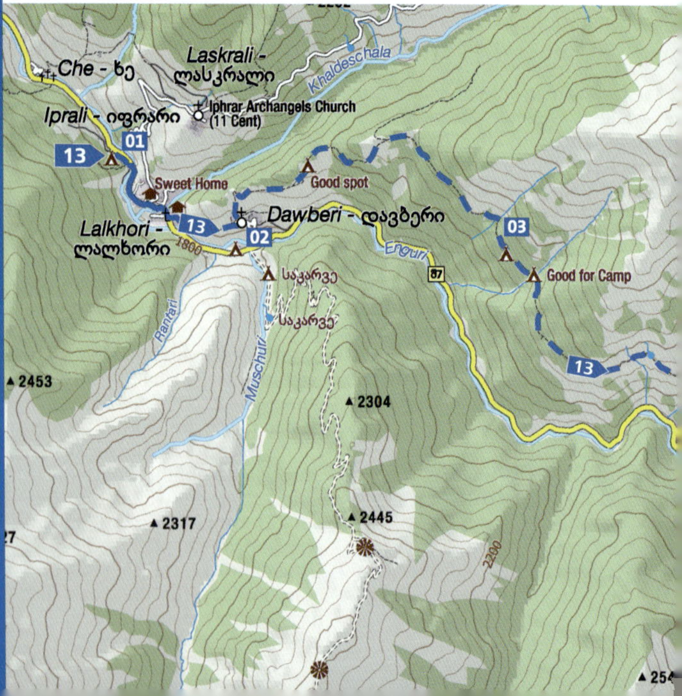

Che - ხე
Laskrali - ლასკრალი
Iprali - იფრარი
Iphrar Archangels Church (11 Cent)
Khaldeschala
13
01
Sweet Home
Good spot
Lalkhori - ლალხორი
13
Dawberi - დავბერი
02
1800
03
Enguri
87
საკარვე
Good for Camp
საკარვე
Rantari
Muschuri
13
2453
2304
2317
2445
2200

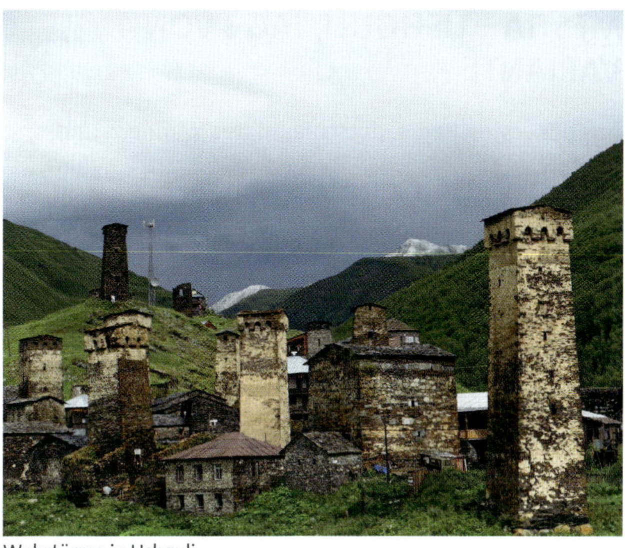

Wehrtürme in Ushguli.

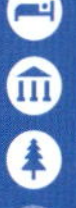

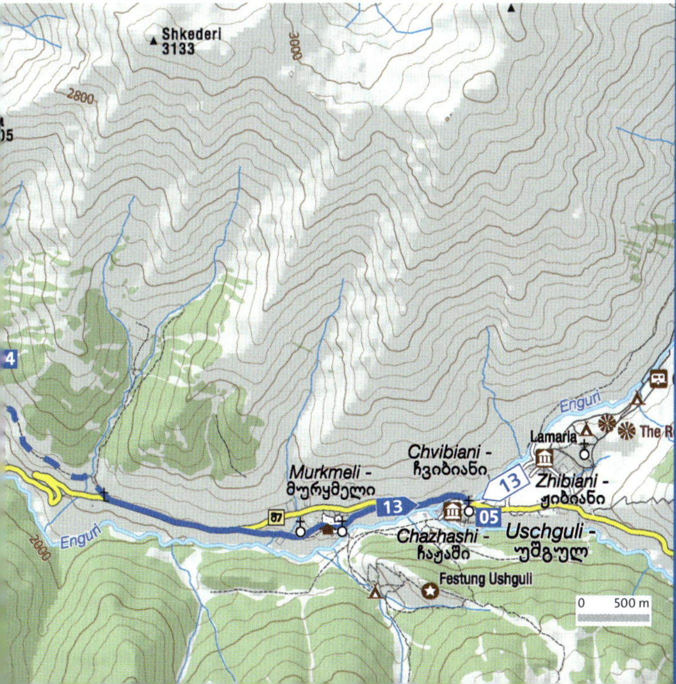

MESTIA – USHGULI, TAG 3 VON 4 VARIANTE

Aus der ersten Reihe, entschleunigtes Wandern und Sprudelwasser

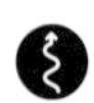 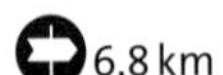 6,8 km 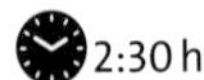 2:30 h 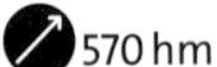 570 hm  600 hm

START | Naturzeltplatz unterhalb des „Adishi Gletschers"; Fortsetzung der Wanderung 11.
Ziel: Naturzeltplatz am Khaldechala-Fluss; nur zu Fuß erreichbar
Startkoordinaten: 42.984544 42.971866
CHARAKTER | Einfache Orientierung. Keine besonderen technischen Anforderungen. Bei hohem Wasserstand ist die Überquerung des Flusses gefährlich!

Hetzen („Speedhiking" nennt man das ja heute) wir bei Wanderungen eigentlich viel zu oft von A nach B (ich jedenfalls), so sind wir bei dieser Tour – aufgrund der Kürze der Strecke – geradezu gezwungen, uns Zeit zu nehmen. Und das aus gutem Grund, um die einzigartige Landschaft in vollen Zügen zu genießen. Ja, sie auf sich wirken zu lassen – in der Hoffnung, dass das Wetter mitspielt! Aber der Reihe nach: Nach der Flussüberquerung und einem ersten Aussichtspunkt übertrifft der zweite Aussichtspunkt dieser Etappe alle bisherigen: Aus ca. 7 km Entfernung blicken wir aus der „ersten Reihe" auf die zahlreichen vergletscherten Gipfel des Kaukasushauptkammes. Ein grandioses, beeindruckendes Naturschauspiel. Ein Kraftort zum Verweilen. Es folgt der Abstieg ins blumenübersäte

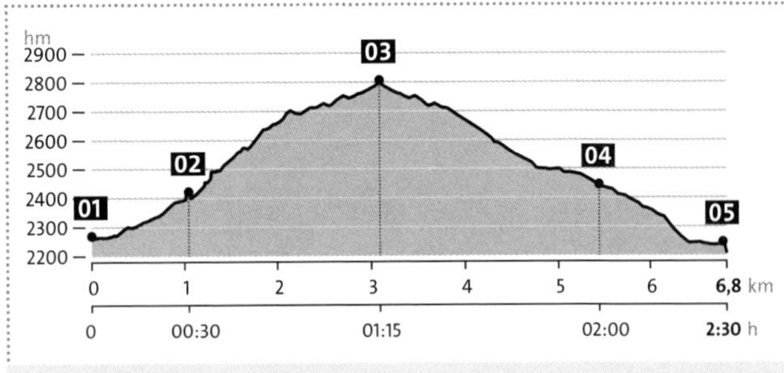

01 Adishchala Fluss, 2269 m; **02** Aussichtspunkt, 2419 m; **03** Aussichtspunkt, 2811 m; **04** Khaldeschala Tal, 2459 m; **05** Khaldeschala Fluss, 2225 m;

„Khaldechala-Tal“ und die Überquerung des „Khaldschala-Fluss“, diesmal auf einer bequemen Holzbrücke. Dahinter befindet sich tatsächlich eine Quelle, aus der bereits Sprudelwasser gefördert wird! Wie das möglich ist, musste ich erst einmal recherchieren und fand heraus: »Wenn durch Vulkanismus entstandene Kohlensäure im Boden vorhanden ist, nimmt das Wasser auf seinem Weg durch die verschiedenen Erd- und Gesteinsschichten neben Mineralien auch natürliche Kohlensäure auf«. Aha! Der Naturzeltplatz um die Ecke liegt wunderschön versteckt, bisher fernab von anderen Wanderern.

▶ Mithilfe des heruntergeladenen GPS-Tracks überqueren wir den **01 Adishchala Fluss (2269 m)** und folgen dem Trampelpfad durch das Wäldchen am Ufer bis zum Hauptweg. Alternativ kann man natürlich auch am Fluss warten und hoffen darauf, dass wie in den Sommermonaten üblich, ein Reiter mit Pferd kommt und eine bezahlte Überquerung des reißenden Flusses anbietet. Im Zickzack führt der Pfad steil bergauf. Um zu einem ersten schönen **02 Aussichtspunkt (2419 m)** Aussichtspunkt zu gelangen, zweigt man nach halb links ab und erreicht einen Platz mit „unverbauten Blick“ auf den Adishi-Gletscher. Gut zu erkennen ist der hohe Wall aus Geröll und Felsblöcken, die der Gletscher an seinen Rändern abgelagert hat. Vom Tal aus kann man den Gletscherstrom über eine

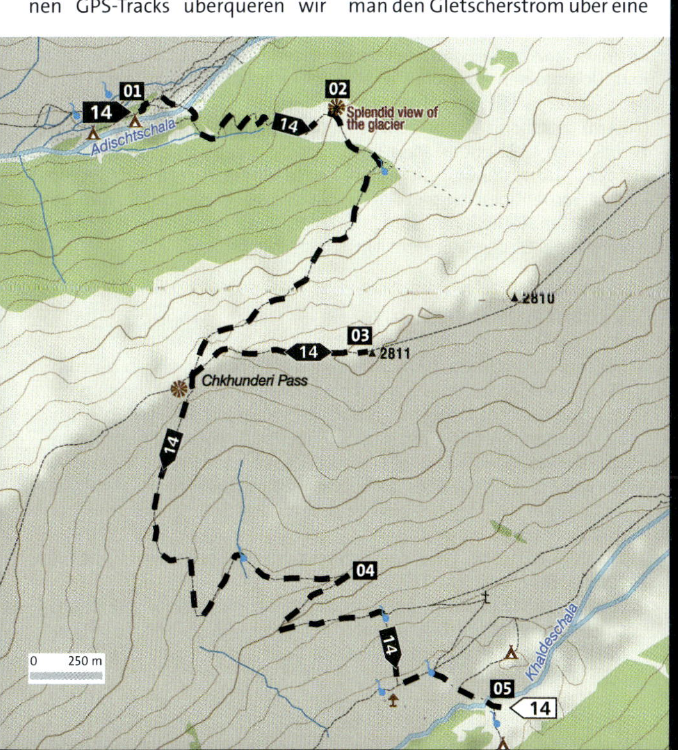

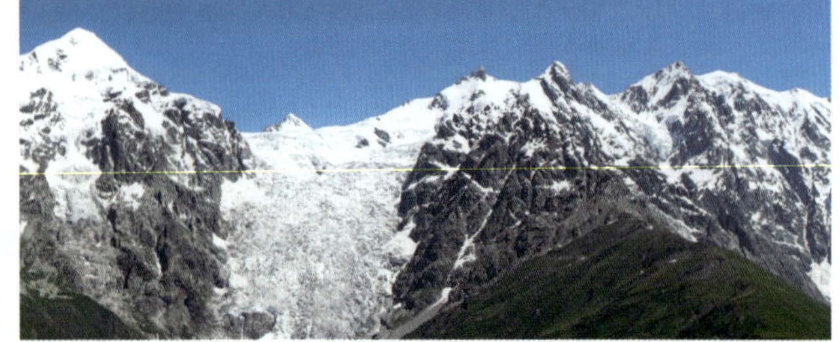

Die zahlreichen vergletscherten Gipfel des Kaukasushauptkammes.

Länge von ca. 7 km bis zum Gipfel des 4860 m hohen Berges Gistola verfolgen. Links des Gletschers befindet sich der 4852 m hohe Tetnuldi, rechts des Gletschers der 4655 m hohe Berg Lakutsa-Laartkol. Zurück auf dem Wanderweg geht es weiter bergauf, vorbei an vielen Rhododendren bis zum 2742 m hohen Chkhunderi Pass, wo wir uns halb links halten und über den Bergrücken einen Abstecher zu einem weiteren **03 Aussichtspunkt (2811 m)** machen. Dann geht es zurück zum Chkhunderi-Pass und auf der Ostseite des Bergrückens in langen Serpentinen bergab. In einer scharfen Rechtskurve sprudelt wieder eine Quelle aus dem Untergrund. Bald kommt der Zaresko-Khaldes-Gletscher am Kaukasushauptkamm in Sicht. Der Weg endet an einem querenden Pfad im **04 Khaldeschala Tal (2459 m)**.

Hier gehen wir ca. 150 m nach links und nach einem Bach führt rechts ein unscheinbarer Pfad durch Wiesen auf einen riesigen Felsen zu. Zur Überraschung aller befindet sich hier eine Brücke über den **05 Khaldeschala Fluss (2225 m)**. Gleich rechts des Weges befindet sich eine Quelle und nach einem kurzen Aufstieg liegt links des Weges ein Naturzeltplatz, wo wir unser Nachtlager aufschlagen.

Variante: *05:00 Std. | ↔ 10,2 km | ↗ 1340 m | ↘ 600 m.*

Bei sehr guter Wetterprognose kann die Wanderung noch bis zum 2900 m hohen Lagem-Pass fortgesetzt werden. Dann sind es zwar nur noch 3,2 km Entfernung, aber es sind noch 770 Höhenmeter zu überwinden. Die Gesamtlänge der Tour wäre dann wie oben angegeben.
Dort oben auf dem schmalen Grat gibt es nur eine Möglichkeit, das Zelt aufzuschlagen! Trinkwasser muss von der Quelle am Fluss mitgenommen werden.
Zusatzausrüstung: Isomatte, Schlafsack, Zelt, Kocher und Proviant für vier Tage. Watschuhe.
Hinweis: Bitte unbedingt den Infokasten zur Wanderung 12 lesen!
Quellwasser: Unmittelbar hinter der Brücke über den Khaldechala-Fluss, ca. 5-7 m vom Pfad entfernt, befindet sich eine Quelle.

MESTIA – USHGULI, TAG 4 VON 4 VARIANTE

Panoramablick auf die berühmte Besingi-Mauer

 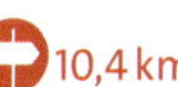 10,4 km 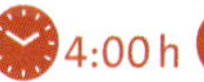 4:00 h 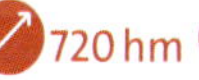 720 hm 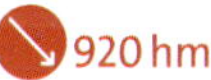 920 hm

START | Start: Naturzeltplatz am Khaldechala-Fluss; Fortsetzung der Wanderung 14. Ziel: Das Bergdorf Ushguli.
Startkoordinaten: 42.984544 42.971866
ÖPNV: Marschrutkas an der Brücke im Bergdorf Ushguli am Ziel.
CHARAKTER | Wo kein Weg sichtbar ist, muss man sich am GPS-Track orientieren. Nasses Gras beim Abstieg kann sehr rutschig und daher technisch anspruchsvoll sein.

Nach einer weiteren Stärkung mit kohlensäurehaltigem Mineralwasser aus der nahe gelegenen Quelle beginnt der anstrengende Aufstieg zum 2900 m hohen Lagem-Pass. Dieser liegt auf einem schmalen, grünen Bergrücken, der in seiner Verlängerung zum markanten Gipfel des 5193 m hohen Schchara aufsteigt. Er ist der höchste Berg Georgiens, einer der drei Fünftausender des Landes und bildet den östlichsten Punkt der 10 bis 12 km langen Besingi-Mauer. Er bildet die Grenze zwischen Georgien und Russland und ist Teil des Kaukasushauptkammes. Der zentrale Gipfel der Besingi-Mauer ist der 5051 m (5058 m oder 5059 m) hohe Dzhangi-Tau (Zapadnaya Jangi, Janga oder auch Jangi-Tau). Der leichteste und westlichste Gipfel der Besingi-Mauer ist der 4350 m hohe Lyalver, der jedoch nicht zu sehen ist, da er vom 4860 m hohen Gistola verdeckt wird. Die Durch-

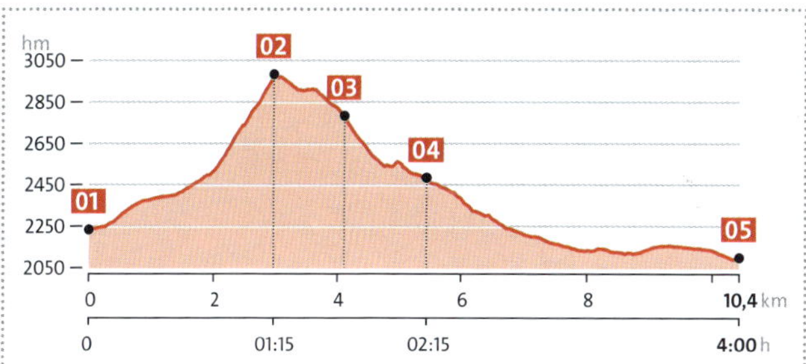

01 Khaldschala Fluss, 2225 m; 02 Lagem Pass, 2900 m; 03 Rinne, 2762 m; 04 Engurital, 2464 m; 05 Ushguli-Brücke, 2090 m;

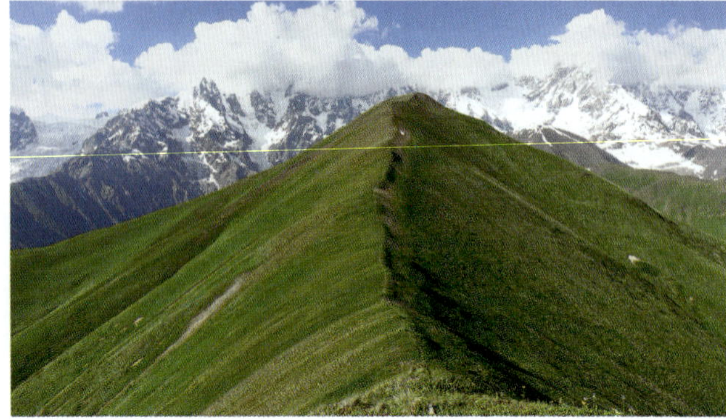

Vom Lagem Pass schweift der Blick bis zum Kaukasushauptkamm.

querung der Besingi-Wand gilt als „die längste, mühsamste und anstrengendste Expedition Europas". Der anschließende Abstieg unserer Wanderung ist weniger anstrengend, aber die Querung des folgenden Steilhangs auf nassem Gras ohne einen ausgetretenen Pfad ist selbst für uns Normalwanderer schwierig!

▶ Wir verlassen den Naturzeltplatz oberhalb der Quellen am **01 Khaldschala Fluss (2225 m)** auf einem wenig begangenen und schwer zu findenden Pfad durch ein Blumenmeer. Ein kurzes Stück geht es parallel zu einem Bach und an einigen Stellen sieht man eine Art Steinmauer, die früher diesen Weg säumte. Der Weg führt durch Wiesen und ist zunächst eben. Wir überqueren eine Erosionsrinne, durch die ein Bach fließt. Im weiteren Verlauf des Pfades befindet sich der eben überquer-

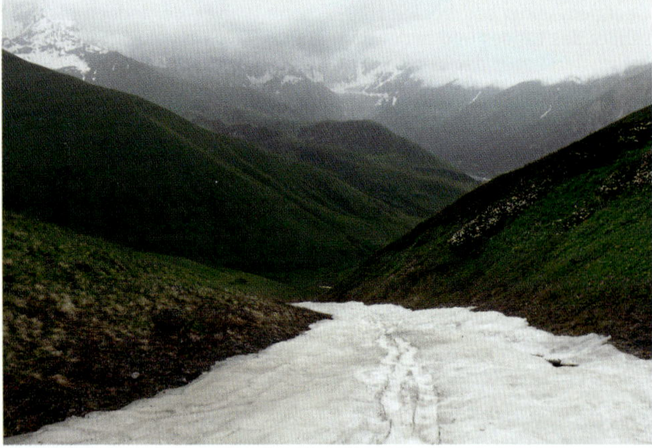

Tiefe Rinnen die selbst Ende Juli noch mit Restschneefeldern gefüllt sind.

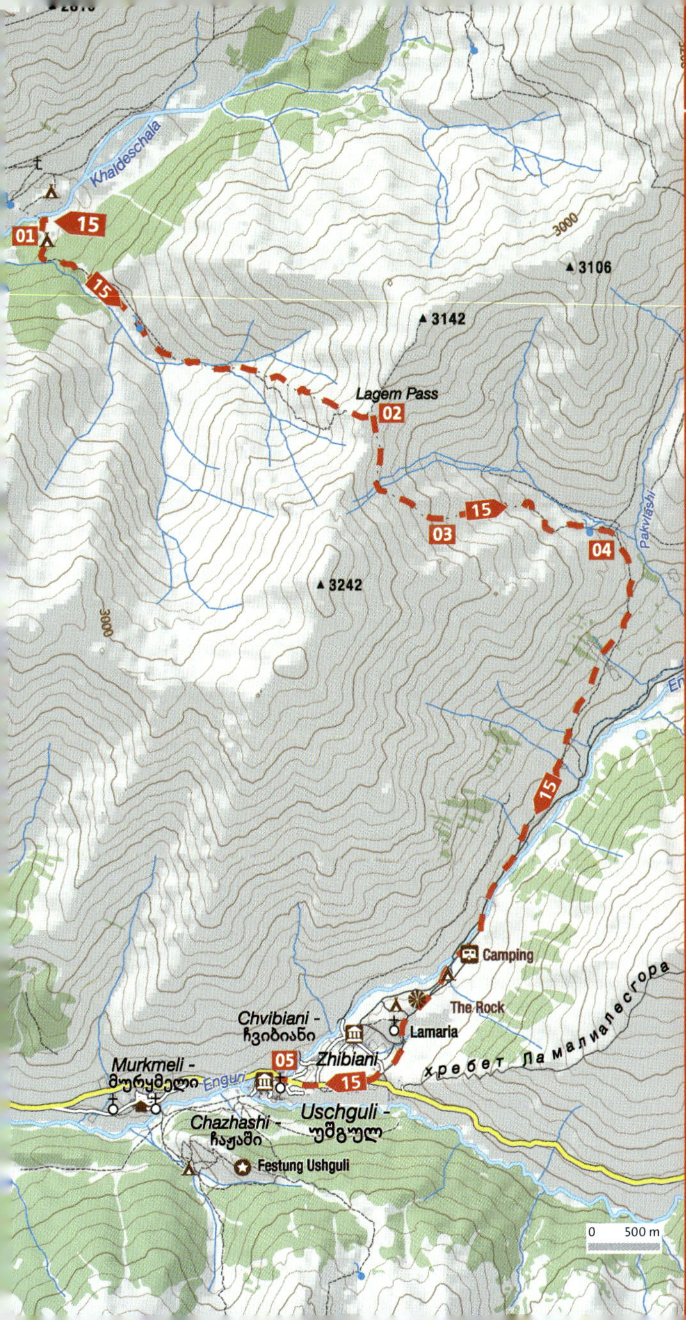

Khaldeschala

01

15

3000

▲3106

▲3142

Lagem Pass

02

15

03

04

Pakvtashi

▲3242

3000

Enguri

Camping

The Rock

Lamaria

Chvibiani - ჩვიბიანი

05

Zhibiani

Murkmeli - მურყმელი

Enguri

15

хребет Ламалиасгора

Uschguli - უშგული

Chazhashi - ჩაჟაში

Festung Ushguli

0 500 m

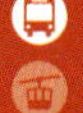
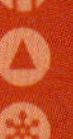
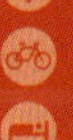
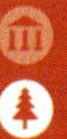

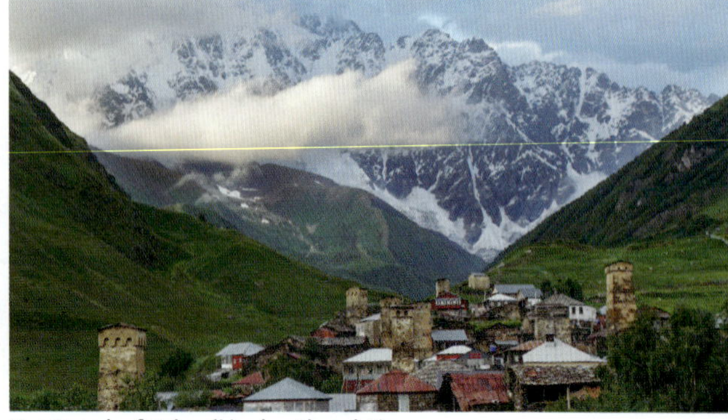

Das Bergdorf Ushguli in der Abendstimmung.

te Bach nun auf der linken Seite. Geradeaus überqueren wir eine zweite Erosionsrinne. Der nun schwer erkennbare Pfad steigt sehr steil an. Rhododendren säumen nicht nur den Weg, sie stehen auch im Weg und behindern den Aufstieg erheblich. Durch zahlreiche Erdrutsche ist der Weg bald nicht mehr erkennbar. Um den nun sehr steilen Aufstieg etwas zu entschärfen, wenden wir uns nach halb links. Sobald wir einen Bergrücken erreicht haben, fangen wir halb rechts auf diesen aufzusteigen. Im Zickzack geht es weiter, bis wir dann wieder auf einen ausgetretenen Pfad stoßen, dem wir bis zum 02 **Lagem Pass (2900 m)** folgen.

Vom Pass aus gehen wir ca. 80 m in Richtung Kaukasushauptkamm, machen dort eine 90° Wendung und beginnen den steilen Hang zu queren. Ein Pfad ist nicht zu sehen und wir navigieren mithilfe des GPS-Tracks. Wenn wir über den Hang in die Richtung schauen, aus der wir gekommen sind, sieht man in der Ferne eine Erosionsrinne zwischen Rhododendren und schemenhaft einen Pfad. Dies ist unser nächster imaginärer Wegpunkt. Unmittelbar nach der Erosionsrinne (die wir zuvor gesehen hatten) und den auffallend plattgetreten Rhododendron beginnt dann ein ausgetretener Pfad. Der nach einem kurzen Anstieg steil durch eine 03 **Rinne (2762 m)** hinunterführt. Während der Recherchereise Ende Juli war sie noch mit Restschneefeldern bedeckt. Im unteren Teil der Rinne wechselt der Pfad dann auf den Bergrücken links daneben. In einer Senke überqueren wir den Bach nicht, sondern gehen halb rechts weiter.

Es erfolgt noch mal ein kurzer Anstieg durch Rhododendren. Auf Höhe der Wasserleitung ist dann auch das heutige Etappenziel Ushguli zu sehen. Der Pfad wird zunehmend breiter, geht in einen Fahrweg über und mündet dann in die Piste im 04 **Engurital (2464 m)**. Wir folgen dem Enguri-Fluss. Nach einem weiteren Anstieg kommen wir an der Lamaria-Kirche vorbei. Danach ignorieren wir die halb linke Abzweigung zum Zagari-Pass und steigen auf der Piste die letzten Meter bis zur 05 **Ushguli-Brücke (2090 m)** ab.

BURG DER KÖNIGIN TAMAR

Auf den Spuren einer Überlieferung

  3,3 km  1:00 h  275 hm  275 hm

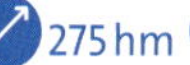

START | An der alten und neuen Brücke in Ushguli, 46 km südwestlich von Mestia.
ÖPNV: Ushguli wird von Marschrutkas angefahren.
Startkoordinaten: 42.915192 43.010213
CHARAKTER | Leichte Wanderung für die ganze Familie. Der Abstieg ist auf einem kurzen Stück sehr steil.

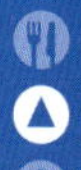
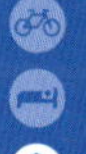

Die kurzweilige Rundwanderung beginnt in Chazhashi, etwas unterhalb von Ushguli. Besonders reizvoll sind die zahlreichen Bauten aus dem Mittelalter und der frühen Neuzeit der georgischen Geschichte.

Darunter sind 13 gut erhaltene Swanetische Turmhäuser und typische drei- bis fünfstöckige Wohnhäuser. Oberhalb der ehemaligen Gesindehäuser befindet sich die heutige Ruine, die ehemalige Sommerresidenz der sogenannten Burg der Königin Tamar von Georgien. Der Überlieferung nach soll sich hier die damals schwangere (entweder mit dem Sohn Giorgi oder der Tochter Rusudan) Königin Tamar von Georgien (reg. 1184-1213) hier aufgehalten haben. Dort gibt es eine kleine Kapelle und einen Aussichtspunkt über Ushguli, das Enguritai und den Kaukasushauptkamm.

▶ Vor der Haltestelle der Taxis/Marschrutkas und auch der 01 **Ushguli-Brücke (2090 m)** über den Enguri-Fluss biegen wir halb links in die Piste ein. Danach spazieren

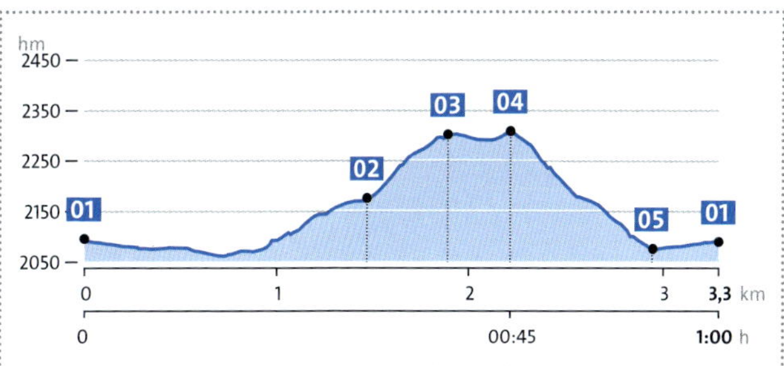

01 Ushguli-Brücke, 2090 m; 02 Bäche, 2156 m; 03 Burg der Königin Tamar, 2321 m; 04 Abzweigung, 2315 m; 05 Hinweg, 2094 m;

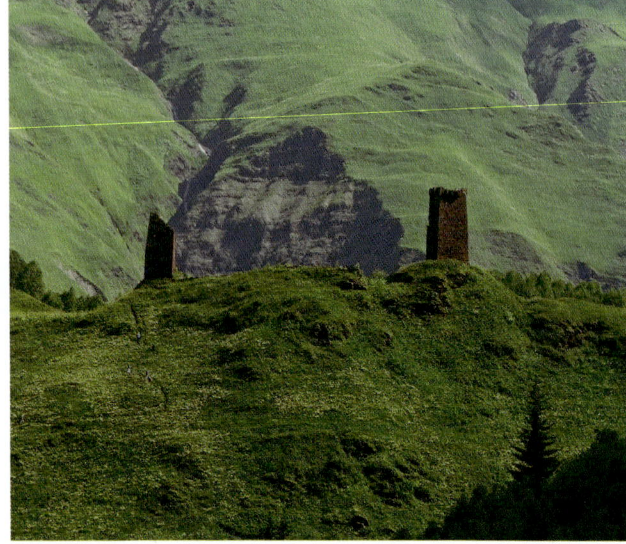

Die Ruinen der Burg der Königin Tamar.

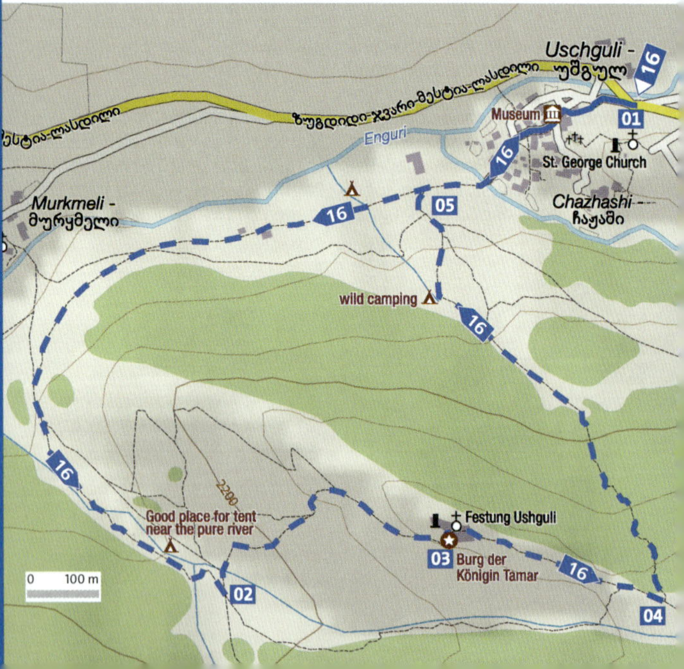

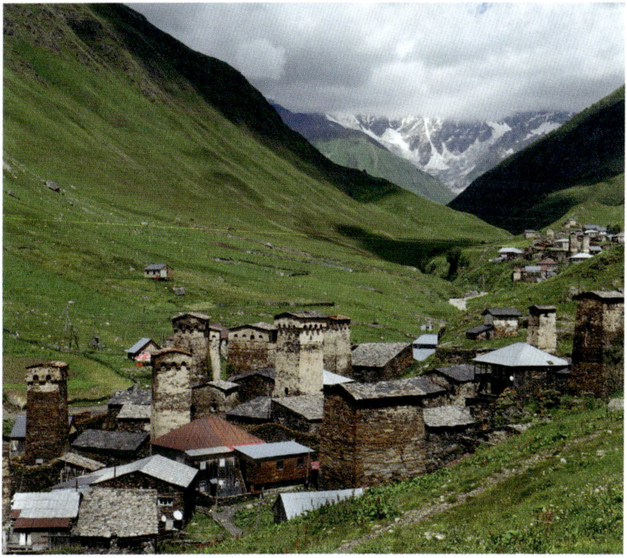

Abstieg nach Chazhashi.

wir durch das Dorf Chazhashi mit dem „Turm Museum Ushguli“ und anderen historischen Gebäuden. Am südwestlichen Ende des Dorfes überqueren wir dann den Shavtskaka-Kvishara-Fluss.

Unter einer Stromleitung hindurch führt nun ein breiter Weg zu einem Privatgrundstück. Hier öffnen und schließen wir das erste Gatter, bezahlen die geforderte Wegegebühr von 2 Gel und passieren das zweite Viehgatter. An der nächsten Weggabelung wählen wir den halb linken Arm durch eine Birkenreihe. Der Pfad führt durch ein kleines Seitental, in dem ein Bach romantisch plätschert. An der Stelle, wo sich zwei 02 **Bäche (2156 m)** zu einem zusammenfließen, überqueren wir keinen der Bäche, sondern folgen dem halb links ansteigenden Pfad. Über Wiesen geht es steil hinauf zur ersten Ruine der kleinen Anlage 03 **Burg der Königin Tamar (2321 m)**.

Auf dem Weg zum intakten Ostturm liegt links eine kleine Kapelle mit einem Heiligenschrein. Unter den Resten einer Befestigungsmauer befindet sich ein Durchschlupf mit dem dahinterliegenden Rückweg. Danach geht es durch einen Birkenwald bis zum Ende des Pfades, wo wir nach 04 **links (2315 m)** abbiegen. Es geht steil bergab. Auch ergießt eine Quelle – übrigens eine sehr leckere – ihr Wasser auf den Weg und es wird ein kurzes Stück sehr rutschig.

Von der folgenden Lichtung geht es auf einem der zahlreichen Viehwege talwärts. Bald sehen wir den 05 **Pfad (2094 m)** vom Hinweg, auf dem wir zum Start und Ziel bei der 01 **Ushguli-Brücke (2090 m)** zurückkehren.

17

GVIBARI • 2972 m

Ein leichter 3000er

  10,9 km  4:00 h  870 hm 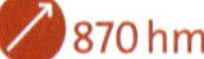 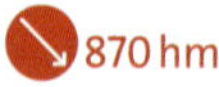 870 hm

START | An der alten und neuen Brücke in Ushguli, 46 km südwestlich von Mestia.
ÖPNV: Ushguli wird von Marschrutkas angefahren.
Startkoordinaten : 42.915192 43.010213
CHARAKTER | Kurze, knackige Wanderung mit steilen Aufstiegen. Gelegentliche Navigation mit dem GPS-Track, da der Pfad nicht zu erkennen ist.
Öffnungszeiten: „Turm Museum Ushguli" 10:00–17:30 Uhr.

Lange Zeit galt Ushguli als das höchstgelegene ständig bewohnte Dorf Europas. Trotz der entbehrungsreichen, kalten und schneereichen Jahreszeit überwintern dort jedes Jahr etwa 16 Menschen. Im Jahr 2014 meldete das 2345 m hoch gelegene Dorf Bochorna in Tuschetien, Ostgeorgien eine ständige Besiedlung und gilt seitdem als höchstgelegenes Dorf Europas. Auch im Winter wird die Zufahrtsstraße nach Uchguli geräumt, nach starkem Schneefall dauert es meist einige Tage, bis die Straße wieder befahrbar ist. Ushguli mit seiner perfekt erhaltenen mittelalterlichen Architektur aus dem 9. und 10. Jahrhundert gehört seit 1996 zum UNESCO-Weltkulturerbe. Die Tour beginnt im unteren Teil von Ushguli. Der Aufstieg zum Gvibari führt zunächst durch einen lichten Wald, später dann durch offenes Gelände mit Rhododendren und schließlich im Gip-

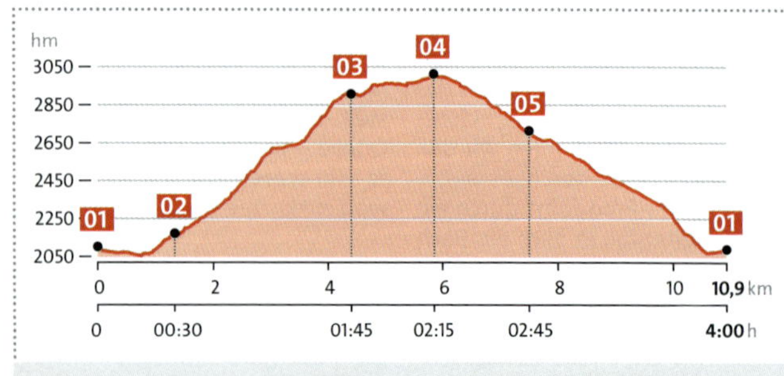

01 Ushguli-Brücke, 2090 m; 02 Bäche, 2165 m; 03 Gvibari, 2943 m; 04 Steinhaufen, 3003 m; 05 Weggabelung, 2727 m;

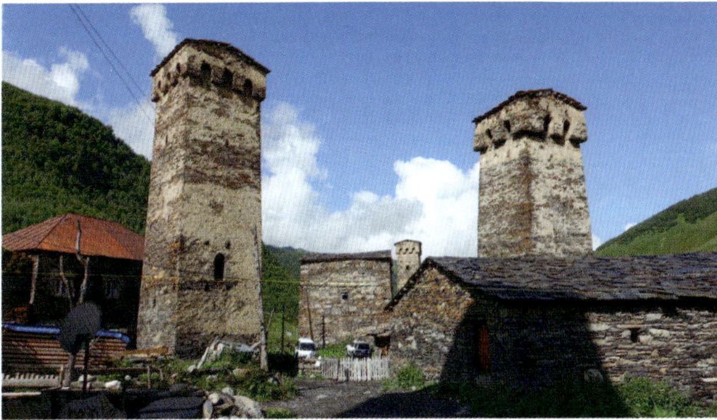

Das Dorf Chazhashi .

felbereich durch saftige, tiefgrüne Bergwiesen. Bei klarem Wetter ist die Fernsicht auf den Kaukasushauptkamm faszinierend. Im Winter ist der Gvibari eine beliebte Skitour.

▶ Vor der Haltestelle der Taxis/ Marschrutkas und auch der 01 **Ushguli-Brücke (2090 m)** über den Enguri-Fluss biegen wir halb links in die Piste ein. Wir durchqueren das Dorf Chazhashi und verlassen es am südwestlichen Ende, nachdem wir den Shavtskaka-Kvishara-Fluss überquert haben. Unter einer Stromleitung hindurch führt nun ein breiter Weg zu einem Privatgrundstück. Hier öffnen und schließen wir das erste Gatter, bezahlen die geforderte Wegegebühr von 2 Gel und passieren das zweite Viehgatter. An der nächsten Weggabelung wählen wir den halb linken Arm durch eine Birkenreihe. Er führt durch ein kleines Seitental, in dem ein Bach romantisch plätschert. Dort, wo zwei 02 **Bäche (2156 m)** zu einem zusammenfließen, überqueren wir den Bach nach halb rechts. Der ausgetretene Pfad führt nun stetig auf einen Bergrücken mit dem unscheinbaren Gipfel des Gvibar

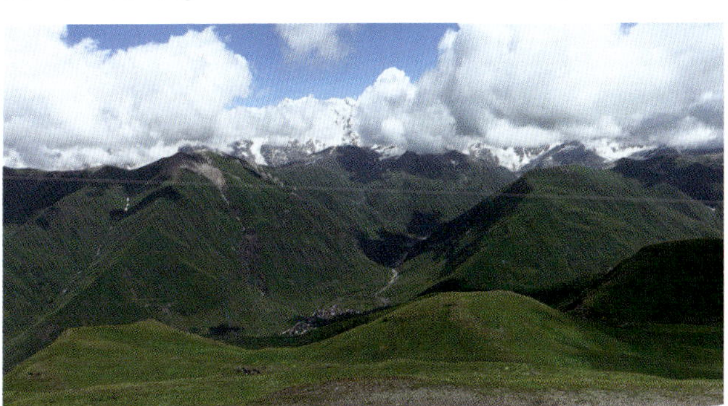

Schöne Fernsicht vom 2943 m hohen Berg Gvibari .

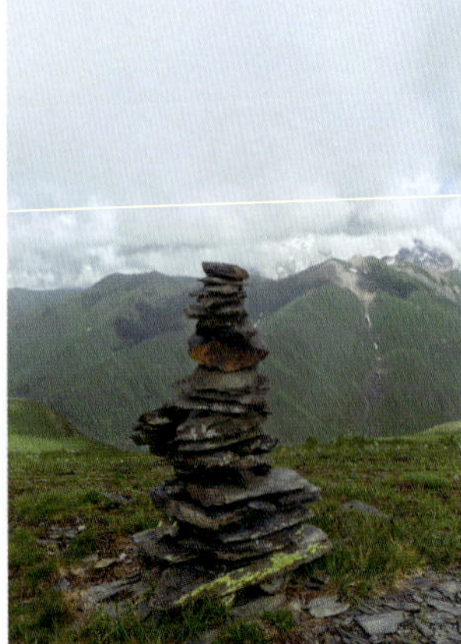

Bei dem Steinhaufen wird die magische 3000er-Marke überschritten.

Wir erreichen die Vegetationszone, in der sich der Rhododendron sehr wohl fühlt. Wenn man stehen bleibt und sich umdreht, kann man bei guter Sicht den höchsten Berg Georgiens, den Schchara, sehen. Dort, wo der Pfad einen Hang quert, ignorieren wir den nach rechts abzweigenden Pfad und gehen weiter bis zu einer Wiese vor, wo wir nun scharf rechts abbiegen und nach wenigen Metern an einer Quelle vorbeikommen.

Auf einem längeren Wegstück durchqueren wir einen weiteren Rhododendronhang. Nach einem kurzen Stück unterhalb einer Felswand führt der Pfad über ein ebenes Wegstück. Danach kann man in westlicher Richtung (also am Horizont) auch die Doppelspitze des Berges Uschba erkennen. Es folgt der finale Anstieg bis zu einem Wegweiser an einer Einsattelung, rechts davon liegt das unspektakuläre Gipfelplateau des 03 **Gvibari (2943 m)**. Der Aussichtspunkt bei einem Steinhaufen bietet eine sehr schöne Fernsicht. Wir drehen uns um 180°, steigen zur Einsattelung mit dem Wegweiser auf und beginnen über den breiten Bergrücken in östlicher Richtung wieder aufzusteigen. Nach einem kurzen Abstieg folgt eine weitere Einsattelung, an der wir später den Abstieg beginnen. Ein lohnenswerter Abstecher führt uns weiter geradeaus zu einem 04 **Steinhaufen (3003 m)**, wo wir die magische 3000er-Marke überschreiten.

Wir kehren zur letzten Einsattelung zurück und steigen nun nach rechts durch wegloses Gelände bis zu einer weißen Wetterstation ab. Es folgt noch ein kurzes wegloses Stück, hier bitte den GPS-Track benutzen, bis ein ausgetretener Pfad sichtbar wird, der in Serpentinen ins Tal führt. An einer 05 **Weggabelung (2727 m)** folgen wir der Abzweigung halb links (der Hauptweg führt halb rechts weiter) über einen aussichtsreichen Bergrücken. Nach einem kurzen Abstieg verlassen wir diesen Weg nach scharf rechts. Dieser Pfad endet in einer kleinen Senke am Hauptweg, hier gehen wir links. Danach ist der Pfad erst wieder zwischen den plattgetretenen Rhododendren zu erkennen. Wir durchqueren ein kleines Feuchtgebiet und gehen nach einer Linkskurve direkt auf die Ruine der „Burg der Königin Tamar“ zu.

An einer weiteren Weggabelung folgen wir dem Pfad halb rechts, der nun steil bergab führt. Von der folgenden Lichtung geht es auf einem der zahlreichen Viehwege weiter bergab. Bald sehen wir den Weg vom Hinweg, auf dem wir zum Start- und Zielpunkt bei der 01 **Ushguli-Brücke (2090 m)** zurückkehren.

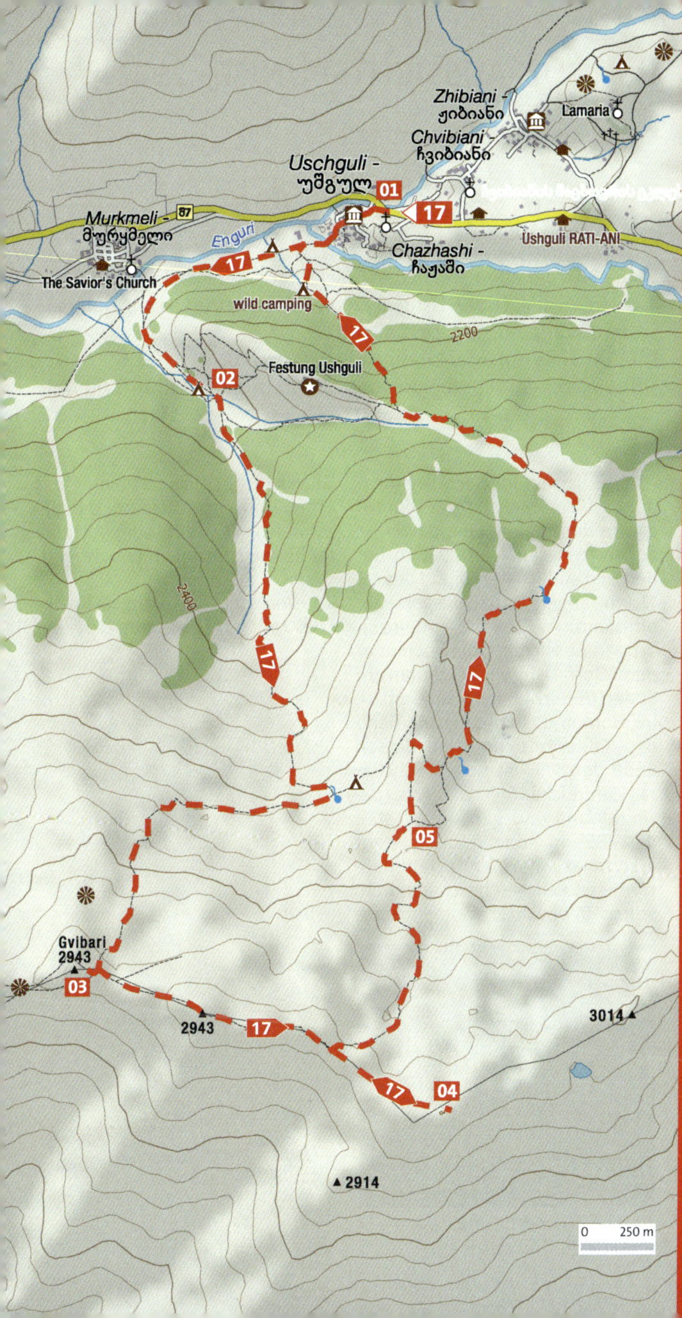

Zhibiani - ჟიბიანი
Lamaria
Chvibiani - ჩვიბიანი
Uschguli - უშგული
01
17
87
Murkmeli - მურყმელი
Enguri
Chazhashi - ჩაჟაში
Ushguli RATI-ANI
The Savior's Church
17
wild camping
17
2200
02
Festung Ushguli
2400
17
17
05
Gvibari 2943
03
2943
17
3014
17
04
2914
0 250 m

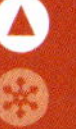

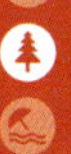

USHGULI AUSSICHTSPUNKT • 2972 m

Kraftquelle: Glücksmoment

     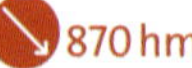

7,8 km | 2:45 h | 870 hm | 870 hm

START | An der alten und neuen Brücke in Ushguli, 46 km südwestlich von Mestia. ÖPNV: Ushguli wird von Marschrutkas angefahren. Startkoordinaten: 42.915192 43.010213
CHARAKTER | Kurze, anstrengende Wanderung. Öffnungszeiten: „Ethnographic Museum Ushguli" 10:00–17:00 Uhr.

Ushguli ist ein idealer Ausgangspunkt für zahlreiche Wanderungen in der Region. Eine davon ist der Aufstieg auf den 2972 m hohen und südlichsten Gipfel des ca. 12 km langen Lamalialesgora-Gebirgskammes. Von diesem einzigartigen Aussichtspunkt hoch über dem Dorf Ushguli sieht man im Süden den 2943 m hohen Gvibari, im Norden das lange grüne Band des Enguritals und an dessen Ende den 5193 m hohen Schchara. Zahlreiche Gletscher, die Besingi-Wand und ganz im Westen der 4858 m hohe Tetnuldi – gut erkennbar an seinem pyramidenförmigen Relief – bescheren dem stillen Beobachter Momente des Glücks. Zurück im Tal bietet das ethnografische Museum Ushguli zahlreiche Exponate vom Mittelalter bis zur Neuzeit zu besichtigen.

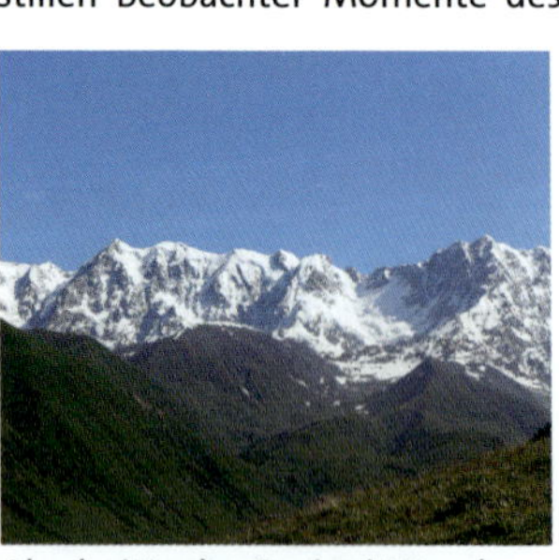

Abschnitte der Besingi-Wand von Ushguli aus gesehen.

▶ Von der **01** **Ushguli-Brücke (2090 m)** geht es zunächst auf

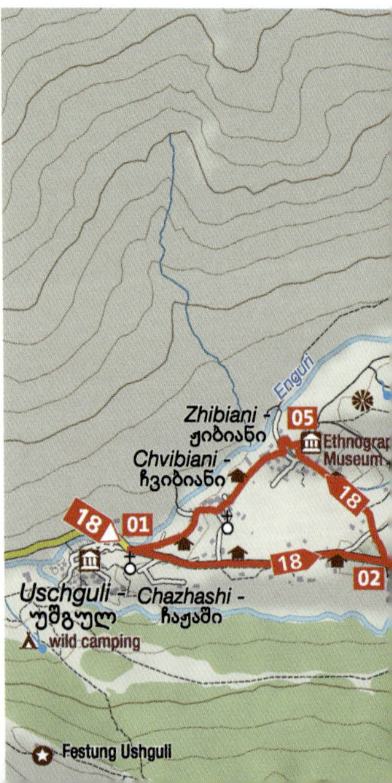

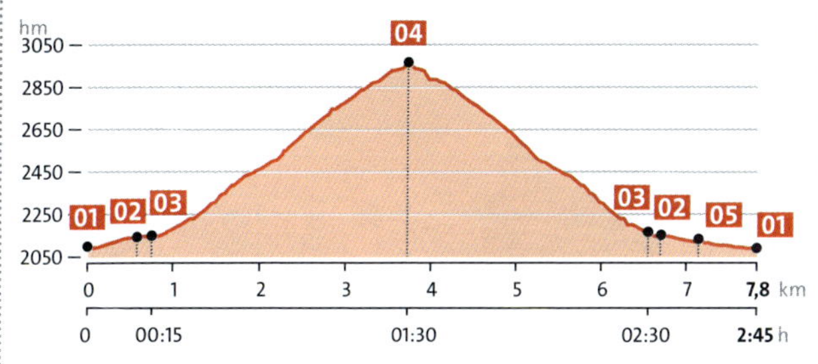

01 Ushguli-Brücke, 2090 m; 02 Weggabelung, 2149 m; 03 Wehrturm, 2162 m; 04 Aussichtspunkt, 2972 m; 05 Ethnografisches Museum, 2126 m;

dem steil ansteigenden Hauptweg Richtung Osten. An einer ersten 02 **Weggabelung (2149 m)** wählen wir nicht den halblinken Arm ins Engurital, sondern den halbrechten Arm in Richtung Zagari-Pass. Auf der Höhe des frei stehenden 03 **Wehrturms (2162 m)** zweigt scharf links ein Weg ab, der vor einem Zaun endet. Von hier aus folgt man dem beginnenden Pfad nach rechts aufwärts, nach einem kurzen Stück am Sendemast vorbei. Zahlreiche Viehwege erschweren den Einstieg zum Aufstieg. Im Prinzip hält man sich in der

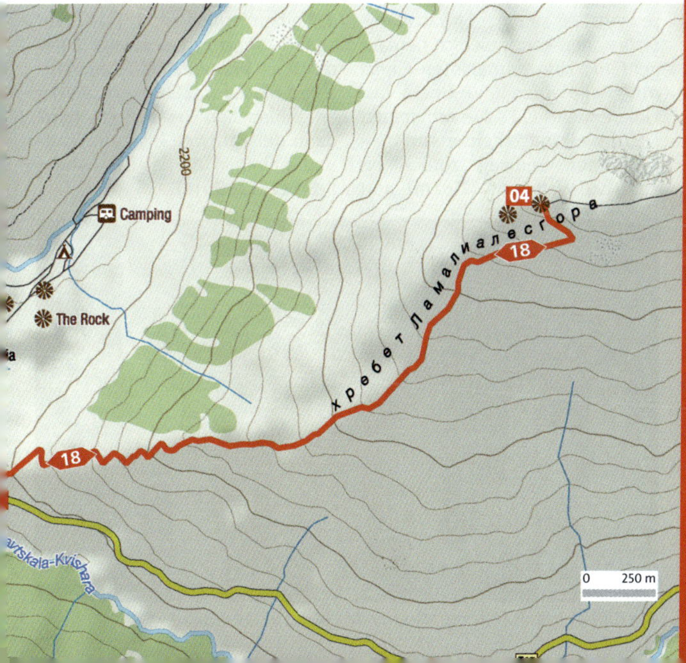

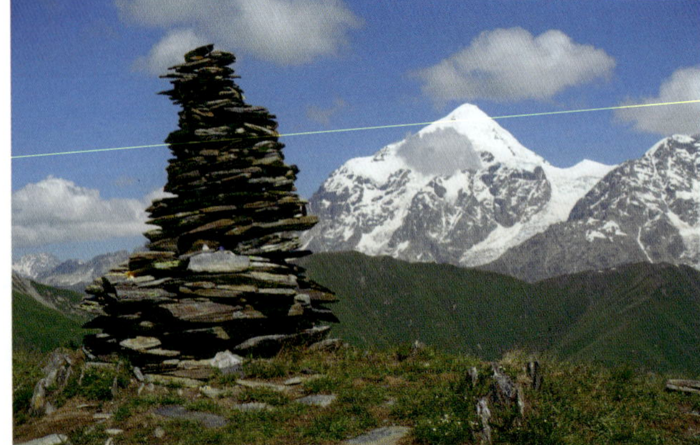

Vom Aussichtspunkt ist der 4858 m hohe Tetnuldi gut zu sehen.

Mitte des breiten Bergrückens, bis dann ein ausgetretener Pfad übrig bleibt, der sich im Zickzack durch Rhododendron und über einen Bergrücken in die Höhe schraubt. Zwischendurch gibt es auch kurzen Abstieg zu einer Einsattelung, bis es dann kontinuierlich bergauf geht bis zum namenlosen Gipfel mit Steinhaufen und einem faszinierenden 04 **Aussichtspunkt (2972 m)**. Danach geht es auf dem bekannten Hinweg zurück bis zum 03 **Wehrturm (2162 m)**, dort nun nach rechts Richtung Dorfmitte von Ushguli, bei der ersten 02 **Weggabelung (2149 m)** halb rechts und geradeaus weiter über die Kreuzung. Man kommt an der Lamaria-Kirche vorbei, die rechts auf einem Hügel steht. Nach den ersten Wehrtürmen zweigt dann rechts ein Weg zum 05 **Ethnografischen Museum (2126 m)** ab. Vorbei an zahlreichen Restaurants führt dann der Fahrweg bis zum Start- und Zielpunkt an der 01 **Ushguli-Brücke (2090 m)**.

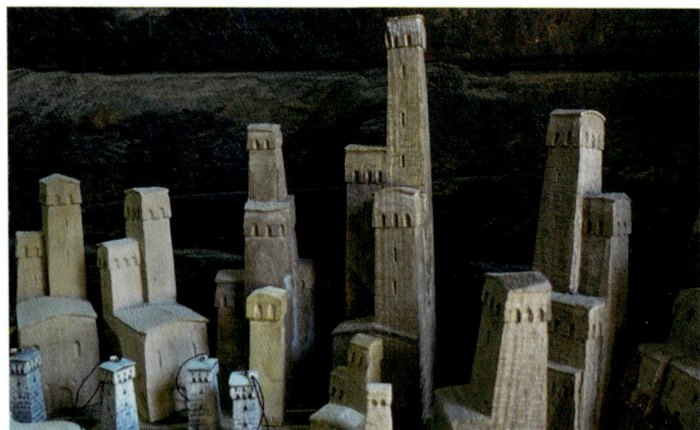

Ein Bild aus dem Ethnografischen Museum in Ushguli.

SCHCHARA – TAG 1 VON 2 – MIT DEM BLICK ZUM BERG

Auf dem Lamalialesgora-Gebirgskamm

  12,7 km 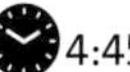 4:45 h  1280 hm 640 hm

START | An der alten und neuen Brücke in Ushguli, 46 km südwestlich von Mestia.
Ziel: Naturzeltplatz Romisghelis-Lake, nur zu Fuß erreichbar.
Startkoordinaten: 42.915192 43.010213
ÖPNV: Das Dorf Ushguli wird von Marschrutkas angefahren.
CHARAKTER | Anstrengende Bergtour.

Der sogenannte Lamalialesgora-Kamm ist ein gigantischer, 12 km langer „Aussichtsbalkon“ auf den Hauptkamm des Kaukasus. Während der gesamten Wanderung über diesen Bergrücken haben wir immer einen Blick (außer, wenn wir auf den Pfad schauen, um sicher unterwegs zu sein) auf zahlreiche Gipfel, von denen der 5193 m hohe Schchara der höchste ist. Der Weg führt sehr nah an den Eispanzern des Schchara- und des Namkuami-Gletschers vorbei. Der Naturzeltplatz am Romisghelis-See, einem Gletschersee, der vor langer Zeit durch Schmelzwasser entstand, ist einfach nur der Wahnsinn! In lauen Sommernächten hört man die ganze Nacht das

Zusatzausrüstung

Isomatte, Schlafsack, Zelt, Kocher und Proviant für zwei Tage.

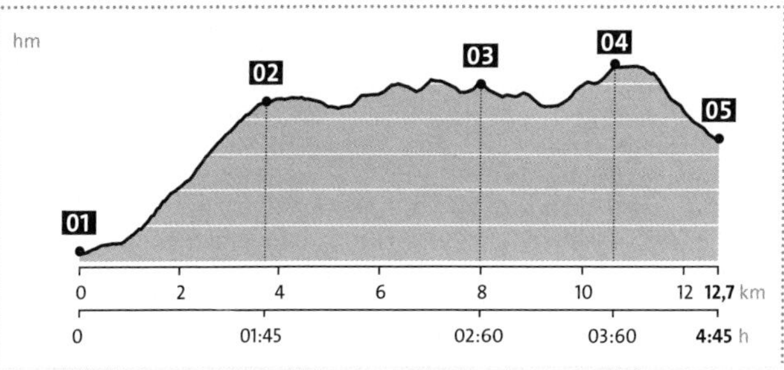

01 Ushguli-Brücke, 2090 m; **02** Aussichtspunkt, 2972 m; **03** Gabelung, 3079 m; **04** Gipfel, 3156 m; **05** Romisghelis-See, 2731 m;

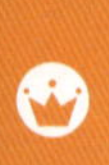

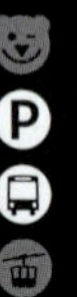

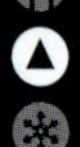

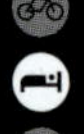

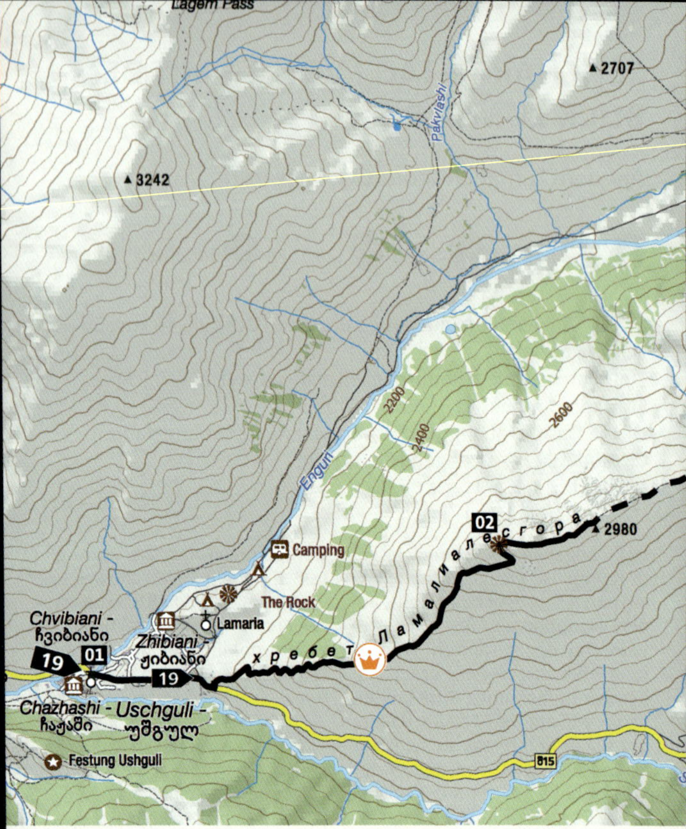

Eis brechen und in die Tiefe stürzen. Was für eine Supertour!

▶ Von der **01** **Ushguli-Brücke (2090 m)** geht es zunächst auf dem steil ansteigenden Hauptweg Richtung Osten. An einer ersten Weggabelung wählen wir nicht den halb linken Arm ins Engurital – dem Rückweg am zweiten Tag der Tour –, sondern den halbrechten Arm in Richtung Zagari-Pass. Auf der Höhe des frei stehenden Wehrturms zweigt scharf links ein Weg ab, der vor einem Zaun endet. Von hier aus folgt man dem beginnenden Pfad nach rechts aufwärts, nach einem kurzen Stück am Sendemast vorbei. Zahlreiche Viehwege erschweren den Aufstieg. Am besten hält man sich in der Mitte des breiten Bergrückens, bis nur noch ein einziger ausgetretener Pfad im Zickzack nach oben führt. Dieser führt durch Rhododendron und über einen schmalen Grat. Zwischendurch gibt es auch einen kurzen Abstieg zu einer Einsattelung, dann geht es stetig bergauf bis zum namenlosen Gipfel mit Steinhaufen und einem faszinierenden **02** **Aussichtspunkt (2972 m)**.

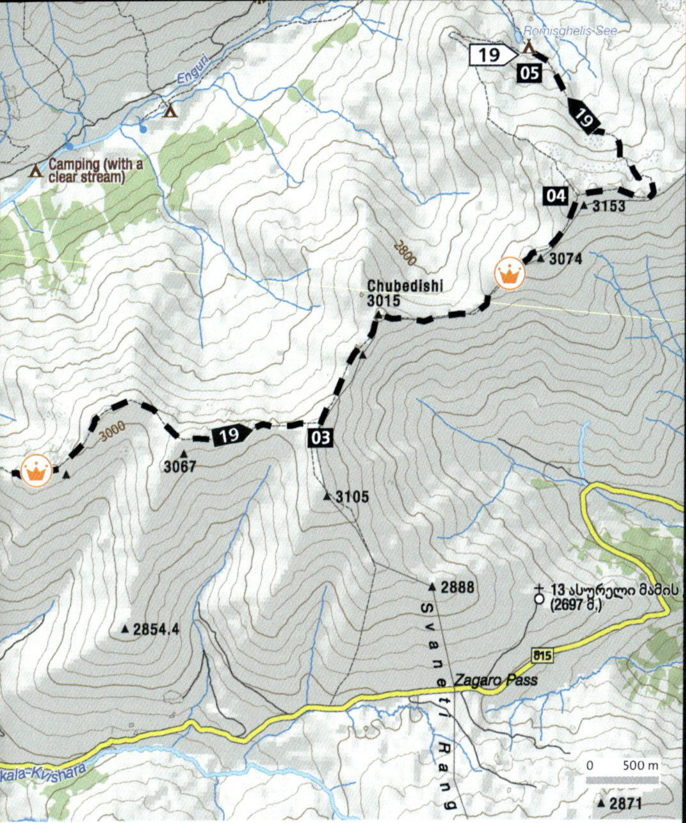

Romisghelis See
19
05
Enguri
Camping (with a clear stream)
04
3153
3074
2800
Chubedishi
3015
3000
19
03
3067
3105
2888
13 ასურელი მამის
(2697 მ.)
2854.4
815
Zagaro Pass
Svaneti Rang
kala-Kvishara
0 500 m
2871

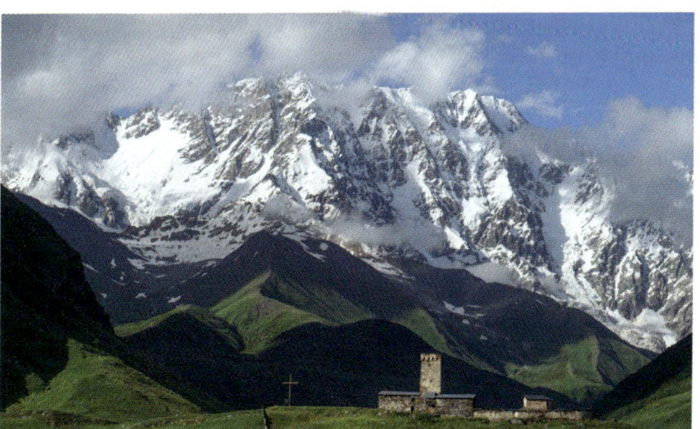

Die Lamaria-Kirche und im Hintergrund der Hauptkamm des Kaukasus.

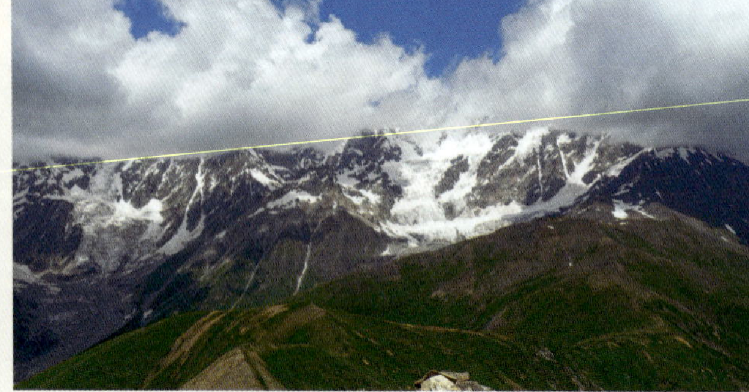

An der Gabelung zweier Bergrücken.

Wir lassen die Steinhaufen hinter uns und marschieren auf dem Bergrücken in nordwestlicher Richtung weiter. Es folgt ein kurzer Aufstieg und dann wieder ein Abstieg zu einer kleinen Einsattelung. Den folgenden Berg queren wir weglos an seiner rechten Flanken. Der Bergrücken wendet sich nach Osten, wir steigen im Zickzack auf und überschreiten dann die 3000er-Marke. An dieser **03 Gabelung (3079 m)** zweier Bergrücken gehen wir nicht rechts in Richtung des Berges mit dem Kreuz, sondern halb links über einen felsigen Grat steil bergab. Über die kleine und auch große Felsspitze geht es direkt hinüber. Wieder erreichen wir eine Einsattelung, von wo aus wir weglos die Ostflanke des 3015 m hohen Chubedishi queren. Bald ist unterhalb der nächsten Einsattelung ein kleiner Tümpel zu sehen, an dem wir dann auch vorbeiwandern. Ein Pfad ist nun nicht mehr zu erkennen, es geht im Zickzack über steile Passagen bis zu einem namenlosen **04 Gipfel (3156 m)**. Wir wandern noch weitere 500 m auf dem Bergrücken, bis sich links ein ca. 200 m breites Kar öffnet. Hier steigen wir weglos über das Schotterfeld ab. Mit Restschneefeldern muss hier bis Anfang August gerechnet werden. Unten im Tal ist bereits der See am heutigen Etappenziel zu sehen, der uns zunächst als gedachte Wegmarkierung dient. Hinter dem Schotterfeld weisen einige Steinhaufen die Richtung, denn von einem Pfad ist noch nichts zu sehen. Beim Abstieg überqueren wir einen Bach, eine gute Gelegenheit, die Trinkflaschen zu füllen. Teils weglos, teils auf einem Pfad wandern wir nun direkt auf den **05 Romisghelis-See (2731 m)** zu, wo wir unser Nachtlager aufschlagen.

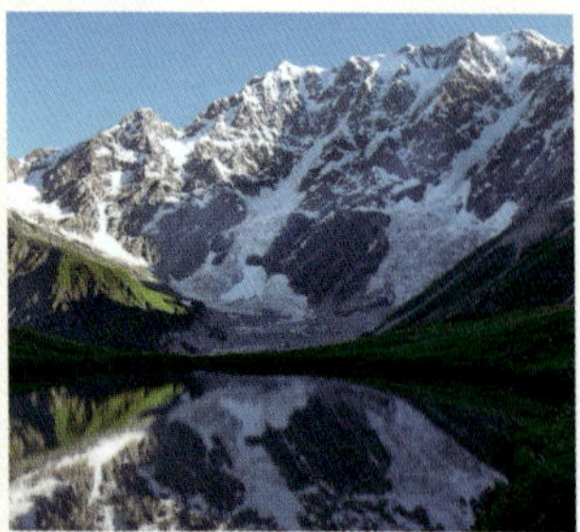

Der Romisghelis-See und im Hintergrund die West und Ostspitze des Schchara.

SCHCHARA – TAG 2 VON 2 – DEN BERG IM RÜCKEN

Der Abschied fällt schwer

  10,7 km  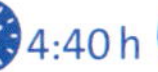 4:40 h  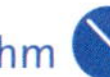 15 hm 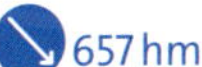 657 hm

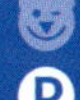

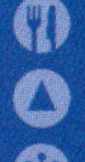
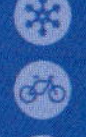

START | Naturzeltplatz Romisghelis-Lake; Fortsetzung der Wanderung 19.
Ziel: Alte und neue Brücke in Ushguli, 46 km südwestlich von Mestia.
ÖPNV: Das Dorf Ushguli wird von Marschrutkas angefahren.
Startkoordinaten: 42.954157 43.106528
CHARAKTER | Leichte Wanderung.

In den frühen Morgenstunden präsentiert sich die Stimmung rund um den Romisghelis-See ganz anders als im warmen Licht der blauen Stunde des gestrigen Abends. Schweren Herzens trennen wir uns von diesem einmaligen Ort und beginnen den Abstieg und den langen, teilweise auch monotonen Weg durch das Engurital.

Alternativ könnte man noch einen Abstecher zum Schchara-Gletscher machen. Kurz vor Ushguli besteht noch die Möglichkeit, die mittelalterliche georgisch-orthodoxe Lamaria-Kirche zu besichtigen. In den Kirchenbüchern wird sie nicht erwähnt,

Zusatzausrüstung

Isomatte, Schlafsack, Zelt, Kocher und Proviant für zwei Tage.

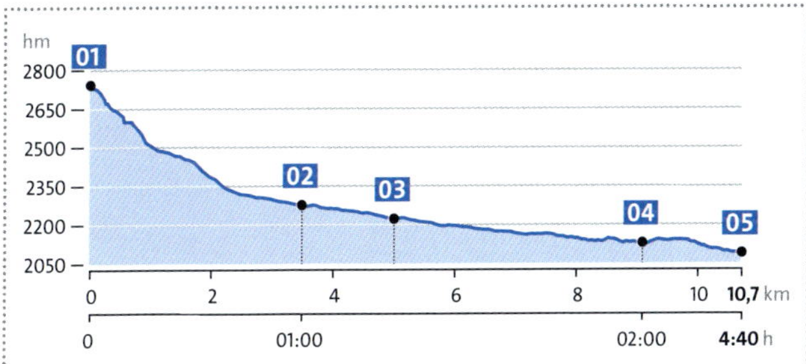

01 Romisghelis-See, 2731 m; 02 Brücke, 2281 m; 03 Engurital, 2226 m; 04 Kirche in Lamaria, 2122 m; 05 Ushguli-Brücke, 2090 m;

Variante

Es bietet sich an, die Wanderung 21 „Engurital – Schchara Gletscher“ mit einzubeziehen.

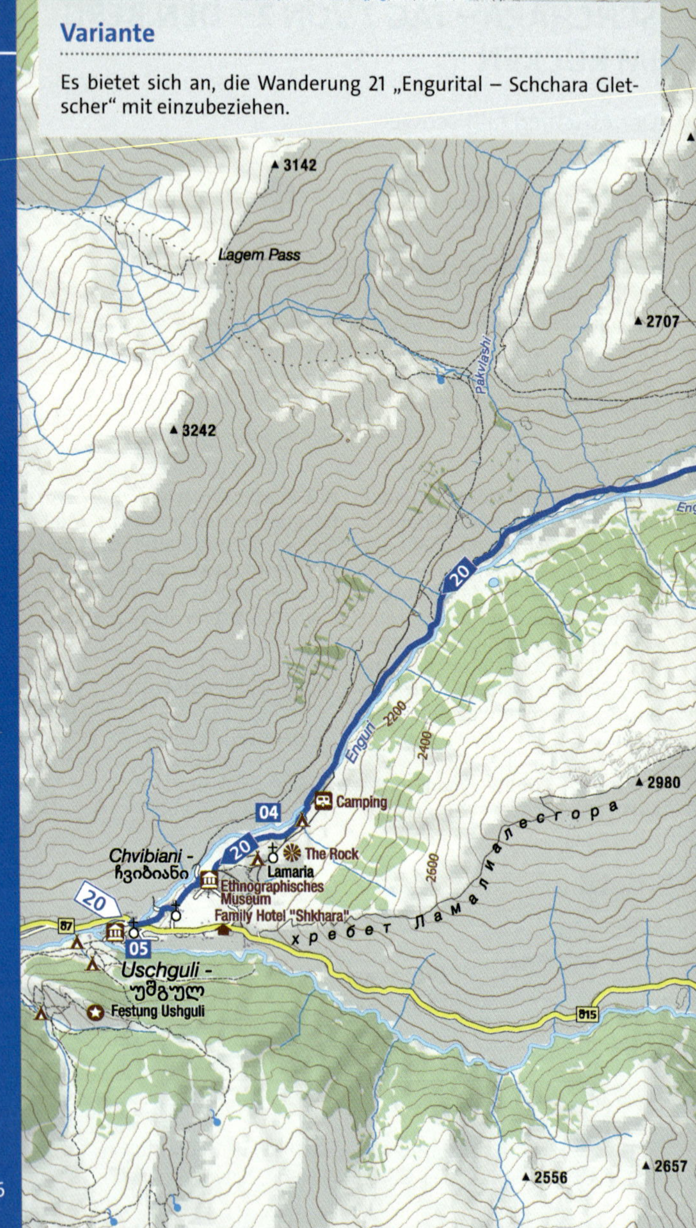

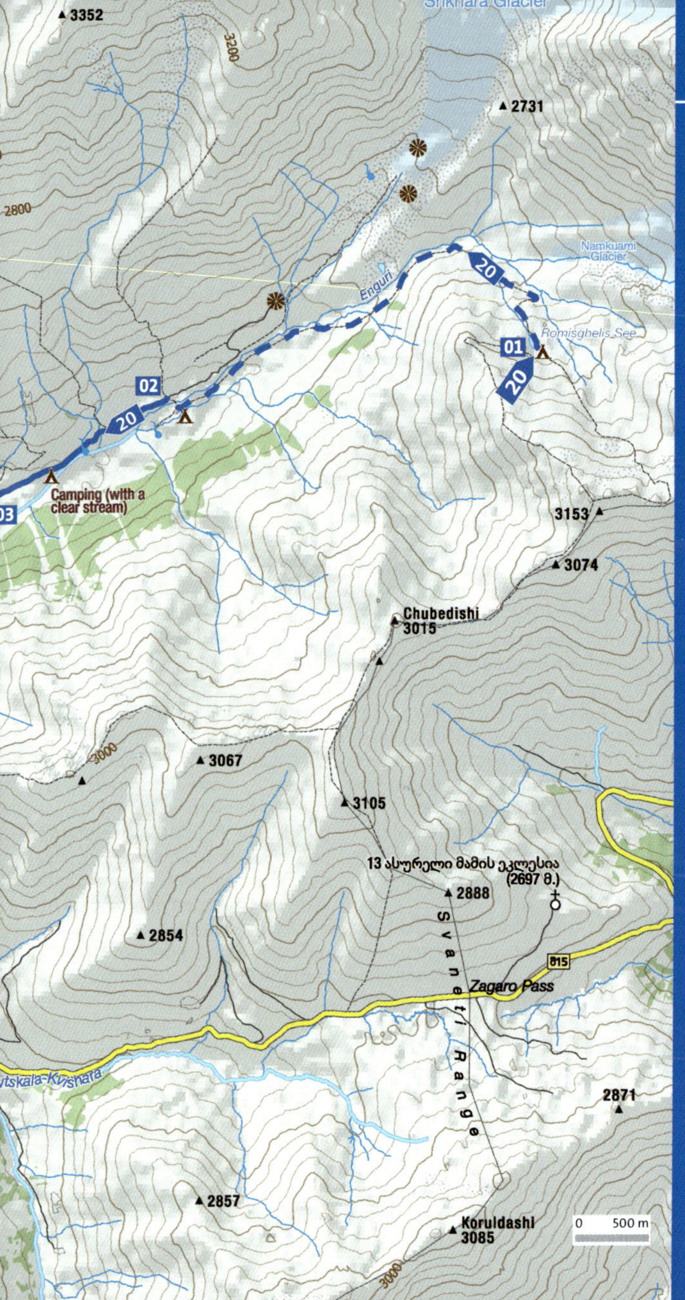
Shkhara Glacier
3352
3200
2731
2800
Namkuami Glacier
20
Enguri
Romisghelis See
01
20
02
20
03
Camping (with a clear stream)
3153
3074
Chubedishi 3015
3000
3067
3105
13 ასურელი მამის ეკლესია (2697 მ.)
2888
2854
815
Zagaro Pass
Svaneti Range
tskala-Kvishara
2871
2857
Koruldashi 3085
0 500 m
3000

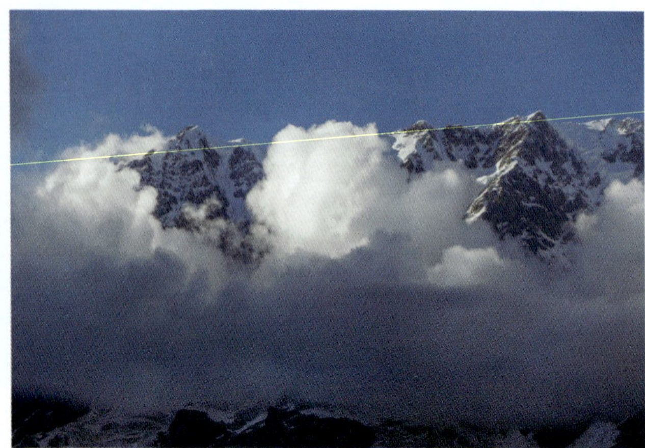

Das Schchara Gebirge vom Romisgheli-See aus gesehen.

aber nach den architektonischen Merkmalen zu urteilen, stammt sie aus dem 9. bis 10. Jahrhundert. Sie ist der Mutter Jesu geweiht. „Lamaria" ist dabei der Name, den ihr die lokale Bevölkerung in einem vorchristlichen Kult gab. Erst später wurde Lamaria mit Maria, der Mutter Jesu, in Verbindung gebracht. In der Kapelle befinden sich Fragmente schöner mittelalterlicher Fresken, die jedoch durch die Ablagerung von Kerzenruß stark in Mitleidenschaft gezogen wurden.

In nordwestlicher Richtung (mit Blick auf den Schchara) verlassen wir den 01 **Romisghelis-See (2731 m)** auf der linken Uferseite. Wir ignorieren einen Weg, der den Hang nach links quert und gehen geradeaus auf einem schwer erkennbaren Pfad entlang eines Baches, den wir später auch überqueren. Nach einer scharfen Linkskurve führt der Pfad durch Rhododendren hinunter zum Ufer des Enguri-Flusses, vorbei an einem kleinen Wasserfall, durch einen Birkenwald und weiter bis zu einer Hütte. Über die 02 **Brücke (2281 m)** gelangt man auf die andere Seite des Enguri-Flusses. Die Schotterpiste führt nun über ein sehr langes Stück durch das 03 **Engurital (2226 m)**. Ab und zu überholen uns Geländewagen. An der ersten Straßengabelung bleiben wir auf der rechten Uferseite. Dann überqueren wir aber den Enguri-Fluss auf der alten Brücke. Bei der Wetterstation und auch dem Gebäude des kleinen Schlepplifts verlassen wir die Piste und nehmen den halb rechts abzweigenden Weg, der in ca. 200 m Entfernung an der 04 **Kirche in Lamaria (2122 m)** vorbeiführt.

Nach der anschließenden Sankt Georgi Kapelle gehen wir durch die Häuser hinunter bis zum Ethnografischen Museum, von dort durch die schmale Gasse, rechts, gleich wieder links, sofort wieder rechts und auf dem Hauptweg bis zum zentralen Knotenpunkt der Marschrutkas und Taxis bei der 05 **Ushguli-Brücke (2090 m)**.

ENGURITAL – SCHCHARA GLETSCHER

Faszination Gletscher

 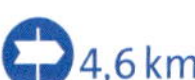 4,6 km  1:30 h 300 hm  300 hm

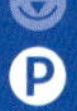

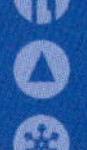

START | 7 km zu Fuß von Ushguli. Mit einem Geländewagen ist die Zufahrt möglich. Parkplätze befinden sich an der Holzbrücke über den Enguri-Fluss.
ÖPNV: Taxis fahren von Ushguli bis zum Start.
Startkoordinaten: 42.950500 43.074942
CHARAKTER | 10 % Schotterpiste und 90 % Pfad.

Am Südhang der Hauptwasserscheide des Kaukasus entspringt am Schchara-Gletscher in 2488 m Höhe über dem Meeresspiegel der Enguri-Fluss, der nach 213 km Länge ins Schwarze Meer mündet. Drei große Gletscher bilden die gewaltige Eismasse des Schchara-Gletschers: Der 3,5 km lange West-Schchara-Gletscher, der am weitesten nach oben reicht, bevor die Flanken des Schchara für einen Gletscher zu steil werden, der 2,2 km lange Ost-Schchara-Gletscher und der 2 km lange Namkuami-Gletscher. Fazit: Innehalten, wo die Natur fasziniert. Noch ein Plädoyer für die Sicherheit! Wir befinden uns am Ende der Tour an der Gletscherzunge in einer Gefahrenzone und sollten uns dort nicht unnötig lange aufhalten. Vor allem nicht zu nahe am Gletscherbach, der aus dem Gletscher tritt. Durch das weitere Auftauen des Permafrostbodens kann es jederzeit zu Murenabgängen an den steilen Flanken des Gletschertals kommen. Der an der oberen Gletscherzunge mitgeführte Schutt bröckelt ständig ab, es besteht eine erhebliche Steinschlaggefahr.

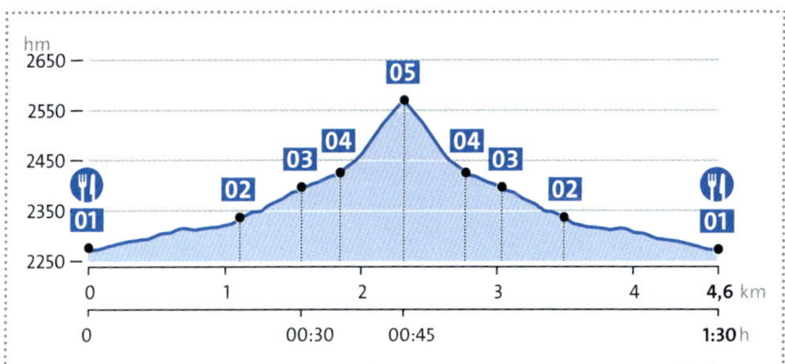

01 Engurital, 2276 m; 02 Enguri-Fluss, 2322 m; 03 Blumen, 2384 m; 04 Schchara Gletscher und Fluss, 2432 m; 05 Schchara Gletscher, 2488 m;

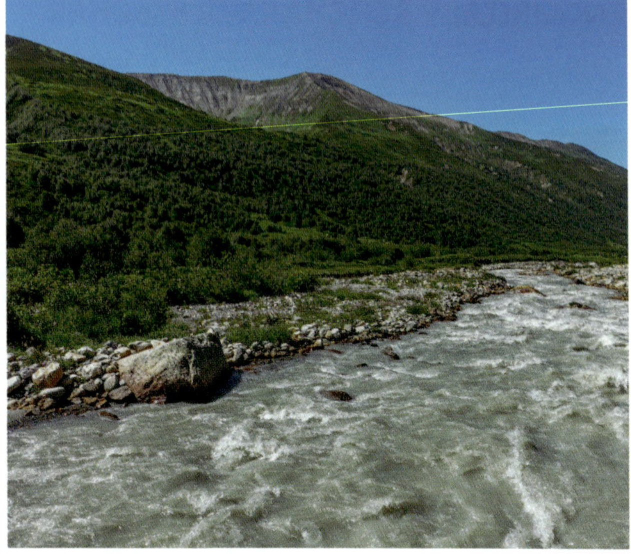

Der wilde Gletscherfluss Enguri.

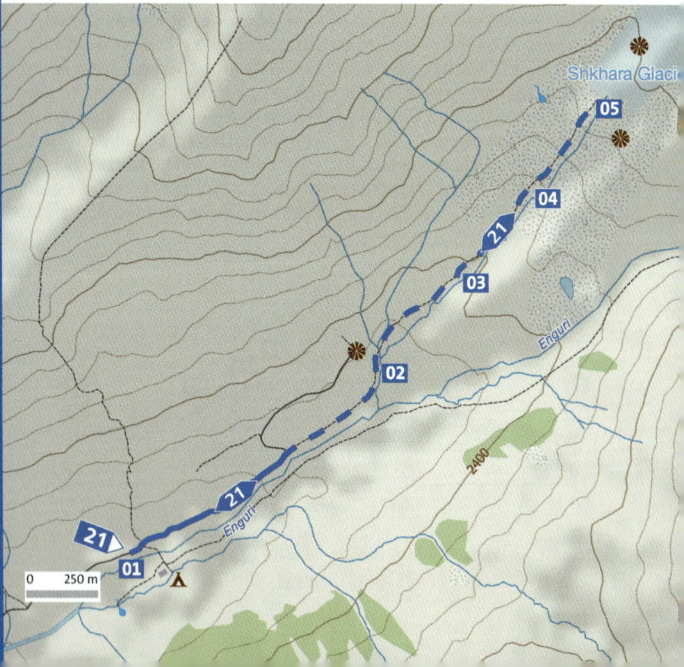

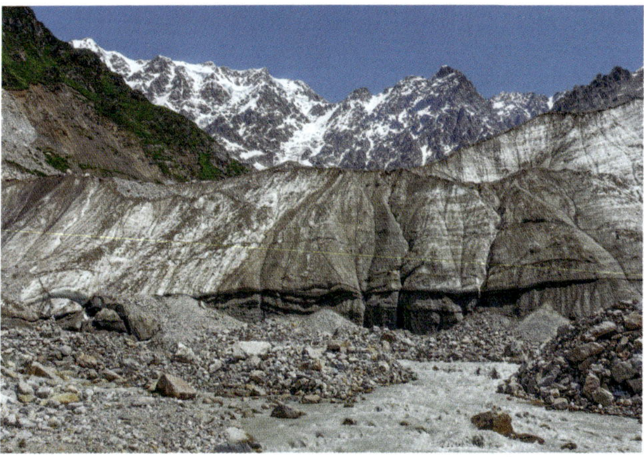

Der Enguri-Fluss wie er aus dem Schchara Gletscher dringt.

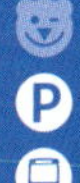
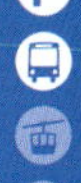
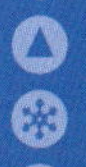
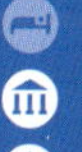

Zwischen den Eismassen kann sich auch Schmelzwasser sammeln, bis es sich mit zunehmendem Wasserdruck einen Weg durch den Gletscher bahnt und eine plötzliche Flutwelle auslöst.

Am Parkplatz im oberen 01 **Engurital (2276 m)** sehen wir hinter dem Fluss die Holzhütte mit dem Restaurant. Von hier aus gehen wir geradeaus auf der Schotterpiste in Richtung „Schchara Gletscher“. Dort, wo die Piste eine Linkskurve macht, gehen wir geradeaus auf dem Pfad weiter. Hinter einem Bach geht es ein kurzes Stück parallel zum 02 **Enguri-Fluss (2322 m)**. In südwestlicher Richtung erhebt sich vor uns der 12 km lange Lamalialesgora-Gebirgskamm (siehe Wanderung 19). Rechts und links des Weges befinden sich nun hohe Wälle aus Geröll- und Felsblöcken unterschiedlicher Größe. Die untere Endmoräne ist nach dem Rückzug der Gletscher bereits wieder begrünt, zahlreiche 03 **Blumen (2384 m)** haben die Hänge bereits erobert. Der mit Steinhaufen markierte Pfad führt durch einen Birkenwald und überquert zahlreiche Bäche. Die Endmoräne ist nun nur noch felsig, der Birkenwald liegt hinter uns und der kaum noch erkennbare Pfad führt durch ein Schotterfeld. Schon sind der 04 **Schchara Gletscher und Fluss (2432 m)** gut zu sehen. Wir erreichen die Gletscherzunge des 05 **Schchara Gletschers (2488 m)**. Auf dem gleichen Weg geht es zurück zum Start- und Zielpunkt 01 **Engurital (2276 m)**.

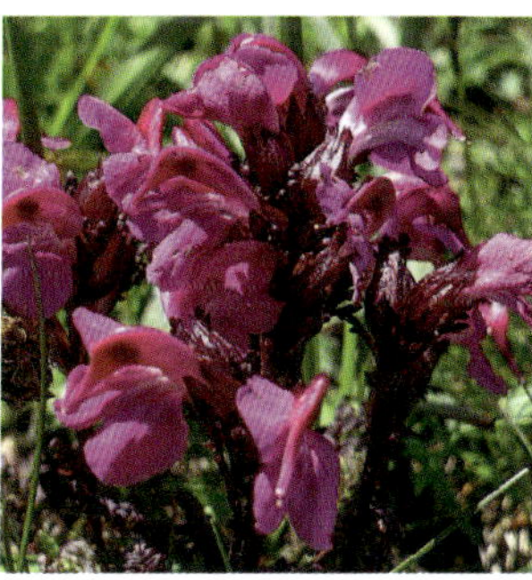

Blumen erobern die Hänge der Gletschermoräne.

22 ENGURITAL – ROMISGHELIS-SEE

See in einzigartiger Lage am Fuße des Schchara

 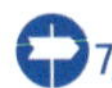 7,2 km 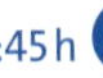 2:45 h 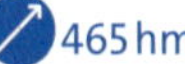 465 hm  465 hm

START | 7 km zu Fuß von Ushguli. Die Zufahrt zum Start- und Zielpunkt. Ist mit einem Geländewagen möglich. Parkplätze befinden sich an der Holzbrücke über den Enguri-Fluss.
ÖPNV: Taxis fahren von Ushguli bis zum Start.
Startkoordinaten: 42.950500 43.074942
CHARAKTER | Kurze Wanderung.

Vom bereits 2731 m hoch gelegenen Romisghelis-See steigen die mächtigen Felswände noch einmal 2462 m bis zum Gipfel des Schchara an. Der Standort am See ist nur 5 km nur vom Gipfel entfernt. Bietet diese Szene an sich schon ein atemberaubendes Landschaftsbild, so wird dieses Motiv durch die meist spiegelnde Oberfläche des Romisghelis-Sees einzigartig.

▶ Vom Parkplatz im 01 **Engurital (2276 m)** überqueren wir die Brücke über den Fluss, lassen die Hütte rechts liegen und biegen nach wenigen Metern links in einen unscheinbaren Pfad ein, an dessen Wegesrand ein Kreuz steht. Über Wiesen und durch ein Birkenwäldchen geht es zunächst gemächlich bergauf. Nach einem kleinen Wasserfall, an dem sich die Quellflüsse des 02 **Enguri-Flusses (2322 m)** vereinigen, passieren wir die 50-70 m hohe Endmoräne des „Schchara Gletscher". Von einer erhöhten Position haben wir eine 03 **Grandiose Aussicht (2481 m)** auf die Südwand des Schchara.

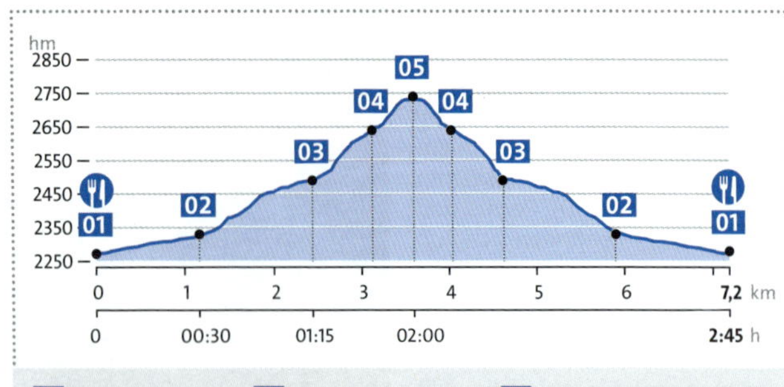

01 Engurital, 2276 m; 02 Enguri-Fluss, 2322 m; 03 Aussichtspunkt 2481 m; 04 Schlucht, 2637 m; 05 Romisghelis-See, 2731 m;

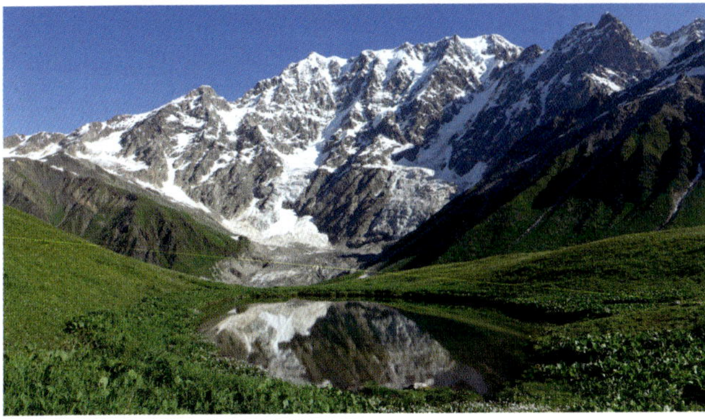

Der einzigartige Romisghelis-See.

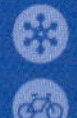
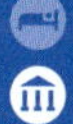

Wir überqueren ein weiteres Bachbett, steigen gemächlich über einen Bergrücken auf und drängen uns durch bis zu 1,50 m hohes Gras – der Pfad ist aber dennoch gut zu finden. Vor einer großen 04 **Schlucht (2637 m)** mit einem Bach macht der Pfad eine scharfe Rechtskurve. Nach einer weiteren Bachüberquerung geht es noch einige Meter bergauf bis zu einem kleinen Plateau mit dem 05 **Romisghelis-See (2731 m)**, der auf Pfaden einmal umrundet werden kann.

Zurück geht es wir auf dem bekannten Hinweg bis zum Start und Ziel im 01 **Engurital (2276 m)**.

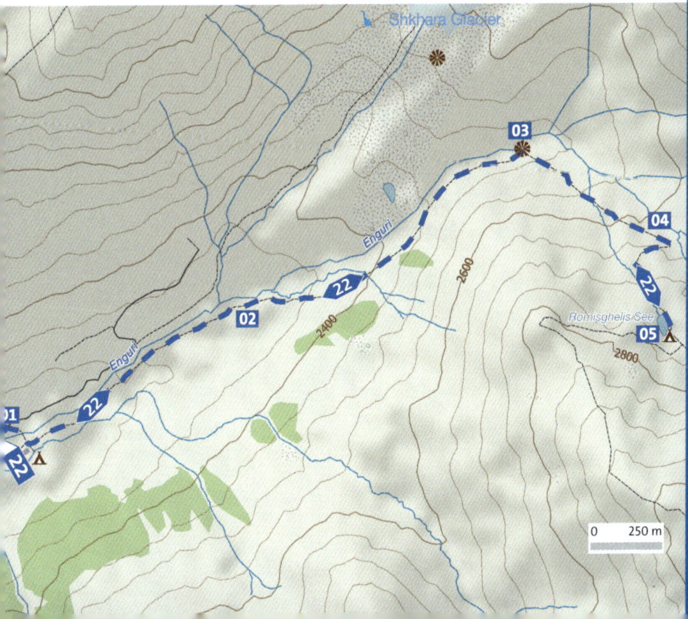

TRUSOTAL

Travertin, ein Mineralsee, Wehrtürme und schneebedeckte Berge

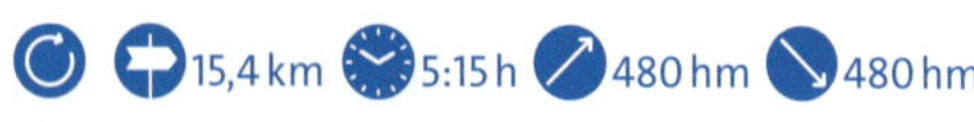

START | 140 km nördlich von Tiflis an der Brücke über den Tergi-Fluss. Nach Verlassen des „Georgian Military Highway" bei der Ortschaft Almasiani führt eine 4,3 km lange, sehr holprige Schotterpiste zum Parkplatz.
ÖPNV: Taxis fahren von Stepanzminda bis zum Start.
Startkoordinaten: 42.581040 44.464685
CHARAKTER | Lange, aber leichte Wanderung.

Die beiden Travertinfelder und der Abano-See sind die Hauptattraktionen des heutigen Tages. Die Besonderheit des Abano-Sees ist zum einen seine hellblaue Wasserfarbe und zum anderen sein kohlensäurehaltiges Quellwasser. Das Reaktionsprodukt entsteht, wenn sich unterirdisch gespeichertes Kohlendioxid mit vorbeifließendem Quellwasser verbindet. Steht man am Ufer des Sees, kann man sehr schön beobachten, wie ungebundene Kohlen-

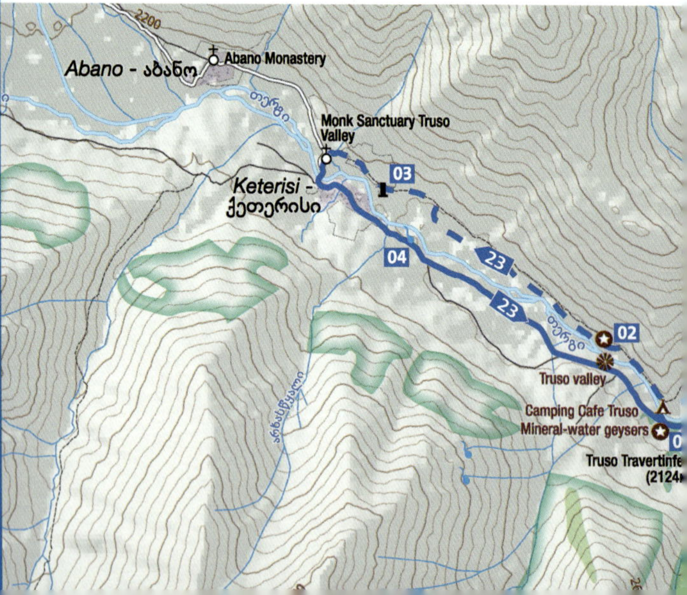

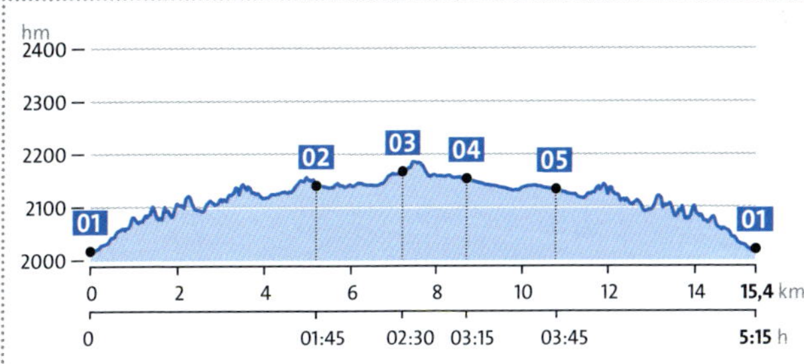

01 Kwemo Okrokana, 2017 m; **02** Abano-See, 2123 m; **03** Festung von Keterisi, 2154 m; **04** Ketrisi Travertinfeld, 2143 m; **05** Truso Travertinfeld, 2124 m;

dioxidbläschen an die Oberfläche steigen und dann platzen. Die andere Naturschönheit: Travertin ist nichts anderes als Kalkstein, der durch chemische Ausfällung in heißen Süßwasserquellen entsteht. Deshalb nennt man sie auch Süßwasserkalke. Er hat eine helle, meist gelbliche oder rote Farbe. Travertin gehört zu den sogenannten monomineralischen Gesteinen, das heißt, das Gestein besteht zum größten Teil aus Kalzit. Die beiden Travertinflächen entlang der Wanderung haben die Landschaft in ein bizarres Rostrot mit Weißtönen verwandelt. Das ganze Szenario liegt in einem abgelegenen Seitental mit einem malerischen Dorf, zwei Klöstern und Wehrtürmen, umgeben von schneebedeckten Bergen.

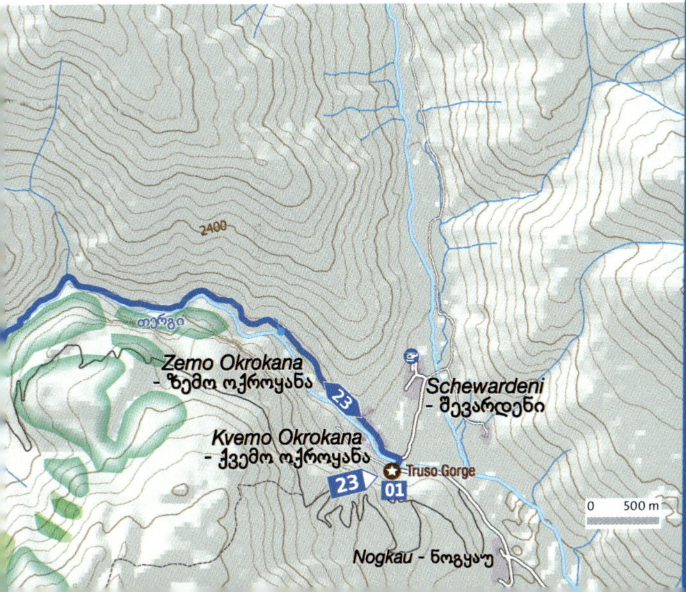

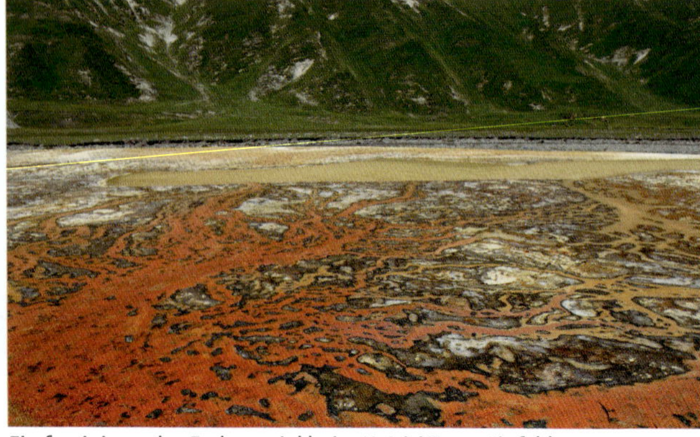
Ein faszinierendes Farbenspiel beim Ketrisi Travertinfeld.

Wir überqueren die Brücke über den Tergi-Fluss und gehen links durch den kleinen Ort 01 **Kwemo Okrokana (2017 m)**. Ab und zu überholen uns Fahrzeuge mit Allradantrieb. Durch die nun sehr enge Schlucht drängen sich nur noch der Fluss und die Schotterpiste. Eine Brücke, ein Heiligenschrein, eine weitere Brücke folgen, bis sich ein weites Tal öffnet und die umliegenden Berge wieder sichtbar werden. Auf einem der vielen Pfade erreichen wir die Fußgängerbrücke über den Flores und steigen hinter dem Café den steilen, mit Reifen befestigten Pfad hinauf. Auf einem aussichtsreichen Höhenweg wandern wir bis zum 02 **Abano-See (2123 m)**.

Von dort aus kann man zunächst auf dem Fahrweg weiterwandern. Es folgen weitere Stellen mit warmen Süßwasserquellen. Die folgenden Feuchtwiesen werden dann aber rechts etwas erhöht umgangen. Auf einem der zahlreichen Pfade orientieren wir uns an den Ruinen der 03 **Festung von Keterisi (2154 m)**. Danach führt der Pfad noch ein kurzes Stück bergauf, bevor er dann zur Brücke hinunter und weiter über den Tergi-Fluss ins Dorf Keterisi führt. Wir lassen das Dorf hinter uns und erreichen das 04 **Ketrisi Travertinfeld (2143 m)**. Rechts des Weges steht eine Förderpumpe, links des Weges ergießt sich das heiße Quellwasser in die Ebene, ein faszinierendes Farbenspiel. Weiter geht es flussabwärts und talauswärts bis zum sogenannten 05 **Truso Travertinfeld (2124 m)**. Von hier geht es auf dem bekannten Hinweg zurück bis zum Start- und Zielpunkt 01 **Kwemo Okrokana (2017 m)**.

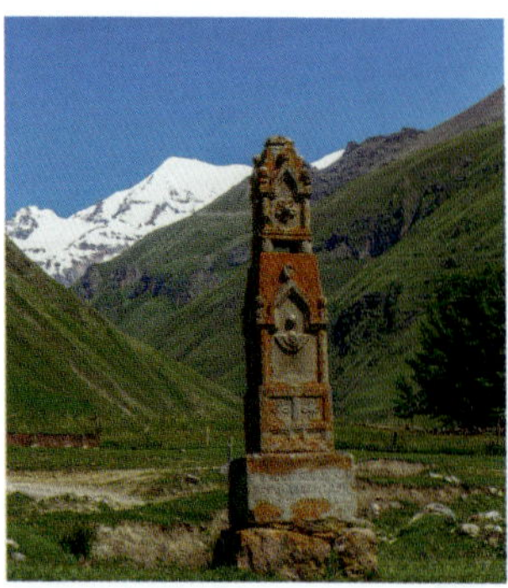
Stele bei Kwemo Okrokana.

GERGETI GLETSCHER

Erloschener Schichtvulkan und einer seiner Gletscher

  13,7 km  5:00 h 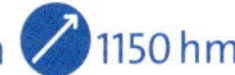 1150 hm  1150 hm

START | 160 km nördlich von Tiflis oberhalb von Stepanzminda bei der Dreifaltigkeitskirche. Der Parkplatz ist über eine asphaltierte Straße erreichbar. ÖPNV: Taxis fahren von Stepanzminda bis zum Start. Startkoordinaten: 42.664958 44.614772
CHARAKTER | Technisch einfach, Orientierung problemlos, aber konditionell anspruchsvoll.

Der Gergeti-Gletscher nimmt seinen Anfang am Westhang des 5054 m hohen Kasbek und schlängelt sich dann zwischen dem 4365 m hohen Berg Ortsveri und dem Südosthang des Kasbek auf einer Länge von 7 km talwärts. Seine Gletscherzunge fällt bis auf 2900 m ab. Der größte Teil des Gletschers liegt in einem Vulkankrater. Während des gesamten Aufstiegs zum Gletscher gibt es immer wieder schöne Aussichtspunkte auf den dritthöchsten Berg Georgiens und den achthöchsten Berg des Großen Kaukasus – einen erloschenen Schichtvulkan, dessen letzter Ausbruch auf 750 vor Christi geschätzt wird.

▶ Wir verlassen den 01 **Parkplatz (2190 m)** bei der Informationstafel in westlicher Richtung auf dem steil ansteigenden Pfad. Nach einem kurzen Aufstieg folgen wir bei der 02 **Weggabelung (2326 m)** dem halb rechten Pfad und nicht dem halb linken, der den Hang quert. Durch einen lichten Birkenwald auf einem Bergrücken steigen wir nun stetig auf und können bei guter Sicht immer wieder den

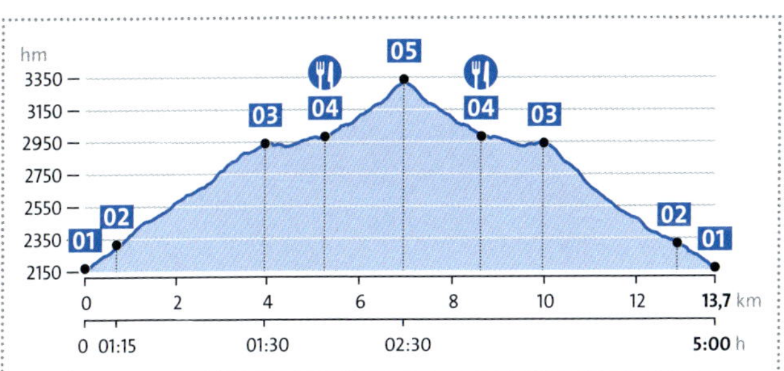

01 Parkplatz, 2190 m; 02 Weggabelung, 2326 m; 03 Sabertse Sattel, 2959 m; 04 Altihütte, 3014 m; 05 Gergeti Gletscher, 3280 m;

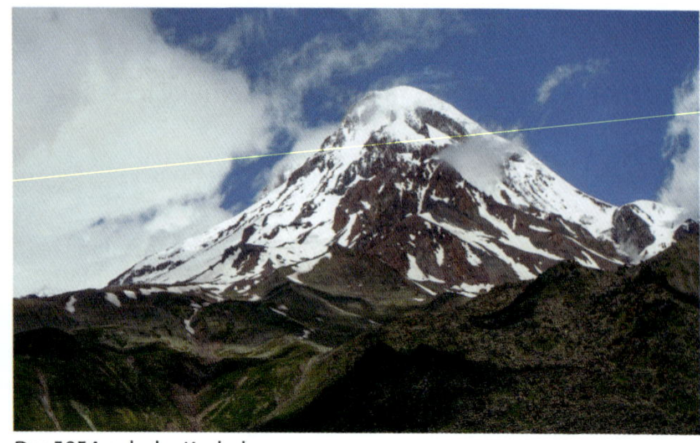

Der 5054 m hohe Kasbek.

Kasbek sehen. In der Ferne ist bereits die Altihütte bei Wegpunkt 04 zu erkennen.

Zahlreiche Pfade erschweren die Orientierung, wir halten uns möglichst am rechten Rand des Bergrückens. Am Weg liegt ein Steinhaufen mit einem Kreuz darauf. Mit zunehmender Höhe wird der Blick frei auf den Gergeti-Gletscher. Bei einem weiteren Steinhaufen mit Kreuz ist der 03 **Sabertse Sattel (2959 m)** erreicht. Auf dem weithin sichtbaren Pfad durchqueren wir nun durch eine Senke und überqueren einen Bach, bis wir dann die letzten Meter bis zur 04 **Altihütte (3014 m)** aufsteigen können. Hinter der Hütte beginnt der

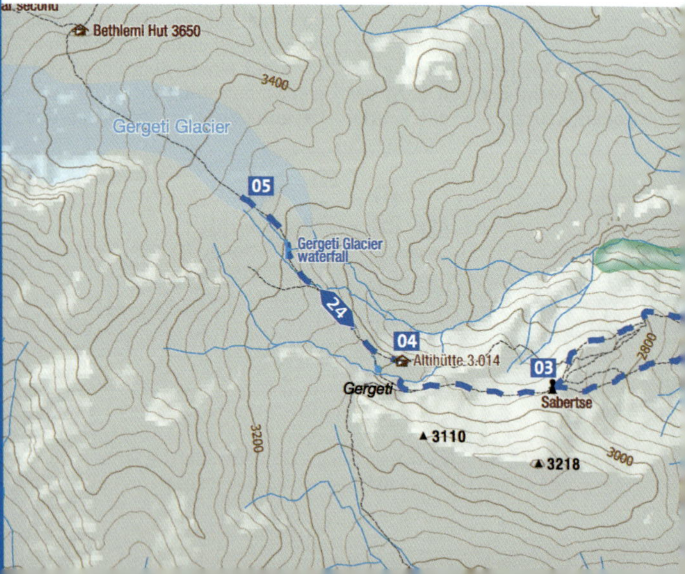

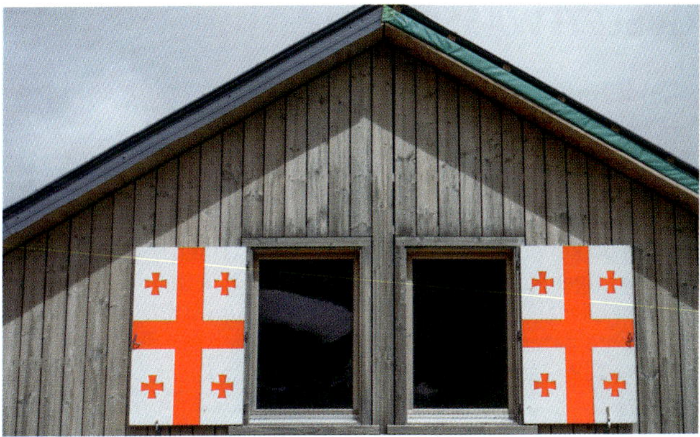

Die 3014 m hoch gelegene Altihütte.

weitere Aufstieg entlang der rotbraunen Felsschlucht. Vor einem weitverzweigten Bach gabelt sich der Pfad, wir überqueren den Bach nach halb rechts und steigen nun über einen felsigen Bergrücken auf.

Auf den letzten Metern geht es dann über vom Gletscher glatt geschliffene Felsen zur Gletscherzunge des 05 **Gergeti Gletschers (3280 m)**. Wenn man plant, den Kasbek zu besteigen, führt der weitere Weg von ihr aus zur 3650 m hohen „Bethlemi Hut“, dem letzten Lager vor dem Gipfel des Kasbek. Wir gehen aber auf dem gleichen Weg zurück zum Start- und Zielpunkt am 01 **Parkplatz (2190 m)**.

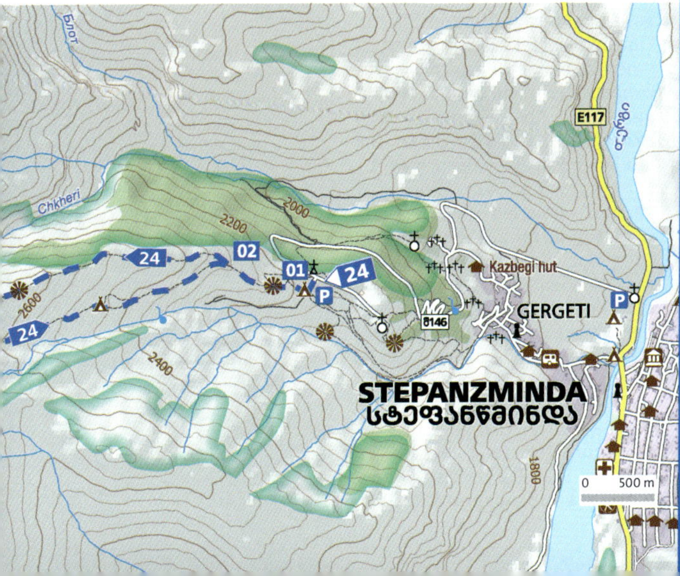

GVELETI WASSERFÄLLE

Wanderung zum großen Rauschen

 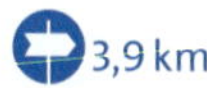  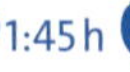 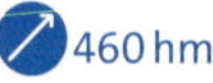 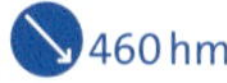

3,9 km | 1:45 h | 460 hm | 460 hm

START | 60 km nördlich von Tiflis an der russischen Grenze. Gebührenpflichtiger Parkplatz oberhalb der „Georgian Military Highway“. ÖPNV: Taxis fahren von Stepanzminda bis zum Start. Startkoordinaten: 42.710210 44.626007
CHARAKTER | Technisch einfach, Orientierung leicht.

Ausgangspunkt dieser kurzen Erlebniswanderung ist das Dorf Gveleti in der „Darial Gorge“, die Russland mit Georgien verbindet. Von dort führt die Wanderung in Seitentäler mit zwei sehenswerten Wasserfällen, die nach dem Dorf Gveleti benannt sind. Der kleinere ist 11 m hoch, der größere ca. etwa 34 m hoch. Der größere wird vom Devdaraki-Gletscher am Kasbek gespeist und nimmt daher am Nachmittag an Intensität zu. Ein einfacher Spaziergang führt zu ihnen, so einfach, dass ich die Tour zunächst gar nicht einmal erwähnen wollte. Aber wenn man noch etwas Zeit hat, so ist dieser Ort auf jeden Fall einen Besuch wert.

▶ Wir verlassen das Dorf 01 **Gveleti (1451 m)** in südlicher Richtung auf der Piste entlang des rauschenden Baches, in dem sich die beiden Wasserfälle befinden. Über eine 02 **Brücke (1482 m)** überqueren wir dann den Bach. Ab und zu quälen sich Geländewagen die Piste hinauf, das nervt! Nachdem wir zwei rostige Container hinter uns gelassen haben, folgen wir dem Pfad 03 **rechts (1546 m)**. Über eine Fußgängerbrücke über-

Hinweis

An Wochenenden kann es auf dieser sehr beliebten Kurzwanderung sehr voll werden.

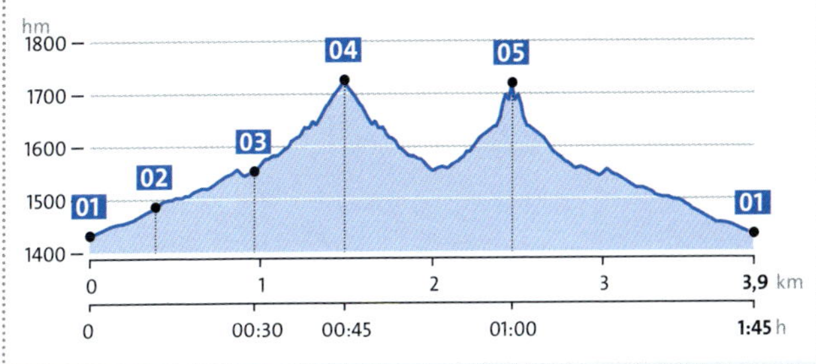

01 Gveleti, 1451 m; 02 Brücke, 1482 m; 03 Abzweigung, 1546 m; 04 Großer Gveleti Wasserfall, 1660 m; 05 Kleiner Gveleti Wasserfall, 1614 m;

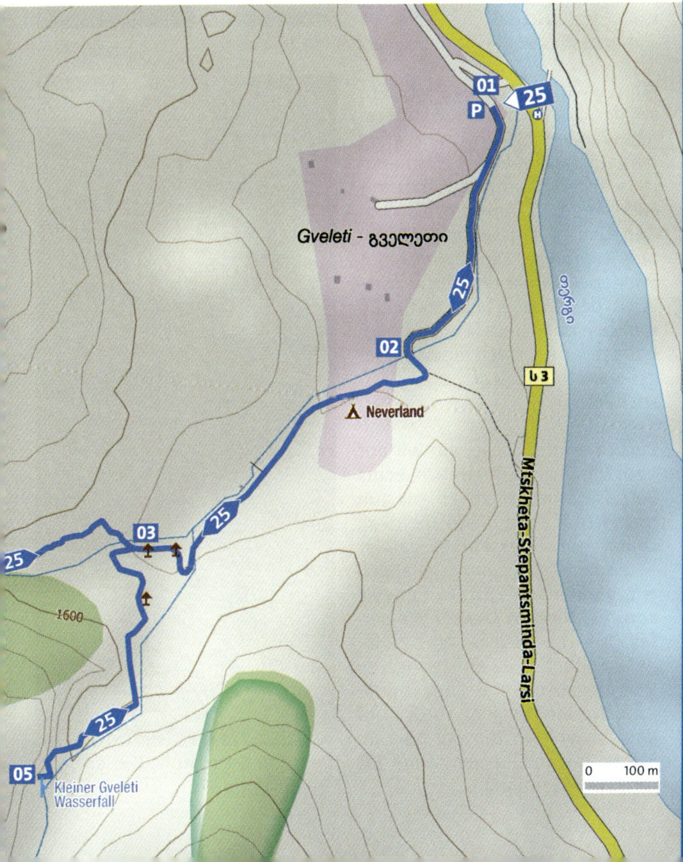

01
25
P
Gveleti - გველეთი
25
02
ს 3
Neverland
25
03
25
1600
Mtskheta-Stepantsminda-Larsi
25
05
Kleiner Gveleti Wasserfall
0 100 m

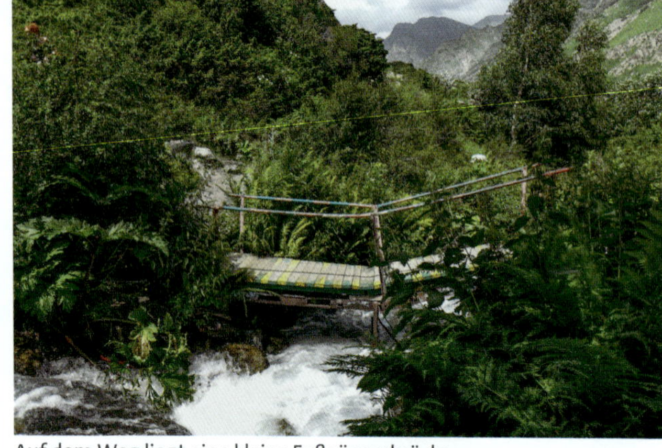
Auf dem Weg liegt eine kleine Fußgängerbrücke.

queren wir nach wenigen Metern wieder den Bach. Ein ausgetretener Wanderweg führt nun stetig bergauf. Ungeübte Wanderer müssen eventuell die Hände zur Hilfe nehmen. An dem 04 **Großen Gveleti Wasserfall (1660 m)** angekommen, kann man sich entweder direkt im Aufprallbereich des Wasserfalls aufhalten und sich dabei mit dem Sprühnebel erfrischen oder einen höher gelegenen Aussichtspunkt aufsuchen.

Zurück an der Stelle, wo wir auf dem Hinweg die Piste nach rechts verlassen hatten, gehen wir nun rechts auf der Piste bergauf. Durch eine Linkskurve, gefolgt von einer Rechtskurve, gelangen wir dann nach kurzem Fußweg zum 05 **Kleinen Gveleti Wasserfall (1614 m)**. Er er hat eine geringere Fallhöhe, einen geringeren Volumenstrom und liegt immer im Schatten. Es geht zurück auf dem bekannten Hinweg bis zum Start und Ziel in dem Dorf 01 **Gveleti (1451 m)** auf.

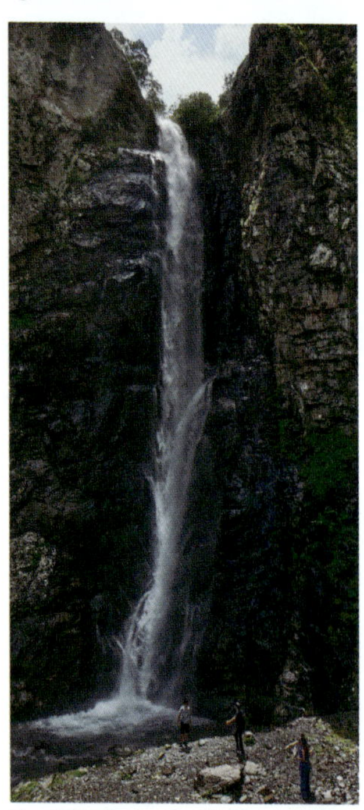
Der 34 m hohe Große Gveleti Wasserfall.

ARTKHMOTAL

Das geheimnisvolle Tal

 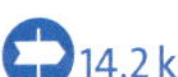 14,2 km  4:45 h 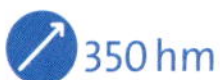 350 hm 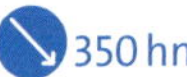 350 hm

START | 150 km nördlich von Tiflis südlich von Stepanzminda zweigt bei Achkhoti eine Straße nach Sno ab. Parkplätze befinden sich am Wehrturm hinter der Brücke über den Snostskali-Fluss. ÖPNV: Taxis fahren von Stepanzminda bis zum Start. Startkoordinaten: 42.605268 44.637980
CHARAKTER | Technisch einfach, Orientierung leicht. Auf dem Rückweg wird ein Fluss zweimal durchwatet (Watschuhe mitnehmen!).

Der Wehrturm Sno wurde seiner Architektur nach Ende des 16. Jahrhunderts erbaut. Die erste schriftliche Erwähnung stammt aus den 30er-Jahren des 18. Jahrhunderts. Am Wehrturm beginnen wir unsere Wanderung entlang des Snostskali-Fluss bis zum Dorf Akhaltsikhe. Dann betreten die Artkhmo-Schlucht, die mit ihren grünen, hoch aufragenden Berghängen und dem Flusslauf eine ruhige Atmosphäre ausstrahlt und zum Wandern einlädt. Je weiter wir in die menschenleere Schlucht vordringen, desto wilder und verwunschener wird sie. Das alte Dorf von Artkhmo ist dann einer jener Orte, an denen man das Gefühl hat, dass die Dorfbewohner durch eine plötzliche Katastrophe alle auf einmal verschwunden sind. Wir entdecken von Pflanzen überwucherte und in einem Meer von Brennnesseln versunkene

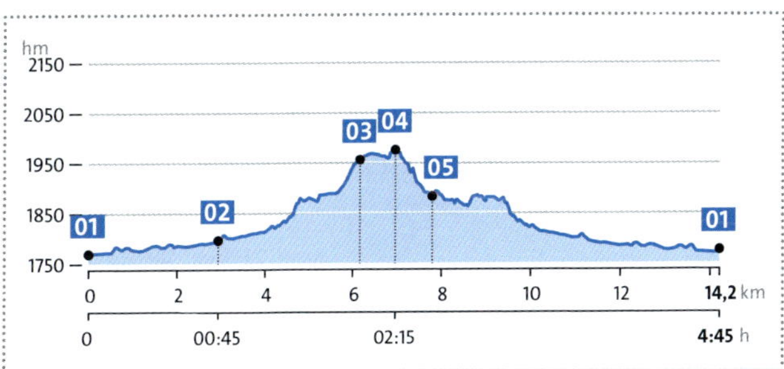

01 Wehrturm von Sno, 1796 m; 02 Akhaltsikhe, 1801 m; 03 Schrein, 1956 m; 04 Dorf von Artkhmo, 1985 m; 05 Artkhmo Fluss, 1885 m;

Heiligenschreine, verlassene Ställe und zerstörte oder mit Brettern vernagelte Häuser.

▶ Vom **01** **Wehrturm von Sno (1796 m)** wandern wir auf der Zufahrtsstraße einige Meter zurück und biegen nach der Brücke über den Snostskali-Fluss sofort links auf den Damm ab. Der Weg führt an mehreren Tümpeln vorbei, bis er in eine Piste übergeht, der wir nun immer entlang des Flusses folgen. Rechts des Weges befindet sich ein Feuchtgebiet mit kleinen Teichen und Bäumen. Am Zusammenfluss des Arkhmostskali-Fluss mit dem Snostskali-Fluss macht

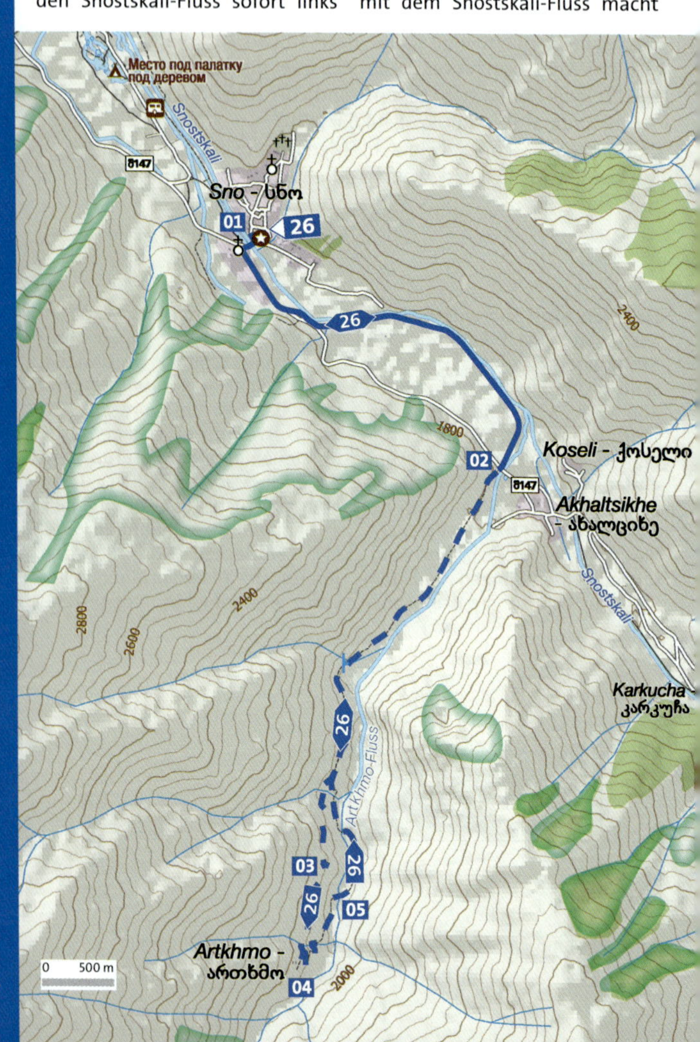

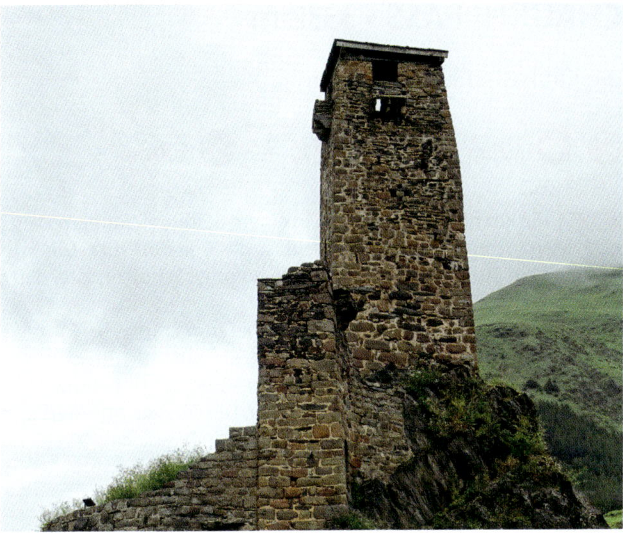

Der Wehrturm von Sno am Start und Ziel.

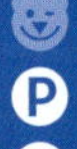

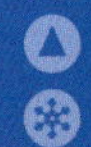

die Piste eine lang gezogene Rechtskurve und endet an der Verbindungsstraße von Sno nach Juta kurz vor der Ortschaft 02 **Akhaltsikhe (1801 m)**. Wir überqueren diese Straße geradeaus und und folgen dem Schotterweg, der nun in das weite Schwemmland des Flusses führt. Sobald sich die Schlucht verengt, in ca. 100 m Entfernung ist ein Heiligenschrein zu sehen, gehen wir an der Gabelung der Piste halb rechts weiter bergauf. Wir passieren einen ca. 50 m hohen Wasserfall, der sich in mehreren Kaskaden ergießt. Nach wenigen Metern hat man vom Fahrweg aus einen schönen Blick auf das lang gezogene Tal.

An einer weiteren Gabelung führt eine Piste halb links in die Schlucht hinab, wir folgen dem halb rechts ansteigenden Weg. Links am oberen Rand der Schlucht befindet sich ein 03 **Schrein (1956 m)** mit der Ikone des Heiligen Sankt Georgs. Bald tauchen in der Ferne die wenigen Häuser des 04 **Dorfes von Artkhmo (1985 m)** auf. Nach einem weiteren Bach erreichen wir dann auch das verlassene Dorf. Nach der Erkundung gehen wir einige Meter auf dem Hinweg zurück und biegen nach dem Bach rechts auf den unscheinbaren Fahrweg ab. Dieser führt in Serpentinen talwärts und weiter flussabwärts. Doch schon in der Ferne sieht man, dass ein Felsen den Weg versperrt. So überqueren wir den 05 **Artkhmo Fluss (1885 m)** in Watschuhen oder barfuß auf der Fahrspur. Nach einem kurzen Stück überqueren wir den Fluss erneut, diesmal von links nach rechts. Wir erreichen den Heiligenschrein vom Hinweg und wandern nun auf dem bekannten Hinweg zurück bis zum Start- und Zielpunkt beim 01 **Wehrturm von Sno (1796 m)**.

CHAUKHI PASS • 3338 m

Die Kaukasischen Dolomiten

 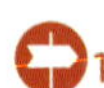 18,7 km  7:45 h 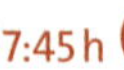 1200 hm   1200 hm

START | 162 km nördlich von Tiflis in einem Seitental auf dem Weg nach Stepanzminda liegt am Talschluss das Bergdorf Juta. Die letzten 7 km Zufahrt führen über eine holprige Schotterpiste, die gerade noch mit dem Auto befahrbar ist.
ÖPNV: Taxis fahren von Stepanzminda bis zum Start.
Startkoordinaten: 42.580067 44.745317
CHARAKTER | Aufgrund der Streckenlänge und der Höhenunterschiede eine anspruchsvolle Bergtour. Der Abstieg erfordert Erfahrung im Orientieren in weglosem Gelände.

Ausgangspunkt der Tour ist das Dorf Juta auf 2200 m Höhe, das neben Bochorna in Tuschetien und dem noch bekannteren Ushguli in Swanetien zu den höchstgelegenen Siedlungen Europas zählt. Die 14 Gipfel des Chaukhi-Massivs sind nach georgischen Dichtern, Schriftstellern und Künstlern benannt. Der höchste Berg ist der Asatiani (North Chaukhi) mit 3843 m. Allein sieben Gipfel sind über 3000 m hoch. Auf dem 3338 m hohen Chaukhi-Pass kommen wir Wanderer diesen steil aufragenden Felsnadeln, die an die Felstürme in Südtirol erinnern, schon sehr nahe. Aber auch sonst bietet sich ein einzigartiges 380-°-Panorama: Im Nordwesten erhebt sich der Kasbek, Richtung Süden sieht man im Tal den Weißen Abudelauri-See und etwas tiefer den Blauen Abudelauri-See und den Grünen Abudelauri-See. Alle

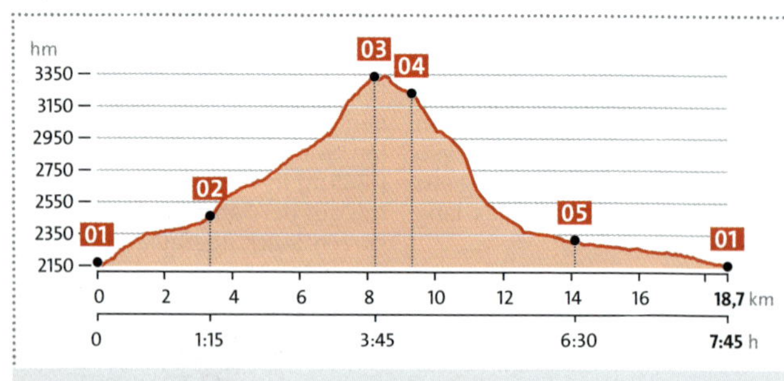

01 Juta, 2143 m; 02 Abzweigung, 2457 m; 03 Chaukhi Pass, 3338 m; 04 Sattel, 3233 m; 05 Jutatal, 2298 m;

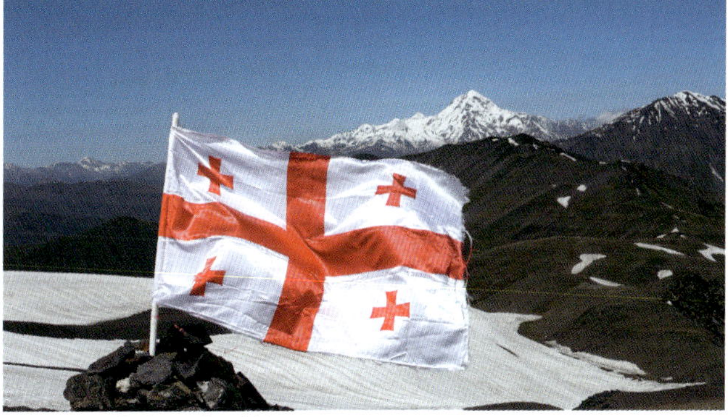

Am 3338 m hohen Chaukhi Pass.

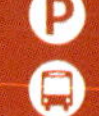
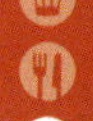
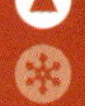
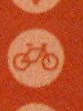

Seen werden von abschmelzenden Gletschern gespeist. Die Region um Chaukhi ist eines der beliebtesten Wanderziele Georgiens und was niemanden überraschen wird, auch eines der beliebtesten Klettergebiete des Landes.

▶ In der Ortschaft 01 **Juta (2143 m)** beginnt gleich rechts nach der Brücke über den Fluss Juta – noch vor dem gebührenpflichtigen Parkplatz auf der linken Seite – ein Weg entlang einer Gasleitung. An der ersten Weggabelung wählen wir den halb rechten Arm. Nachdem wir das Dorf hinter uns gelassen haben, wandern wir über Wiesen. Am Ende des Tales taucht bereits das mächtige Chaukhi-Massiv auf. Links oberhalb liegt das Restaurant und Hotel „Fifth Season“. Bei den Feuchtwiesen steigen wir einige Meter auf und gelangen auf einen breiten Weg. Wir folgen dem Verlauf der Rechtskurve eines Baches, ohne ihn zu überqueren. Sobald wir nach ca. 150 m einen Wasserfall im hügeligen Gelände vor uns sehen, zweigt halb links ein 02 **Pfad (2457 m)** ab, den man leicht übersehen kann! Der Pfad steigt bis zu einer Einsattelung an und führt dann ein längeres Stück am Bach entlang, den wir im weiteren Verlauf dreimal überqueren. Sobald wir einen weiteren Wasserfall sehen, nehmen wir an der Gabelung den Pfad halb rechts. Am Ende des Tales ist ein breites Kar zu sehen. Bei einem weiteren Bach ist die Wegführung unklar. Hier geht es scharf rechts über Felsen aufwärts, bei der nächsten Weggabelung halb links und sehr steil bergauf. Durch eine mit Steinhaufen markierte Scharte geht es weiterhin sehr steil bergauf, bis man rechts über einen breiten Bergrücken – mit Restschneefeldern bis in den August – zum 05 **Chaukhi Pass (3338 m)** kommt. Von dort steigt man rechts ca. 150 m zu einem schönen Aussichtspunkt auf. Vom Aussichtspunkt steigen wir einige Meter über den mit Schiefer bedeckten Boden ab und gehen dann noch etwa 200 m auf dem bekannten Hinweg weiter. Dort verlassen wir den Weg nach halb rechts, durchqueren eine Senke und steigen kurz dahinter steil zu einem 04 **Sattel (3233 m)** mit einem Steinhaufen auf. Wir gehen weiter, bis wir in das dahinter liegende Tal blicken können. Auf dem nun weg-

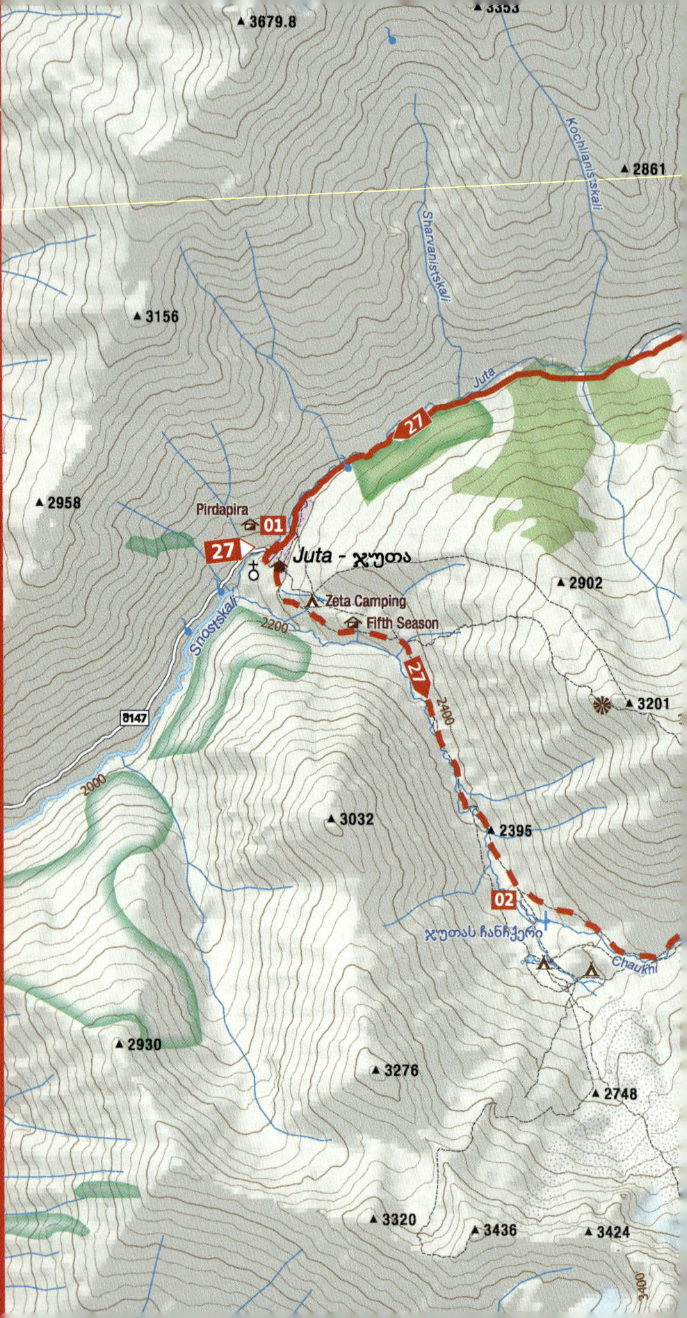

3353
3679.8
Kochlianistskali
2861
Sharvanistskali
3156
Juta
27
2958
Pirdapira
01
27
Juta - ჯუთა
2902
Zeta Camping
Fifth Season
Snostskali
2200
27
2400
3201
8147
2000
3032
2395
02
ჯუთას ჩანჩქერი
Chaukhi
2930
3276
2748
3320
3436
3424
3400

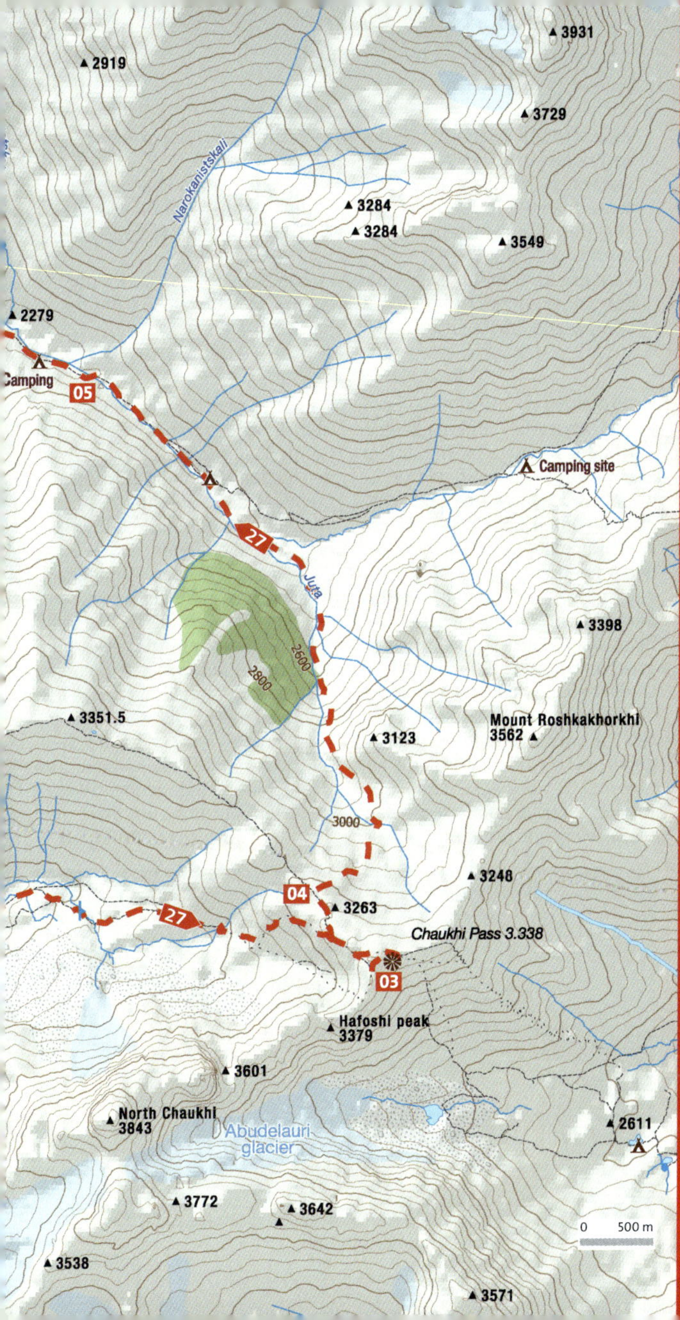

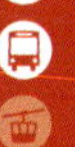

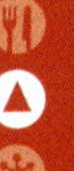

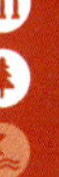

2919
3931
3729
Narokanistskali
3284
3284
3549
2279
Camping
05
Camping site
27
Juta
3398
2600
2800
3351.5
3123
Mount Roshkakhorkhi
3562
3000
3248
04
3263
27
Chaukhi Pass 3.338
03
Hafoshi peak
3379
3601
North Chaukhi
3843
Abudelauri
glacier
2611
3772
3642
0 500 m
3538
3571

Varianten

Variante I: Ab Wegpunkt 03 auf dem bekannten Hinweg wieder absteigen.
Variante II: Zweitageswanderung vom Chaukhi Pass über die Abudelauri-Seen mit Übernachtung (Sindaura Team, Guesthouse Roshka) und am nächsten Tag über den 3056 m hohen Sadzele Pass zurück nach Juta.
Variante III: Oder ab Wegpunkt 04 der beschriebenen Route über den sogenannten „Kamm Trail", einen aussichtsreichen Bergrücken, wieder absteigen.

losen Abstieg orientieren wir uns an einem Wasserfall unterhalb einer mächtigen Felsspitze. In mäßig steilem Gelände wechselt der Untergrund zwischen Wiesen und Schiefersedimenten. Sobald das Gelände in Richtung des Baches, in dem sich der Wasserfall befindet, nicht mehr ganz so steil ist, queren wir zum Bach hinunter. Der Bach hat sich bereits tief in die Landschaft eingegraben, sodass wir über eine kleine Geröllmauer wieder einige Meter aufsteigen müssen. In diesem weiten Tal, weit oberhalb des Baches, gehen wir kontinuierlich den Hang hinunter bis zu einer Felsstufe. Links ist eine Schlucht, durch die der Bach fließt, wir gehen rechts. Mithilfe der Hände erreichen wir einen steilen, mit Rhododendren bewachsenen Hang, über den wir absteigen. Auf den letzten Metern bis zum Zusammenfluss der beiden Bäche folgen wir einer der zahlreichen Viehspuren. Wir überqueren den rechten Bach. Meist ist der Wasserstand so hoch, dass man die Schuhe ausziehen muss. Wir folgen den Viehspuren weiter talwärts. Bald mündet unser Pfad in einen breiteren Wanderweg und wir erreichen den Talboden des 05 **Jutatals (2298 m)**. Hier müssen wir ein breites Spülfeld nach links überqueren, um den dahinter beginnenden Weg zu erreichen, der uns zum Start- und Zielpunkt 01 **Juta (2143 m)** führt.

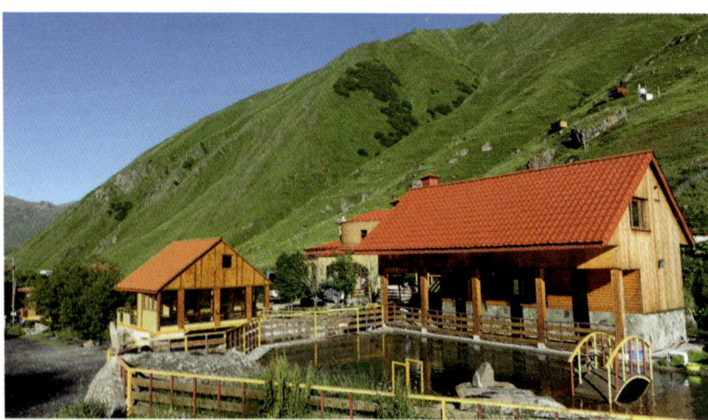

Start und Ziel bei dem Saunahaus in Juta.

ST. ELIAS KAPELLE

Eine Kulturlandschaft, die Geschichten über die Region erzählt

  6,8 km  2:45 h  325 hm  325 hm

START | 152 km nördlich von Tiflis in Stepanzminda. Parkplatz in der Nähe des Besucherzentrums des „Kazbegi National Parks".
ÖPNV: Marschrutkas von Tiflis.
Startkoordinaten: 42.657430 44.641083
CHARAKTER | Spaziergang für die ganze Familie. Öffnungszeiten Historisches Museum Stepanzminda täglich 10:00–17:00 Uhr außer montags.

Die Exkursion beginnt am etwas spärlich ausgestatteten Besucherzentrum des „Kazbegi National Park". Es folgt ein kurzes Stück entlang der viel befahrenen georgischen Heerstraße, die bereits 1799 für den Verkehr freigegeben wurde. Diese „nicht ganz einfache Verbindung" zwischen Georgien und Russland taucht bereits in den Aufzeichnungen des griechischen Historikers und Geografen Strabon auf. Denn schon im ersten Jahrhundert nach Christus führte ein Karawanenweg über den Großen Kaukasus in den Orient. Das Museum von Stepantsminda zeigt historische Exponate aus Kirchen, Bücher, Urkunden und erinnert an den georgischen Schriftsteller Alexander Kazbegi (1848-1893), dessen in Stein gehauene Büste vor dem Museum steht. Weiter geht es zum Rathaus von Kazbegi, einem architektonisch interessanten Gebäude. Nach einem kurzen Aufstieg erreichen wir die Kreuzikone von Johannes dem Täufer, einem

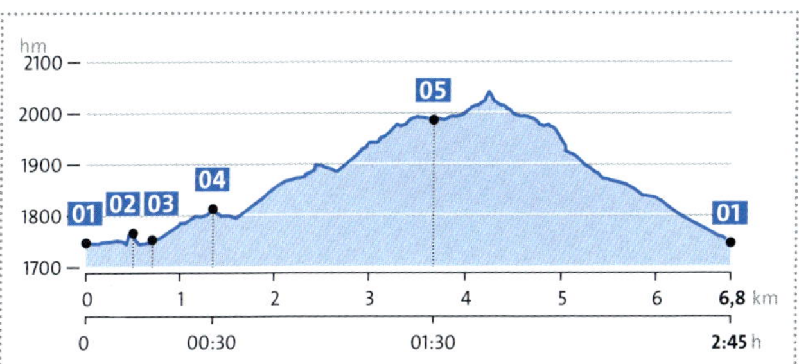

01 Besucherzentrum, 1746 m; 02 Geschichtsmuseum, 1746 m; 03 Kazbegi Rathaus, 1752 m; 04 Kreuzikone, 1808 m; 05 St. Elias Kapelle, 1988 m;

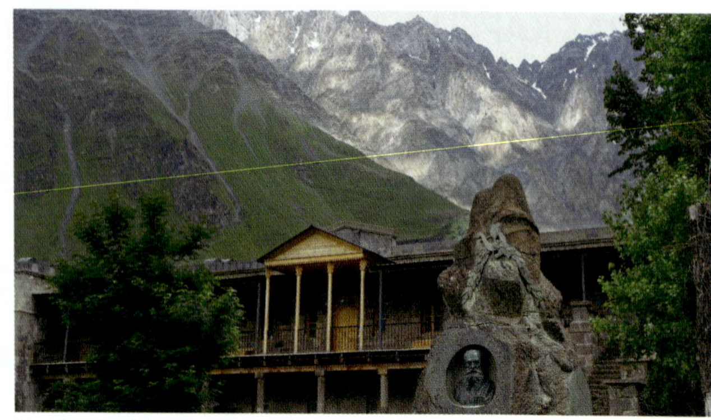
Das Geschichtsmuseum in Stepanzminda.

der wichtigsten Heiligen der orthodoxen und katholischen Kirche. Ein weiterer Aufstieg führt zur Kapelle des Propheten Elias und zur Ikone des Elias von Stepanzminda. Architektonisch sind die Kapellen nicht so interessant, da sie neueren Datums sind, aber sie sind sehr malerisch gelegen und mit dem Blick auf den Berg Kasbek und die Dreifaltigkeitskirche Gergeti ein wunderschönes Postkartenmotiv.

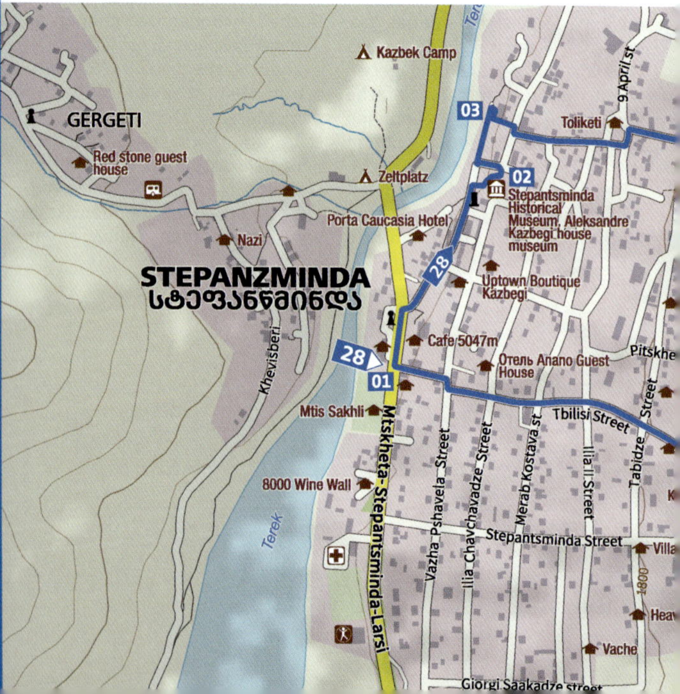

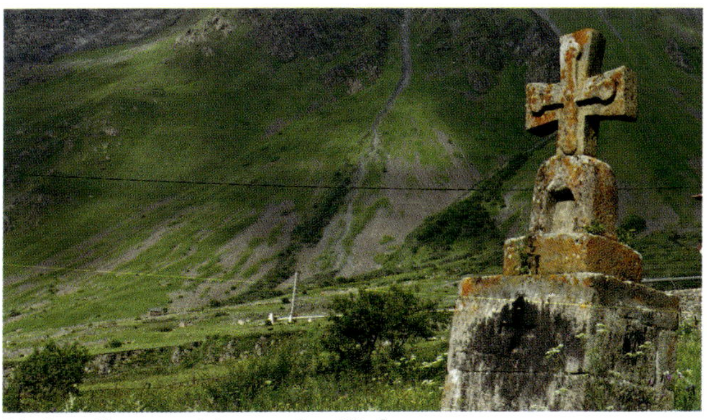

Die Kreuzikone von Johannes dem Täufer.

Vom **01** **Besucherzentrum (1746 m)** des Kazbegi Nationalparks folgen wir dem Verlauf der alten Heerstraße in Richtung Russland, also nach Norden. Am großen Platz mit dem Alexander-Kasbegi-Denkmal biegen wir halb rechts in die Seitenstraße ein. Wir gehen an zahlreichen Geschäften und Supermärkten vorbei, bis rechts am Weg das Denkmal mit der in Stein gehauenen Büste von

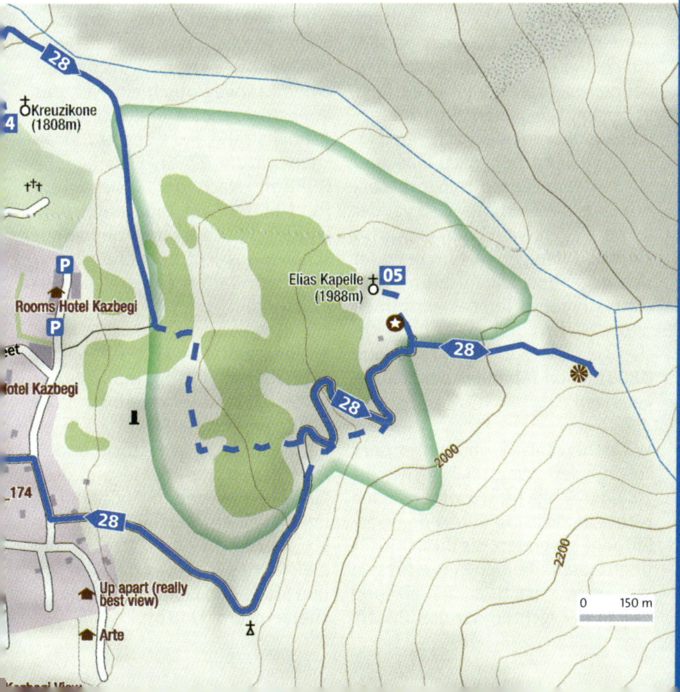

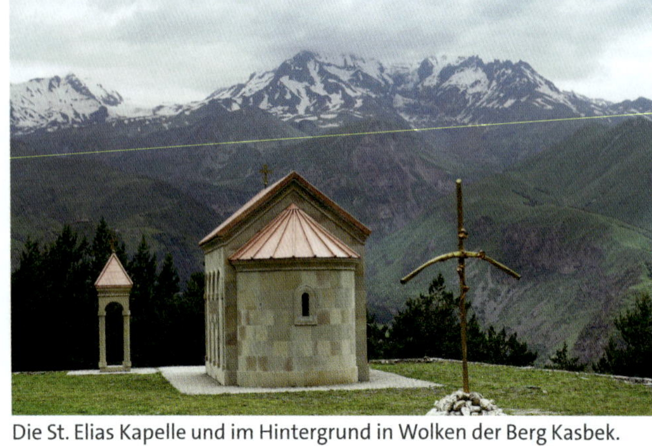

Die St. Elias Kapelle und im Hintergrund in Wolken der Berg Kasbek.

Alexander Kazbegi steht und dahinter das 02 **Geschichtsmuseum (1746 m)** zu sehen ist. Weiter geradeaus sehen wir auf der rechten Seite das Gebäude 03 **Kazbegi Rathaus (1752 m)**. Rechts vom Rathaus führt eine Gasse zu einer Straße, auf der wir rechts weitergehen und bei der nächsten Möglichkeit links abbiegen. Wir gehen zunächst geradeaus, biegen aber nach dem Hotel Memoir Kazbegi nach links und vor dem Hotel Prime nach rechts ab. Am Ende dieser Straße, also vor der Ruine, biegen wir links in die Gasse ein. Nach wenigen Metern befindet sich gegenüber einem grünen Tor ein rostbraunes Tor, das wir öffnen und schließen und so über das Kirchengelände zur 04 **Kreuzikone (1808 m)** von Johannes dem Täufer gelangen.

Wir gehen zurück und hinter dem Tor auf dem Weg nach rechts bis zu einer Schlucht, wo wir uns nach rechts in Richtung der beiden Gasleitungen wenden, die die Schlucht überqueren. Bei den Gasleitungen biegen wir nach rechts ab und folgen der rechten der drei Pisten. In der Senke, wo rechts eine Piste abzweigt, gehen wir nicht geradeaus weiter, sondern folgen links dem Weg durch den Wald, der an einer weiteren Piste endet. Hier gehen wir nach rechts, verlassen aber zwischen zwei großen Felsblöcken die Piste nach rechts auf einen Fahrweg durch ein weiteres Waldstück. Dieser endet an einer Asphaltstraße, links bergauf erreichen wir die 05 **St. Elias Kapelle (1988 m)**. Nach der Besichtigung führt hinter dem Kapellentor halb links ein Pfad auf eine Anhöhe mit schöner Aussicht, aber ohne den in manchen Karten eingezeichneten Wasserfall.

Entlang der abwärts führenden Asphaltstraße kann man in der ersten Linkskurve auf einem Pfad abkürzen, bis die Straße nach einem längeren Wegstück endet. Hier gehen wir rechts auf dem Fußweg und vor dem Fußballplatz links auf dem gepflasterten Weg bis zu dessen Ende. Rechts und gleich wieder links erreichen wir den Start- und Zielpunkt 01 **Besucherzentrum (1746 m)**.

GERGETI DREIFALTIGKEITSKIRCHE

Auf den Spuren der „Erleuchterin Georgiens“

 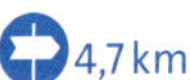 4,7 km 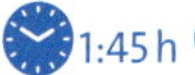 1:45 h 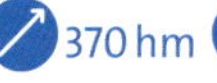 370 hm  370 hm

START | 153 km nördlich von Tiflis oberhalb von Stepanzminda im Dorf Gergeti. Die letzten Meter der Zufahrt führen über eine holprige Kopfsteinpflasterstraße. Dort ist ein kostenpflichtiger Parkplatz vorhanden.
ÖPNV: Taxis fahren von Stepanzminda bis zum Start.
Startkoordinaten: 42.661909 44.628677
CHARAKTER | Leichte Wanderung. Variante: Wenn man die Wanderung im Zentrum von Stepanzminda beginnt, sind es hin und zurück 2,8 km mehr.

Die „Gergeti Trinity Church“ oder Gergetier Sameba-Kirche, auch Tsminda Samebaa-Kirche, zu deutsch Gergetier Dreifaltigkeitskirche, liegt auf 2181 m Höhe oberhalb von Stepanzminda und hat dem Ort zu großer Bekanntheit verholfen. Sie wurde im 14. Jahrhundert erbaut, auch um die dem Christentum noch fremden Bergvölker Georgiens zu überzeugen. Diese hielten bis dahin an ihren heidnischen Bräuchen fest. Die Anlage besteht aus einer georgianischen Kreuzkuppelkirche, einem frei stehenden Glockenturm, der den Zugang zur Anlage ermöglicht, und einer Steinmauer. Im Jahr 2006 wurde auf einer hohen Steinikonostase ein Fresko der Heiligen Nino freigelegt. Sie war eine Missionarin und Heilerin, die die Bekehrung der Georgier zum Christentum einleitete. Die georgisch-orthodo-

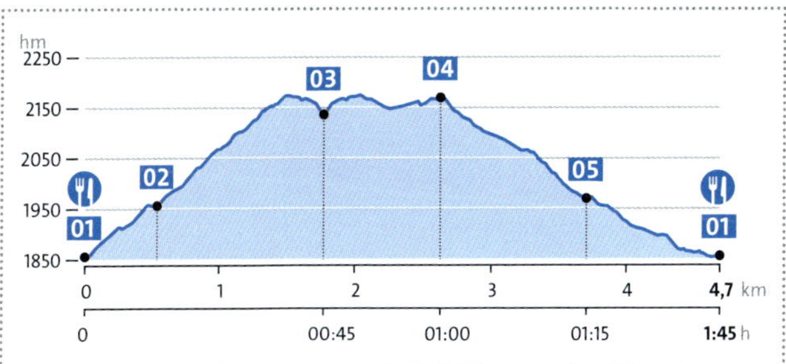

01 Gergeti, 1865 m; 02 Aussichtspunkt, 1949 m; 03 Gergeti Dreifaltigkeitskirche, 2175 m; 04 Straßenüberquerung, 2175 m; 05 Kapelle, 1999 m;

xe Kirche stellt sie auf eine Stufe mit den Aposteln und nennt sie die „Erleuchterin Georgiens". Eingebettet in die wilde Bergwelt des Großen Kaukasus bietet die einzigartige Lage seit Jahrhunderten einen herrlichen Panoramablick auf die umliegenden Berge.

▶ Nach dem Café Gergeti und auch dem Parkplatz 01 **Gergeti (1865 m)** wandern wir auf der Piste bergauf. An der ersten Weggabelung sind beide Wege zielführend, da sie später wieder zusammenführen. Der Weg führt um die Ruine mit dem „Gergeti-Turm" herum und etwas erhöht erreichen wir einen schönen 02 **Aussichtspunkt (1949 m)** über das Häusermeer von Stepanzminda bis zu den dahinter liegenden Bergen. In der schönen Schlucht mit dem kleinen Bach gabelt sich der Weg, wir nehmen den halb rechten Arm. Nachdem wir die Schlucht hinter uns gelassen haben, bietet sich ein schöner Blick auf den Berg Kasbek. An einer Wegkreuzung folgen wir nicht dem weiterführenden Pfad ins Hochtal, sondern gehen scharf rechts hinauf zur 03 **Dreifaltig-**

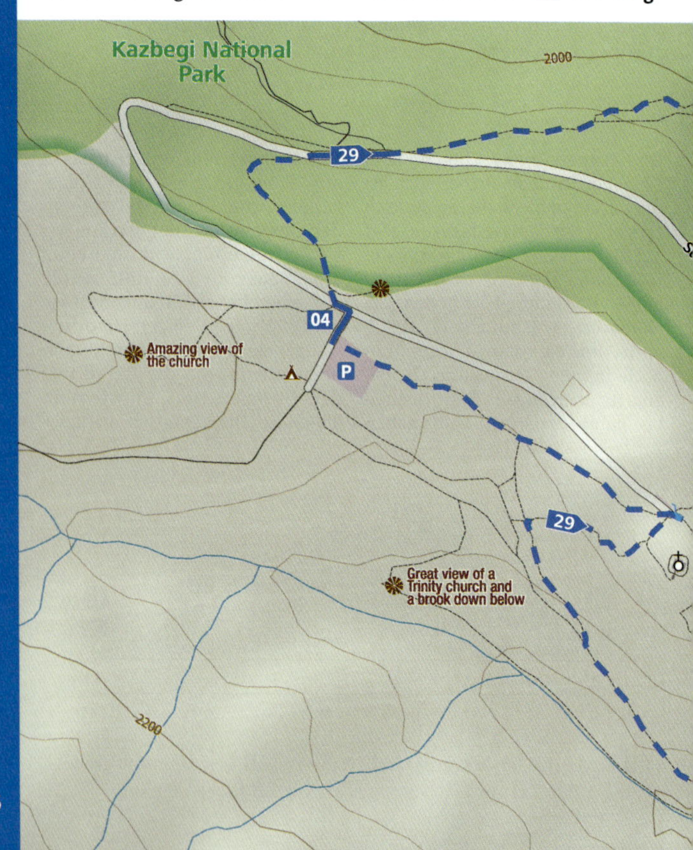

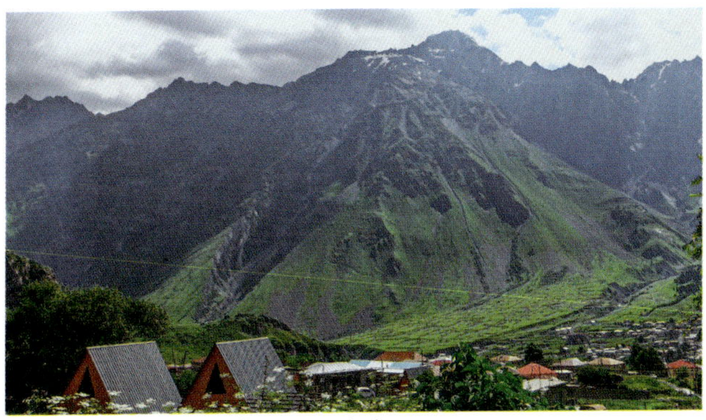

Der Blick von Gergeti auf Stepanzminda.

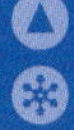

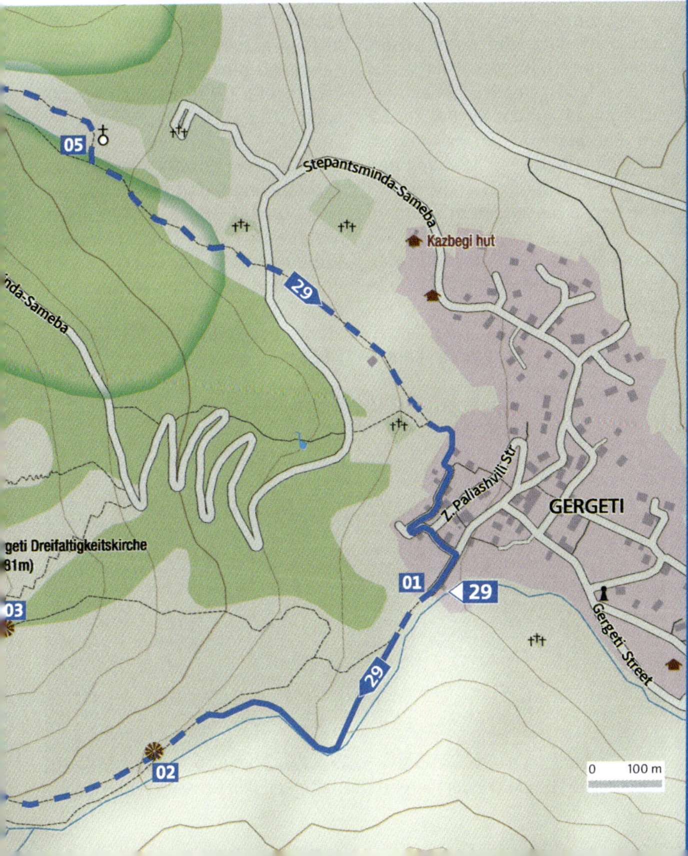

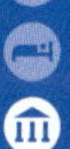

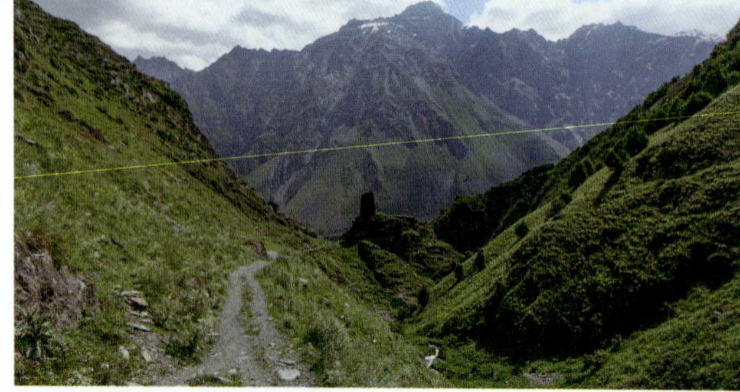

Aussichtspunkt auf den Gergeti-Turm und die umliegende Bergwelt.

keitskirche (2181 m). Nach der Besichtigung steigen wir hinunter zum Parkplatz und dann scharf rechts unterhalb der Anlage auf einem Pfad zu einem schönen Aussichtspunkt auf die Kirche. Zurück am Parkplatz folgen wir einem der vielen Viehwege links von und parallel zur Zufahrtsstraße durch eine Senke bis zu einem weiteren Parkplatz. Von hier aus gehen wir rechts auf der Zufahrtsstraße weiter und überqueren die 04 **Straße (2175 m)**. Bei den Sitzbänken beginnt der Abstieg durch den lichten Birkenwald. Nach einem kurzen Stück parallel zur Straße überqueren wir diese nach halb links. Der Abstieg gabelt sich in zwei Arme, halb links geht es über Stufen zur 05 **Kapelle (1999 m)** mit frei stehender Glocke.

Die folgende Straße überqueren wir geradeaus und gehen auf der Piste weiter, die nach wenigen Metern in einen Pfad übergeht. Wir durchqueren das Dorf Gergeti und sehen schon von weitem den Parkplatz am Start- und Zielpunkt etwas oberhalb von 01 **Gergeti (1865 m)**.

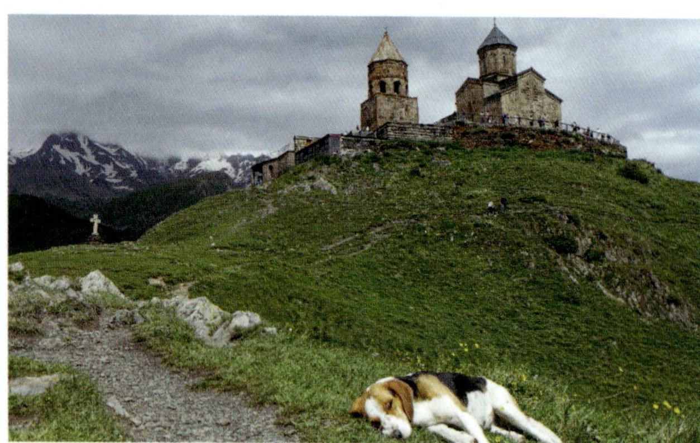

Schlafende Hunde vor der Gergeti Dreifaltigkeitskirche weckt man nicht.

GUDAURI – KHADATAL

Verbindung zur Welt

 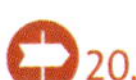 20,6 km  8:00 h  1100 hm 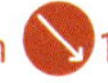 1100 hm

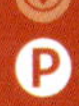

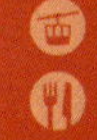
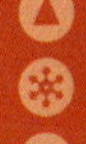
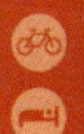

START | 120 km nördlich von Tiflis, oberhalb des Skiortes Gudauri. Der Parkplatz des Hotel Atrium Spa Centre ist mit einem normalen Pkw zu erreichen. ÖPNV: Marschrutkas von Tiflis nach Gudauri und weiter mit dem Taxi zum Start.
Startkoordinaten: 42.472002 44.494254
CHARAKTER | Technisch einfach. Man braucht einen sehr guten Orientierungssinn, da die Pfade teilweise zugewachsen sind, stellenweise schwer zu erkennen sind und man wegen der vielen Viehwege nicht weiß, wohin man gehen soll. Auf dem Rückweg muss ein Fluss durchwatet werden (Watschuhe mitnehmen!).

Das Skigebiet Gudauri liegt auf 2250 m Höhe und ist das größte und modernste Skigebiet Georgiens. Von einem Hotel oberhalb des Skigebietes wandern wir auf den 2510 m hohen Chrdili. Von dort hat man einen schönen Ausblick auf das Skigebiet und die umliegenden Berge. Danach geht es hinunter in eines der schönsten Täler des Kaukasus, das Khada-Tal. Mit seinen Wehrtürmen, den hohen Bergen, dem ursprünglichen Bergdorf Tskere, vielen Bächen, zahlreichen Wasserfällen und vielen Blumen ist Khada eines der bezauberndsten Täler. Das wird sich ändern, denn 2021 fiel der Startschuss für den Bau des Kvesheti-Kobi-Tunnels. Ein Teil der Strecke wird dann durch das Tal führen. Die georgische Heer-

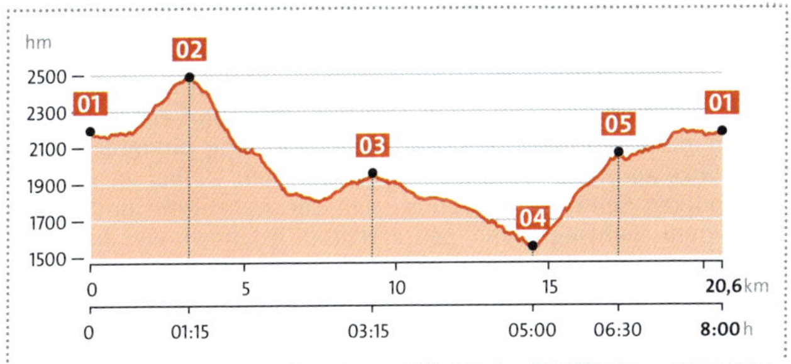

01 Gudauri Skigebiet, 2195 m; 02 Chrdili, 2504 m; 03 Didi Chanchkeri Wasserfall, 1936 m; 04 Schlüsselstelle, 1537 m; 05 Tsetskhlisjvari Turm, 2063 m;

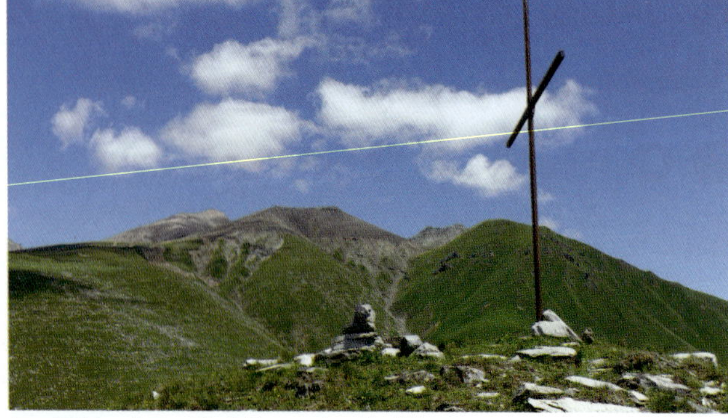

Das 2504 m hohe Gipfelkreuz des Chrdili.

straße wird dann nicht mehr über den Jvari-Pass führen, die Strecke verkürzt sich von 35 auf 12 Kilometer, die Fahrzeit von 60 auf 20 Minuten. Im abgelegenen Khada-Tal ist eine Ausfahrt geplant, die neue „Verbindung zur Welt". Abenteuerlich wird dann die Flussüberquerung auf dieser Tour und ein längerer wegloser Abschnitt. Interessant ist dann am Ende der Wanderung der Wehrturm Tsetskhlisjvari, was auf Deutsch „Feuerturm" bedeutet. Er sandte Feuersignale an die anderen Türme im Khadatal, wenn sich ein Feind näherte.

Vom Hotelparkplatz oberhalb des 01 **Gudauri Skigebiets (2195 m)** gehen wir auf der Zufahrtsstraße ca. 100 m zurück, biegen dann vor dem Bauzaun nach links ab und gehen parallel zur anderen Seite des Bauzauns auf einem Viehweg. Dann nehmen wir als gedachten Wegpunkt zahlreiche Viehwege, die den Berghang von links nach rechts queren und rechts an einer Einsattelung enden. Dort angekommen treffen wir auf den Rückweg und in der Ferne ist der Tsetskhlisjvari-Turm zu sehen. Hier wenden wir uns nach links und steigen über den lang gestreckten Bergrücken auf. Hinter dem weithin sichtbaren Gipfelkreuz des 02 **Chrdili (2504 m)** steigen wir zur Einsattelung ab und wenden uns hier nach rechts. Wir orientieren uns an den zahlreichen Viehspuren, die zunächst rechts am Hang entlang und dann in langen Serpentinen in eine Senke führen. Ein Wanderweg ist auf diesem Abschnitt kaum zu erkennen!

In der Senke überqueren wir eine kleine Schlucht, biegen dann halb rechts ab und erreichen nach einem kurzen Anstieg einen Bergrücken. Den überqueren wir auch noch und auf der linken Seite des Bergrückens führt ein nun gut erkennbarer Weg hinunter zu den Wehrtürmen. Vorbei an den Ruinen der Wehrtürme und einiger Häuser gelangen wir zu einem neu angelegten Weg, auf dem wir den Bach überqueren und nach 80-100 m scharf links auf einen Grasweg abbiegen. Links von uns liegt nun das ursprüngliche Bergdorf Tskere mit seinen Wehrtürmen. Nach ca. 1,5 km durch eine

Varianten

Variante 1: Nicht den ganzen Rundweg laufen, sondern nur zu dem 2504 m hohen Chrdili (ca. 6 km lang) aufsteigen und auf dem gleichen Weg zurück.
Variante 2: Oder man geht auf dem Rückweg bis zum Tsetskhlisjvari Turm (ca. 6,5 km lang) und auf dem gleichen Weg wieder zurück.

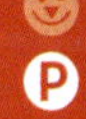
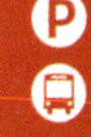
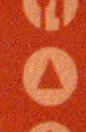
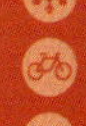

wunderschöne Schlucht erreichen wir den 03 **Didi Chanchkeri Wasserfall (1936 m)**, der sich aus der gegenüberliegenden Felswand der Schlucht in den Bach ergießt. Schöne Gumpen im Bach laden zu einem Picknick ein, wofür man einige Meter den Hang hinabsteigen muss.

Wir gehen die 1,5 km bis zur Piste zurück, ignorieren die Abzweigung nach rechts vom Hinweg und gehen kontinuierlich auf der Piste bergab. Wir gehen ein kurzes Stück parallel zur geplanten Straße, durchqueren das Dorf Benianbegoni, kommen an der geplanten Ausfahrt ins Khada-Tal vorbei und gehen an der Straßengabelung – halb links ist der Eingang zu einem Tunnel zu sehen – halb rechts. Bereits nach wenigen Metern verlassen wir die Piste nach halb links und gehen nun weglos an Kreuzen in der Wiese vorbei, um so eine lang gezogene Kurve der Piste abzukürzen. Wieder auf der Piste folgen wir deren Verlauf durch mehrere Kehren bis zu einer scharfen Linkskurve, in der sich ein betoniertes Wasserreservoir befindet. Wenn wir nun auf den gegenüberliegenden oberen Berghang schauen, sehen wir einen großen Steinhaufen, unser nächster Orientierungspunkt, nachdem wir den Fluss überquert haben. Die beste Stelle befindet sich 150–180 m hinter dem betonierten Wasserreservoir. Wenn wir links vom Weg den wunderschönen Sviana-Rostiana-Wasserfall sehen, sind wir schon 40 m zu weit gegangen! Wir steigen ein paar Meter die Böschung hinunter zu einem ca. 4 m breiten Bach, durchwaten ihn an der 04 **Schlüsselstelle (1537 m)** und steigen weglos zum Steinhaufen auf. Dort treffen wir auf einen querenden Pfad, dem wir nach rechts in Richtung einiger Ruinen durch ein weites grünes Tal stetig bergauf folgen. Einen nach rechts abzweigenden Pfad lassen wir links liegen, verlassen aber den geradeaus führenden Weg dort, wo wieder ein Weg nach rechts (zu Ruinen) abzweigt.

Nach links steigen wir nun steil und weglos im Zickzack zu einer weiteren Ruine auf. Wir umrunden sie, lassen sie also rechts liegen und folgen dem weithin sichtbaren Pfad – stellenweise durch ein Meer von hohen Blumen – in Richtung 05 **Tsetskhlisjvari Turm (2063 m)**. Von hier aus gehen wir einige Meter auf dem Hinweg zurück und folgen an der Gabelung dem weithin sichtbaren Pfad bis zur Einsattelung. Dieser Abschnitt ist dicht bewachsen. Ab der Einsattelung geht es auf dem bekannten Hinweg zurück zum Start- und Zielpunkt 01 **Gudauri Skigebiet (2195 m)**.

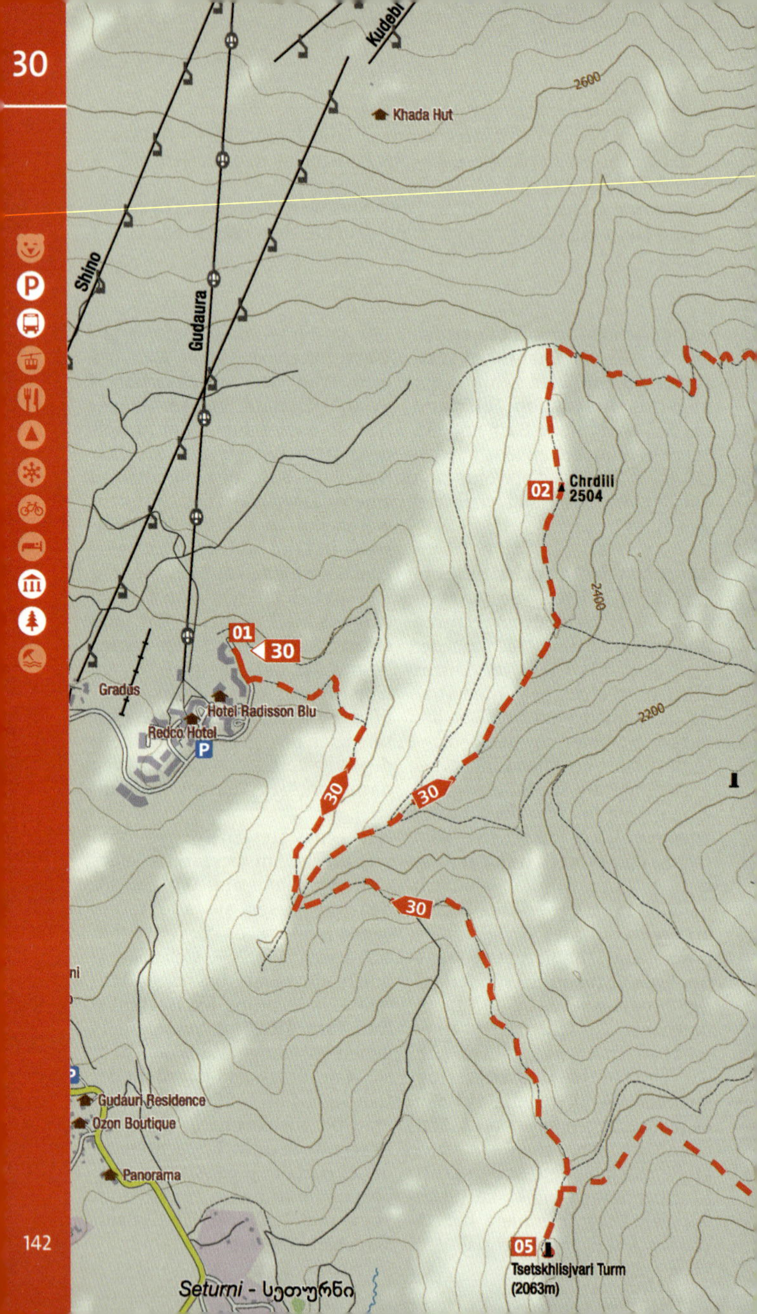
Kudebi
Khada Hut
2600
Shino
Gudaura
Chrdili
2504
02
2400
01
30
Gradus
Hotel Radisson Blu
Redco Hotel
2200
30
30
30
Gudauri Residence
Ozon Boutique
Panorama
05
Tsetskhlisjvari Turm
(2063m)
Seturni - სეთურნი

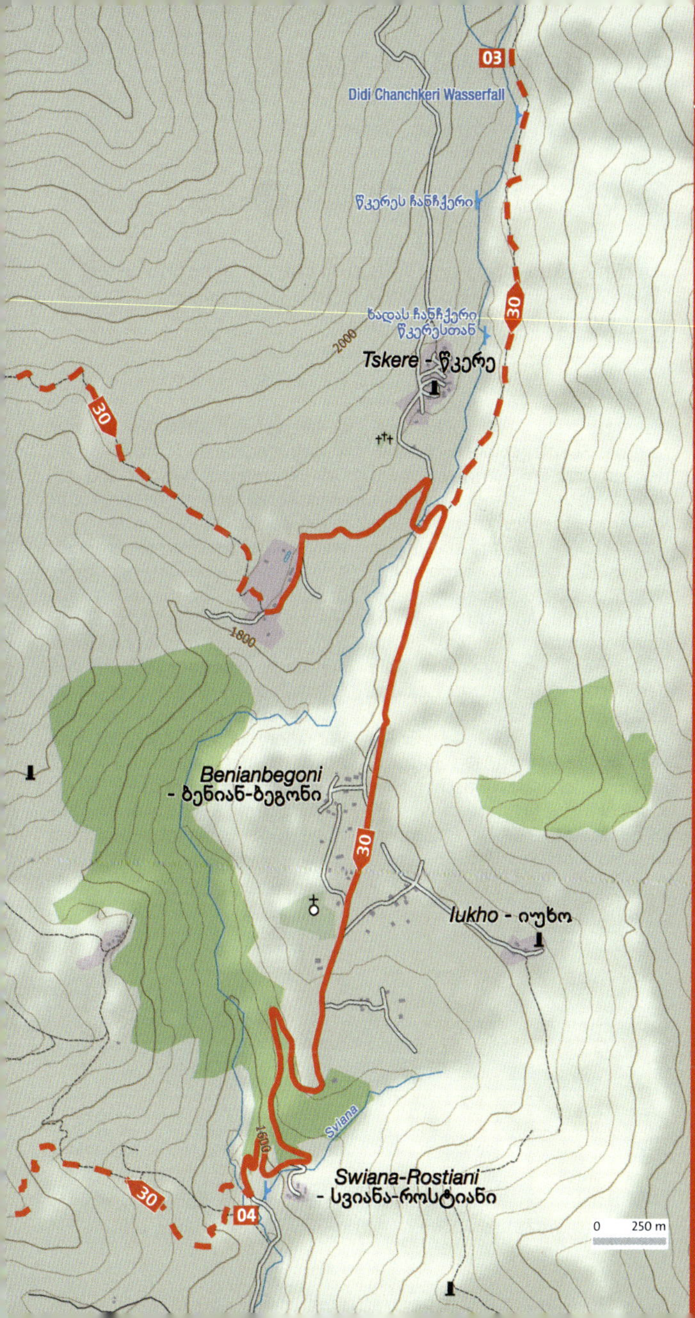

03

Didi Chanchkeri Wasserfall

წკერეს ჩანჩქერი

ჩადას ჩანჩქერი
წკერესთან

30

2000

Tskere - წკერე

30

1800

Benianbegoni
- ბენიან-ბეგონი

30

Iukho - იუხო

Sviana

1600

Swiana-Rostiani
- სვიანა-როსტიანი

30

04

0 250 m

31

EXKURSION NACH OMALO

Feuer- oder Wehrtürme Tuschetiens

 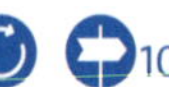

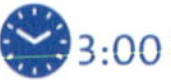

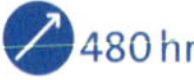

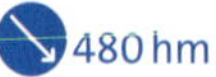

START | 184 km Anfahrt von Tiflis in 2 Etappen. Siehe Infokasten. Startkoordinaten: 42.370303 45.633080
CHARAKTER | Einfache Wanderung.

Als erstes steht das Besucherzentrum der Schutzgebiete in Tuschetien auf dem Programm. In einem der schönsten Gebäude von Omalo werden die Besucher über die Naturschönheiten und kulturellen Sehenswürdigkeiten informiert. Östlich des Besucherzentrums befindet sich ein Aussichtspunkt mit einem atemberaubenden Panoramablick auf die Bergwelt und die Bergdörfer Kumelaurta, Tsokalta, Chiglaurta und Chachabo. Weiter geht es zu einer mittelalterlichen Festung mit dem Keselo-Turm, einem der charakteristischen kaukasischen Wehrtürme aus dem 18. Jahrhundert. Der Komplex bestand einst aus 12 Türmen, von denen sechs erhalten sind und mit Mitteln der Keselo-Stiftung, deren Gründer niederländische und georgische Philanthropen sind, aufwendig restauriert wurden und werden. Bei den Türmen handelt es sich um Beobachtungstürme, die drohende Angriffe durch Feuer- und Rauchzeichen schnell signalisierten, und um Wohntürme, die der Bevölkerung Zuflucht und Schutz boten. Weiter geht es zu einem hölzernen Aussichtspunkt. Vor allem in den Morgen- und Abendstunden kann man von hier aus den Ostkaukasischen Steinbock und die Wild- oder Bezoarziege in der Schlucht beobachten – wenn man viel Glück hat!

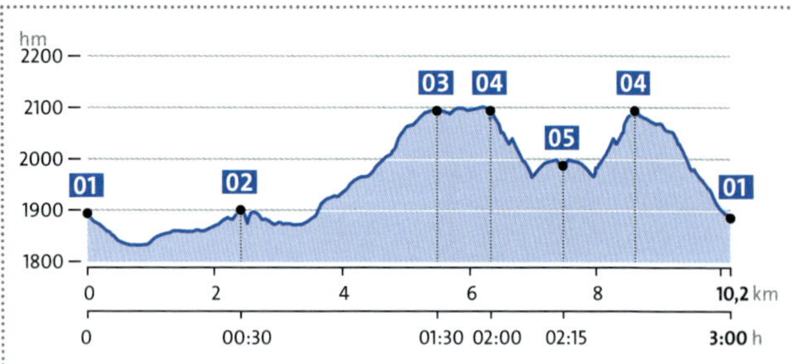

01 Hotel Kepney, 1905 m; 02 Besucherzentrum, 1895 m; 03 Festung von Keselo, 2134 m; 04 Schotterpiste, 1905 m; 05 Aussichtsplatform, 2001 m;

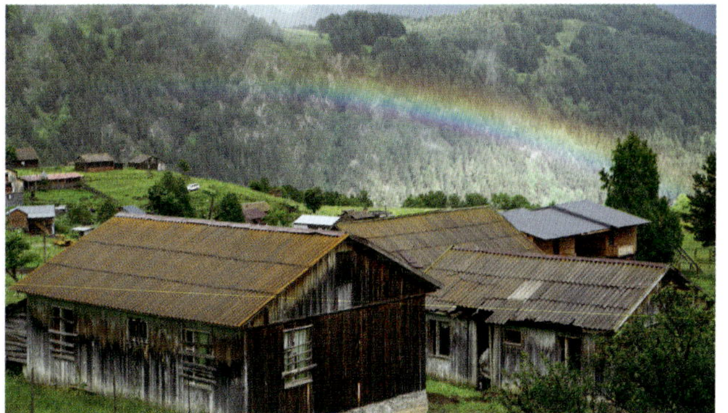

Das Bergdorf Omalo nach einem Gewitterschauer.

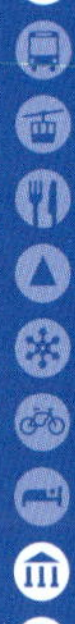

▶ Vom 01 **Hotel Kepney (1905 m)** geht es auf der Piste abwärts bis zur ersten Weggabelung, wo wir den halb rechten Arm nehmen. Dort, wo dieser endet, biegen wir nach rechts und bei der nächsten Möglichkeit sofort nach links ab. Auf dem Weg in die Senke überqueren wir einige Bäche und kommen an Ruinen vorbei. An der Weggabelung, an der auch eine offene Wasserleitung verlegt wurde, folgen wir dem Pistenverlauf durch die Rechtskurve. An einer weiteren Gabelung, kurz vor der Hauptpiste in den Ort, wählen wir den halb rechten Arm. Nun an der Hauptpiste angekommen, überqueren wir diese in Richtung des dahinterliegenden 02 **Besucherzentrum (1895 m)**. Hinter dem Parkplatz gegenüber dem Besucherzentrum führt ein Weg durch den Kiefernwald zu einem schönen Aussichtspunkt. Wir kehren zum Hauptweg zurück und gehen links bergauf. An der Gabelung mit dem Wegweiser nach Diklo

Anfahrt

Die 184 km Anfahrt von Tiflis sollte in 2 Etappen erfolgen.
Etappe 1: Mit dem Auto bis nach Kwemo Alwani (110 km und 2 Stunden Fahrzeit). Die günstigste Alternative ist, sich ein Bolt-Taxi zu buchen.
Etappe 2: Von Kwemo Alwani (*42.054603 45.357032*) geht es dann über eine „Offroad“-Piste, die man nur selbst befahren sollte, wenn man bereits langjährige Erfahrung mit Allradfahrzeugen und extrem schwierigen Pisten hat. Ansonsten fahren Taxis von Kwemo Alwani nach Omalo (90 km und 3-4 Stunden Fahrzeit). Die Taxis fahren von der einzigen großen Kreuzung in Kwemo Alwani ab. Der Preis beträgt 700 Gel (ca. 240 €, Stand August 2023, pro Fahrzeug und einfache Fahrt). Wer im Hotel Kepney übernachtet, kann bei Natia unter +995555715709 ein Taxi bestellen. Ein weiterer zuverlässiger Fahrer ist Zura +995579901911, beide sprechen Englisch.

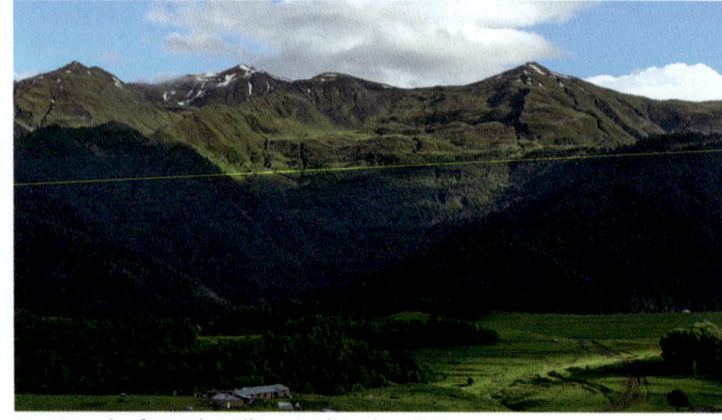

Das Bergdorf Omalo Village in der Abendstimmung.

wandern wir geradeaus weiter, bis wir links das Hotel Samzeo sehen. Unmittelbar nach der scharfen Rechtskurve der Hauptpiste verlassen wir diese nach links – am Zaun des Hotels entlang – und steigen nun auf einem der Viehwege über die Wiese auf. Links befindet sich ein Waldstück, rechts eine Kurve der Hauptpiste. Sobald wir die Wehrtürme oben auf dem Berg sehen, gehen wir in Richtung Oberdorf von Omalo. Nachdem wir den Dorfplatz überquert haben, wandern wir links auf der breiten Piste bergauf. Wir überqueren den folgenden Parkplatz auf der linken Seite und folgen dem Pfad dahinter hinauf zur 03 **Festung von Keselo (2134 m)**.

Wir kehren auf den breiten Weg zurück und marschieren wir nun nach links, bis sich der Weg bei einem schwarzen Wegweiser mit drei Richtungspfeilen gabelt. Hier biegen wir nach links ab, verlassen die 04 **Schotterstraße (2088 m)** aber gleich wieder, um die lang gezogene Rechtskurve der Hauptpiste auf einer steil abfallenden Piste abzukürzen. Es folgt ein kurzes Stück in der Linkskurve der Hauptpiste, aber auch hier verlassen wir nach nur 20 m hinter der Rechtskurve die Piste nach rechts auf einen Pfad. Nach dem Waldstück ist rechts in der Senke ein Pfad zu sehen, zu dem wir hinabsteigen und dann rechts an einem Gebäude vorbei bis zu einer hölzernen 05 **Aussichtsplatform (2001 m)** gehen. Idealerweise kommt man früh morgens oder spät abends hierher, um die Tierwelt zu beobachten. Aber auch der Blick in die tiefe Schlucht ist sehr beeindruckend. Wir kehren auf dem bekannten Hinweg bis zu den letzten drei Richtungspfeilen zurück, gehen dann aber nicht rechts auf dem Hinweg weiter, sondern geradeaus leicht bergab in Richtung Omalo. Bei zahlreichen Informationstafeln verlassen wir die nach rechts weiterführende 04 **Schotterstraße (2088 m)** und gehen nun geradeaus auf einem Pfad bergab, bis dieser an einer Piste endet. Dieser folgen wir durch die Rechtskurve und verlassen sie ca. 150 m vor dem Wald wieder auf dem halb links abzweigenden Weg. Dieser führt am Waldrand entlang bis zu den Häusern von Omalo Village und weiter bis zum Start- und Zielpunkt 01 **Hotel Kepney (1905 m)**.

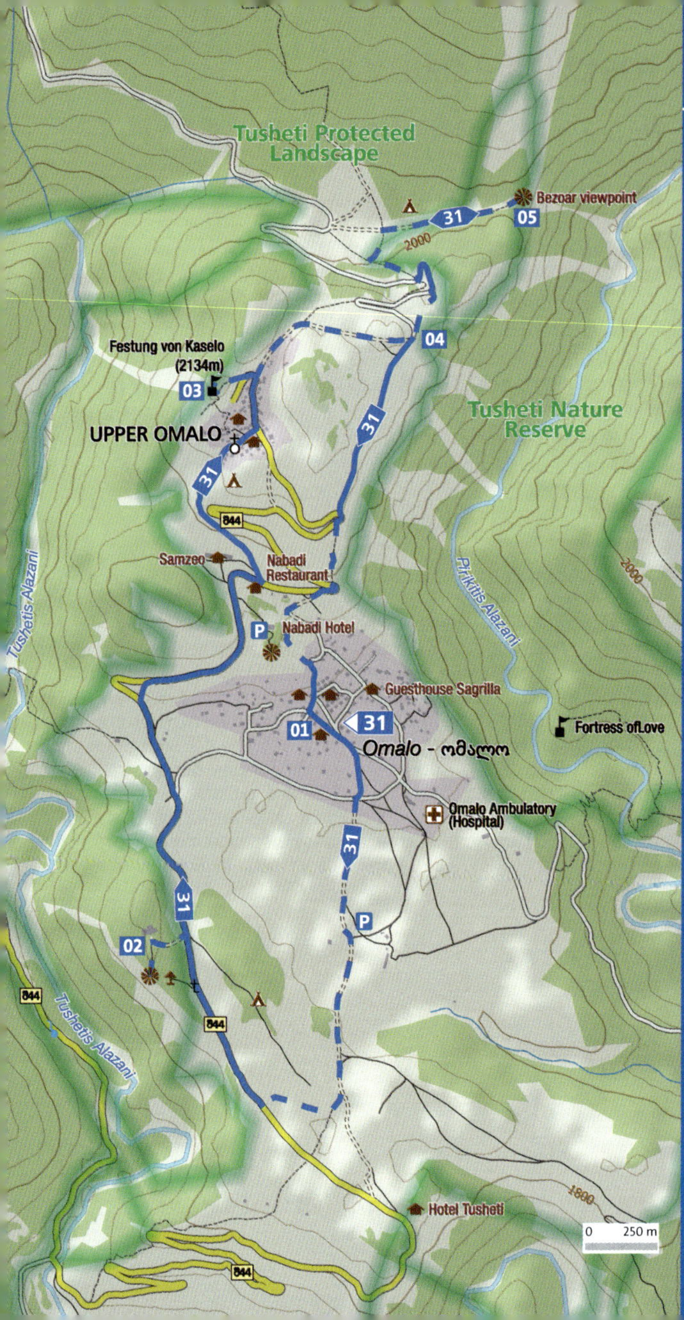

Tusheti Protected Landscape

Bezoar viewpoint

05

31

2000

04

Festung von Kaselo (2134m)

03

UPPER OMALO

31

Tusheti Nature Reserve

844

Samzeo

Nabadi Restaurant

Nabadi Hotel

P

Pirikitis Alazani

2000

Tushetis Alazani

Guesthouse Sagrilla

01

31

Omalo - ომალო

Fortress ofLove

Omalo Ambulatory (Hospital)

31

P

31

02

844

844

Tushetis Alazani

1800

Hotel Tusheti

0 250 m

844

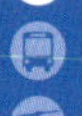

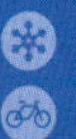

32 TOSKALTA – ORETISEE

Ein See vor einer einzigartigen Bergkulisse

  15,2 km 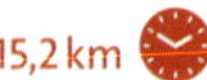 5:15 h 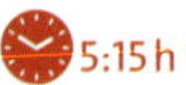 1025 hm 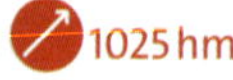 1025 hm 

START | Die Wanderung 31 beschreibt die Anfahrt von Tiflis nach Omalo. Mit dem Taxi oder dem Geländewagen sind es von Omalo 4-5 km bis zum Start- und Zielpunkt hinter der Brücke über den Fluss Tushetis Alazani.
Startkoordinaten: 42.354418 45.621758
CHARAKTER | Einfache Orientierung, aber konditionell anspruchsvoll. Hinweis: Ohne das nötige Schmelzwasser trocknet der See im Spätsommer bis Frühherbst oft aus.

Diese Wanderung führt zum 2648 m hoch gelegenen Oretisee, der an den Berghängen südlich von Omalo am Fuße des 3304 m hohen Encho-Berges liegt. Von hier bietet sich ein herrlicher Panoramablick über ganz Tuschetien bis hin zum Kaukasushauptkamm mit zahlreichen Viertausendern an der georgisch-russischen Grenze.

▶ Von Omalo kommend überqueren wir die 01 **Brücke (1656 m)** und parken dort das Auto oder lassen uns mit dem Taxi hinbringen. Wir beginnen die Wanderung auf der halb links abgehenden und ausgeschilderten Piste in Richtung Kumelaurta. Hinter einem Bach und bei einem roten Markierungspunkt verlassen wir die Piste nach halb rechts auf den beginnenden Pfad. Dieser quert den Berghang unterhalb eines Dorfes. Zahlreiche Viehwege erschweren die Orientierung, bis wir auf einen Weg treffen, dem

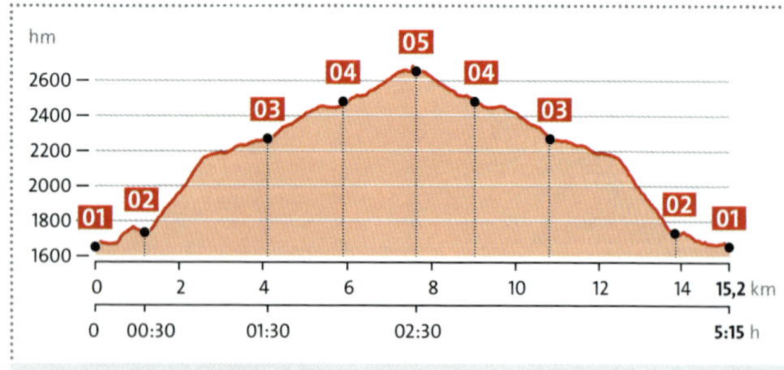

01 Brücke, 1656 m; 02 Lichtung, 1774 m; 03 Schäferhütte, 2275 m; 04 Steinhaufen, 2448 m; 05 Oretisee, 2648 m;

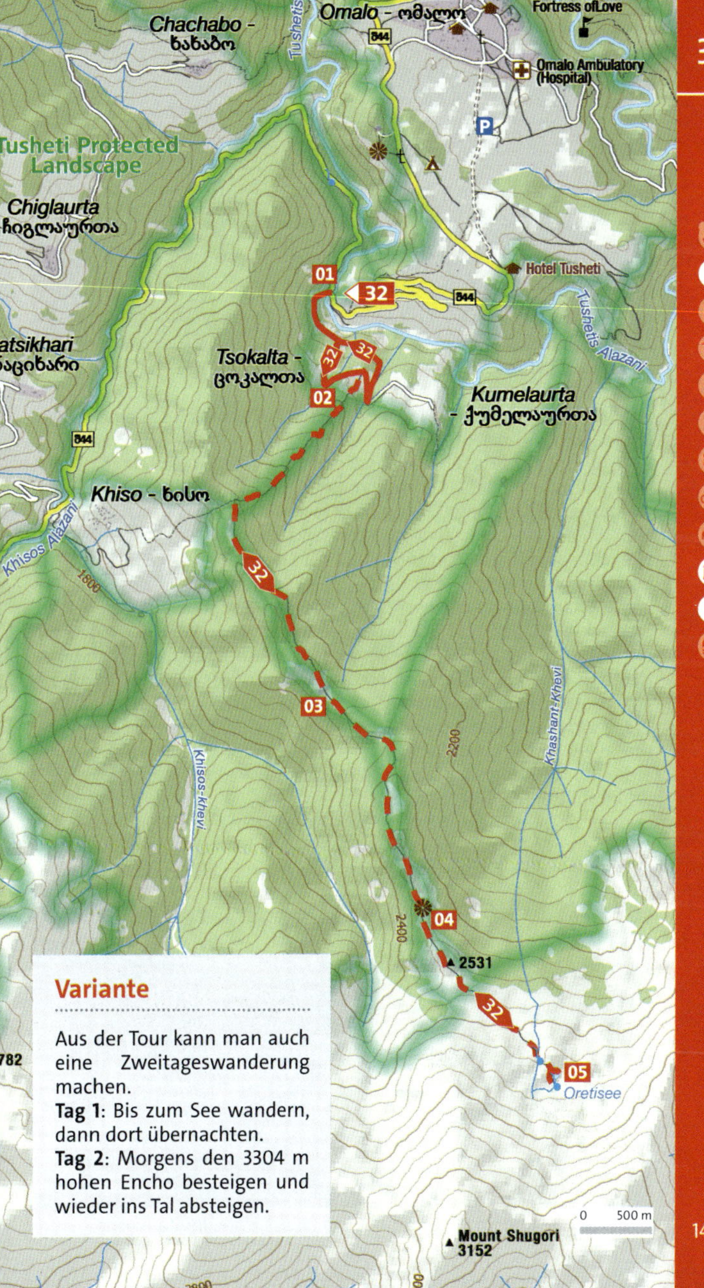

Variante

Aus der Tour kann man auch eine Zweitageswanderung machen.

Tag 1: Bis zum See wandern, dann dort übernachten.

Tag 2: Morgens den 3304 m hohen Encho besteigen und wieder ins Tal absteigen.

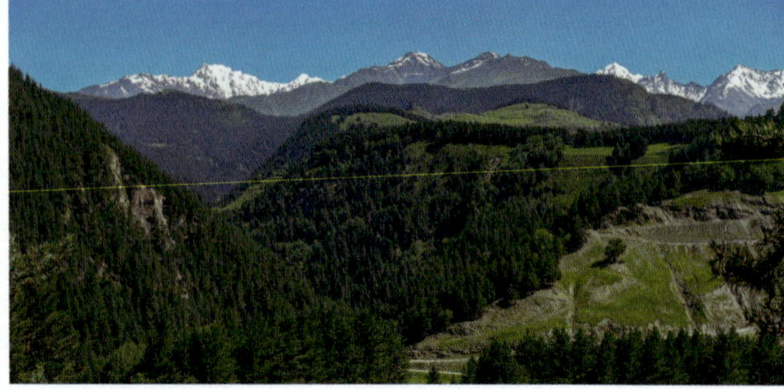

Zahlreiche Lichtungen liegen auf dem Wanderweg.

wir nach links folgen und den Bach überqueren. An der Stelle, wo die Piste wieder abwärts führt, verlässt man sie nach halb rechts und quert die große 02 **Lichtung (1774 m)** bis zum Waldrand, wo man wieder auf einen ausgetretenen Pfad trifft. An einem Baum ist dort eine weiß-rot-weiße Markierung angebracht. Im Zickzack führt der Pfad durch den dichten Wald bergauf. Eine weitere Lichtung überqueren wir an ihrer linken Seite. Es folgt ein längeres Waldstück, nun auf einem breiten Weg. Am oberen Rand einer erneuten Lichtung steht eine 03 **Schäferhütte (2275 m)**. Wir durchqueren noch weitere Lichtungen. Der Kiefernwald mit seinen prächtigen Exemplaren weicht einem alten Birkenwald. Über eine längere Strecke kann man den Wegverlauf mit den Augen verfolgen. Zuerst geht es durch eine Senke, dann folgt ein Felsdurchbruch – an dessen linker Seite etwas erhöht ein 04 **Steinhaufen (2448 m)** steht. Auf den letzten Metern des Aufstiegs säumen Rhododendren den Pfad. In einer Senke liegt der 05 **Oretisee (2648 m)**. Nur wenn man bis zu seinem Zufluss geht und dort noch einige Meter aufsteigt, hat man einen schönen Fernblick auf die dahinter liegenden Bergspitzen des Kaukasushauptkammes.

Zurück geht es auf dem bekannten Hinweg bis zum Start- und Zielpunkt an der 01 **Brücke (1656 m)**.

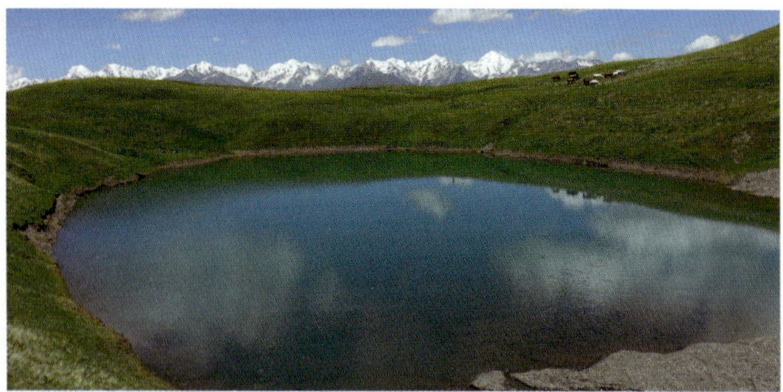

Der Oretisee und im Hintergrund der Hauptkamm des Kaukasus.

SHENAKO – FESTUNG DIKLO

Wunderschöne Natur und tragische Geschichte

 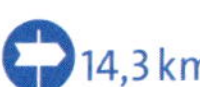 14,3 km  5:00 h  700 hm 700 hm

START | Die Wanderung 31 beschreibt die Anreise von Tiflis nach Omalo. Mit dem Taxi oder dem Geländewagen sind es von Omalo 6-7 km bis zum Start- und Zielpunkt am Eingang des Dorfes Shenako. Startkoordinaten: 42.371526 45.660882
CHARAKTER | Schwierige Orientierung im Wald wegen fehlender Pfade. Lange und anstrengende Wanderung.

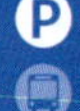

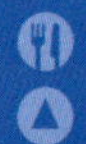
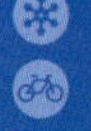
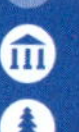

Die Wanderung beginnt in Shenako, einem der schönsten Dörfer Tuschetiens mit seinen engen Gassen und traditionellen Häusern. Besonders sehenswert ist die 1843 erbaute Kreuzkuppelkirche St. Georg oberhalb von Shenako. Auf einem alten Verbindungsweg wandern wir durch ein einsames Waldstück von Shenako nach Diklo und weiter zur Burg Diklo. Diese wurde von der Mitte des 13. bis zum Ende des 15. Jahrhunderts auf einem strategisch wichtigen Felssporn errichtet. Die Anlage bestand einst aus 18 Gebäuden, 3 Wehrtürmen und 15 Wohnhäusern, die alle aus Schieferstein errichtet wurden. Nach dem Zerfall des georgischen Königreichs nutzten die Leki (auch Dagestaner, Lesgier oder Lekianoba genannt) die militärische Schwäche der zahlreichen, untereinander verfeindeten Nachfolgefürstentümer in Georgien aus. Der Überlieferung nach verteidigten 16 tapfere Männer aus Diklo das Dorf 18 Tage lang gegen eine Übermacht von Angreifern. Sie unterlagen und die Siedlung wurde 1837 zerstört. Das verfallene Dorf wurde in die Liste der unbeweglichen Kulturdenkmäler

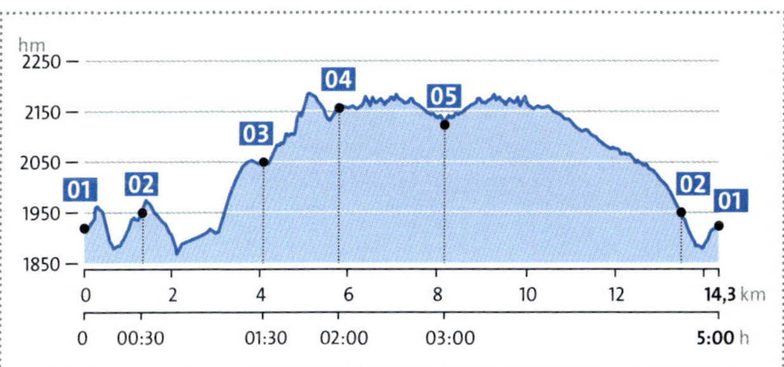

01 Shenako, 1939 m; 02 Weiß-Gelbe Markierung, 1958 m; 03 Ruine, 2049 m; 04 Diklo, 2165 m; 05 Festung von Diklo, 2177 m;

Achtung!

Zur Erhöhung der Sicherheit im georgisch-russischen Grenzgebiet wurde eine Pufferzone eingerichtet. Möchte man diese durchqueren, ist dies nur mit einem „Permit" möglich. Dieses ist kostenlos bei den örtlichen Militärposten in Omalo (Zur Google-Navigation: `42.363602 45.636119`) gegen Vorlage des Reisepasses erhältlich und muss beim Betreten der Pufferzone den Posten vorgezeigt werden. Betroffen sind die Wanderungen 33 und 35-39. Schäferhütten und besonders Schafherden möglichst weit umgehen, um aggressiven Hütehunden aus dem Weg zu gehen!

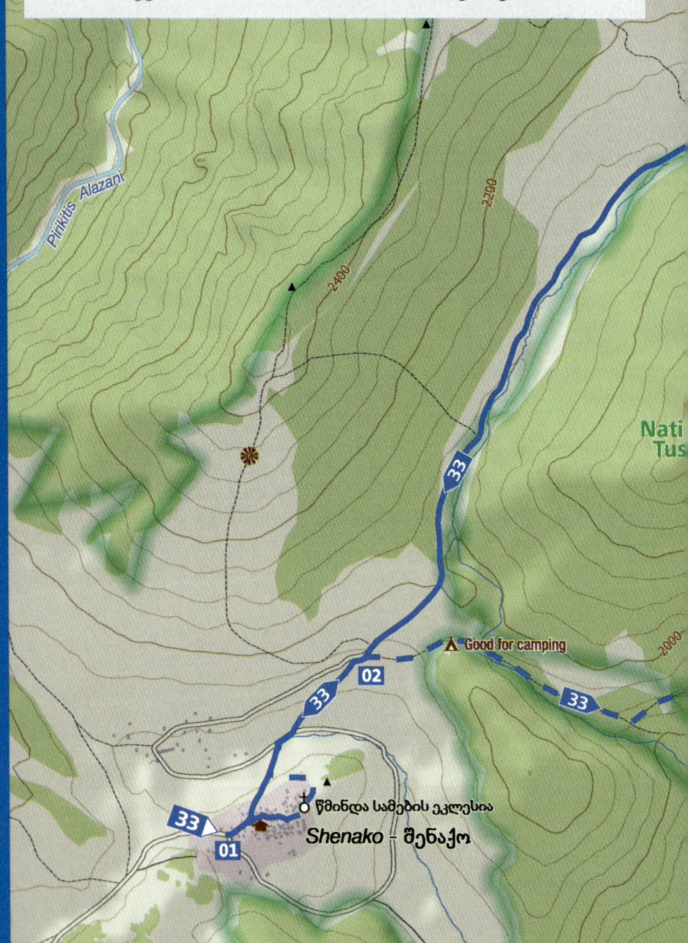

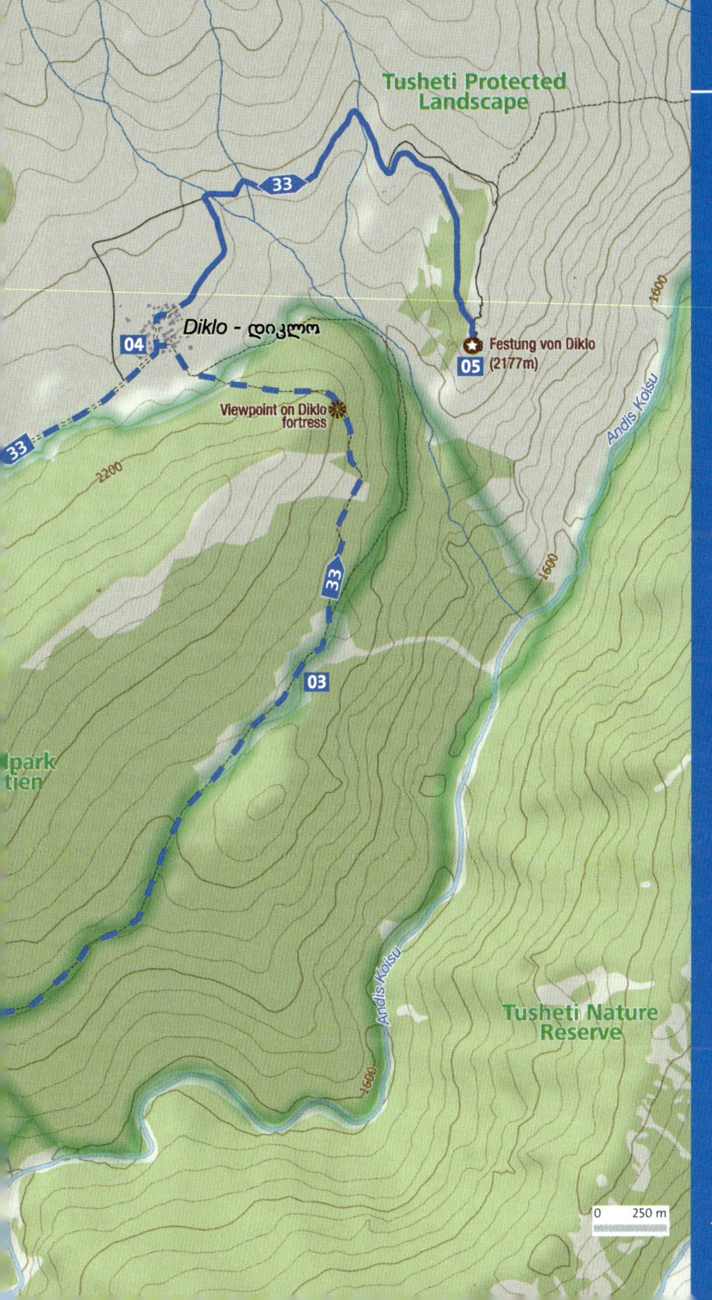
Tusheti Protected Landscape
33
Diklo - დიკლო
04
Festung von Diklo
05 (2177m)
Viewpoint on Diklo fortress
33
2200
1600
Andis Koisu
1600
33
03
park
tien
Andis Koisu
Tusheti Nature Reserve
1600
0 250 m

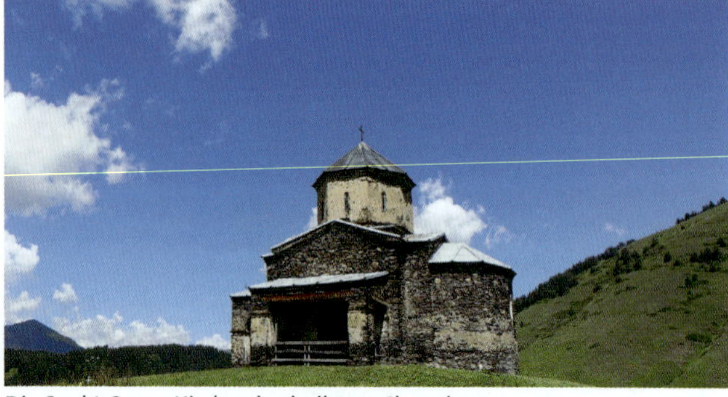

Die Sankt Georg Kirche oberhalb von Shenako.

Georgiens aufgenommen. Die georgische Regierung plant sogar den Wiederaufbau der Festung und der Wohngebäude.

Wir verlassen die Zufahrtsstraße nach **01 Shenako (1939 m)** kurz nach dem Ortseingang nach halb rechts und durchqueren den Ortskern mit seinen historischen Gebäuden bis zur auf einer Anhöhe gelegenen Kirche. Wir können auf dem gleichen Weg durch den Ort zurückgehen oder die Kirche rechts liegen lassen und nach dem letzten Haus links über die Wiese zu einer Piste hinuntergehen. Auf der Piste wandern wir nach rechts aufwärts bis zu einem Strommast und einer **02 Weiß-Gelben Markierung (1958 m)**.

Hier verlassen wir die Piste nach halb rechts, gehen weglos über Wiesen und folgen weiteren Strommasten – unserer imaginären Wegmarkierung. Bei der Einsattelung beginnt dann eine Piste, die hinunter in eine Schlucht mit einem Wasserreservoir führt. Entlang einer Wasserleitung führt der Wanderweg nun durch ein verstecktes Seitental und einen urigen Wald. Äste, die in den Weg ragen, können einfach zur Seite geschoben werden. Wir kommen an zwei Ruinen vorbei. Nach einem längeren Wegstück an einer Einsattelung tauchen am Horizont die Viertausender des Kaukasushauptkammes auf. Wir erreichen eine weitere **03 Ruine (2049 m)** mit einer Informationstafel. Im nun weiten Wiesengelände ist kein Weg mehr zu erkennen. Hier orientieren wir uns am halb linken Waldrand. Bei einer ersten und einer zweiten rot-weiß-roten Markierung ist dann wieder ein Pfad zu sehen. Es geht wieder bergauf. Rechts hinter einer tiefen Schlucht ist bereits die Festung Diklo zu sehen. Nach einem kurzen Abstieg führt ein Pfad zwischen Zäunen in den Ortskern von **04 Diklo (2165 m)**, wo wir an der Quelle halb rechts weitergehen – vorbei an urigen Schieferhäusern. Hinter den Wiesen am Ortsausgang von Diklo, passieren wir dann den Schlagbaum in die Pufferzone und wandern zunächst auf einer Piste und die restlichen Meter dann auf einem Pfad bis zur **05 Festung von Diklo (2177 m)**. Nach der Besichtigung geht es zurück zur Quelle im Ortskern von Diklo und weiter auf der Piste bis zum Start- und Zielpunkt in **01 Shenako (1939 m)**.

OMALO – MITTELGIPFEL, 2817 m – BOCHORNA

Wilde Berggipfel und das höchstgelegene Dorf Europas

 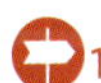 19,8 km  6:30 h  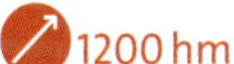 1200 hm  1200 hm

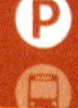
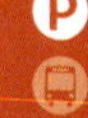
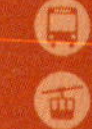
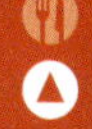
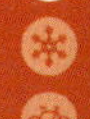

START | Die Wanderung 31 beschreibt die Anreise von Tiflis nach Omalo und zum Hotel Kepney.
Startkoordinaten: 42.370300 45.633083
CHARAKTER | Lange und anstrengende Bergtour, wenn nicht die Variante gewählt wird.

Von Omalo wandern wir über den baumlosen Makratela-Bergrücken zu einem faszinierenden Aussichtspunkt auf den Kaukasushauptkamm mit seinen zahlreichen Viertausendern. Ein wegloser Abstieg über weite Wiesen führt hinunter zum Bergdorf Bochorna, der höchstgelegenen ständigen Siedlung Europas. Zum Zeitpunkt der Volkszählung 2014 hatte sich hier der Arzt Irakli Chwedaguridse niedergelassen, um die medizinische Versorgung in den fast unbewohnten Dörfern Tuschetiens sicherzustellen. Am Südhang des Makratela-Gebirges entlang geht es durch die Gometsari-Schlucht zurück. Fazit: bei guter Sicht ein gigantischer Panoramaweg.

▶ Wir verlassen das 01 **Hotel Kepney (1905 m)** nach links auf der ansteigenden Piste, folgen an der ersten Weggabelung dem halb linken Arm, durchqueren eine kleine Senke und steigen auf einem der vielen Wege und Pfade bis zur querenden Piste auf. Diese verlassen wir gleich in der ersten

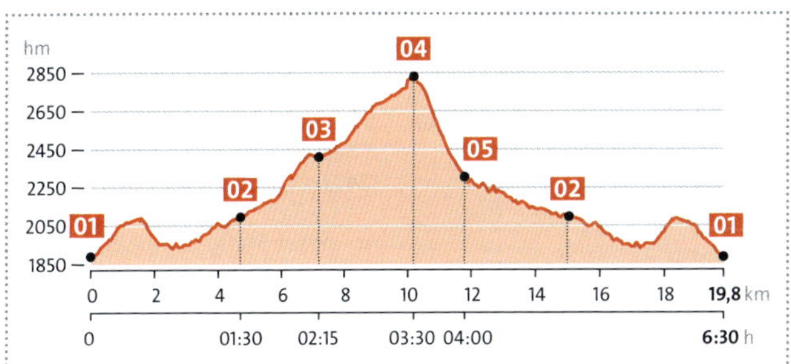

01 Hotel Kepney, 1905 m; 02 Weggabelung, 2107 m; 03 Weggabelung, 2432 m; 04 Mittlerer Gipfel, 2826 m; 05 Bochorna, 2312 m;

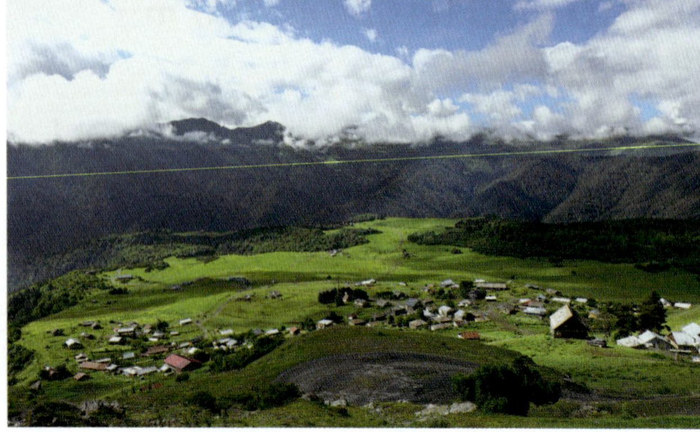

Das Bergdorf Omalo liegt auf einem aussichtsreichen Hochplateau.

Linkskurve auf einem der steil ansteigenden Pfade. In der Linkskurve der Piste angekommen – hier stehen zahlreiche Informationstafeln – gehen wir geradeaus bis zu einem schwarzen Wegweiser mit drei Richtungspfeilen. Hier biegen wir nicht nach links ab, sondern gehen ein paar Meter geradeaus und verlassen die Piste wieder, um die lang gezogene Rechtskurve der Hauptpiste auf einer steil abfallenden Piste abzukürzen. Es folgt ein kurzes Stück in der Linkskurve der Hauptpiste. Aber auch hier verlassen wir nur 20 m nach der Rechtskurve die Piste nach rechts auf einen Pfad. Nach dem Waldstück trifft der Pfad in einer Senke wieder auf die Piste und es geht ein kurzes Stück entlang eines Baches bergab und dann wieder kontinuierlich bergauf. Nach einer 180-°-Kurve erreicht man auf einer Lichtung die 02 **Weggabelung (2107 m)**. Hier wählen wir den halb rechten Arm, der auch nach Dartlo ausgeschildert ist. Die erste Linkskurve und die zweite Rechtskurve kürzen wir noch auf einem geradeaus führenden Pfad ab, aber ca. 200 m nach der nächsten Rechtskurve biegen wir scharf links auf einen unscheinbaren Fahrweg ab. Nach einem längeren Wegstück hinter einer Linkskurve endet der Weg, von nun an geht es weglos und im Slalom um zahlreiche umgestürzte Bäume bergauf, bis wir eine Wiese und den dahinter liegenden Fahrweg erreichen, auf dem wir bergauf bis zu einer weiteren 03 **Weggabelung (2432 m)** aufsteigen.

An dieser Stelle verlassen wir den Fahrweg nach halb rechts auf den beginnenden Pfad. Im Zickzack steigen wir steil auf und wandern dann über einen breiten Bergrücken. Unterwegs befindet sich eine Wetterstation. Sobald der Pfad zu einer Einsattelung abfällt,

Variante

Mit dem Taxi oder einem gemieteten Geländewagen bis zum Wegpunkt 02 fahren. Die Wanderung ist dann 10,3 km lang und hat nur noch 800 Höhenmeter.

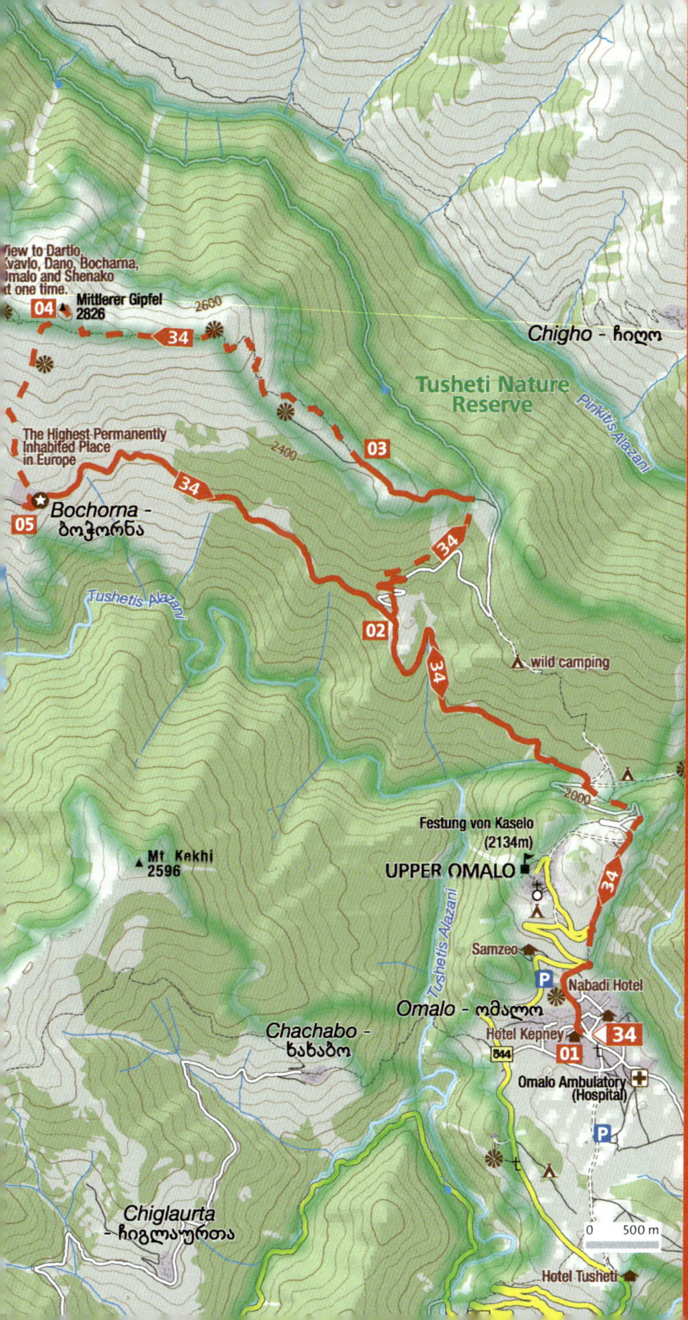

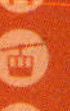
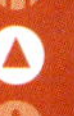
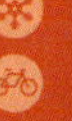
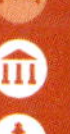

iew to Dartlo,
Kvavlo, Dano, Bocharna,
malo and Shenako
t one time.
04 Mittlerer Gipfel
2826
2600
34
Chigho - ჩიღო
Tusheti Nature
Reserve
Pirkitis Alazani
The Highest Permanently
Inhabited Place
in Europe
2400
03
34
Bochorna -
ბოჭორნა
05
34
Tushetis Alazani
02
34
wild camping
2000
Festung von Kaselo
(2134m)
UPPER OMALO
34
Mt. Kekhi
2596
Tushetis Alazani
Samzeo
P
Nabadi Hotel
Omalo - ომალო
Chachabo -
ხახაბო
Hotel Kepney
34
B44
01
Omalo Ambulatory
(Hospital)
P
Chiglaurta
- ჩიგლაურთა
0 500 m
Hotel Tusheti

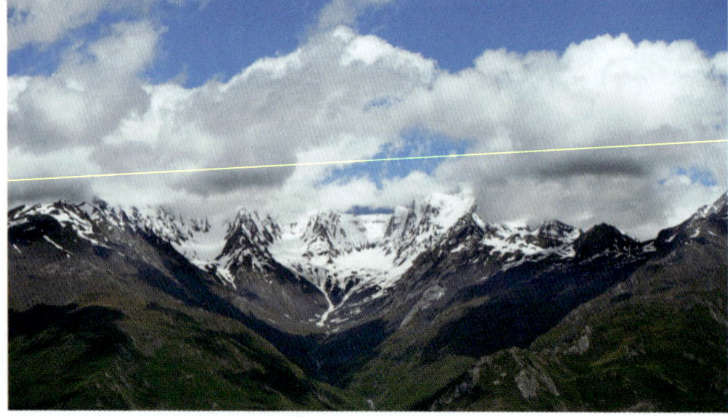

Von einem Aussichtspunkt blickt man auf den Hauptkamm des Kaukasus.

steigen wir weglos halb rechts zum 04 **MIttleren Gipfel (2826 m)**, einem einzigartigen Aussichtspunkt, auf. Von hier steigen wir weglos bis zur Einsattelung ab, überqueren den Weg, auf dem wir aufgestiegen sind, und steigen nur noch in der Falllinie ab. Dabei orientieren wir uns am Wehrturm von Bochorna. Während des Abstiegs ist er für eine kurze Zeit nicht mehr zu sehen. Dort, wo das Gelände steiler wird, weichen wir nach halb rechts aus, um dann wieder nach halb links auf den Turm zuzugehen. Vorbei an einem Kreuz am Berghang gehen wir nun in Richtung Dorf und vor dem großen Wehrturm beginnt ein Pfad durch 05 **Bochorna (2310 m)**.

An der Zufahrtsstraße zum Dorf angekommen, marschieren wir auf dieser bis zur ersten 02 **Weggabelung (2107 m)** und auf dem bekannten Hinweg zurück zum Start- und Zielpunkt 01 **Hotel Kepney (1905 m)**.

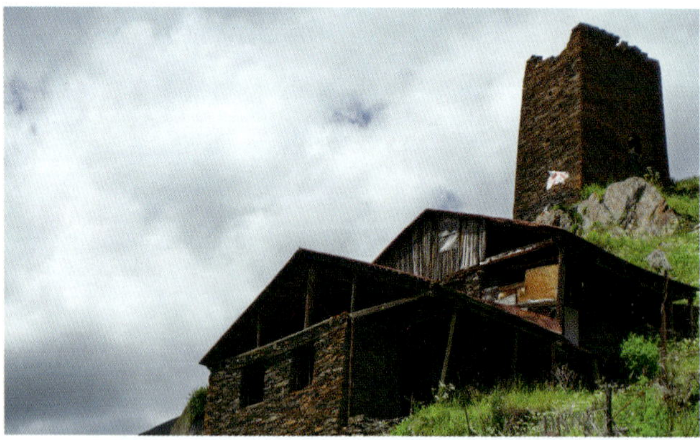

Der Wehrturm im höchstgelegenen Dorf von Europa, in Bochorna.

OMALO – MUTSO – TAG 1 VON 4

Von Omalo über Dartlo, die Festung Kvavlo, Dano und Chesho

 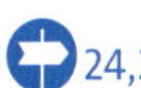 24,2 km  9:15 h  1350 hm  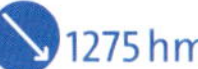 1275 hm

START | Die Wanderung 31 beschreibt die Anreise von Tiflis nach Omalo, wo die Tour im Dorfzentrum beginnt.
Ziel: Naturcampingplatz am Pirkitis-Alazani-Fluss zwischen den Dörfern Chesho und Parsma.
Startkoordinaten: 42.370300 45.633083
CHARAKTER | Technisch einfache, aber lange und anstrengende Wanderung mit schwerem Gepäck für eine Mehrtagestour.

Ein spannendes Abenteuer ist die Wanderung von Omalo (Tuschetien) zum historischen Bergdorf Schatili (historisch-geografische Region Chewsuretien). Das Besondere an diesem Fernwanderweg sind die schier endlose Weite, die mächtigen Gebirgszüge des Großen Kaukasus, die zahlreichen und einsamen Wehrtürme, die unberührte Natur und die beruhigende Einsamkeit, die in dieser Form in Mitteleuropa selten geworden ist. Es gibt verschiedene Möglichkeiten, diese Etappen zu bewältigen. Alle dauern zwischen 3 und 5 Tagen und alle haben gemeinsam, dass es nach dem Dorf Girevi keine Übernachtungs- und Einkehrmöglichkeiten in Gasthäusern mehr gibt. Bei der Routenplanung habe ich Wert auf schöne Naturzeltplätze gelegt, gebe aber auch Übernachtungsempfehlungen, wo es möglich ist. In die von mir gewählte Streckenführung habe ich immer wieder kulturelle Höhepunkte eingebaut, nämlich

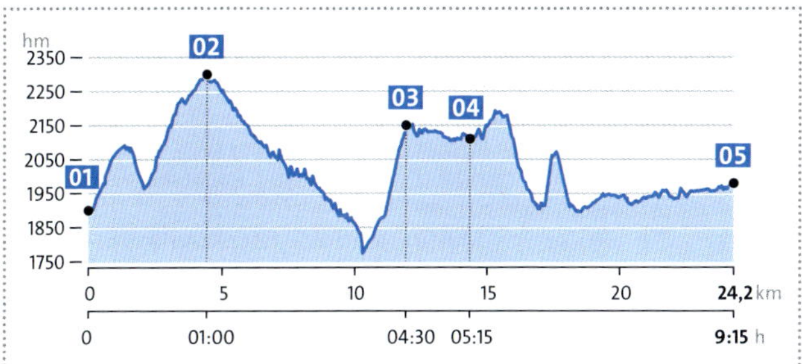

01 Hotel Kepney, 1905 m; 02 Pass, 2289 m; 03 Festung von Kvavlo, 2149 m; 04 Dano, 2102 m; 05 Naturcampingplatz, 1977 m;

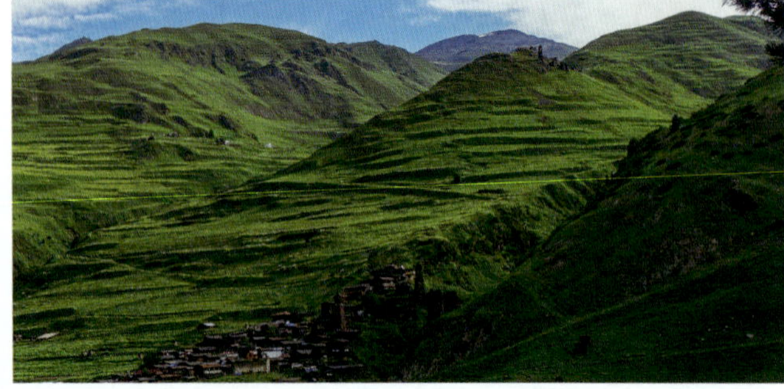

Unten im Tal das Dorf Dartlo und auf dem Hügel die Festung von Kvavlo.

Abstecher zu den Ruinen der Kaukasischen Türme & Festungsdörfer. Die Georgier nennen sie „Tusheti Protected Landscape Rock Art". Für die erste Etappe gibt es eine Variante. Die nachfolgend beschriebene Tour 35 konzentriert sich auf Türme und Festungsdörfer, die Variante 36 führt über einen aussichtsreichen Höhenrücken und bietet zahlreiche einzigartige Aussichtspunkte. Beiden gemeinsam ist, dass ich die Anfahrt mit dem Taxi bis zum Wegpunkt 02 empfehle, um die Strecke auf ein erträgliches Maß zu reduzieren. Die dritte Etappe ist die schwierigste: Im Frühjahr muss ein reißender Fluss überquert werden, bei hohem Wasserstand ein gefährliches Unterfangen. Die Überquerung des 3510 m hohen Azunta-Pass ist körperlich anstrengend. Die dritte und vierte Etappe sind kilometermäßig nicht so lang, sodass man Zeit hat, die einzigartige Landschaft zu genießen. Sportliche Wanderer können diese beiden Tage zusammenlegen. Die Strecke von Mutso nach Schatili habe ich bewusst ausgelassen, da sie nur über eine Piste entlang eines Baches und durch eine tief eingeschnittene Schlucht führt. Es gibt keine Naturschönheiten oder sonstige Sehenswürdigkeiten zu bestaunen. Also los!

▶ Wir verlassen das **01 Hotel Kepney (1905 m)** nach links auf der ansteigenden Piste, folgen an der ersten Weggabelung dem halblinken Arm, durchqueren eine kleine Senke und steigen auf einem der vielen Wege und Pfade bis zur querenden Piste auf. Diese verlassen wir gleich in der ersten Linkskurve auf einem der steil ansteigenden Pfade. In der Linkskurve der Piste angekommen – hier stehen zahlreiche Informationstafeln – gehen wir geradeaus bis zu einem schwarzen Wegweiser mit drei Richtungspfeilen.

Hier biegen wir nicht nach links ab, sondern verlassen die Piste sofort wieder, um die lang gezogene Rechtskurve der Hauptpiste auf einer steil abfallenden Piste abzukürzen. Es folgt ein kurzes Stück in der Linkskurve der Hauptpiste. Aber auch hier verlassen wir nur 20 m nach der Rechtskurve die Piste nach rechts auf einen Pfad. Nach dem Waldstück verlassen wir den Pfad nach rechts in die Senke, überqueren die Fahrspur und gehen geradeaus, fast weglos am Waldrand entlang, bis wir wieder auf eine Fahrspur treffen, die nun stetig ansteigt und in die Piste nach Dartlo mündet. Kurz darauf erreichen wir

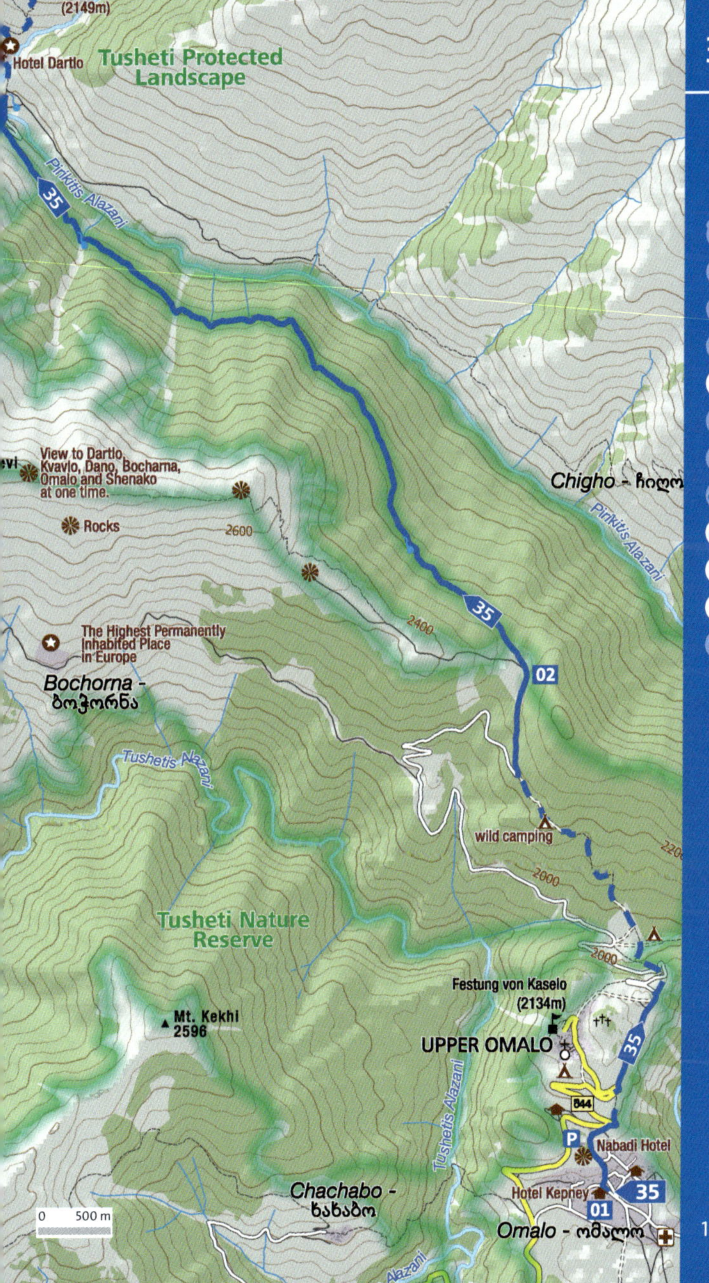

Festung von Kavlo
(2149m)
Hotel Dartlo
Tusheti Protected Landscape
Pirkitis Alazani
35
View to Dartlo, Kvavlo, Dano, Bocharna, Omalo and Shenako at one time.
Rocks
2600
Chigho - ჩიღო
Pirkitis Alazani
2400
35
The Highest Permanently Inhabited Place in Europe
Bochorna - ბოჭორნა
02
Tushetis Alazani
wild camping
2000
Tusheti Nature Reserve
2000
Festung von Kaselo
(2134m)
Mt. Kekhi
2596
UPPER OMALO
35
Tushetis Alazani
844
Nabadi Hotel
Hotel Kepney
35
01
Chachabo - ხახაბო
0
500 m
Omalo - ომალო

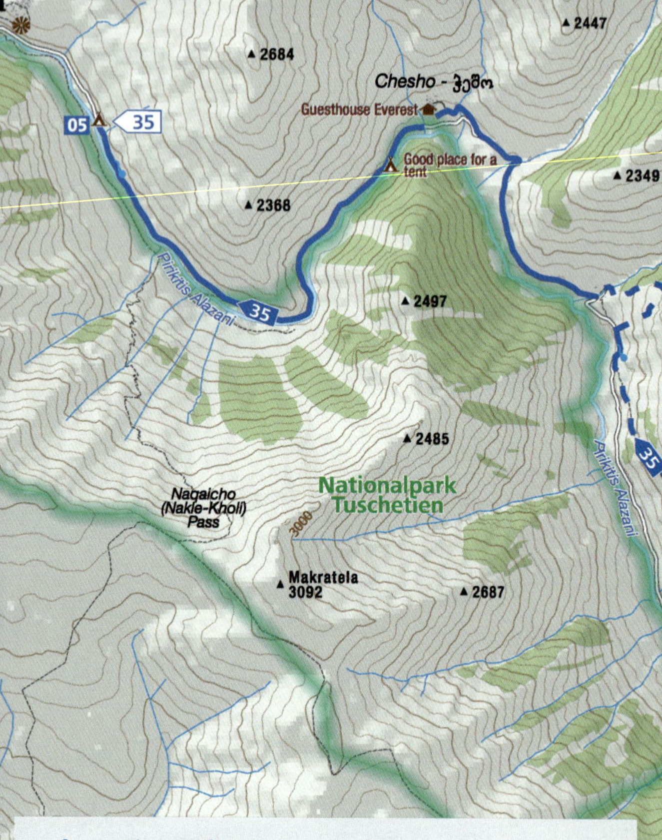

Informationen für Mehrtagestour

Zusatzausrüstung: Isomatte, Schlafsack, Zelt, Kocher und Proviant für vier Tage.
Übernachtungsempfehlungen: Km 10,9 Guesthouse Samtsikhe in Dartlo Tel.: +995599118993. Km 11 Hotel Dartloin Dartlo Tel.: +995598174966. Km 19,8 Guesthouse Everest in Chesho Tel.: +995511269769
Variante: Mit dem Taxi bis zum Wegpunkt 02 fahren. Die Wanderung ist dann 19,8 km lang und hat nur noch 950 Höhenmeter.
Einkehr: Die bei den Unterkunftsempfehlungen genannten Häuser verfügen auch über Restaurants.
Trinkwasserquelle: Ein Wasserrohr, das kurz vor dem Naturzeltplatz rechts neben der Piste aus dem Fels kommt. Morgens kann man noch mal die ca. 400 m zurückgehen und die Flaschen für die lange Etappe auffüllen.

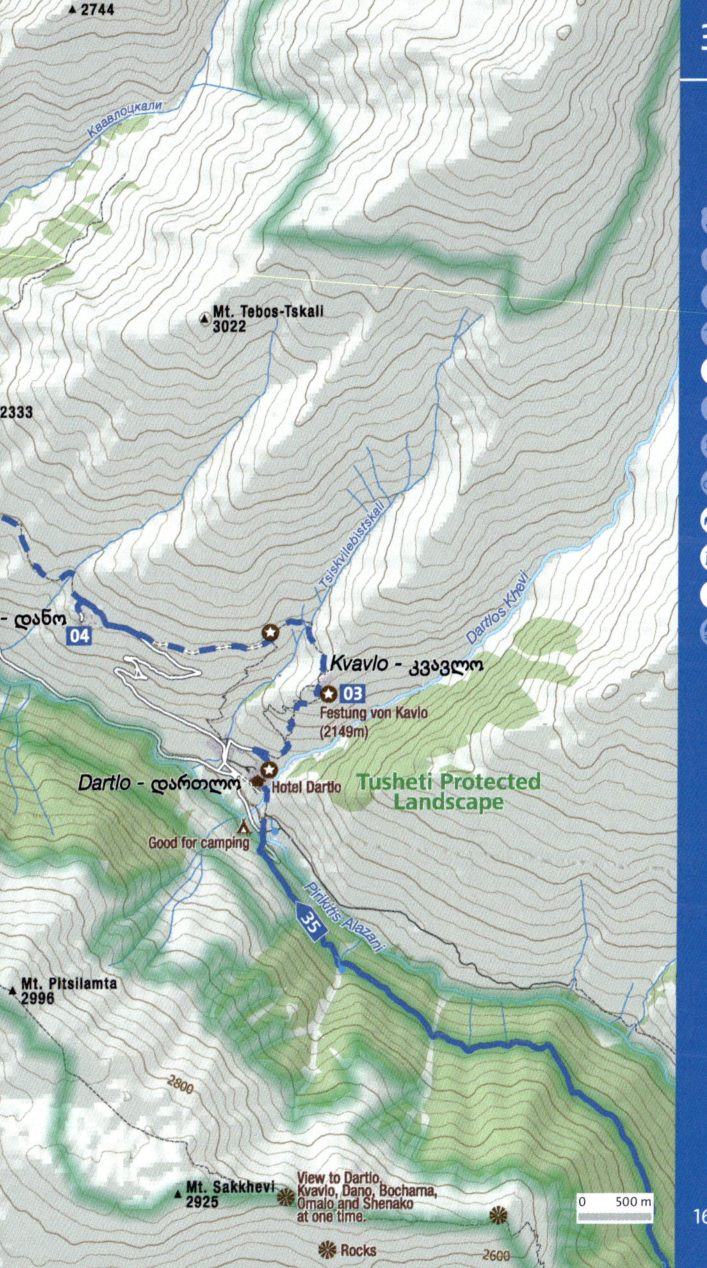
2744
Квавлоцкали
Mt. Tebos-Tskali
3022
2333
Tsiskvilebistskali
- დანო
04
Kvavlo - კვავლო
03
Festung von Kavlo
(2149m)
Dartlos Khevi
Dartlo - დართლო
Hotel Dartlo
Tusheti Protected Landscape
Good for camping
Pirikitis Alazani
35
Mt. Pitsilamta
2996
2800
Mt. Sakkhevi
2925
View to Dartlo, Kvavlo, Dano, Bochama, Omalo and Shenako at one time.
Rocks
2600
0 500 m

35

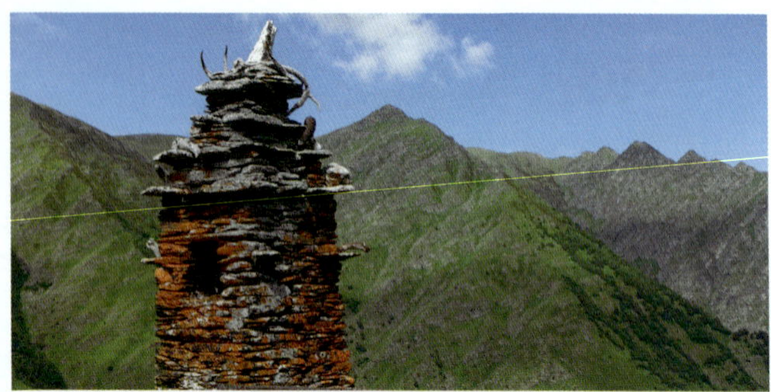

Der Heiligenschrein in dem Bergdorf Dano.

den 02 **Pass (2289 m)**. Nach einem langen Abstieg auf der Piste überqueren wir den Fluss Pirkitis-Alazani über eine Brücke. Hinter dem großen Felsen wandern wir über Wiesen – ein schöner Naturcampingplatz – in Richtung des Dorfes Dartlo und überqueren eine weitere Brücke. Vorbei an zahlreichen Gasthäusern wandern wir leicht ansteigend durch das Dorf, um dann auf einem der Viehwege steil zur 03 **Festung von Kvavlo (2151 m)** aufzusteigen.

In nördlicher Richtung verlassen wir den Hügel auf einem beginnenden Weg, der durch eine Senke führt und dann in einen breiten Weg übergeht, der uns bis zum Ortseingang von Dano führt. Bei den Informationstafeln verlassen wir den breiten Weg nach halb links und erreichen den Ortskern von 04 **Dano (2102 m)**. Etwas weiter links vom Weg befindet sich ein großer Heiligenschrein aus Schieferplatten, der mit einem Widdergeweih verziert ist. In nordwestlicher Richtung verlässt man das Dorf auf einem Pfad, der nach wenigen Metern an Gedenksteinen für Kriegsopfer vorbeiführt. Er führt durch eine Schlucht und ist an einer Stelle etwas ausgesetzt, da der Weg abgerutscht ist. Nach einem Steinhaufen geht es links um einen Hügel herum. Hinter einem Felsdurchbruch und dort, wo viele Schieferplatten auf dem Boden liegen, gabelt sich der Weg. Hier folgen wir dem halb linken, fast ebenen Weg. Dort, wo einige Kiefern stehen, fällt der Weg leicht ab. Bald ist der weiterführende Pfad mit dem Auge gut zu erkennen. Dort, wo er eine Rechtskurve macht und in ca. 100 m Entfernung ein Ziegenstall steht, steigen wir weglos ca. 50 m ab und setzen unseren Abstieg nach links auf dem querenden Pfad fort. Ca. 150 m vor einem Gebäude halten wir uns rechts und gehen bis zu einer kleinen Schlucht, dann auf einem der Wege hinunter zum Bach, den wir über eine Brücke überqueren. Nach einem längeren Wegstück gabelt sich der Weg und wir gehen halb rechts in Richtung Chesho.

An der Weggabelung wählen wir den halb linken Arm und kommen nach der Koppel wieder auf den Weg. Nach wenigen Metern befindet sich links unterhalb der Piste ein Naturzeltplatz und nach 3,5 km links unterhalb der Piste ein weiterer 05 **Naturcampingplatz (1977 m)**.

OMALO – MUTSO – TAG 1 VON 4 VARIANTE

Omalo – Nakle-Kholi-Pass – Girevi

 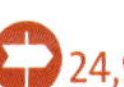 24,9 km  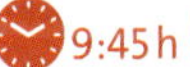 9:45 h   1395 hm  1200 hm

START | Die Wanderung 31 beschreibt die Anreise von Tiflis nach Omalo, wo die Tour im Ortszentrum beginnt.
Ziel: Naturcampingplatz unterhalb von Girevi.
Startkoordinaten: 42.370300 45.633083
CHARAKTER | Technisch einfache, aber lange und anstrengende Wanderung mit schwerem Gepäck für eine Mehrtagestour.

Wenn die Wettervorhersage für die geplante Wanderung günstig ist, wenn man noch eine Nacht in einem Gästehaus verbringen möchte, wenn man die Möglichkeit hat, sich mit dem Taxi zum Wegpunkt 02 bringen zu lassen und wenn man die Wehrtürme der Etappe 35 auslassen kann, dann ist die nachfolgend beschriebene Variante einfach perfekt. Auf ca. 5 km wandert man über den Makratela-Bergrücken mit ständigem Blick nach Nordosten zu den Viertausendern des Kaukasushauptkammes, der Grenze zwischen Russland und Georgien.

▶ Wir verlassen das 01 **Hotel Kepney (1905 m)** nach links auf der ansteigenden Piste, folgen an der ersten Weggabelung dem halb linken Arm, durchqueren eine kleine Senke und steigen auf einem der vielen Wege und Pfade bis zur querenden Piste auf. Diese verlassen wir gleich in der ersten Linkskurve auf einem der steil an-

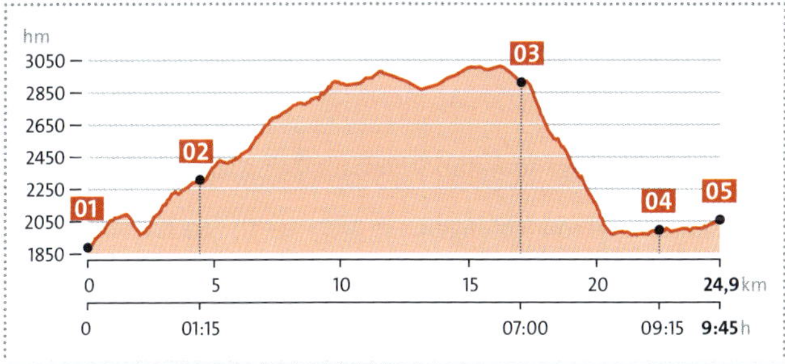

01 Hotel Kepney, 1905 m; 02 Pass, 2287 m; 03 Nakle-Kholi Pass, 2903 m; 04 Brücke, 1776 m; 05 Girevi, 2049 m;

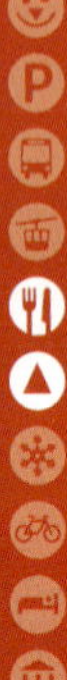

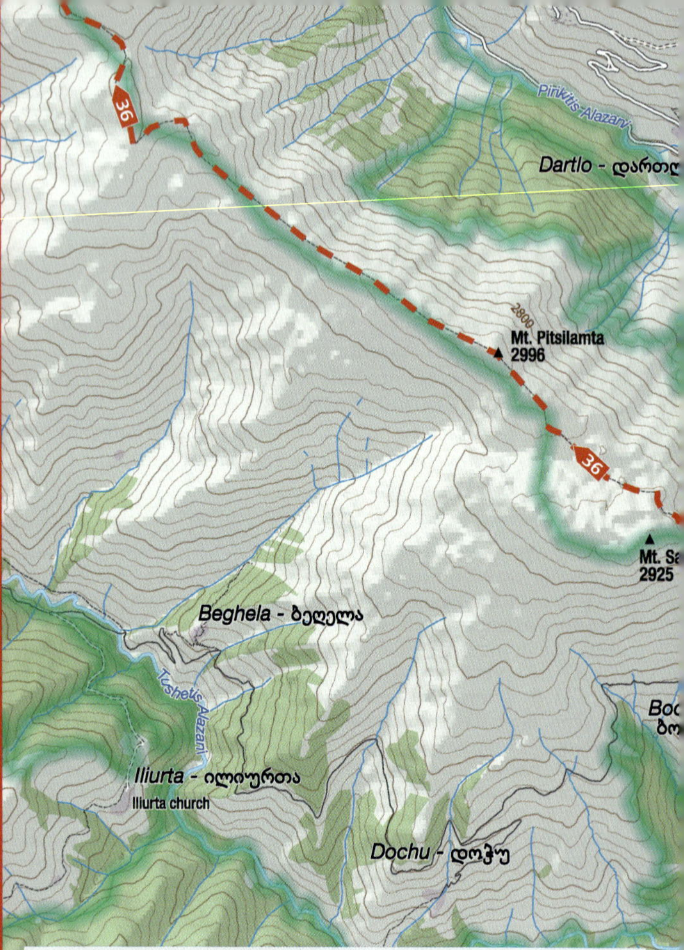

Information für Mehrtagestour

Zusatzausrüstung: Isomatte, Schlafsack, Zelt, Kocher und Proviant für vier Tage.
Übernachtungsempfehlungen: Km 24,3 Guesthouse Nakudurta in Girevi Tel.: +995551151822.
Variante: Mit dem Taxi bis zum Wegpunkt 02 fahren. Die Wanderung ist dann 20,1 km lang, hat 900 Höhenmeter bergauf und 1100 Höhenmeter bergab.
Einkehr: Km 22,3 ein Café in Parsma. Km 24,3 Guesthouse Nakudurta in Girevi.

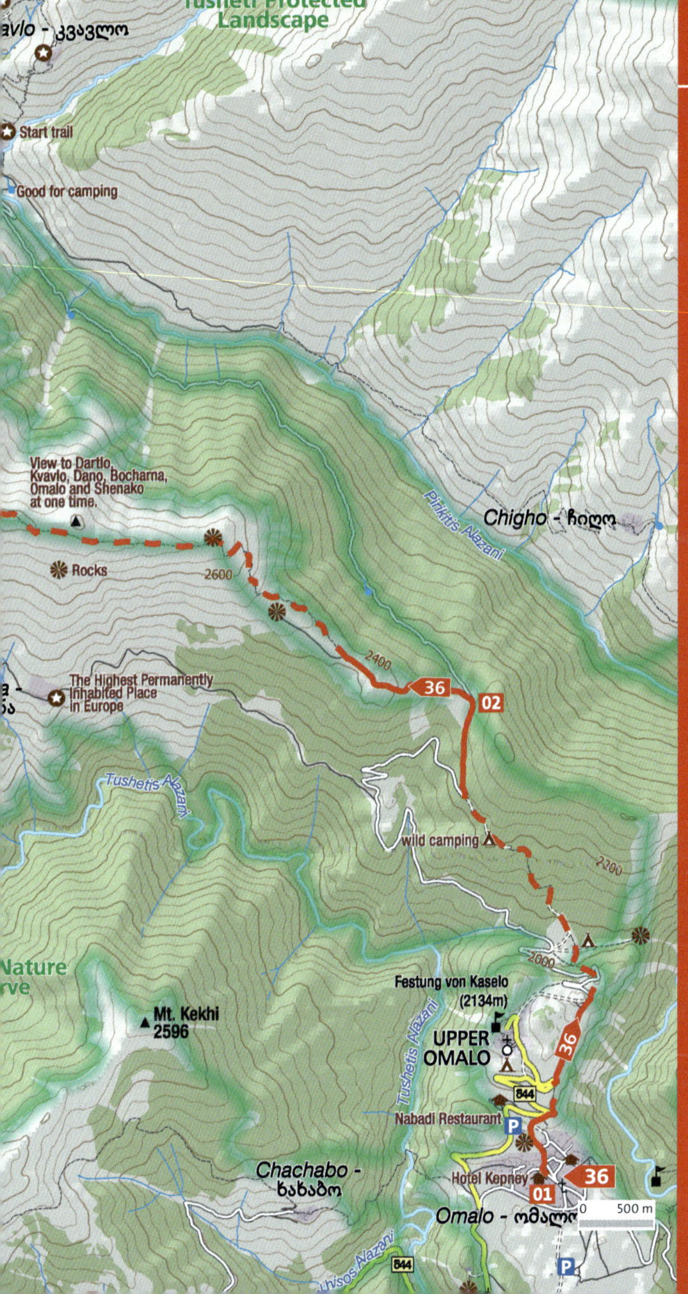

Tusheti Protected Landscape
avlo - კვავლო
Start trail
Good for camping
View to Dartlo, Kvavlo, Dano, Bocharna, Omalo and Shenako at one time.
Rocks
2600
2400
36
02
Pirikitis Alazani
Chigho - ჩიღო
The Highest Permanently Inhabited Place in Europe
Tushetis Alazani
wild camping
2200
2000
Nature
rve
Mt. Kekhi
2596
Festung von Kaselo
(2134m)
UPPER
OMALO
Tushetis Alazani
844
Nabadi Restaurant
Hotel Kepney
01
Chachabo - ჩაჩაბო
Omalo - ომალო
0
500 m
844

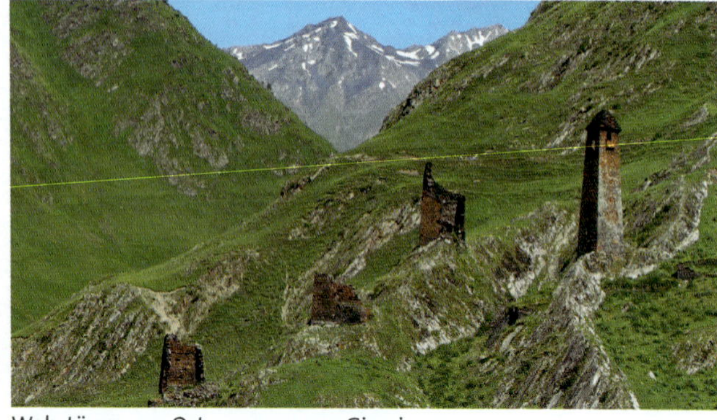

Wehrtürme am Ortsausgang von Girevi.

steigenden Pfade. In der Linkskurve der Piste angekommen – hier stehen zahlreiche Informationstafeln – gehen wir geradeaus bis zu einem schwarzen Wegweiser mit drei Richtungspfeilen. Hier biegen wir nicht nach links ab, sondern verlassen die Piste sofort wieder, um die lang gezogene Rechtskurve der Hauptpiste auf einer steil abfallenden Piste abzukürzen.

Es folgt ein kurzes Stück in der Linkskurve der Hauptpiste, aber auch hier verlassen wir nur 20 m nach der Rechtskurve die Piste nach rechts auf einen Pfad. Nach dem Waldstück verlassen wir den Pfad nach rechts in die Senke, überqueren die Fahrspur und gehen fast weglos geradeaus am Waldrand entlang, bis wir wieder auf eine Fahrspur treffen, die nun stetig ansteigt und in die Piste nach Dartlo mündet. Kurz darauf erreichen wir den 02 **Pass (2287 m)**.

Hier wählen wir die links ansteigende Fahrspur über den grasbewachsenen Bergrücken. An einer unscheinbaren Stelle zweigt nach halb rechts ein Pfad ab. Im Zickzack geht es zunächst steil, dann weniger steil über einen breiten Bergrücken hinauf. Bei einer ersten Einsattelung liegt rechts des Weges etwas erhöht der 2826 m hohe „Middle Peak" – ein einzigartiger Aussichtspunkt. Nach einem kurzen Abstieg zu einer Einsattelung geht es weiter bergauf. Vorbei am 2925 m hohen Sakkhevi und weiter über den unscheinbaren Gipfel des 2996 m hohen Pitsilamta. Wir durchqueren eine weitere Senke, steigen wieder an und erreichen schließlich die Weggabelung am 03 **Nakle-Kholi Pass (2903 m)**. Hier wählen wir den Weg halb rechts, der durch Rhododendren steil bergab führt. In der Talsohle folgen wir dem Pfad entlang des Flusses Pirkitis flussaufwärts.

Am gegenüberliegenden Ufer liegt der Naturzeltplatz am Wegpunkt 05 der Wanderung 35. In der Ferne sehen wir bereits die Ortschaft Parsma, die wir nach der 04 **Brücke (1776 m)** erreichen. Wir wandern weiter bis zum nächsten Ort 05 **Girevi (2049 m)**, wo wir in einem der Gästehäuser übernachten oder weiter unten am Fluss unsere Zelte aufschlagen.

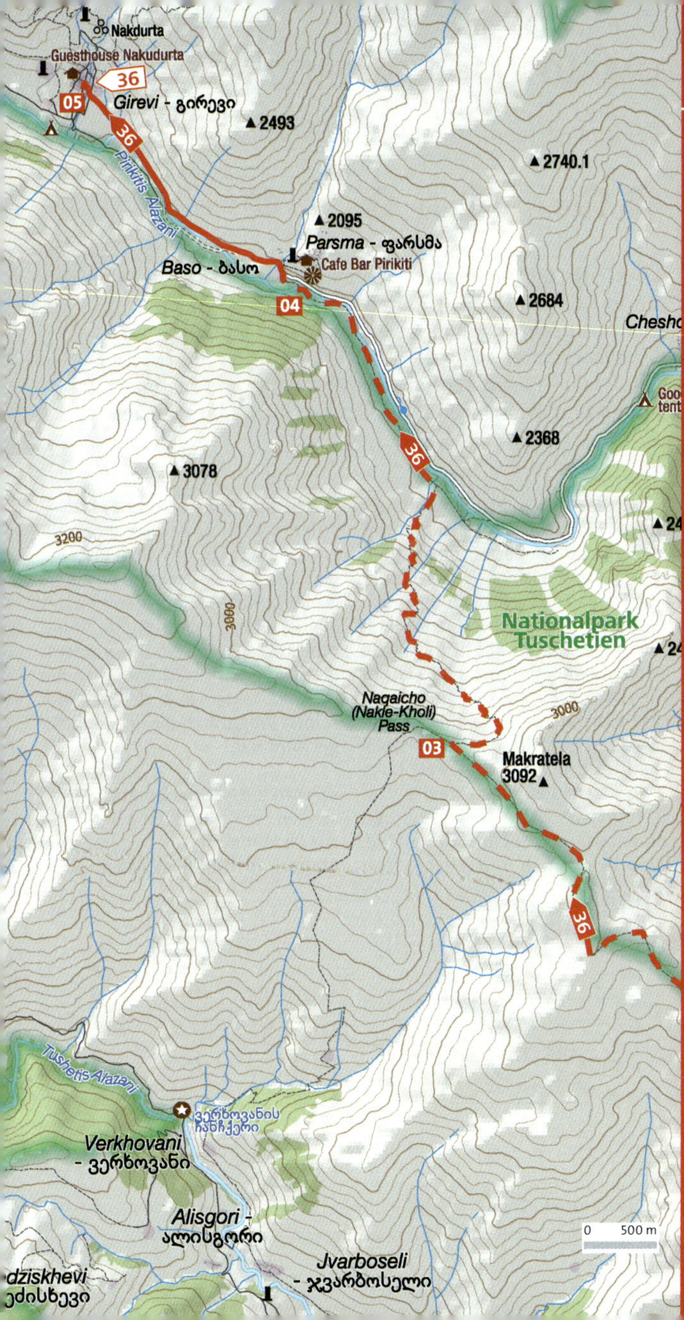

Nakdurta
Guesthouse Nakudurta
36
05
Girevi - გირევი
2493
36
Pirikitis Alazani
2740.1
2095
Parsma - ფარსმა
Cafe Bar Pirikiti
Baso - ბასო
04
2684
Chesho
Goo
tent
36
2368
3078
3200
3000
Nationalpark Tuschetien
Nagaicho (Nakle-Kholi) Pass
3000
03
Makratela 3092
36
Tushetis Alazani
ვერხოვანის ჩანჩქერი
Verkhovani - ვერხოვანი
Alisgori - ალისგორი
Jvarboseli - ჯვარბოსელი
dziskhevi
ძისხევი
0 500 m

OMALO – MUTSO – TAG 2 VON 4

Parsma – Girevi – Chontio – Kvakhidistskali Fluss

 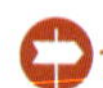 19,4 km 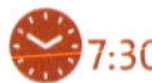 7:30 h 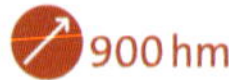 900 hm  900 hm

START | Naturcampingplatz am Pirkitis-Alazani-Fluss zwischen den Dörfern Chesho und Parsma; Fortsetzung der Wanderung 35. Ziel: Naturcampingplatz am Kvakhidistskali-Fluss. Startkoordinaten: 42.480385 45.508024

CHARAKTER | Technisch einfache, aber lange und anstrengende Wanderung mit schwerem Gepäck für eine Mehrtagestour.

Besonders beeindruckend ist auf dieser Etappe das Dorf Parsma, mit seinen traditionellen Schiefersteinbauten, der kleinen Kapelle, dem riesigen alten Wehrturm und auch den großen, mehrstöckigen Ruinen der Wohnhäuser, die früher noch Holzbalkone hatten. Einige Häuser des Dorfes dürfen von Frauen nicht betreten werden. Heidnische Traditionen sind in Tuschetien auch heute noch weit verbreitet. Nach dem Grenzübergang Girevi verlassen wir die letzte Zivilisation und begeben uns tief ins Hinterland. Wir dringen in malerische Täler und Schluchten vor – verloren zwischen schroffen Bergen. Anmutig erheben sich vor uns die schneebedeckten Kaukasusgipfel des 3783 Meter hohen Pirchitasgori und des 3840 Meter hohen Amgha. An ihrem Fuß schlagen wir unser Nachtlager auf, am wild rauschenden Kvakhidistskali-Fluss, der sich hier seinen Weg durch die Felsschlucht gebahnt hat.

▶ Vom **01 Naturzeltplatz (1977 m)** steigen wir die wenigen Meter zur Piste hinauf und beginnen die Etappe in nordwestlicher Rich-

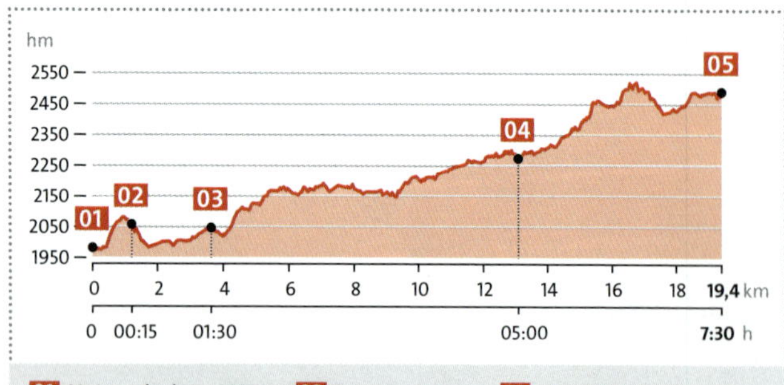

01 Naturzeltplatz, 1977 m; **02** Parsma, 2059 m; **03** Girevi, 2044 m; **04** Kvakhidistskali Fluss, 2248 m; **05** Kvakhidistskali Fluss, 2488 m;

Informationen für Mehrtagestour

Zusatzausrüstung: Isomatte, Schlafsack, Zelt, Kocher und Proviant für vier Tage.
Übernachtungsempfehlungen: Km 3,7 Guesthouse Nakudurta in Girevi Tel.: +995551151822.
Einkehr: Km 1,5 Café in Parsma. Km 3,7 Guesthouse Nakudurta in Girevi.
Achtung: Ab Girevi ist ein „Permit" erforderlich. Dieses kann man beim Militärposten in Omalo (Zur Google-Navigation: *42.363602 45.636119.*) oder auch in Girevi (Zur Google-Lage: *42.496486 45.478324.*) erworben werden.
Trinkwasserquelle: Km 16,3 rechts am Berghang.

tung. Nach ca. 350 m, unmittelbar hinter einem Bach, der sein kühles Wasser über die Straße verteilt, verlassen wir die Piste nach rechts und steigen auf einem der zahlreichen Viehwege auf. Nachdem wir die Felsen auf der linken Seite umrundet haben, wenden wir uns nach halb links und erreichen das Ende eines Fahrweges, dem wir in Richtung des dahinter liegenden Dorfes folgen. Etwas erhöht auf der rechten Seite des Hügels kommt man zu einer Kapelle aus Schieferstein. Nach dem Abstecher zur Kapelle erreicht man wieder den Hauptweg, indem man den Hügel in Richtung Dorf verlässt, an zahlreichen Grabsteinen vorbei und dann rechts durch das Dorf 02 **Parsma (2059 m)** geht. Hinter dem gut erhaltenen, hoch aufragenden Wehrturm geht es zwischen den Ruinen mehrstöckiger Wohnhäuser über eine kleine Brücke über einen Bach hinunter zur Piste. Nach 3,7 km Gesamtstrecke der heutigen Etappe erreicht man hinter einer Brücke das Bergdorf 03 **Girevi (2044 m)**. Wanderer, die die Variante 36 der ersten Etappe gewählt haben, steigen hier wieder ein. Zur Information: Für Wanderer, die hier einsteigen, verkürzt sich die zweite Etappe auf insgesamt 15,7 km. Wir verlassen das Dorf in Richtung Fluss, überqueren die Wiesen nach halb rechts bis zum weißen

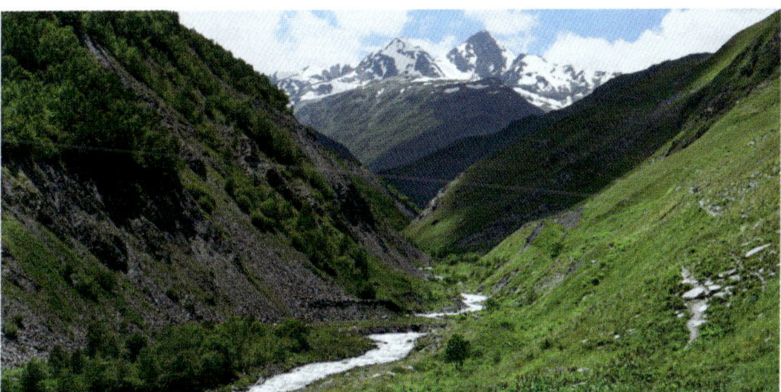

Anmutig erheben sich vor uns die schneebedeckten Kaukasusgipfel .

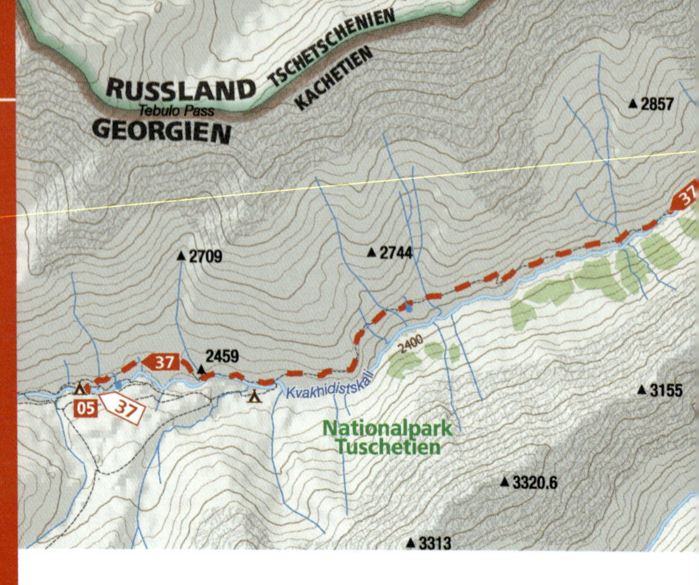

Gebäude der Grenzkontrolle und zeigen unser „Permit". Vor den drei Ruinen und dem Wehrturm steigen wir steil über Wiesen auf und gehen bei einer türkisfarbenen Informationstafel links weiter. Der nun folgende Höhenweg bietet eine herrliche Aussicht über weite grüne Wiesen und die bis in den Juni hinein schneebedeckten Berge. Zwei Schluchten folgen.

Der nächste Orientierungspunkt ist das Ruinendorf Chontio mit seinem weithin sichtbaren Wehrturm, das wir hinter einem Wegweiser durchqueren. An zwei Bächen treffen wir auf einen weiteren Naturzeltplatz. Auf dem folgenden Wegstück ist bereits der 11 km entfernte Atsunta-Pass ausgeschildert. Das anfangs weite Tal wird immer enger, zahlreiche Bäche werden überquert, Ruinen passiert und im Talgrund erreichen wir den 04 **Kvakhidistskali Fluss (2248 m)**. Eine Felswand verhindert die Umrundung dieser Stelle. So balanciert man ca. 6-8 m über Steine, die im Fluss liegen. Nach starken Regenfällen muss man an dieser Verengung der Schlucht durch den Fluss waten! Es folgt ein langer, steiler Anstieg. Entlang des Weges gibt es zahlreiche Quellen, an denen man seinen Wasservorrat auffüllen kann. Der Weg steigt noch einmal steil an bis zu einem riesigen Steinhaufen. Es folgt der Abstieg bis zu einer Brücke, die wir nicht nach links überqueren, sondern dem Flusslauf auf einem der zahlreichen Viehwege folgen. Vor einer felsigen Schlucht steigt der Weg wieder im Zickzack bis zu einer Anhöhe an, wo wir rechts entlang einer tiefen Erosionsrinne weitergehen. Es folgt ein längeres Wegstück, bis wir dann in eine Mulde mit einer Wiese hinabsteigen. Hier schlängelt sich der 05 **Kvakhidistskali Fluss (2488 m)** durch eine kleine Felsschlucht, hier schlagen wir unser Nachtlager auf.

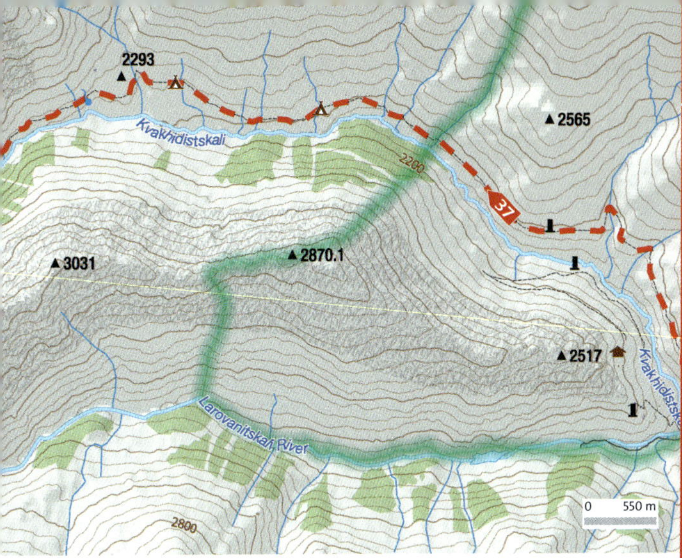

2293
Kvakhidistskali
2565
2200
37
3031
2870.1
2517
Kvakhidistskali
Larovanitskali River
2800
0 550 m

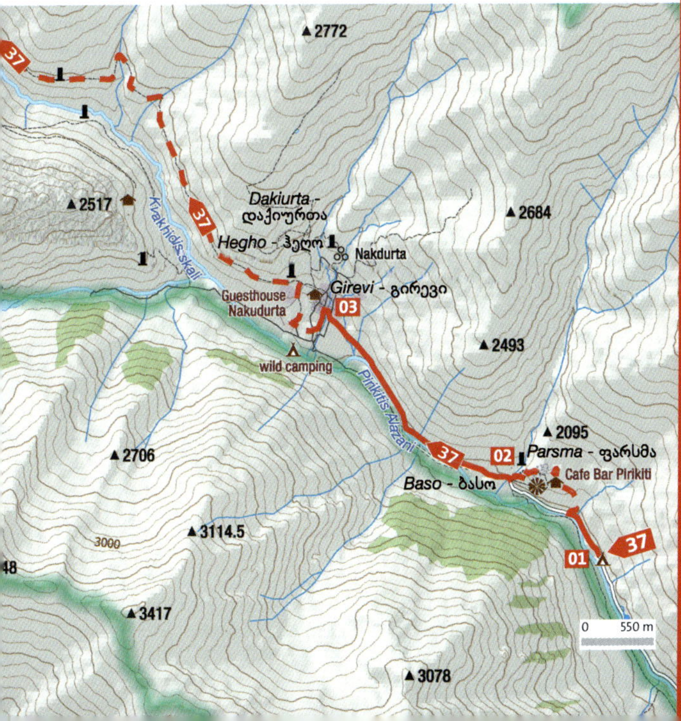

37
2772
2517
Kvakhidis-skali
37
Dakiurta - დაქიურთა
Hegho - ჰეღო
Nakdurta
2684
Guesthouse Nakudurta
Girevi - გირევი
03
wild camping
2493
Pirikitis Alazani
2706
2095
37
02
Parsma - ფარსმა
Cafe Bar Pirikiti
Baso - ბასო
3114.5
3000
37
01
48
3417
0 550 m
3078

OMALO – MUTSO – TAG 3 VON 4

Grenzgang zum Atsunta-Pass

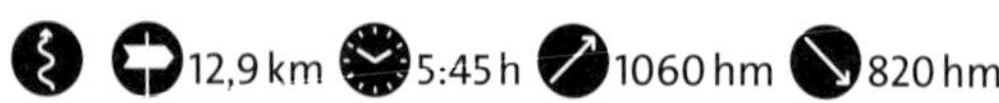

START | Naturzeltplatz am Kvakhidistskali-Fluss; Fortsetzung der Wanderung 37
Ziel: Naturzeltplatz etwas unterhalb eines Bergrückens.
Startkoordinaten: 42.502650 45.338513
CHARAKTER | Anstrengende Wanderung aufgrund der Höhenlage und des schweren Gepäcks für eine Mehrtagestour. Die Flussüberquerung bei Wegpunkt 03 ist am Nachmittag problematisch.

Der Luftsauerstoff und das häufigste Oxid, das Wasser, ermöglichen das Leben auf der Erde, erschwert aber auch die dritte Etappe. Warum? Der Tebulosmta-Gletscher produziert in den heißen Sommermonaten viel Schmelzwasser, was zu einem enormen Anstieg des Wasserspiegels führt, sodass der zu überquerende Fluss oft schon am frühen Nachmittag unpassierbar wird. Um dieses Problem zu umgehen, sollte die Flussüberquerung in die frühen Morgenstunden gelegt werden. Dann wird heute auch noch die Luft dünner. Sie setzt sich aus 78 % Stickstoff, zu 21 % Sauerstoff und zu 1 % Kohlendioxid zusammen und das in allen Höhen gleich. Mit zunehmender Höhe sinkt der Luftdruck ab und damit auch der Sauerstoffpartialdruck pO2. Mit anderen Worten: Am höchsten Punkt dieser Etappe, dem 3500 m hohen Atsunta-Pass, beträgt er nur noch 68 % des Wertes auf Meereshöhe, wir haben also 32 % weniger Sauerstoff im arteriellen Blut gelöst. Sauerstoff-

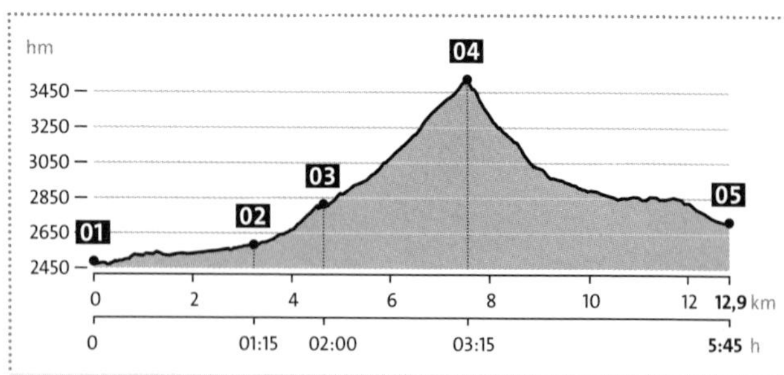

01 Kvakhidistskali Fluss, 2488 m; **02** Flussüberquerung, 2589 m; **03** Zeltplatz, 2801 m; **04** Atsunta Pass, 3510 m; **05** Aussichtspunkt, 2698 m;

Information für Mehrtagestour

Zusatzausrüstung: Isomatte, Schlafsack, Zelt, Kocher und Proviant für vier Tage.
Trinkwasserquelle: Bei km 6,3 ein Bach und bei km 9,3 auf der linken Seite des Weges eine Quelle.

mangel wirkt euphorisierend und einschläfernd, sodass die Symptome zwar deutlich vorhanden sind, aber vom Wanderer selbst jedoch nicht richtig wahrgenommen werden. Euphorisierend wirkt auch die gigantische Bergwelt am Atsunta-Pass: Im Süden erheben sich der 3783 m hohe Pirchitasgori und der 3840 m hohe Amgha, im Nordwesten der 5047 m hohe Kasbek und nordöstlich des Passes steigt der Gebirgskamm steil bis zum 4494 m hohen Tebulosmta an.

▶ Wir verlassen den Naturzeltplatz am **01 Kvakhidistskali Fluss (2488 m)** auf dem Pfad flussaufwärts. Spektakulär verengt sich die Schlucht immer mehr. Bei guter Sicht taucht am Horizont der Vorgipfel des Tebulosmta auf. Nach einem kurzen Auf und Ab führt der Pfad direkt am Fluss entlang. Wir passieren noch eine Ruine und erreichen dann die in der Einleitung zu dieser Tour beschriebene **02 Flussüberquerung (2589 m)**. Hier fließen zwei Bäche zusammen und bilden den Fluss, an dem wir bisher entlang gegangen sind. Ein Steinhaufen markiert die geeignetste Stelle zum Durchwaten. Bitte unbedingt im Kapitel „Gefahren beim Wandern - Georgien“ das Unterkapitel Flussüberquerungen lesen! Nachdem wir den Bach überquert haben, folgen wir dem Verlauf des zweiten Baches. Nachdem man zwei Bäche überquert hat, führt der Pfad am Zusammenfluss zweier weiterer Bäche halb rechts bergauf. Auf einem kleinen Grasplateau befindet sich ein weiterer schöner **03 Zeltplatz (2801 m)**. Nachdem

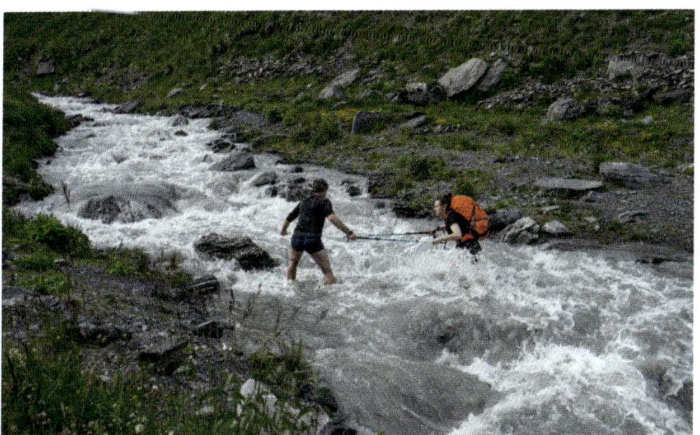

Die Überquerung des reißenden Flusses bei Wegpunkt 02.

wir die grüne Wiese hinter uns gelassen haben, führt ein gut erkennbarer Pfad über Schieferbruch zum **04 Atsunta Pass (3510 m)**. Hier überschreiten wir die historisch-geografische Grenze zwischen Tuschetien (Region Kachetien) und Chewsuretien (Region Mzcheta-Mtianeti). Hinter der nordwestlichen Passhöhe liegt meist bis in den August hinein eine riesige Schneewechte, die wir überqueren, um mit dem Abstieg zu beginnen. Über weitere Restschneefelder und loses Geröll führt ein ausgetretener Pfad zunächst im Zickzack, dann in langen Serpentinen hinab zu grünen Wiesen. An einem weiteren Naturzeltplatz und einer Quelle füllen wir unsere Wasservorräte auf und folgen dem weithin sichtbaren Pfad, der nun durch die linke Flanke der weiten Schlucht führt. Auf der Höhe von Rhododendren steigt er wieder an, bis wir einen breiten Rücken erreichen, über den wir gemächlich absteigen. Etwa 400 m hinter einem großen Steinhaufen verlassen wir den ausgetretenen Pfad auf dem Bergrücken nach rechts und suchen uns ein windgeschütztes Lager für die Nacht. An dieser Stelle bietet sich ein gigantischer **05 Aussichtspunkt (2698 m)** auf gleich drei meist schneebedeckte Viertausender.

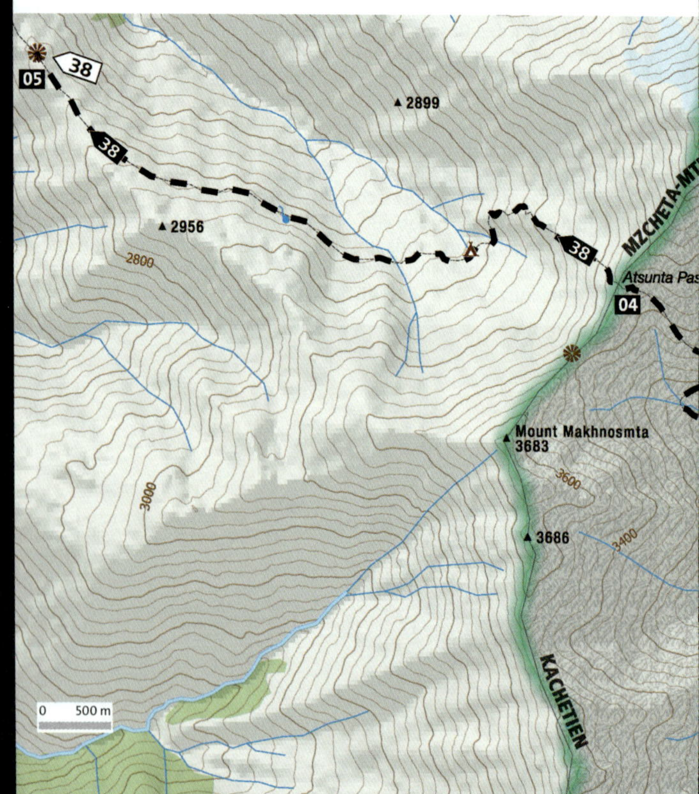

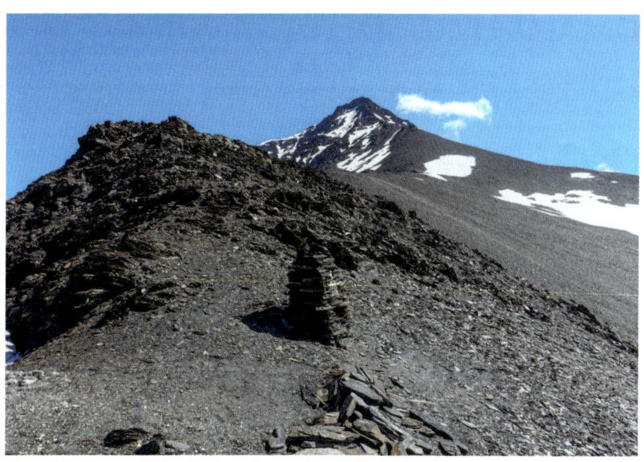

Eine Wüste aus Schieferbruch am Atsunta Pass.

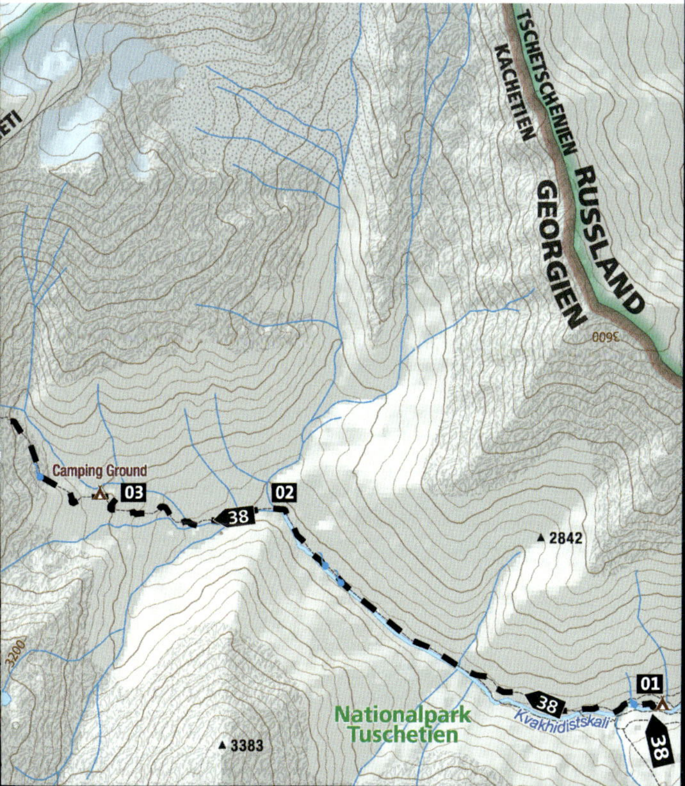

TSCHETSCHENIEN
KACHETIEN
RUSSLAND
GEORGIEN
3600
Camping Ground
03
02
38
▲ 2842
3200
01
38
Nationalpark Tuschetien
Kvakhidistskali
38
▲ 3383

OMALO – MUTSO – TAG 4 VON 4

Aussichtspunkt – Andakistskali – Ardoti – Mutso Festung

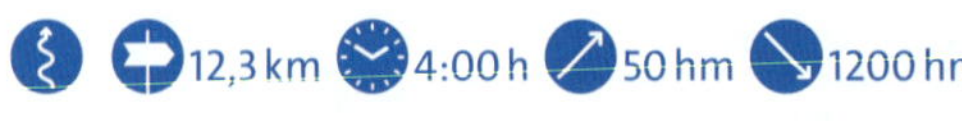

START | Naturzeltplatz etwas unterhalb eines Bergrückens; Fortsetzung der Wanderung 38
Ziel: Schotterpiste mit Abholung in Mutso (42.605517 45.206400). Taxi: Ein bereits vorbestelltes Taxi, zum Beispiel von Mutso nach Tiflis. Die Fahrt dauert etwa 5 Stunden. Der Preis beträgt 600 Gel (ca. 210 €, Stand August 2023, pro Fahrzeug und einfache Fahrt). Wer im Hotel Kepney übernachtet, kann bei Natia unter +995555715709 ein Taxi vorbestellen. Ein anderer zuverlässiger Fahrer ist Zura +995579901911, beide sprechen Englisch.
Startkoordinaten: 42.542556 45.224926
CHARAKTER | Die Orientierung beim Abstieg ist schwierig. Trotz des Gepäcks für eine Mehrtagestour eine leichte Wanderung, da es immer nur bergab geht.

Der Morgen beginnt bei schönem Wetter mit einer gigantischen Aussicht auf drei Viertausender: links der 4180 m hohe Maistismta, in der Mitte der 4081 m hohe Majstoj-Lam und rechts der 4449 m hohe Tebulosmta. Von hier aus beginnt der Abstieg durch eine einzigartige, artenreiche Wiesenlandschaft. Werden Wiesenblumen normalerweise bis zu 80 cm hoch, so sind sie hier bis zu 1,50 m hoch, ein absoluter Wahnsinn – wenn man den Weg findet. Die Etappe führt weiter durch die faszinierende Ardot-Schlucht mit

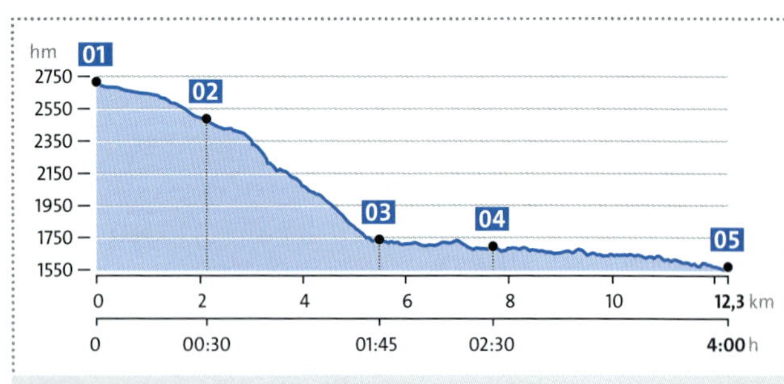

01 Aussichtspunkt, 2698 m; 02 Grenzpolizei, 2478 m; 03 Andakistskali, 1686 m; 04 Ardoti, 1668 m; 05 Mutso, 1561 m;

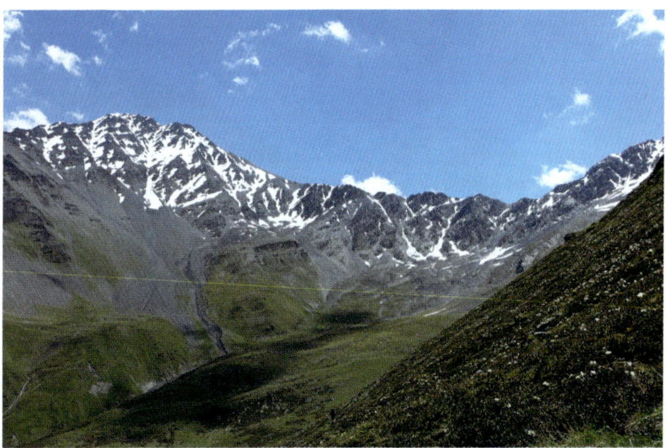

Die Aussicht vom Übernachtungscamp.

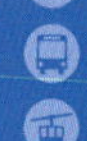

ihren hoch aufragenden Felswänden. Links oben auf dem Berg sieht man bald zwischen grünen Wiesen die schwarzen Ruinen von Ardoti. Im Dorf gibt es eine Kirche aus dem 19. Jahrhundert, das empfehlenswerte Ardoti Guesthouse, einen Wehrturm und ein Marienkreuz. Von hier aus wandern wir dann auf einer gut ausgebauten Piste. Links des Weges, kurz vor Mutso, trifft man auf Erdpyramiden, die durch kontinuierliche Erosion entstanden sind. Ein weiterer kultureller Höhepunkt ist Mutso, die älteste Siedlung und Festung Chewsuretiens. Strategisch günstig gelegen, hatte sie die Aufgabe, feindliche Eindringlinge aus dem Norden Georgiens abzuwehren. 1769 wurde sie beim Einfall von Iman Schamil, dem Anführer der muslimischen Bergvölker Dagestans und Tschetscheniens, niedergebrannt und zerstört. 1820 wurde Mutso endgültig aufgegeben.

▶ Unser Übernachtungscamp mit dem gigantischen 01 **Aussichtspunkt (2698 m)** verlassen wir nur wehmütig, kehren zum Pfad zurück und marschieren auf dem breiten Bergrücken weiter. Nach einem kurzen Anstieg sehen wir schon das umzäunte Gebäude der 02 **Grenzpolizei (2478 m)**, wo unser „Permit“ kontrolliert wird. Wir gehen links um das Gebäude herum und auf die

Information für Mehrtagestour

Zusatzausrüstung: Isomatte, Schlafsack, Zelt, Kocher und Proviant für vier Tage.
Übernachtungsempfehlungen: Bei km 7,7 das Ardoti Guesthouse in Ardoti Tel.: +995 591 93 75 06. 11 km entfernt von Mutso in Schatili gibt es zahlreiche Unterkünfte.
Trinkwasserquelle: Bei km 10,3 mit Steinen befestigter Brunnen.

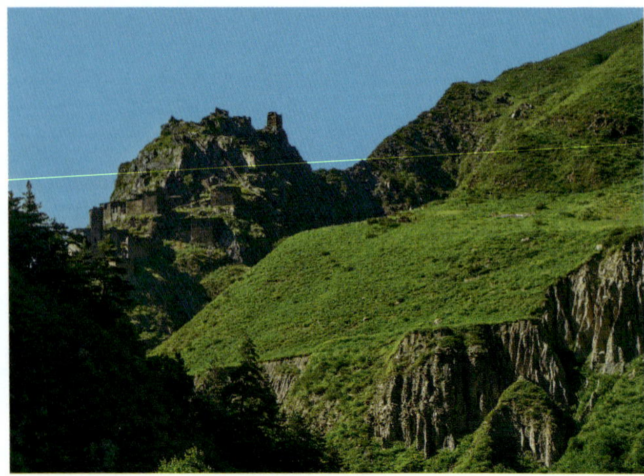

Die ehemalige Festung von Mutso.

linke Seite eines Hügels zu, der sich vor uns erhebt. Im Gras ist der Weg nur schwer zu erkennen. Im Idealfall hat man den GPS-Track zur Hand. Hat man den Trampelpfad in den Wiesen gefunden, führt er zunächst eine längere Strecke am Hang entlang, um dann in langen Serpentinen durch einen lichten Birkenwald bergab zu führen. Besonders zu Beginn der Blütezeit ist der Weg sehr schwer zu finden. Eine meist versteckte Gefahr ist hier der frische und sehr rutschige Pferdemist! Nach einigen Ruinen erreichen wir den Talgrund am Fluss 03 **Andakistskali (1686 m)**. Auf einer Brücke überqueren wir den Fluss. Ich zögere ein wenig, das Wort Brücke für dieses Klappergerüst zu verwenden! Nach 500 Metern müssen wir einen Bach durchwaten. Dann beginnt eine Piste und wir überqueren noch zwei weitere Brücken, bis wir hinter einem weiteren Campingplatz links oben auf dem Berg das Dorf 04 **Ardoti (1668 m)** sehen. Ein weiterer Bach wird überquert. Nun geht es auf einem bequemen Weg durch die faszinierende Ardot-Schlucht. Auf halbem Weg nach Mutso befindet sich links des Weges eine Quelle mit köstlich schmeckendem Wasser. Links des Weges und auch kurz vor Mutso trifft man auf Erdpyramiden, die durch kontinuierliche Auswaschung und Erosion entstanden sind. In 05 **Mutso (1561 m)** erwartet uns der bereits gebuchte Fahrer.

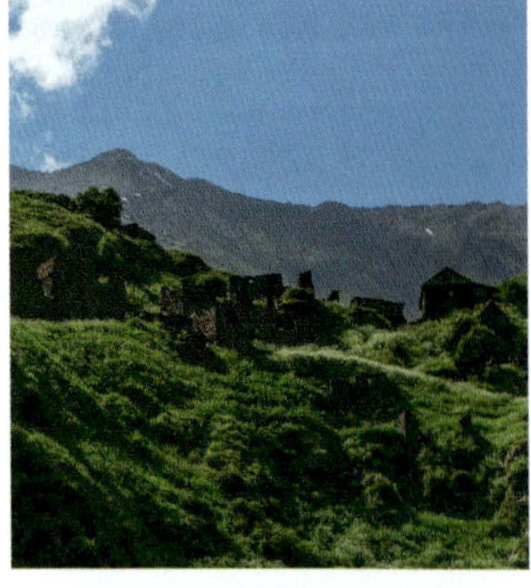

Das Ruinendorf Ardoti.

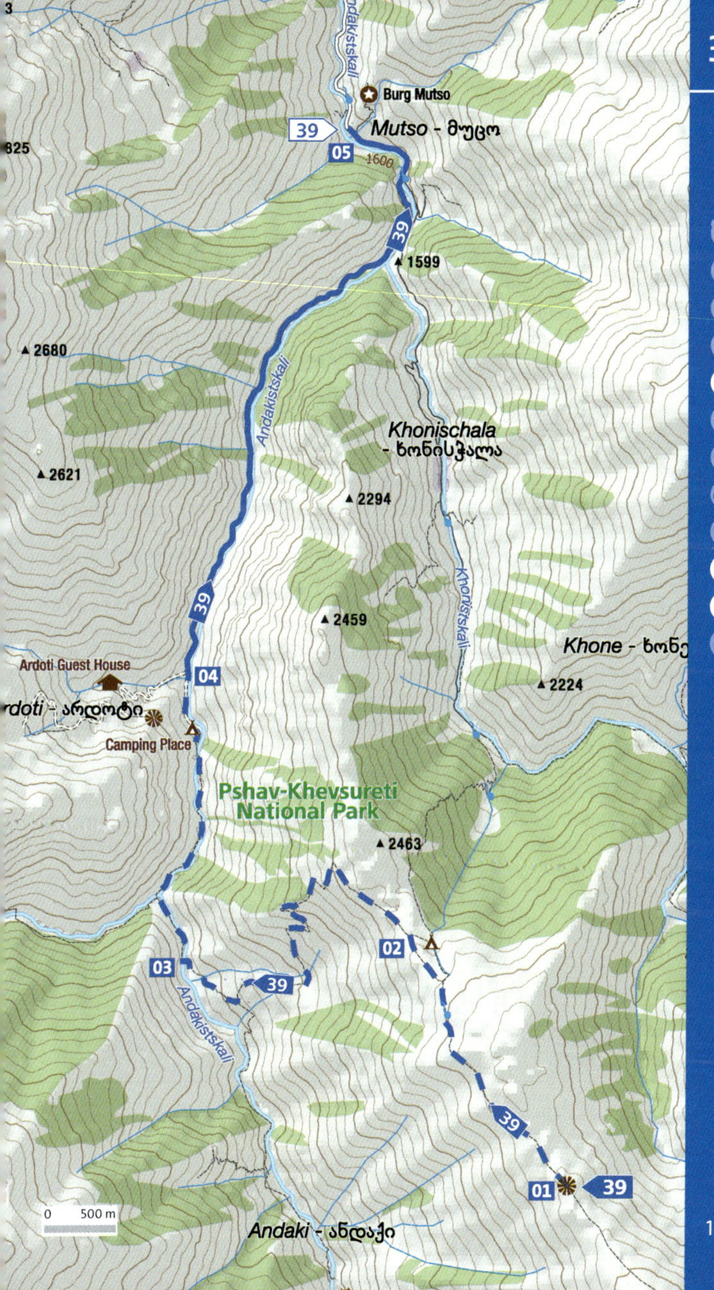
Andakistskali
Burg Mutso
39
Mutso - მუცო
05
1600
39
1599
2680
Andakistskali
Khonischala
- ხონისჭალა
2621
2294
Khonistskali
39
2459
Khone - ხონე
Ardoti Guest House
04
2224
rdoti - არდოტი
Camping Place
Pshav-Khevsureti
National Park
2463
02
03
39
Andakistskali
39
01
39
0 500 m
Andaki - ანდაკი

KLOSTER NEKRESI

Die älteste noch erhaltene Kirche Georgiens

 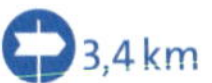 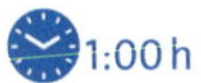 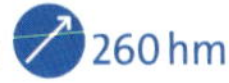 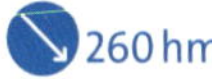

START | 126 km nordöstlich von Tiflis. Großer gebührenfreier Parkplatz unterhalb des Klosterkomplexes.
Startkoordinaten: 41.972011 45.760017
CHARAKTER | Einfache Wanderung ohne besondere Anforderungen. Teilweise ist die Straße sehr steil. Variante: Vom Parkplatz fährt ein Pendelbus zum Klosterkomplex.

Nekresi liegt auf einem bewaldeten Bergrücken an den südlichen Ausläufern des Großen Kaukasus. Die Gründung des Klosters geht auf das 4. Jahrhundert zurück. Mitte des 6. Jahrhunderts ließ sich Abibos von Nekressi, einer der „13 Syrischen Väter", hier nieder, um das Christentum zu verbreiten und zu etablieren. Heute ehrt ihn die georgisch-orthodoxe Kirche für seine damalige Missionstätigkeit. So steht am Parkplatz zu Beginn der Wanderung ein Gedenkstein zu seinen Ehren und auch die Kapelle bei Wegpunkt 02 ist ihm gewidmet. Nach einem kurzen Anstieg erreichen wir einen schönen Aussichtspunkt über das Alasani-Becken, eine der fruchtbarsten Ebenen Georgiens und Zentrum des Weinanbaus. Die Klosteranlage von Nekresi besteht dann aus der ältesten erhaltenen Kirche Georgiens (4. Jh.), der Dreikirchenbasilika (6.-7. Jh.) der Geburt der Jungfrau Maria, der Erzengelkirche mit Kuppel (8.-9. Jh.), der Kirche des Heiligen St. Georg (17.-18. Jh.), der Bischofskammer, einem Keller, einem Turm, einem Refektorium und kleinen Kapellen, den Unterkünf-

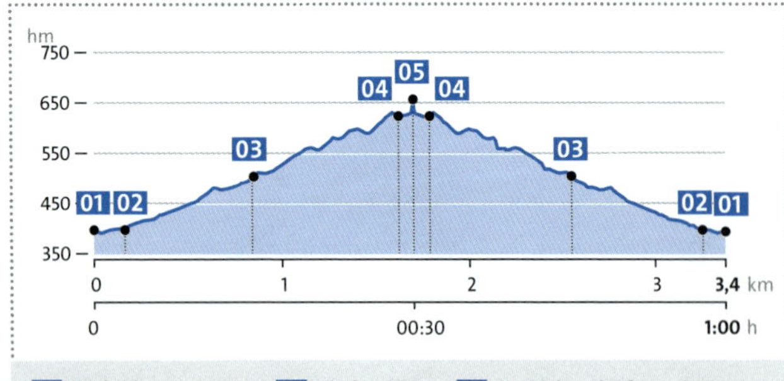

01 Gedenkstein, 396 m; 02 Kirche, 393 m; 03 Aussichtsplatform, 507 m; 04 Erzengelkirche, 636 m; 05 Kloster Nekresi, 652 m;

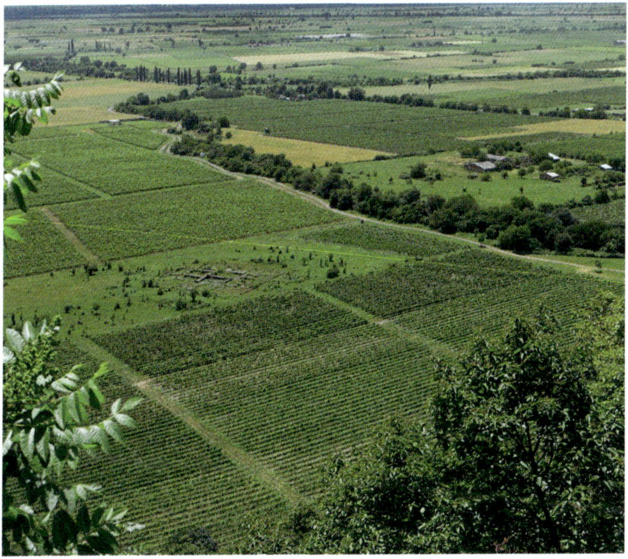

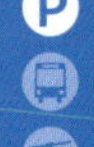

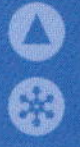

Das Alasani-Becken, eine der fruchtbarsten Ebenen Georgiens.

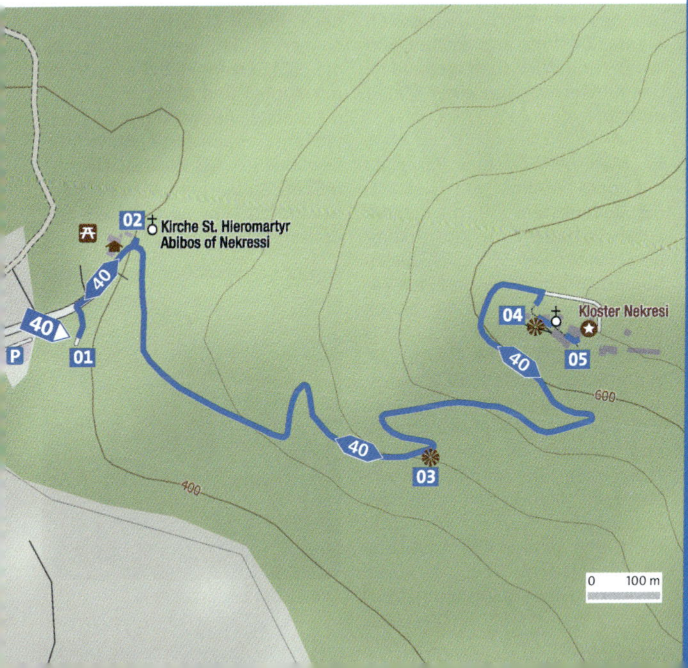

02 Kirche St. Hieromartyr Abibos of Nekressi
40
01
P
40
03
600
400
04
Kloster Nekresi
05
0 100 m

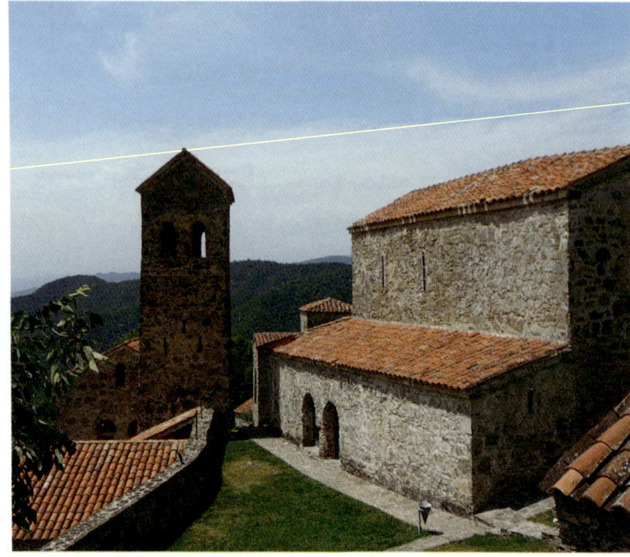

Die Basilika der Geburt der Jungfrau Maria im Kloster Nekresi.

ten des georgisch-orthodoxen Männerklosters und Resten von Wohn- und Wirtschaftsgebäuden. Das Kloster war von einer Mauer umgeben.

▶ Man verlässt den Parkplatz mit dem Abibos von Nekressi **01 Gedenkstein (396 m)** auf der Zufahrtsstraße zum Klosterkomplex. Hinter der Schranke dürfen nur Privatfahrzeuge und der Zubringerbus fahren. In der ersten Rechtskurve gehen wir geradeaus weiter zur **02 Kirche (393 m)** „St. Hieromartyr Abibos of Nekressi". Nach dem Abstecher kehren wir auf den Hauptweg zurück und beginnen mit dem Aufstieg. Je nachdem, wie schnell man aufsteigt, von kommt Zeit zu Zeit der Zubringerbus vorbei. Wir erreichen eine schöne **03 Aussichtsplatform (507 m)** über das Alasani-Becken. In Serpentinen geht es noch einmal steil bergauf. Nach einigen Stufen liegt halb rechts die **04 Erzengelkirche (636 m)** mit Kuppel und davor ein weiterer schöner Aussichtspunkt. Über weitere Treppen erreichen wir die Gebäude des **05 Klosters Nekresi (652 m)**. Zurück geht er es auf dem bekannten Hinweg zum **01 Gedenkstein (396 m)**.

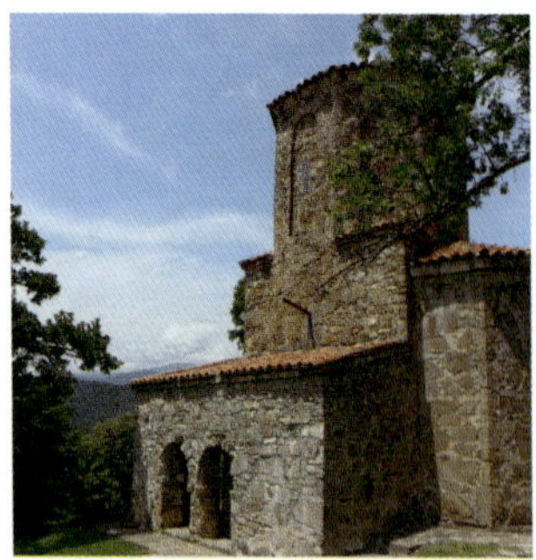

Die Kirche der Erzengel .

NINOSKHEVI WASSERFALL

Einer der schönsten Wasserfälle Georgiens

  13,1 km  4:15 h 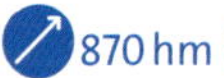 870 hm 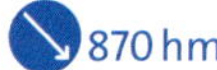 870 hm

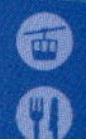
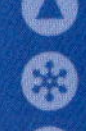
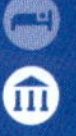

START | 154 km nordöstlich von Tiflis. Am Ende der Asphaltstraße führt halb links noch eine Piste weiter, dort gibt es Parkplätze vor den Hotels und auch der „Ranger Station".
Startkoordinaten: 41.872884 46.239334
CHARAKTER | Keine besonderen technischen Anforderungen, aber eine lange und anstrengende Wanderung durch einen Wald mit hoher Luftfeuchtigkeit.

Der Lagodekhi-Nationalpark wurde 1912 gegründet und ist der älteste seiner Art in Georgien. Die Wanderung führt durch dieses Reservat mit seinem unberührten Primärwald, einem der 36 Biodiversitätshotspots weltweit. Biodiversität umfasst: (1), die Vielfalt der Ökosysteme (dazu gehören Lebensgemeinschaften, Lebensräume und Landschaften), (2), Vielfalt der Arten und (3), die genetische Vielfalt innerhalb der Arten. Die Artenvielfalt wird durch die Anzahl der vorkommenden Arten pro Flächeneinheit gemessen. Je mehr Arten pro Fläche vorkommen, desto höher ist die Biodiversität. Der Star der Tour ist der atemberaubende Ninoskhevi-Wasserfall. Umgeben von sattgrünem Urwald stürzt das Weißwasser über 38 Meter in ein Tosbecken. Von dort fließt das Wasser in eine große, einige Meter tiefer gelegene Gumpe, die bei geringer Strömung an heißen Sommertagen zum Baden einlädt.

▶ Hinter der Schranke melden wir uns beim Ranger 01 **Lagodek-**

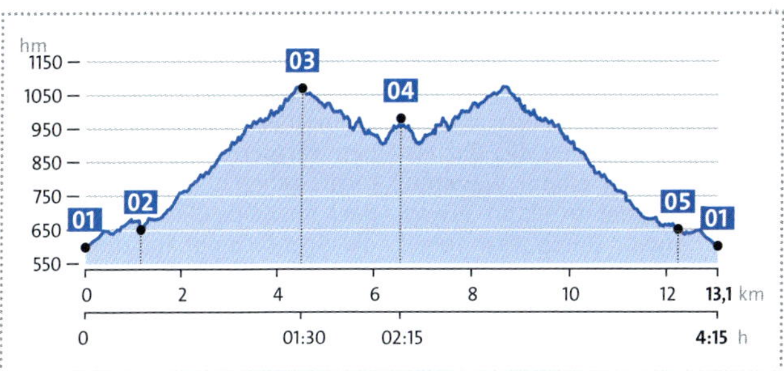

01 Lagodekhi, 599 m; 02 Bach, 647 m; 03 Sattel, 1061 m; 04 Ninoskhevi Wasserfall, 914 m; 05 Brücke, 639 m;

hi (599 m). Gleich dahinter gabelt sich der Weg, eine Piste führt halb rechts weiter, wir nehmen den Pfad halb links. Den nächsten halb rechts abbiegenden Pfad lassen wir aus, ebenso den zweiten, der in eine Senke hinunter zu einem Zeltplatz und einer Wasserstelle führt, die wir auf dem Rückweg erreichen. Der Pfad endet vor einem steilen Abstieg, hier steigen wir zum **02 Bach (647 m)** ab, den wir durchwaten.

Ein kurzes Stück ist kein Weg zu erkennen, wir gehen quer zum Bach durch den Wald und treffen auf einen mit Steinen eingefassten Wanderweg, dem wir nun nach links folgen. Ab hier ist der Pfad blau-weiß-blau markiert. Bei km 1,5 und km 1,7 zweigt halb links ein unscheinbarer Pfad ab, ein alter Weg, den wir ignorieren. Durch die sehr vielen Serpentinen – auf denen man mehr geht (beschäftigt wird) als tatsächlich Höhenmeter macht – gibt es immer wieder die Möglichkeit, steil bergauf abzukürzen, was ich auch sehr empfehle! Trotzdem erreichen wir beim **03 Sattel (1061 m)** den höchsten Punkt der Wanderung.

Die Angaben auf dem gelben Wegweiser in Richtung Ninoskhevi-Wasserfall sind so was von falsch. Neben dem Vogelgezwitscher ist auch immer wieder das Rauschen des Baches zu hören. Nach einem weiteren Wegweiser geht es dann etwas steiler bergab. Durch den sonst sehr dichten Wald kann man die umliegenden Berge sehen. Wir wandern in eine sich verengende Schlucht, an deren Ende sich der **04 Ninoskhevi Wasserfall (914 m)** befindet. Fast die ganze Strecke dieser Wanderung gehen wir auf

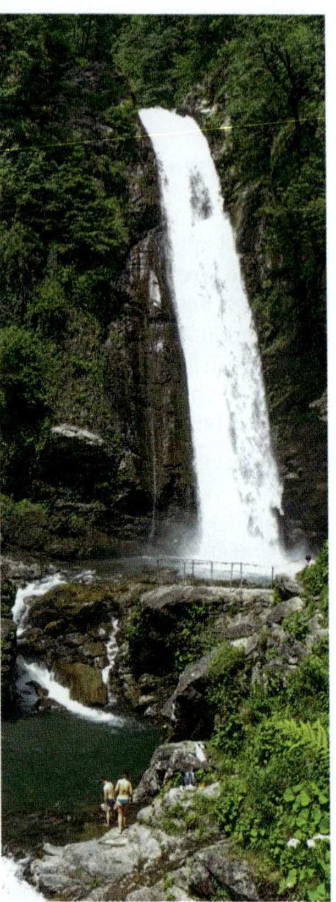

Der atemberaubende Ninoskhevi-Wasserfall.

dem bekannten Hinweg zurück. Dann ist der weitere Weg mit Steinen versperrt, wir müssen halb rechts gehen und überqueren den Bach über eine **05 Brücke (639 m)**, die eigentlich nur aus zusammengebundenen Baumstämmen besteht. Danach erreichen wir den Campingplatz und die Quelle, die wir auf dem Hinweg gesehen haben und gehen auf dem bekannten Hinweg zurück zum Start- und Zielpunkt **01 Lagodekhi (599 m)**.

Hinweise & Variante

Hinweis I: Am Startpunkt muss man sich beim „Ranger" mit Name und Adresse registrieren.
Hinweis II: Der Weg wurde stellenweise neu angelegt und führt nun in unverhältnismäßig langen Kehren ohne nennenswerten Höhengewinn. Das ist etwas ärgerlich.
Variante: Bei km 1,5 und auch bei km 1,7 zweigen unscheinbare Pfade halb links ab. Hier verlief früher die alte Route direkt am Bach entlang. Sie ist technisch wesentlich schwieriger und man muss immer wieder den Weg suchen. Mehrmals muss der Bach überquert werden. Wer das Abenteuer sucht, ist auf dieser Route gut aufgehoben, ansonsten empfehle ich die hier beschriebene Route.
Zusatzausrüstung: Watschuhe.

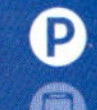
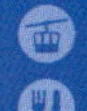
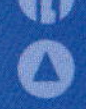

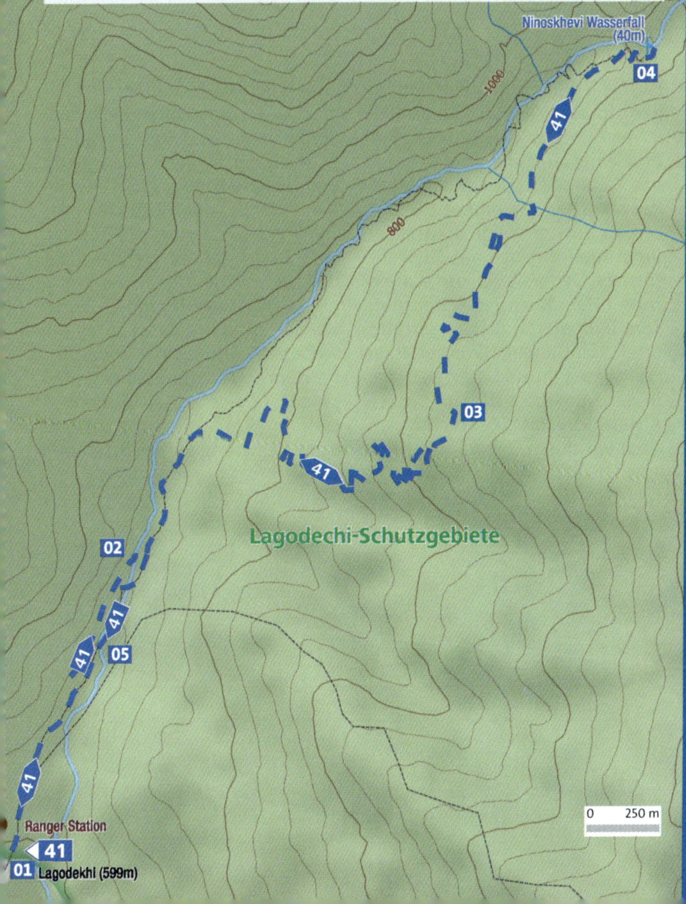

Ninoskhevi Wasserfall (40m)
04
03
02
05
Lagodechi-Schutzgebiete
Ranger Station
41
01 Lagodekhi (599m)
0 250 m

42

DAS KULTURERBE VON SIGHNAGHI

Die schönste Kleinstadt Georgiens

 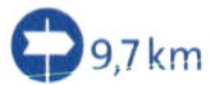 9,7 km  3:45 h 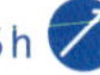 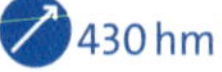 430 hm 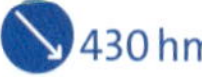 430 hm

START | Sighnaghi; 109 km östlich von Tiflis. In die Sackgasse gegenüber dem Quellbrunnen einbiegen, dort gibt es viele gebührenfreie Parkplätze. ÖPNV: Marschrutkas von Tiflis. Startkoordinaten: 41.617587 45.920865
CHARAKTER | Leichte Wanderung, die stellenweise einen guten Orientierungssinn erfordert.

Die Besiedlung von Sighnaghi begann im Jahr 1762, als König Erekle II. von Georgien den Bau der Stadt und einer Festung förderte, um das Gebiet vor Überfällen nordkaukasischer Stämme zu schützen. Es entstand eine 4 km lange Befestigungsanlage mit 28 Wehrtürmen. Der erste Teil der Wanderung führt durch eines der alten Tore und weiter auf der restaurierten Stadtmauer. Dann verlassen wir Sighnaghi und steigen hinab in das fruchtbare Alasani-Becken. Abseits der Touristenpfade wandern wir durch unberührte Natur und zahlreiche Granatapfelbäume. Ein weiterer kultureller Höhepunkt ist die St. Nino Quelle. Sie ist nach der heiligen Missionarin und Heilerin Nino benannt. Wenn man durch das Gittertor des Quellhauses schaut, sieht man, dass es sich um ein Heilbad handelt, dem viele Wunder und magische Heilungen zugeschrieben werden. Weiter geht es zu einem weiteren kulturellen Höhepunkt, dem im 9. Jahrhundert erbauten „Monastery of St. Nino at Bodbe". Im Jahr 1924 schloss die sowjetische Regierung das Kloster und

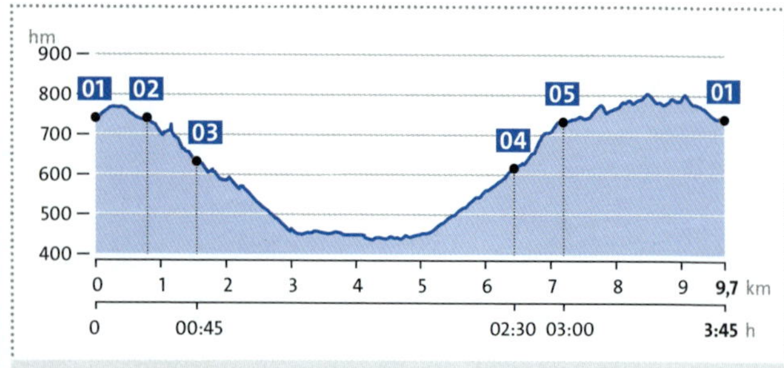

01 Sighnaghi, 756 m; 02 Festungsmauer, 746 m; 03 Schlüsselstelle, 639 m; 04 Ninos Heilige Quelle, 594 m; 05 Bodbe Kloster, 725 m;

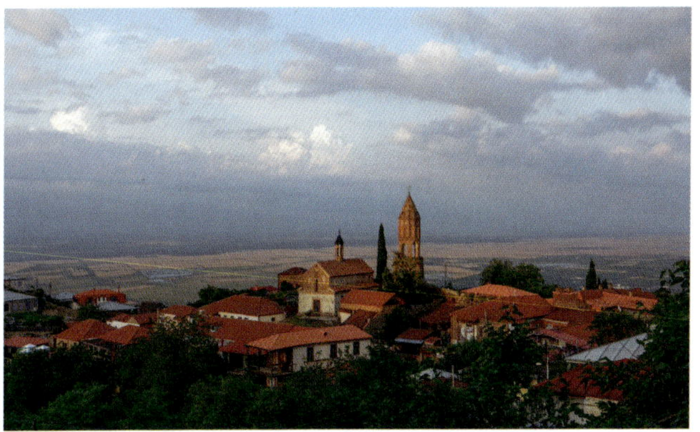

Die schönste Kleinstadt Georgiens ist wohl Sighnaghi.

wandelte es in ein Krankenhaus um. 1991, nach dem Zerfall der Sowjetunion, wurde das Kloster Bodbe wieder als Kloster genutzt. Bis heute wurden umfangreiche Restaurierungsarbeiten durchgeführt. Unter der Kirche mit dem frei stehenden Glockenturm befindet sich das Grab der Heiligen Nino. Neben einem Zypressengarten, der das Kloster umgibt, bietet sich ein unvergesslicher Blick auf den Kaukasus.

Vom Parkplatz in 01 **Sighnaghi (756 m)** gehen wir zurück bis zur Durchgangsstraße und biegen vor dem großen Brunnen links ab. Hier gabelt sich die Straße, wir gehen halb rechts auf der Straße bergauf. Hinter dem großen Platz gelangen wir in den Park, rechts oberhalb der Mauer befindet sich das „Sighnagi National Museum". Wir erreichen wieder die Durchgangsstraße und nehmen an der Gabelung den Feldsteinweg ganz rechts. Wir gehen weiter durch das Tor und an zahlreichen Souvenirläden vorbei. An der nächsten Straßengabelung gehen wir nur wenige Meter halb links, um bei der nächsten Möglichkeit sofort halb rechts in den Feldsteinweg abzubiegen.

Noch vor dem Restaurant steigen wir die Treppe hinauf und gehen direkt auf der 02 **Festungsmauer (746 m)** bis zu ihrem Ende. Hinter der Treppe gehen wir scharf links durch das Tor in der Stadtmauer und dann nach ca. 120 m scharf links auf einem schwer erkenn-

Informationen

Öffnungszeiten Sighnaghi Nationalmuseum von 10:00–17:00 Uhr.
Kloster Bodbe von 10:00–18:30 Uhr.
Einkehrempfehlung: Das Terrace Panorama Restaurant. Der Name ist Programm und die georgische Küche ist sehr gut. Zur Google-Navigation: `41.621769 45.921698`.

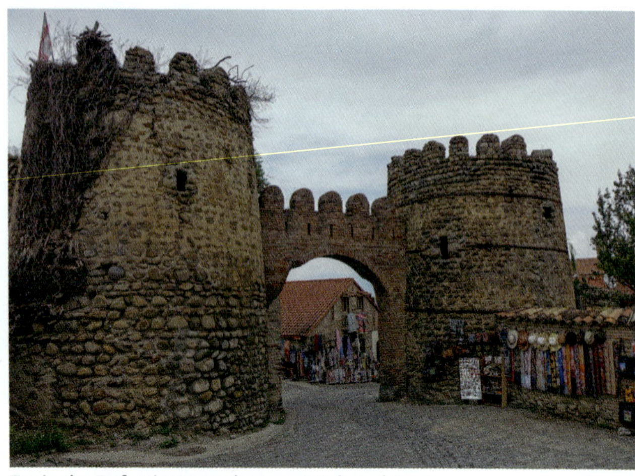

Tor in der Befestigungsanlage von Sighnaghi.

baren Pfad durch hohes Gras. Teilweise ragen Äste in den Weg, die aber leicht zur Seite gebogen werden können. Nach einem kleinen Waldstück erreicht man dann die 03 **Schlüsselstelle (639 m)** mit zwei senkrechten Betonpfeilern. Hier geht es nicht geradeaus auf dem ausgetretenen Pfad weiter, sondern links über die kleine Lichtung in den Wald hinein, wo dann wieder ein Pfad sichtbar wird. Auf einem schon lange nicht mehr benutzten Fahrweg geht es durch niedrigen Wald mit vielen kleinen Sträuchern bergab.

Drei nach rechts abzweigende Wege ignorieren wir und gehen an der nächsten Weggabelung halb rechts und dort, wo der Weg vor einer Schotterpiste endet, rechts. Nach einer längeren Strecke folgen wir dem Straßenverlauf und biegen halb links ab nach einer Brücke mit schwarz-weißer Abgrenzung und vor einem Verkehrsschild „Ende 50 km/h" nach rechts ab. Die erste und zweite (bei einem Kreuz) Abzweigung nach rechts ignorieren wir. Im Frühjahr blühen die Granatapfelbäume rechts und links des Weges rot. An einer Gabelung wählen wir den halb linken Arm, bis dieser an einer Straße endet. Rechts bergauf, am Stoppschild halb links, erreichen wir 04 **Ninos Heilige Quelle (594 m)**.

Hinter dem Parkplatz folgt noch ein kurzer Waldweg, bevor man rechts über zahlreiche Treppen vor die hohe Steinmauer des Klosters gelangt. Links an der Mauer entlang gelangt man zum Haupteingang des 05 **Klosters Bodbe (725 m)**. Auf der Zufahrtsstraße verlässt man das Kloster, nach wenigen Metern mündet diese in eine weitere Straße, an der nächsten Gabelung nimmt man die halb linke Straße, bis diese in die Durchgangsstraße mündet.

Dieser folgt man bis zum Brunnen und erreicht in der gegenüberliegenden Sackgasse den Start- und Zielpunkt 01 **Sighnaghi (756 m)**.

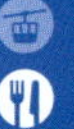
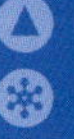

Mashnaari - მაშნაარი

42

03

400

Gate of the city wall

avnis Kari

02

race Panorama Restaurant

შ175

Guest house Shota

შ175

42

Museum observation point

Signagi museum

P

SIGNAGHI

სიღნაღი

42

01

St. Tamar

600

42

Host of Signagi

Zip line

AMO

Kanudosi Guest House

შ177

42

04

Ninos Heilige Quelle

წმ.ზაბილონისა და სუსანას ეკლესია

800

შ40

P

Kloster Bodbe

05

Kedeli - ქედელი

Living Roots Ranch

Lost Ridge Inn

0 250 m

ბოდბის (ზემო ბოდბის) "წმ. მარიამის" ეკლესია (დედა ღვთისმშობელი)

NATURDENKMAL ADLERSCHLUCHT

Adlerschlucht im Waschlowani-Nationalpark

 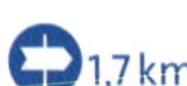 1,7 km 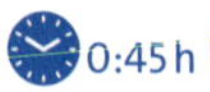 0:45 h 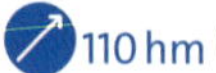 110 hm 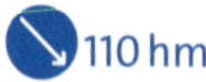 110 hm

START | 130 km östlich von Tiflis. Am Ende der Straße befindet sich ein Parkplatz.
Startkoordinaten: 41.486414 46.093948
CHARAKTER | Leichter Spaziergang.

Die bizarren Felsformationen der Adlerschlucht gehören zu den schönsten Landschaften Georgiens. Durch Erosion sind einzigartige Verwitterungsformen entstanden, die sich bis zu 150 m über die Schlucht erheben. Besonders abends zur blauen Stunde erstrahlen die Felsen im letzten Tageslicht in beeindruckenden Farben. Die Hauptattraktion sind jedoch Greifvögel wie der Östliche Kaiseradler, der Schmutzgeier und der Gänsegeier. Sie alle stehen auf der Roten Liste Georgiens und der Weltnaturschutzunion (IUCN). Mit bloßem Auge kann man sie manchmal zu Dutzenden über der Schlucht kreisen sehen. Die riesigen Vögel finden in den Felsnischen der Schlucht ideale Nistplätze. Fragen Sie unbedingt die örtlichen „Ranger“, in welcher Felsnische welcher Vogel gerade

Google Maps

Achtung! Aus Richtung Tiflis kommend leitet Google Maps einen über eine für normale Pkw nicht befahrbare Piste. Bitte erst im Ort Khornabuji Google Maps folgen.

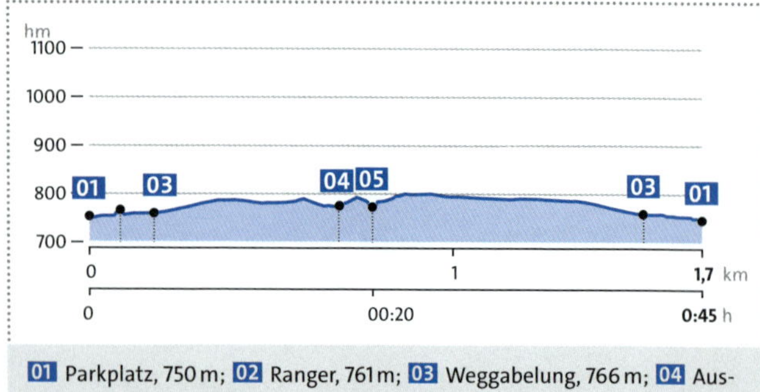

01 Parkplatz, 750 m; 02 Ranger, 761 m; 03 Weggabelung, 766 m; 04 Aussichtspunkt, 810 m; 05 Aussichtspunkt, 811 m;

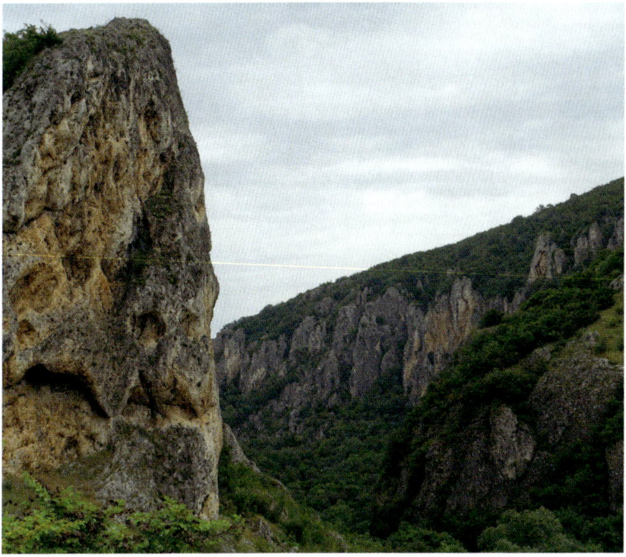

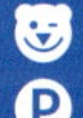
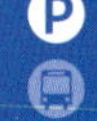

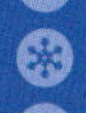

Naturimpressionen der Adlerschlucht.

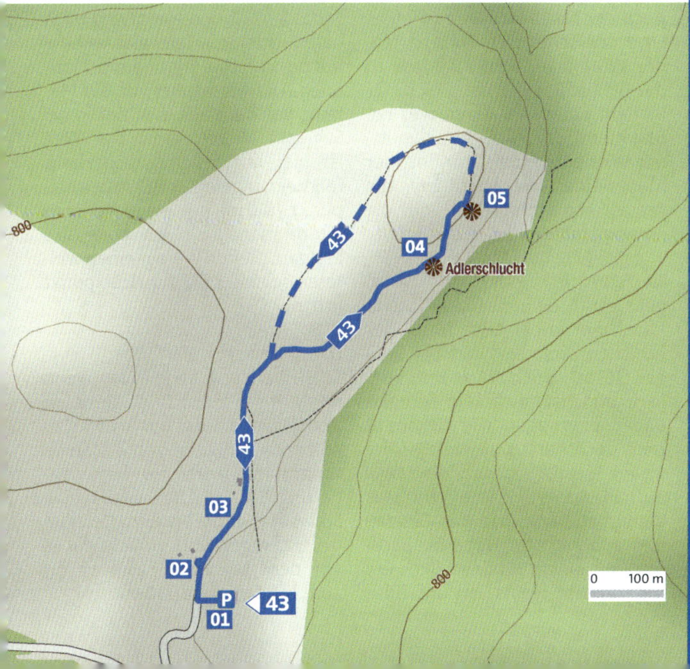

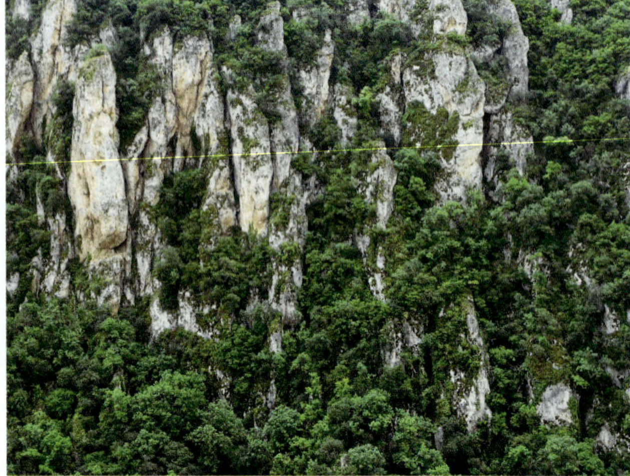

Naturimpressionen der Adlerschlucht.

nistet. Weitere Vogelarten sind Silberreiher, Seidenreiher, Kraniche und der seltene Schwarzstorch. Auch der Fasan ist hier zu Hause. Eine der seltensten Falkenarten, der Würgfalke, wird ebenfalls in der Schlucht gesichtet. Auch der Bienenfresser, die Blauracke, die Blaumerle, der Pirol, der Stieglitz, der Wiedehopf, der Grünfink, der Mauerläufer, die Nachtigall, die Amsel, die Kohlmeise und die Singdrossel sind hier anzutreffen.

▶ Vom 01 **Parkplatz (750 m)** geht es an dem rustikalen Steinhäuschen vorbei zum Haus des örtlichen „Rangers". Der 02 **Ranger (761 m)** spricht zwar kein Englisch und hat auch kein Fernglas dabei, aber irgendwie bekommt man doch heraus, in welcher der vielen Felsnischen sich die Vögel aufhalten. Wenn man ein Fernglas dabei hat, kann man das Geschehen aus nächster Nähe beobachten. Mit einem schönen Blick auf die Schlucht rechts von uns führt der angelegte Wanderweg entlang eines Holzzaunes leicht bergauf. Bei einer 03 **Weggabelung (766 m)** verlassen wir den Hauptweg nach halb rechts. Eine Tafel gibt weitere nützliche Hintergrundinformationen. Der Pfad führt auf ein Plateau, von dem aus man tief in die Schlucht blicken kann. Der Weg ist hier mit Seilen gesichert. Es folgt ein angelegter 04 **Aussichtspunkt (810 m)** mit einer weiteren Informationstafel. Am Ende des Plateaus treffen wir auf einen weiteren schönen 05 **Aussichtspunkt (811 m)**.

Dann macht der Pfad eine 180-°-Wendung. Im Frühjahr, wenn die Natur in voller Blüte steht, ist der folgende Weg nur schwer zu erkennen. Einige hölzerne Markierungspfähle helfen bei der Orientierung. Bald wird aber wieder eine Spur sichtbar, die bis zum Holzzaun des Hinweges führt, zurück geht es auf dem bekannten Hinweg bis zum 01 **Parkplatz (750 m)**.

DALI GEBIRGE – TAKHTI TEPHA

Abenteuer für Abenteurer

 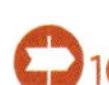 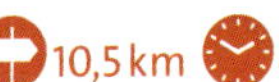 10,5 km 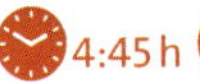 4:45 h  300 hm  300 hm

START | 167 km südwestlich von Tiflis. Achtung! Ab Dedopliszqaro beginnt eine 36 km lange Schotterpiste (bereits in den 167 km mit enthalten), die nur mit Allradfahrzeugen befahrbar ist. Nach dem Überqueren des Stausees parken wir nach weiteren 700 m (hinter einem länglichen Gebäude) am Rand der Piste.
Startkoordinaten: 41.270055 45.882342
CHARAKTER | Grundvoraussetzung für diese Tour sind Erfahrung und Kenntnisse bei im Orientieren in fast weglosem Gelände anhand von Landschaftsmerkmalen.

Der Waschlowani-Nationalpark wurde 1935 gegründet und umfasst die Adlerschlucht, das Alasani-Becken und die Takhti Tepha Schlammvulkane. Dabei handelt es sich um einzelne, bis zu 50 cm hohe Erhebungen in Form von Minivulkanen, aus denen in mehr oder weniger regelmäßigen Abständen wassergesättigter Schlamm oft in Verbindung mit Methan austritt. Sie sollen seit etwa 2 Millionen Jahren aktiv sein. Das habe ich gelesen, glaube es aber nicht, denn in der Nähe der Vulkane findet man auch dünnflüssiges, tiefschwarzes Erdöl. In einigen Fällen sind Schlammvulkane auch durch Bohrungen bei der Erkundung oder Förderung von Erdölvorkommen entstanden. Natürlich kann der geübte „Offroad"-Fahrer auch direkt bis zu den Schlammvulkanen vorfahren. Aber die einzigartige Land-

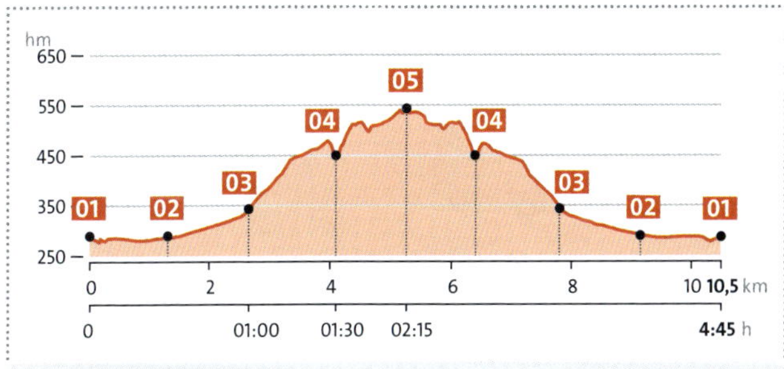

01 Bach, 299 m; 02 Weglos, 287 m; 03 Kamm, 339 m; 04 Bach, 444 m; 05 Takhti Tepha, 554 m;

Hinweise

Die Wanderung lässt sich das ganze Jahr über gut gehen, in den Sommermonaten kann es allerdings sehr heiß werden (über 40 °C). Zur Unterstützung der Wegfindung ist die Verwendung des heruntergeladenen GPS-Tracks sehr hilfreich!
Bitte vor dem Besuch des Nationalparks im Verwaltungs- und Besucherzentrum „Vashlovani Protected Areas Administration" in Dedopliszqaro anmelden. Öffnungszeiten: 09:00–18:00 Uhr. Zur Google-Navigation: `41.462604 46.103568`.

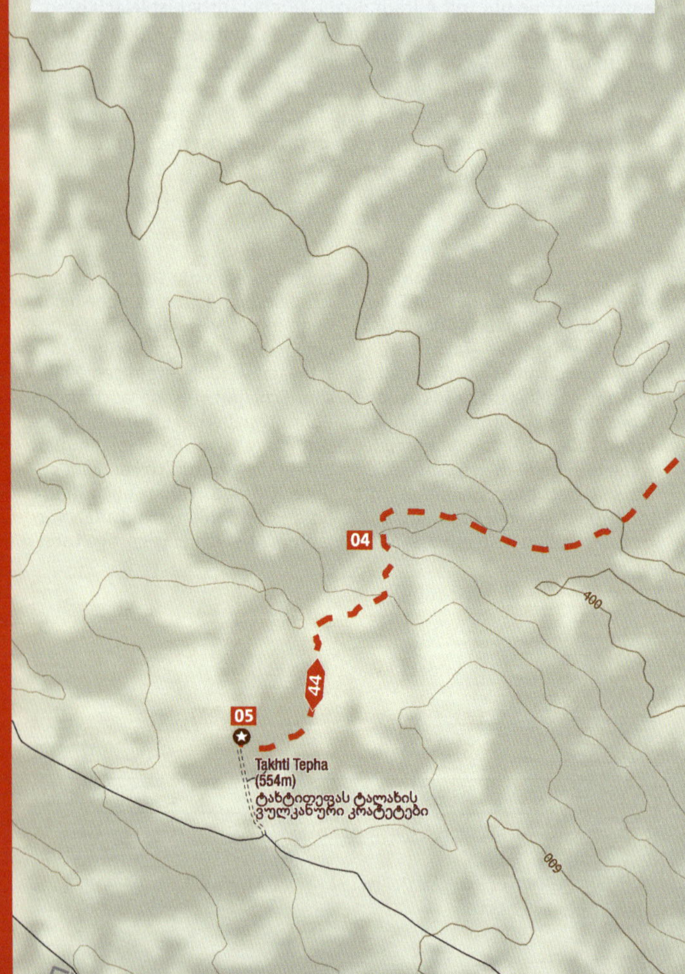

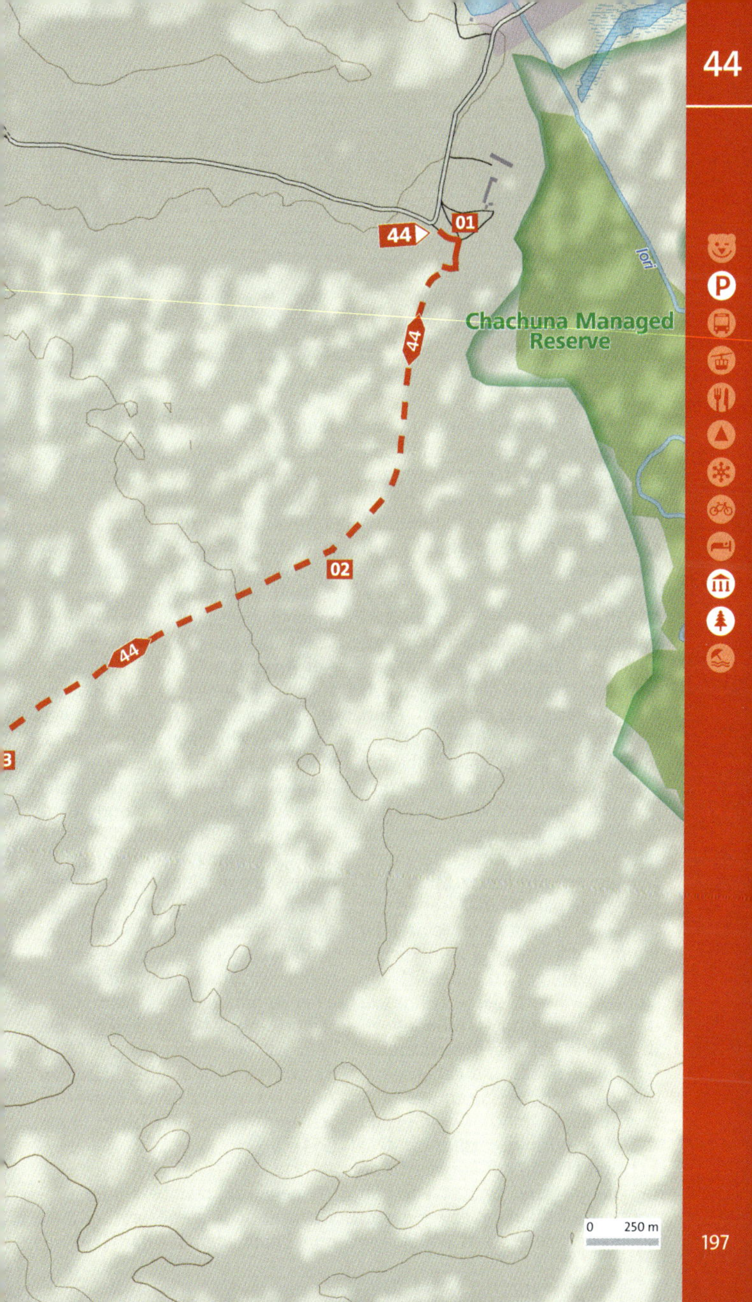
44
01
44
Iori
Chachuna Managed
Reserve
02
44
3
0 250 m

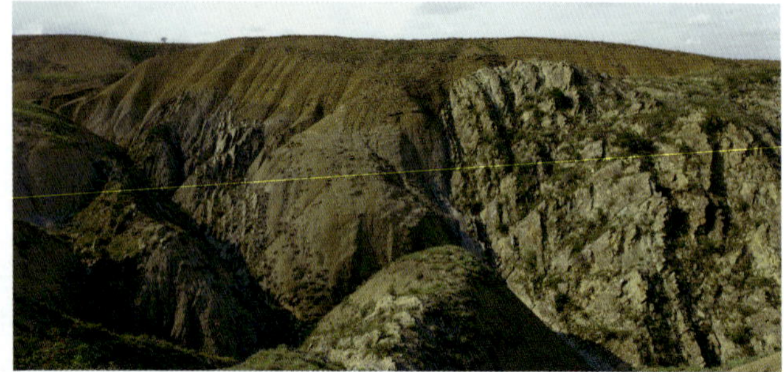
Sicht vom Rückweg in die zu querende Schlucht.

schaft mit ihrem trockenen Klima, der steppenartigen Vegetation und den bizarren, verschiedenfarbigen Fels- und Hügelformationen ist ein besonderes Erlebnis. Und weil es keine Wanderwege gibt, auch ein Abenteuer.

Wir gehen auf der Piste abwärts und durchqueren die Schlucht mit ihrem 01 **Bach (299 m)**. Am gegenüberliegenden Ufer folgen wir der schwach ausgeprägten Fahrspur, die uns weiter über eine Ebene führt. In der einzigen scharfen Linkskurve der Piste gehen wir nun geradeaus und 02 **Weglos (287 m)** weiter in Richtung der vor uns aufragenden Berge. Danach überqueren wir ein Trockenbachbett und gehen nun parallel zu diesem Bachbett in Richtung eines einzelnen Baumes, der oben auf dem Rücken des Daligebirges zu sehen ist. Ein Trockenbachbett, das von links in das Trockenbachbett mündet, zu dem wir parallel gehen, überqueren wir ebenfalls und gehen geradeaus weiter. Am Zusammenfluss zweier Bäche machen wir genau dasselbe noch einmal. Auf dem 03 **Grat (339 m)** des lang gestreckten Bergrückens steigen wir nun kontinuierlich auf, bis er auf einem querenden Bergrücken endet. Die dahinter liegende Schlucht und die Sandsteinberge bieten ein faszinierendes „Farbenspiel". Ohne weiter abzusteigen, überqueren wir nun den Bergrücken nach rechts – auf einer der zahlreichen Ziegenspuren – auf seiner linken Seite für ca. 500 m. Dort, wo die Regenerosion viel Sand in die Schlucht gespült hat, kann man ohne Kletterer absteigen. An einigen Stellen ist der Sand auch stark verdichtet, sodass Wanderstöcke zur Stabilisierung des Gleichgewichts sehr hilfreich sind. In der Schlucht überquert man den 04 **Bach (444 m)** in den geradeaus einmündenden Zufluss und steigt dann nach ca. 30 m durch die felsige und steile Rinne auf – die schwierigste Stelle der Tour. Hier kommen neben den Stöcken auch die Hände zum Einsatz. Danach wird das Gelände weniger steil. Vor den Felsen halten wir uns halb rechts. Hinter einer Anhöhe geht es noch einige Meter bergab bis zu einem Bach, dem wir nun folgen. In der Ferne ist dann bald ein Toilettenhäuschen zu sehen, rechts davon liegen die Schlammvulkane 05 **Takhti Tepha (554 m)**.

Wir gehen auf dem bekannten Hinweg zurück bis zum Start- und Zielpunkt hinter dem 01 **Bach (299 m)**.

DAWID GARETSCHA KLOSTER

Georgiens erstes Kloster und eine faszinierende Landschaft

  10 km  3:45 h 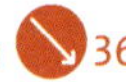 360 hm 360 hm

START | 99 km südwestlich von Tiflis. Parkplatz am Ende der Asphaltstraße.
Startkoordinaten: 41.448806 45.376589
CHARAKTER | Zahlreiche weglose Abschnitte erfordern einen guten Orientierungssinn. An einigen Stellen ist der heruntergeladene GPS-Track sehr hilfreich! Bei Wegpunkt 02 befindet sich eine Kletterstelle mit dem Schwierigkeitsgrad II.

Im 6. Jahrhundert ließ sich der Mönch David Garejeli in einer natürlichen Höhle am Rande der Wüste nieder. Dies war praktisch die Grundsteinlegung für das heutige David-Gareji-Kloster. Er war einer der „Dreizehn Syrischen Heiligen“, die aus Mesopotamien ins heutige Georgien kamen, um dort das Christentum zu verbreiten. Seine Blütezeit erlebte das Kloster im 12. und 13. Jahrhundert, als es eine Schule für Freskenmalerei beherbergte und zu einem der wichtigsten Bildungszentren im mittelalterlichen Georgien wurde. Archäologische Untersuchungen haben im gesamten Klosterkomplex etwa 5000 Mönchszellen nachgewiesen. Auf Antrag des georgischen Kulturministeriums wurde das David-Gareji-Kloster am 24. Oktober 2007 in die vorläufige Liste des UNESCO-Weltkulturerbes aufgenommen. Noch spektakulärer als die Klöster selbst – so finde ich – ist die hügelige und im Frühjahr noch grüne Steppenlandschaft in der Umgebung des Klosters. Am eindrucksvollsten sind die Sedimentgesteine, die wie bunt bemalt

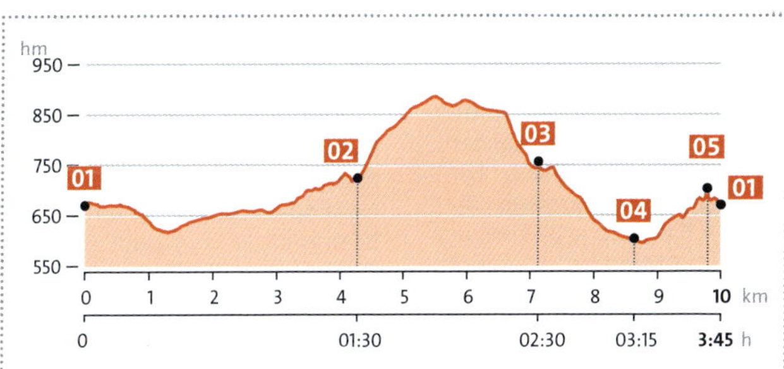

01 Parkplatz, 683 m; 02 Canyon, 723 m; 03 Andachtsstätte, 755 m; 04 Argali Bach, 599 m; 05 Dawid Garetscha Kloster, 691 m;

wirken. Geowissenschaftlich handelt es sich dabei um verschiedene mineralische Lockermaterialien, die sich am Grund eines Gewässers abgelagert haben und durch die Kontinentaldrift wieder an die Oberfläche transportiert wurden. Eisenoxide verleihen dem Buntsandstein seine rötliche Farbe. Dort, wo das Eisen gelöst wurde und das Gestein bleichte, entstand die gelbliche Variante. Auf der Rundwanderung kommen wir auch an zahlreichen Sandsteinhöhlen vorbei, die als Mönchszellen dienten und noch heute dienen. Übrigens: im Internet kursieren verschiedene Schreibweisen des Namens von David Garejeli und des Klosters.

Vom Parkplatz am Ende der asphaltierten 01 **Straße (683 m)** geht man auf der Zufahrtsstraße ca. 550 m zurück und biegt vor einer beginnenden Leitplanke halb rechts auf den Fahrweg ein. Dieser führt nach einer Links- und einer Rechtskurve durch ein saisonales Bachbett und entlang einer Reihe von Strommasten ohne Stromleitung. Wo die Strommasten enden, wählen wir an der Gabelung den halb rechten Arm in Richtung der Stallungen mit dem türkisfarbenen Dach. Nach einer Senke verzweigt sich die Piste erneut, wir gehen nun halb rechts an den Stallungen vorbei. Zwei nach rechts abzweigende Pisten zur „Dodo Chruch", die man nicht besuchen kann, ignorieren wir. In der nächsten Linkskurve der Piste gehen wir scharf rechts auf einen Pfad, der in ein Trockenbachbett hinabführt. Nun links durch die beginnende 02 **Canyon (723 m)** erreichen wir einen Felsen, der das Weiterkommen versperrt. Die Überwindung dieses ca. 3 m hohen Felsens erfordert Klettererfahrung, idealerweise die Dreipunkthaltung (Schwierigkeitsgrad II).

Nachdem wir die enge Schlucht hinter uns gelassen haben, steigen wir nun rechts auf den Bergrücken zwischen den Felsen über die steile Wiese. Den ersten größeren Hügel umgehen wir an seiner rechten Flanke. Vor dem zweiten Hügel queren wir den Hang in Richtung einer kleinen Einsattelung, die sich links von diesem zweiten Hügel befindet. Dort angekommen, steigen wir auf dem Kamm zum Gipfel auf. Schon von weitem sehen wir ein Gebäude, in dem ein Eremit lebt, mit zwei äußerst aggressive Hirtenhunde wohnt. Er macht sich nicht die Mühe, herauszukommen und die Hunde zurückzupfeifen. Na ja, so hält er sich die Leute mehr oder weniger vom Leib! Auf dem Zufahrtsweg zum Eremiten gehen wir noch ein kurzes Stück bergab, verlassen ihn dann aber geradeaus und gehen auf dem aussichtsreichen Bergrücken noch ziemlich genau 930 m weiter. An dieser Stelle, ohne erkennbare Landschaftsmerk-

Hinweis

Der alte Weg auf dem Bergrücken zum Udabno-Kloster, der praktisch die Grenze zwischen Georgien und Aserbaidschan bildet, ist derzeit wegen Grenzstreitigkeiten zwischen den beiden Ländern nicht begehbar. Daher können die Höhlenfresken, darunter das seltene Bild von der Königin Tamar, nicht besichtigt werden. Königin Tamar förderte die Kirche, mehrere Kirchenbauten stammen aus ihrer Regierungszeit, so erhielt sie einen Ehrenplatz.

800

02

45

Dodo church

დოდოს რქის მონასტრის
გუმბათიანი ეკლესია

45

03

45

შ158,შ172

GEORGIEN
KACHETIEN

ASERBAIDSCHAN
QAZAKH-TOWUZ

45

04

45

800

P

45

01

David Gareji
Kloster

05

ახალი ეკლესია დავით გარეჯას
სამონასტრო კომპლექსში

0 250 m

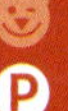
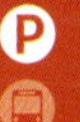
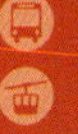

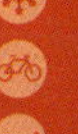

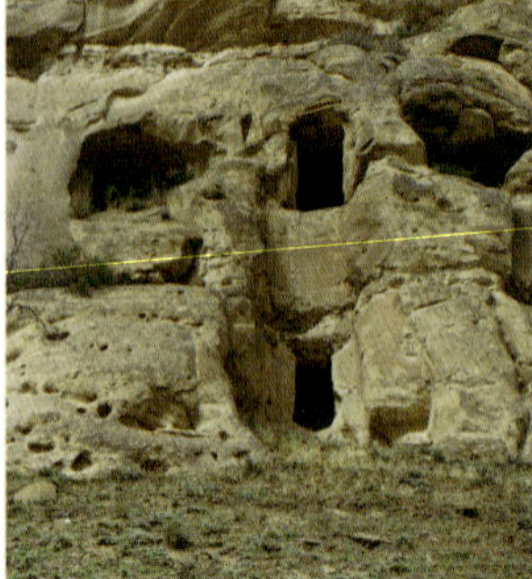
Eine in den Fels geschlagene Andachtsstätte.

male, verlassen wir den Bergrücken nach rechts in südlicher Richtung. Vor einer steil abfallenden Felswand gehen wir einige Meter nach links, um dann nach rechts über Felsbänder abzusteigen. Am Fuße der Felswand gehen wir noch ca. 150 m nach rechts bis zu einer 03 **Andachtsstätte (755 m)**, die sich rechts etwas oberhalb im Fels befindet.

Wir gehen etwa 100 m des Hinweges zurück, um nun halb rechts leicht ansteigend zu einer Einsattelung aufzusteigen und dem dahinter beginnenden, nur schemenhaft erkennbaren Fahrweg zu folgen. Bald stoßen wir wieder auf eine steil abfallende Felswand, die wir rechts umgehen können. In der Senke angekommen, orientieren wir uns an den roten Bergen und dem Kloster im Hintergrund. In der Senke hat sich nun ein trockenes Bachbett gebildet, dessen Verlauf wir folgen, auch nachdem er bereits in ein weiteres trockenes Bachbett – dem 04 **Argali Bach (599 m)** – eingemündet ist. Mithilfe des GPS-Tracks suchen wir nun die Schlüsselstelle, wo auf der anderen Seite des Baches ein Pfad beginnt, dem wir im Slalom durch die bunten, aufgetürmten Sedimentablagerungen folgen. Bald erreicht man eine Piste, hält sich dort links, kommt an einem Bauernhof vorbei und erreicht den Parkplatz. Von hier aus sind es dann nur noch wenige Meter bis zur Besichtigung des 05 **Dawid Garetscha Kloster (691 m)**.

Danach geht es zurück zum Start- und Zielpunkt am Ende der 01 **Straße (683 m)**.

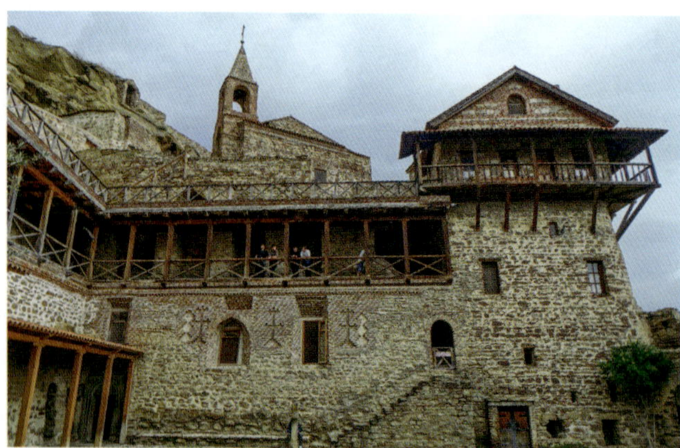
Das David-Gareji-Kloster.

TIFLIS – BOTANISCHER GARTEN

Stadtabenteuer

 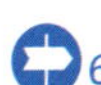 6,9 km 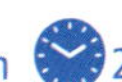 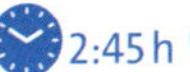 2:45 h 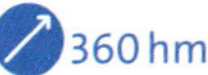 360 hm  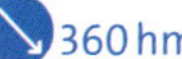 360 hm

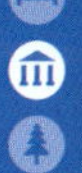

START | Der „President Heydar Aliyev Park“ in Tiflis. Parkplätze sind schwer zu finden. Am besten mit öffentlichen Verkehrsmitteln oder Taxi anreisen.
Startkoordinaten: 41.688790 44.810771
CHARAKTER | Stadtabenteuer für die ganze Familie. Öffnungszeiten: Nariqala-Festung: Täglich 08:00–20:00 Uhr. Botanischer Garten Tiflis: Täglich 09:00–19:00 Uhr, Eintritt kostenpflichtig.

Auf diesem „Self Guided“ Stadtrundgang entdecken wir alle Sehenswürdigkeiten, die sich in und um den Botanischen Garten von Tiflis befinden.

Der 01 **President Heydar Aliyev Park (398 m)** befindet sich in dem Stadtteil Abanotubani, dem Bäderviertel in der Altstadt von Tiflis. Im Zentrum des Parks steht die Büste von Heydar Aliyev, dem ehemaligen Präsidenten von Aserbaidschan (1993-2003). Er spielte eine sehr wichtige Rolle auf dem Weg zur Unabhängigkeit Aserbaidschans, setzte sich aber auch für die Unabhängigkeit Georgiens ein. Mit dem Denkmal würdigt das georgische Volk die guten Beziehungen zwischen den Nachbarländern. Geht man nach

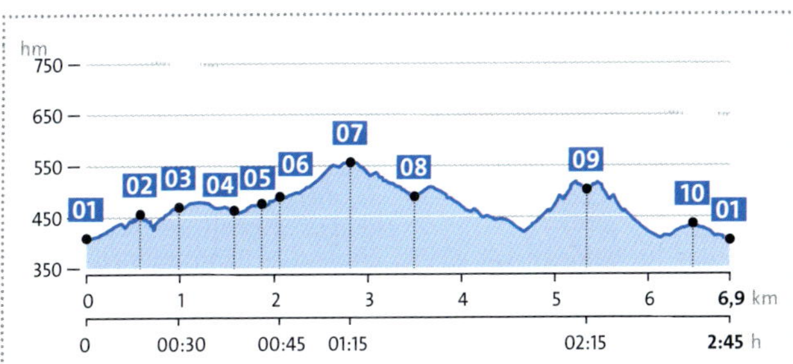

01 President Heydar Aliyev Park, 398 m; 02 Festung Nariqala, 423 m; 03 Tiflis Seilbahn, 486 m; 04 Kartvlis Deda Mother Georgian, 473 m; 05 Botanischer Garten von Tiflis, 458 m; 06 Wasserfall im Botanischen Garten, 464 m; 07 Parterre, 551 m; 08 Syringarium, 503 m; 09 Tabor Kloster der Transfiguration, 514 m; 10 Leghvtakhevi Canyon, 398 m;

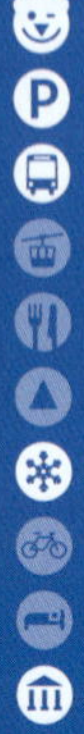

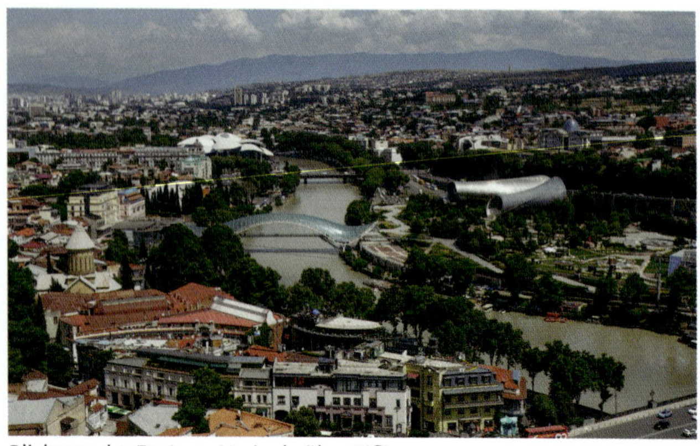

Blick von der Festung Nariqala über Tiflis.

Süden, so liegt links hinter dem Park das über 300 Jahre alte „Sulfur-Bad Bathhouse No. 5“ und daneben das elegante „Royal Bath“. Die heißen Schwefelquellen unter der Stadt werden seit über 700 Jahren genutzt. Im 13. Jahrhundert gab es im Bäderviertel bis zu 65 Schwefelbäder. Wir spazieren durch das Bäderviertel Richtung Süden, ein kurzes Stück am Leghvtakhevi-Bach entlang und biegen dann nach rechts ab (Treppe), kurz vor dem 1893 erbauten Chreli Abano & Spa – gut zu erkennen an den bunten Kacheln an der Fassade. Der Weg ist auch in Richtung Botanischer Garten und weiter zur 02 **Festung Nariqala (423 m)** ausgeschildert.

Durch das Tor betreten wir eines der Wahrzeichen von Tiflis, hoch über den Dächern des historischen Viertels Abanotubani. Strategisch günstig an der engsten Stelle der Kura-Schlucht gelegen, kreuzen sich hier die Wege von Europa nach Indien und von Nord nach Süd. Die im 4. Jahrhundert gegründete persische Zitadelle besteht aus zwei ummauerten Teilen – die von den Arabern im 8. Jahrhundert ergänzt wurden. Mongolen, Türken und wieder Perser gaben der Festung jeweils ihr eigenes Gesicht. Im Jahre 1827 explodierte russische Munition und hinterließ die heutige Ruine. Nach der Besichtigung gehen wir nun hinter dem Tor nach links und unter der Befestigungsmauer der Burg hindurch zur Bergstation der 03 **Tiflis Seilbahn (486 m)**. Sie wurde 1959 erstmals eröffnet und nach einem tödlichen Seilbahnunglück in der Sowjetunion am 1. Juni 1990 nicht wieder in Betrieb genommen. Damals starben 19 Menschen, über 40 wurden schwer verletzt. Spätere Untersuchungen ergaben, dass beim Austausch der Kabinen kein Notbremssystem eingebaut worden war. 2012 wurde die heutige Bahn eröffnet.

Vorbei an der Seilbahn geht es über dem Sololaki-Gebirgskamms (der heilige Berg) zur weithin sichtbaren, 20 m hohen 04 **Kartvlis Deda Mother Georgian (473 m)**. Die 1958 errichtete Statue symbolisiert den georgischen Nationalcharakter: In der linken Hand hält sie einen Becher Wein,

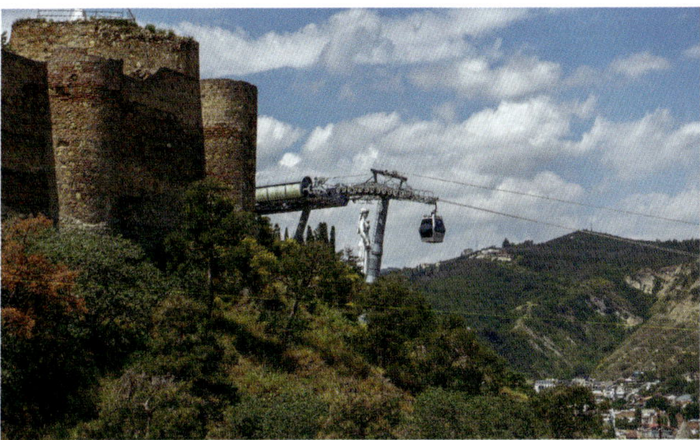

Die Seilbahn in Tiflis.

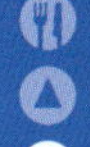

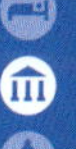

um diejenigen zu begrüßen, die als Freunde kommen, in der rechten Hand trägt sie ein Schwert für diejenigen, die als Feinde kommen. Wir kehren zur Bergstation der Seilbahn zurück und steigen über die Treppe zum 05 **Botanischen Garten von Tiflis (458 m)** hinab. Die Gärten erscheinen 1701 in den Aufzeichnungen von Joseph Pitton de Tournefort (Botaniker und Forschungsreisender) und auf der Karte von Tiflis, die 1735 von Prinz Vakhushti von Kartli (georgischer Topograf) angefertigt wurde. Nachdem der Garten in Vergessenheit geraten war, wurde er Anfang des 19. Jahrhunderts wiederbelebt und 1845 offiziell als Botanischer Garten von Tiflis gegründet. Heute ist er der größte botanische Garten im südlichen Kaukasus und war damals der größte in der Sowjetunion.

Wir bezahlen den Eintritt, gehen ein paar Meter nach links und dann rechts die Treppe hinunter. In der Talsohle angekommen, wandern wir in westlicher Richtung entlang des Leghvtakhevi-Baches, den wir kurz danach über eine Brücke nach links überqueren, um zu dem wunderschönen, 26 m hohen 06 **Wasserfall im Botanischen Garten (464 m)** zu gelangen. Oberhalb des Wasserfalls wurde 1914 eine dekorative mehrbogige Eisenbrücke gebaut, die „Goldene Brücke“ oder auch „Königin Tamar Brücke“ genannt wird.

Wir gehen ein paar Meter auf dem Hinweg zurück und biegen sofort rechts über die Treppe aufwärts ab, ausgeschildert mit „Drinking Fontaine“. Bevor die Straße beginnt, gehen wir weiter die Treppe hinauf, biegen am Ende des gepflasterten Weges nach rechts ab und am Ende nach links ab, vorbei an einer riesigen Himalaja-Zeder und einem Brunnen. Am Ende der Treppe wenden wir uns nach rechts, dann gleich wieder nach links, verlassen die folgende Straße nach rechts auf einem Pfad und folgen der Beschilderung in Richtung „Collection Plants“. Auf dem asphaltierten Wegstück folgen wir wieder der Beschilderung in Richtung „Drinking Fontaine“, um zwischen den Heilpflanzen (links) und dem Toilettenhäus-

chen (rechts) zum **07 Parterre (551 m)** zu gelangen. Das Wort beschreibt eine Gartenkunst, bei der der Garten aus symmetrischen Mustern von Beeten, Platten, niedrigen Hecken oder farbigem Kies besteht, die durch Wege getrennt und verbunden sind. Der folgende Weg führt stetig bergab, dann biegen wir rechts durch ein grünes Tor ab und erreichen nach dem Rosengarten das **08 Syringarium (503 m)**. Das Wort leitet sich vom wissenschaftlichen Namen der Fliedergattung Syringa ab und kann mit Fliedergarten übersetzt werden. Die bekanntesten Syringarien findet man in Russland, der Ukraine, in Osteuropa und hier in Georgien. Wir kehren zum Tor zurück, gehen nach rechts, am Ende des Weges wieder nach rechts, am Gewächshaus vorbei, über die Straße, über den Platz, am Japanischen Garten vorbei und folgen dem Wegweiser „Exit Mirza Shafi St.". Der Straße folgen wir bis zum Ende, um dort rechts abzubiegen, nach ca. 80 m wieder rechts in die gepflasterte Straße einbiegen und dieser bis zum Ende folgen.

Es folgt eine Treppe und auch eine Brücke (war im Juni 2023 im Bau). Danach geht es auf einem sehr steilen Schotterweg bergauf, um nach dem kleinen Friedhof an der Straße nach links zum **09 Tabor Kloster der Transfiguration (514 m)** zu gelangen. Die erste urkundliche Erwähnung einer Kirche an dieser Stelle stammt aus dem Jahr 1392. Sie wurde jedoch im Jahr 1795 bei einer Invasion durch Agha Mohammad Khan Qajar (Mitbegründer des Iran) völlig zerstört. Im Jahr 1995 wurde im Auftrag des Patriarchats (in vorreformatorischen Kirchen der ranghöchste Bischof mit alleiniger Jurisdiktionsgewalt über ein Patriarchat) mit dem Bau einer neuen Kreuzkuppelkirche auf dem Berg Tabor begonnen. Dabei stieß man auf die Ruinen der alten Kirche. Im Jahr 2001 wurde der heutige Bau fertiggestellt, in dem seit 2005 das Drogenrehabilitationszentrum „Tabor" arbeitet. Wir gehen zunächst auf dem Hinweg zurück, ignorieren die linke Abzweigung zum Botanischen Garten vom Hinweg und gehen wieder links, nun dem Lauf des Leghvtakhevi-Bachs folgend, durch die **10 Leghvtakhevi Schlucht (412 m)** bis zum 22 m hohen Leghvtakhevi-Wasserfall. Der Name Leghvtakhevi stand vom georgischen Wort „Leghvi", was Feige auf Deutsch heißt. Besonders beeindruckend sind die auf den Fels gebauten schönen Holzhäuser mit ihren bunten Balkonen.

Zurück geht es bis zum Start- und Zielpunkt am **01 President Heydar Aliyev Park (398 m)**.

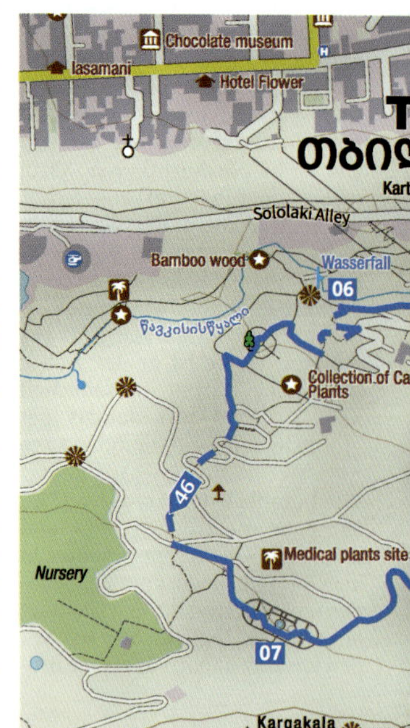

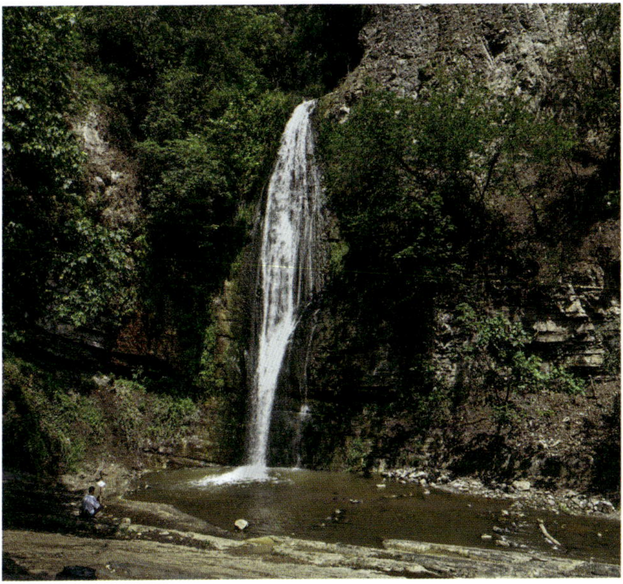

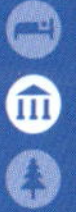

Der Wasserfall im botanischen Garten von Tiflis.

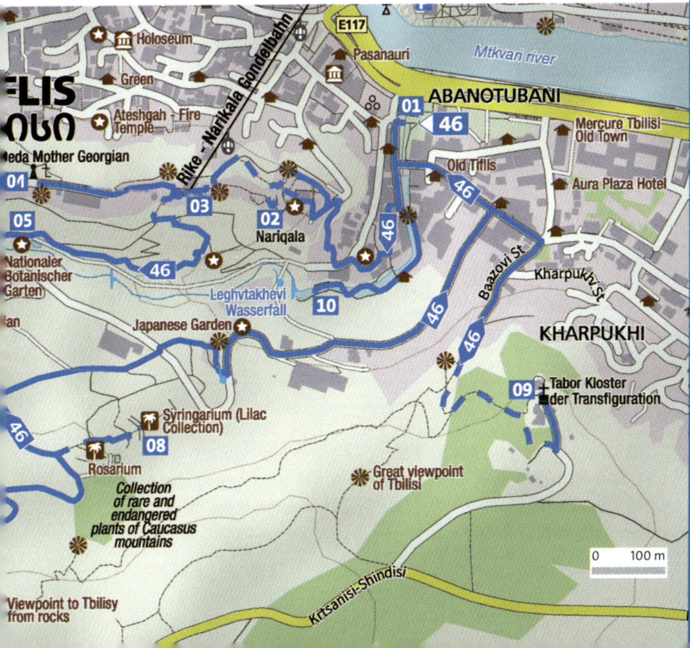

47

TIFLIS – SCHMELZTIEGEL DER KULTUREN

Erlebnis Stadt: Tiflis, die Metropole am Schnittpunkt der Religionen

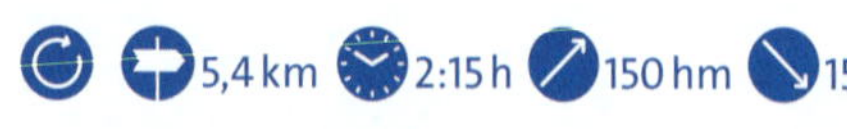

START | Rike Konzerthalle in Tiflis. Parkplätze sind schwer zu finden. Am besten mit öffentlichen Verkehrsmitteln oder Taxi anreisen. ÖPNV: Metro, Bus, Minibus, Marschrutka, Taxi und Bolt-Taxi. Startkoordinaten: 41.695140 44.809848

CHARAKTER | Erlebnis Stadt für die ganze Familie. Hinweis: Beim Besuch von Gotteshäusern sind die Knie zu bedecken, Frauen müssen die Schultern bedecken, vielerorts ist sogar ein Kopftuch erwünscht. Öffnungszeiten: Normalerweise von 9:00–17:00 Uhr.

Im Jahre 455 ließ der georgische König Wachtang I. Gorgassali inmitten eines fruchtbaren Tals die Stadt Tiflis errichten.

Seitdem kann die Stadt auf eine lange Geschichte zurückblicken. Erstaunlich ist auch, wie viele Religionsgemeinschaften in Georgien zusammenleben. Dieser „Self Guided" Stadtrundgang verbindet zehn interessante und historische Gotteshäuser (Gotteshäuser im übertragenen Sinne).

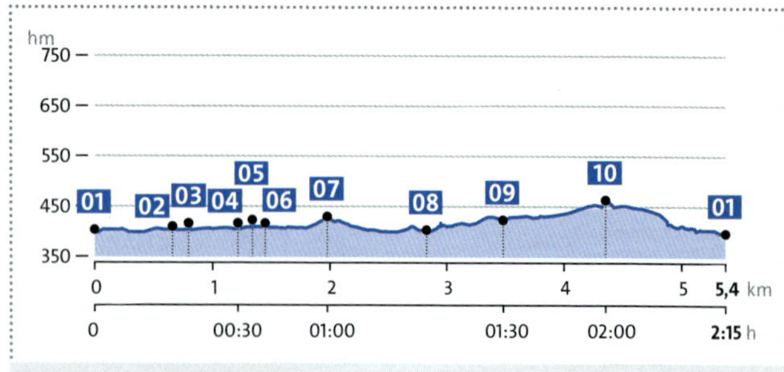

01 Rike Konzerthalle, 408 m; 02 Basilika Antschischati, 410 m; 03 Karis Eklesia, 411 m; 04 Sioni-Kathedrale, 412 m; 05 Norashen Kirche, 414 m; 06 Große Synagoge von Tiflis, 410 m; 07 Dschuma-Moschee, 430 m; 08 Metekhi Kirche, 421 m; 09 Königin Daredschan Palast, 431 m; 10 Sameba-Kathedrale, 462 m;

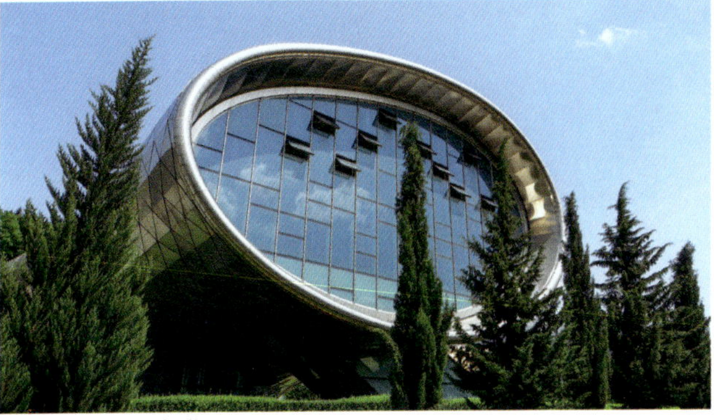

Die Rike Konzerthalle.

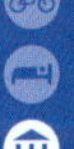

▶ Von der 01 **Rike Konzerthalle (408 m)** gehen wir in nördlicher Richtung über den Parkplatz und entlang eines Teils der Steinmauer. Vor der kreuzenden Straße gehen wir in die Unterführung und überqueren den Fluss Kura. Wir ignorieren die erste Treppe links, gehen weiter durch den Tunnel und wenden uns an dessen Ende nach links. Vor den Skulpturen biegen wir rechts ab und an der nächsten Möglichkeit links in die Einbahnstraße (Fußgängerzone) mit weiteren Skulpturen auf der Seite des Hotels Ambassadori. Vorbei am historischen „Clock Turm", über einen kleinen Platz und am frei stehenden Glockenturm (erbaut 1675) links die Treppe hinunter zur 02 **Basilika Antschischati (410 m)**. Die dreischiffige orthodoxe Antschischati-Basilika stammt aus dem 6. bis 17. Jahrhundert. Datschi Udscharmeli, der Nachfolger von König Wachtang I. Gorgassali, ließ sie erbauen. Sie zählt heute zu den ältesten Sakralbauten Georgiens.

Weiter durch die Fußgängerzone erreichen wir auf der rechten Seite die 03 **Karis Eklesia (411 m)**. Ursprünglich ließ König Wachtang I. Gorgassali im 5. Jahrhundert an dieser Stelle eine Kirche errichten. Diese wurde während der Mongolenstürme zerstört. Auf den Ruinen wurden im 17. Jahrhundert drei Steinkirchen errichtet, von denen heute nur noch die orthodoxe Kirche Kari des Heiligen Georg erhalten ist. Sie wurde im 18. Jahrhundert zur königlichen Hofkirche, daher der Name Kari (Hof). Wieder in der Fußgängerzone überqueren wir die nächste Straße, biegen aber nicht nach links zur Friedensbrücke ab, sondern gehen geradeaus und erreichen hinter der Treppe die 04 **Sioni-Kathedrale (412 m)**.

Die von König Wachtang I. Gorgassali in Auftrag gegebene Kirche wurde zwischen 575 und 639 erbaut und nach dem Berg Zion in Jerusalem benannt. Obwohl sie mehrmals zerstört und wieder aufgebaut wurde, hat sie sich in ihren Grundmauern nicht wesentlich verändert. Bis zur Fertigstellung der Sameba-Kathedrale im Jahr 2004 war sie Sitz des Patriarchen von Georgien. Bis heute gilt sie als eine der heiligsten Stätten der georgischen Orthodoxie. Der Überlieferung nach trug Nino ein Wein-

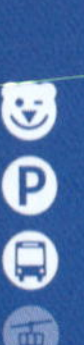

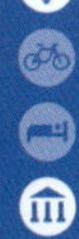

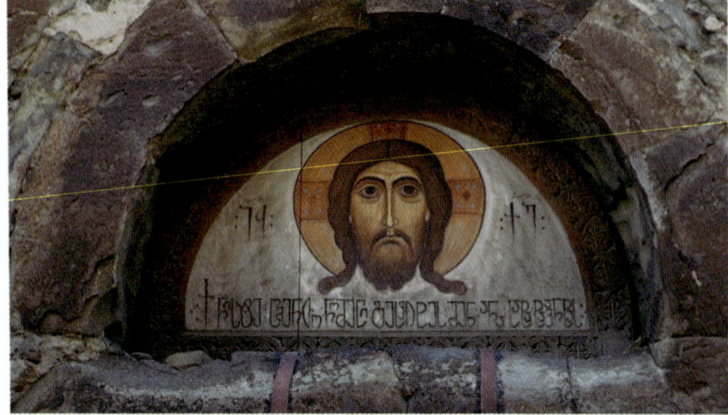

Die Antschischati-Basilica.

rebenkreuz bei sich, das aus zwei gekreuzten Weinrebenzweigen bestand, die sie mit ihrem eigenen Haar zusammengebunden hatte. Dieses Kreuz soll sie ihr Leben lang bei sich getragen haben und wird noch heute in der Kathedrale aufbewahrt – so sagt man! Wir verlassen den Vorplatz über die Treppen, über die wir gekommen sind, gehen einige Meter nach links und verlassen die Fußgängerzone nach rechts durch die Gasse.

Nach nur 40 m biegen wir links ab und sehen schon auf der gegenüberliegenden Straßenseite die **05 Norashen Kirche (414 m)**. Die Noraschen Backsteinkirche wurde zwischen 1790 und 1796 erbaut und gehörte einst der Armenischen Apostolischen Kirche. Im Jahr 1930 wurde sie von den russischen Besatzern geschlossen. Nach dem Zusammenbruch der Sowjetunion erklärte der Sekretär des Patriarchen von Georgien, das eine armenische Kirche in der Nähe der Sioni-Kathedrale in Tiflis nicht akzeptabel sei! 1995 wurde sie von georgisch-orthodoxen Geistlichen als orthodoxe Kirche geweiht. Armenische Proteste führten schließlich dazu, dass die Kirche auf unbestimmte Zeit geschlossen wurde und bis heute geschlossen ist. Hinter der Linkskurve der Straße befindet sich auf der rechten Seite die **06 Große Synagoge von Tiflis (410 m)**. Bereits seit der Stadtgründung lebt eine jüdische Minderheit in Tiflis. Der heutige Backsteinbau wurde 1910 von Einwanderern aus Achalziche errichtet und wird daher auch „Synagoge der Achalziche" genannt. Zwei weitere Synagogen wurden zu Beginn des 20. Jahrhunderts errichtet. Die Synagoge in der „1 Anton Katalikosi St" beherbergt seit 1932 das Historisch-Ethnographische Museum der Juden Georgiens. Es wurde 1951 unter sowjetischer Herrschaft geschlossen und die Exponate auf andere Museen verteilt, die sie 1992 zurückerhielten.

Wir verlassen die Synagoge nach rechts und gehen an der Straßengabelung nach rechts bis zum großen Wachtang I Gorgassali-Platz. Diesen überqueren wir an seiner rechten Seite, biegen vor dem Hotel Old Meidan nach rechts ab und dann gleich wieder nach links in die Straße ein. Nach dem Restaurant Terrace No. 21 biegen

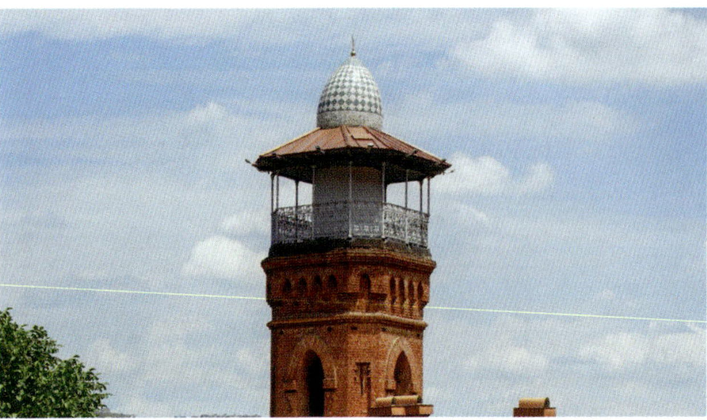

Die Dschuma-Mosque.

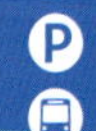
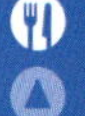

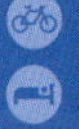

wir rechts ab und erreichen auf der gepflasterten Straße die 07 **Dschuma-Moschee (430 m)**. Die Zentralmoschee von Tiflis mit ihrem achteckigen Minarett wurde im 18. Jahrhundert vom Osmanischen Reich erbaut und in den letzten 300 Jahren dreimal zerstört und wieder aufgebaut. Eine Besonderheit ist, dass hier sunnitische und schiitische Muslime nebeneinander beten. Wir kehren um und gehen hinter der Moschee gleich rechts in die Gasse, bei der nächsten Möglichkeit links, dann wieder links, vorbei an den Schwefelbädern und dem Park bis zur Hauptstraße. Dort links und dann rechts in die Unterführung, um auf der Brücke die Kura zu überqueren. Rechts blickt uns die riesige Statue des Königs Wachtang I. Gorgassali entgegen.

Am Ende der langen Steinmauer erreichen wir rechts die 08 **Metekhi Kirche (421 m)**. Unter der umsichtigen Herrschaft von König Dmitri II. erlebte Georgien trotz der Mongolenherrschaft eine Zeit relativen Wohlstands. Als Dimitri II. von den Mongolen des Glaubensabfalls verdächtigt wurde und dem Land harte Repressalien drohten, ergab er sich freiwillig den Mongolen, um Georgien vor einer erneuten Zerstörung zu bewahren. Im Lager des Mongolenherrschers Arghun Khan IV (1284 bis 1291) wurde er gefoltert und enthauptet und erlitt so den Märtyrertod. Das georgische Volk gab ihm den Beinamen „der Enthauptete“ oder „der Selbstaufopfernde“. Wir gehen einige Meter auf der Straße zurück und überqueren sie, um zwischen dem Stück der Berliner Mauer und der alten Steinmauer auf dem Fußweg bis kurz vor dem Hotel Bricks aufzusteigen. Vor diesem Hotel gehen wir rechts die Treppe hinauf und biegen bei der nächsten Möglichkeit rechts ab, um zum 09 **Königin Daredschan Palast (431 m)** (Satschino Palast) zu gelangen. Er wurde 1776 für Daredschan, die Gemahlin von König Erekle II. erbaut und trägt noch heute ihren Namen. Die Anlage ist eine der wenigen königlichen Residenzen in Georgien. Die dreischiffige Basilika Hofkirche Transfiguration Satschino des Palastes Satschino wurde Ende des 18. Jahrhunderts aus Feldsteinen erbaut. Der Glockenturm befindet sich am Westeingang und kann

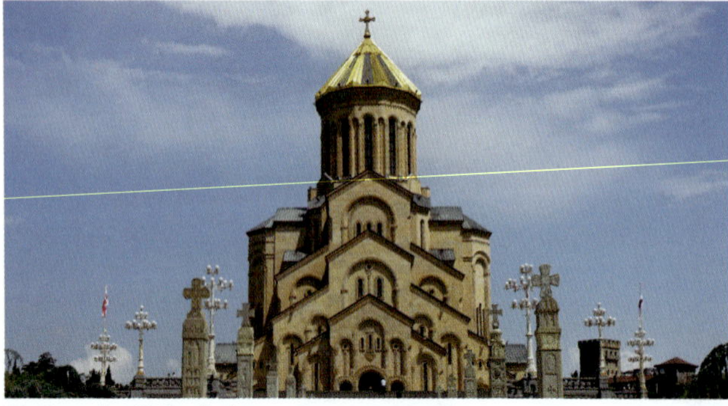
Die Sameba-Kathedrale.

und soll vom Stadtzentrum aus gesehen werden. Wir gehen wieder zurück zum Hotel Bricks, nun rechts am Hotel vorbei, links durch die Unterführung, bei der Straßengabelung am Sparmarkt wählen wir den halb rechten Arm, bei der nächsten Gabelung den halb linken Zweig und schon sehen wir das religiöse Zentrum Georgiens, die „Heilige Dreifaltigkeitskirche von Tiflis“ besser bekannt unter dem Namen 10 **Sameba-Kathedrale (462 m)**. Das erst 2004 eingeweihte georgisch-orthodoxe Gotteshaus ist ein Wahrzeichen der neuen postsowjetischen Ära. Die 84 m hohe Kathedrale ist aus Granit, Backstein und Marmor erbaut. Das Stufendach erinnert an übereinandergestapelte Kirchen. So monumental die Dreifaltigkeitskirche von außen wirkt, so schlicht ist ihr Inneres. Seit 2004 ist sie Sitz des Katholikos-Patriarchen Ilia II. von ganz Georgien. Wir verlassen das Kirchengelände durch den Westausgang, überqueren die Straße, wenden uns nach links und biegen bei der nächsten Möglichkeit rechts ab. Nach ca. 150 m wird die Straße zur Einbahnstraße. An deren Ende gehen wir links die Treppe hinunter, überqueren die Straße und den folgenden Platz und gehen durch die Unterführung zurück zum Start- und Zielpunkt 01 **Rike Konzerthalle (408 m)**.

Vollständigkeitshalber und nicht Teil der Rundwanderung: Die evangelisch-lutherische Kirche in Georgien ist eine selbstständige Regionalkirche innerhalb der evangelisch-lutherischen Kirche in Russland, der Ukraine, in Kasachstan und Mittelasien. Der Bischofssitz ist die Versöhnungskirche in Tiflis. Die Geschichte der römisch-katholischen Kirche reicht bis ins 13. Jahrhundert zurück, als sich die ersten katholischen Christen hier niederließen. Die Kirche der Apostel Peter und Paul wurde zwischen 1870 und 1877 auf Initiative des georgischen Geschäftsmannes Konstantine Subalaschwili im Barockstil erbaut. Sie ist eine von zwei funktionstüchtigen römisch-katholischen Kirchen in Tiflis. Papst Johannes Paul II. besuchte Georgien am 8. November 1998 und Papst Franziskus im September 2016. Der Heilige Stuhl war der achte Staat, der die Unabhängigkeit Georgiens anerkannte, und 1992 wurde in Tiflis eine apostolische Nuntiatur eröffnet, deren Zuständigkeit sich auf den gesamten Südkaukasus erstreckt.

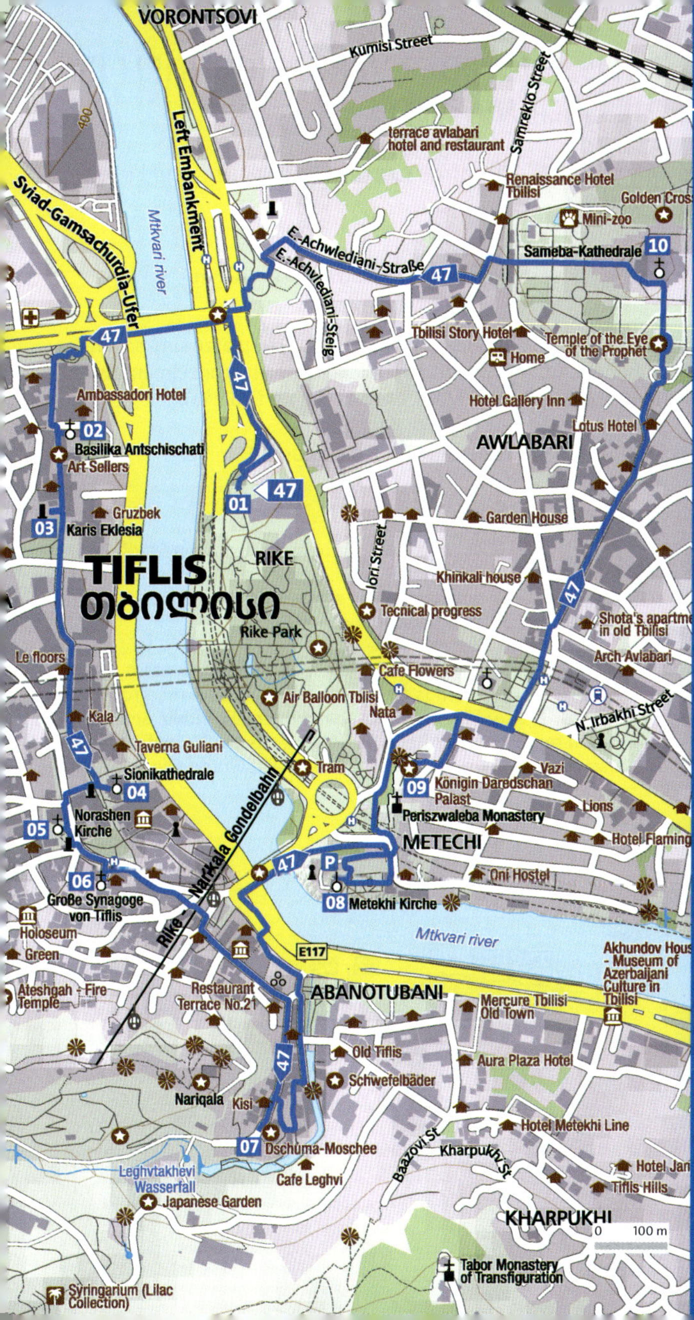

VORONTSOVI
Kumisi Street
Samreklo Street
terrace avlabari hotel and restaurant
Renaissance Hotel Tbilisi
Golden Cross
Mini-zoo
Sameba-Kathedrale
10
Left Embankment
Sviad-Gamsachurdia-Ufer
Mtkvari river
E.-Achwlediani-Straße
E.-Achwlediani-Steig
47
Tbilisi Story Hotel
Home
Temple of the Eye of the Prophet
Ambassadori Hotel
02
Basilika Antschischati
Art Sellers
Hotel Gallery Inn
Lotus Hotel
AWLABARI
01
Gruzbek
03
Karis Eklesia
Garden House
Iori Street
TIFLIS
თბილისი
RIKE
Khinkali house
Tecnical progress
Rike Park
Shota's apartment in old Tbilisi
Le floors
Arch Avlabari
Cafe Flowers
Air Balloon Tbilisi
Nata
N. Irbakhi Street
Kala
Taverna Guliani
Tram
Vazi
Sionikathedrale
04
09
Königin Daredschan Palast
Periszwaleba Monastery
Lions
Norashen Kirche
05
Rike – Narikala Gondelbahn
METECHI
Hotel Flaming
06
P
Oni Hostel
Große Synagoge von Tiflis
08
Metekhi Kirche
Holoseum
Mtkvari river
Green
E117
Akhundov House - Museum of Azerbaijani Culture in Tbilisi
Ateshgah - Fire Temple
Restaurant Terrace No.21
ABANOTUBANI
Mercure Tbilisi Old Town
Old Tiflis
Aura Plaza Hotel
Schwefelbäder
Nariqala
Kisi
Hotel Metekhi Line
07
Dschuma-Moschee
Baazovi St
Kharpukhi St
Leghvtakhevi Wasserfall
Cafe Leghvi
Hotel Jan
Tiflis Hills
Japanese Garden
KHARPUKHI
0 100 m
Tabor Monastery of Transfiguration
Syringarium (Lilac Collection)

TIFLIS – VON DER VERGANGENHEIT IN DIE GEGENWART

Abenteuer Stadt: ohne Gestern kein Heute und kein Morgen

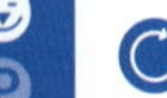 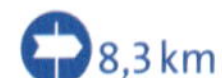8,3 km 3:45 h 130 hm 130 hm

START | Die „Public Service Hall" in Tiflis. Parkplätze sind schwer zu finden. Am besten mit öffentlichen Verkehrsmitteln anreisen (Metro, Bus, Minibus, Marschrutka, Taxi und Bolt-Taxi). Startkoordinaten: 41.695140 44.809848
CHARAKTER | Abenteuer Stadt für die ganze Familie.

Die historischen Gebäude und Denkmäler verleihen der Stadt Tiflis bereits einen ausgeprägten Charakter. Klassizismus, Art nouveau, Neomaurischer Stil, Rokoko, Stalinistische Architektur, Zivilarchitektur, Sowjetischer Brutalismus, Neoklassizismus, breite Alleen, grüne Gärten und repräsentative Gebäude verschmelzen harmonisch zu einem einzigartigen Stadtbild. Auf diesem „Self Guided" Stadtrundgang entdecken wir die „Moderne" Stadt Tiflis.

Das Abenteuer Stadt beginnt mit dem 28.000 m² großen Gebäude der 01 **Public Service Hall (413 m)**, das am 21. September 2012 eingeweiht wurde. Die sieben Bau-

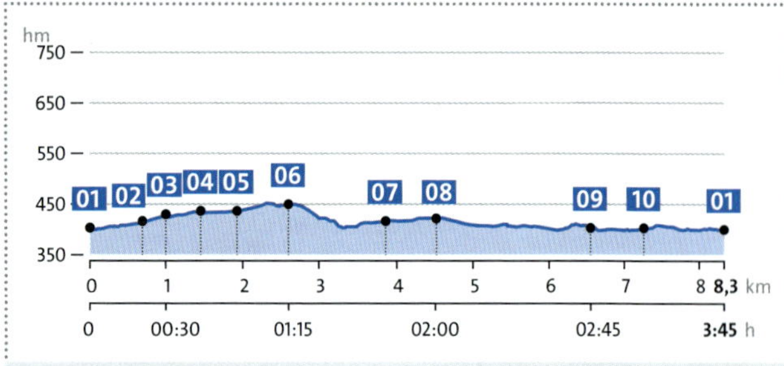

01 Public Service Hall, 413 m; 02 Tiflis Stadtmauer, 404 m; 03 Freiheitsplatz, 439 m; 04 Parliament of Georgia, 416 m; 05 Opera and Ballet Theater of Tiflis, 411 m; 06 Gabashvili House, 436 m; 07 Marjanishvili-Square, 405 m; 08 Fabrika, 415 m; 09 Ceremonial Palace of Georgia, 397 m; 10 Peace-Brücke, 402 m;

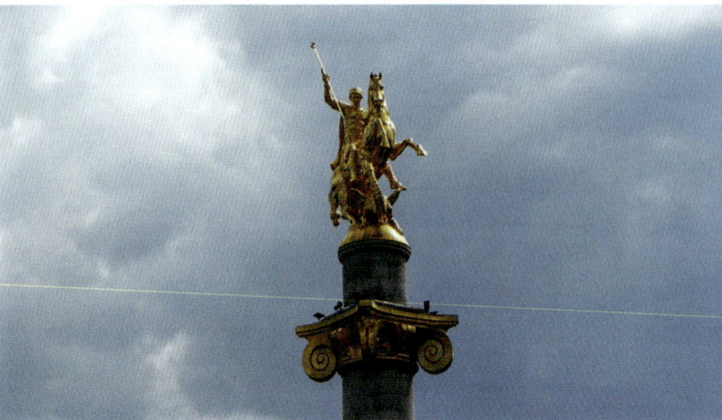

Die Statue am Freiheitsplatz.

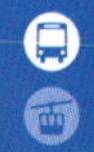

körper des Gebäudes beherbergen die Büros verschiedener Behörden. Die elf als „Blütenblätter" genannten Dächer variieren in Geometrie und Größe und werden von Stahlstützen getragen. Die Struktur erweckt den Eindruck, als befände man sich in einem überwucherten Pilzwald oder inmitten uralter, hoch aufragender Bäume.

Auf der Fußgängerbrücke überqueren wir die Hauptstraße und folgen ihr nach links. Geradeaus durch die Unterführung gelangen wir auf die andere Straßenseite, lassen die Skulpturen links liegen und spazieren parallel zur „Nikoloz Baratashvili St.". Links des Weges wurde die alte 02 **Tiflis Stadtmauer (404 m)** freigelegt, auf der bunte Häuser errichtet wurden. In der Linkskurve geht es weiter auf der „Aleksandr Pushkin St.", wo 2012 bei Renovierungsarbeiten weitere Teile der Stadtmauer aus dem 12. bis 13. Jahrhundert entdeckt wurden. Um das 110 m lange Mauerfragment herum wurde eine Fußgängerzone mit Gehwegen und Brücken angelegt, die wir nun überqueren. In der Mitte des riesigen 03 **Freiheitsplatzes (439 m)** sieht man bereits die 44 m hohe vergoldete Statue des georgischen Schutzpatrons des Heiligen Georg, der mit einem Drachen kämpft. Bis 1990 stand hier ein Lenin-Denkmal. Der Freiheitsplatz ist einer der ältesten Orte in Tiflis, an dem sich viele kulturelle, politische und historische Ereignisse abgespielt haben. An der Südseite des Freiheitsplatzes wurde 1820 das Tifliser Polizeipräsidium errichtet, das 1878 von Paul Stern zum Alten Rathaus mit neomaurischer Fassade umgebaut wurde. In den 2000er Jahren zog die Stadtverwaltung aus dem Gebäude aus, das nun zu einem luxuriösen Bürogebäude umgebaut wird.

Hinter der Straßenunterführung vor dem Freiheitsplatz erreicht man die ca. 1,5 km lange Flaniermeile „Rustaveli Avenue" (Rustaweli-Allee), die als „die" Prachtstraße der georgischen Hauptstadt gilt. Es folgen: Das „Georgian National Museum" (Georgisches Nationalmuseum, Rustaweli-Allee 3, rechts), vereint mehrere führende Museen Georgiens. Der „National Youth Palace" (Nationaler Jugendpalast, Rustaweli-Allee 6, links)

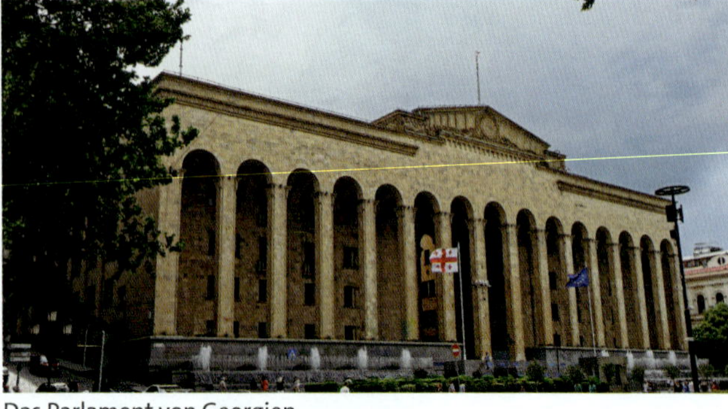
Das Parlament von Georgien.

von Georgien ist ein kulturelles Bildungszentrum und ein wichtiges architektonisches Denkmal. Das private „Georgian Museum of Fine Arts“ (Georgisches Museum für bildende Kunst, Rustaweli-Allee 7, rechts) und das einzige Gebäude in Georgien, das speziell für Kunstausstellungen gebaut wurde. Das 04 **Parliament of Georgia (416 m)** (Parlament von Georgien, Rustaweli-Allee 8, links). Das Gebäude zeichnet sich durch seine Größe und die für Regierungsgebäude der Sowjetzeit typische pompöse Architektur aus. Die „National Gallery“ (Nationalgalerie, Rustaweli-Allee 11, rechts). Das „Rustaveli-Theatre“ (Rustaweli-Theater, Rustaweli-Allee 17, rechts) wurde 1887 im Rokoko-Stil erbaut.

Ebenfalls in der Rustaweli-Allee befindet sich das 05 **Opera and Ballet Theater of Tbilisi (411 m)** (Paliaschwili Opernhaus, Rustaweli-Allee 25). Es wurde vom deutsch-baltischen Architekten Viktor Schröter aus St. Petersburg im neomaurischen Stil erbaut und 1875 fertiggestellt. Es ist eines der eindrucksvollsten Wahrzeichen von Tiflis. Unmittelbar hinter dem Opernhaus wechseln wir durch eine Unterführung die Straßenseite. Dort wenden wir uns nach rechts und verlassen nach 100 m die Rustaweli-Allee nach links. Durch die Gasse steigen wir über die Treppe (unter den Stufen befinden sich rot-braun bemalte Kacheln) zur dahinterliegenden Straße auf, der wir nach rechts folgen. Nach wenigen Metern rechts durch das rostige Tor gelangt man in einen Hinterhof, den sogenannten „Zemeli-Corner“ (Rustaweli-Allee 35) mit dem ersten Jugendstilhaus von Tiflis. Hinter dem rostigen Tor gehen wir dann rechts bis zum Ende der Straße, vor dem Zegna-Geschäft links und gleich wieder rechts zwischen den Platanen durch das Tor in den Hinterhof bis zum einzigartigen blauen 06 **Gabashvili House (436 m)** (Gabaschwili-Haus, Rustaweli-Allee 54). Es wurde 1897 erbaut und gehörte einst Vasil Gabashvili. Die Fassade des Gebäudes ist eine Synthese aus Barock und Rokoko.

Wir verlassen den Hof nach links und gehen hinter den Arkaden der Georgischen Akademie der Wissenschaften nach links, durch die Unterführung unter der Rustaweli-Allee, hinter dem Treppenaufgang nach links, rechts in die nächste Straße und unter der Straßenbrücke hindurch. Am Busparkplatz bie-

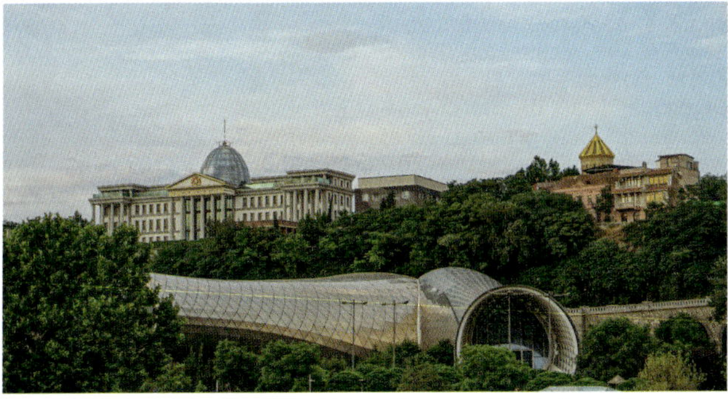

Das Gebäude mit der Glaskuppel ist der Zeremonialpalast von Georgien.

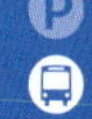
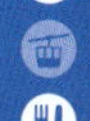
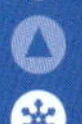

gen wir links ab und gehen erst durch die Unterführung und dann über die Kura-Brücke. Nach dem Kreisverkehr geradeaus. Auf der linken Straßenseite befindet sich in der Mardschanischwilistraße 8 das „Marjanishvili Theater". Es ist eines der ältesten und das Staatstheater Georgiens. Im Jahr 2006 wurde das Haus aufwendig renoviert, wobei viele Stilelemente des Originals erhalten blieben.

Weiter geradeaus erreicht man den 07 **Marjanishvili-Square (405 m)** (Mardschanischwili-Platz), der auf drei Seiten von prächtigen neoklassizistischen Wohnhäusern aus den 1940-er-Jahren umgeben ist, die zum Teil von deutschen Kriegsgefangenen erbaut wurden. Wir überqueren den Mardschanischwili-Platz und biegen hinter der russischen Kirche und einer Kapelle rechts in die Seitenstraße ein und erreichen die 08 **Fabrika (415 m)**, einen Magneten für kreatives Leben. Bars, Shops, Cafés und ein Hostel haben sich in den um einen Hof gruppierten Fabrikhallen angesiedelt und ziehen mit einem interessanten Kulturprogramm junges internationales Publikum an. Hier trifft „Hipness" auf alten Charme. Wer all die Eindrücke dieses Stadterlebnisses bei einem guten Essen Revue passieren lassen möchte, dem sei die Fabrika empfohlen. Wir laufen bis zum Ende der Einbahnstraße und biegen dort rechts ab. An der Gabelung von fünf Straßen folgen wir der Einbahnstraße weiter, bis sie an der Kreuzung mit der „Davit Aghmashenebeli Avenue" endet. Dies ist eine Straße im historischen Teil von Tiflis, die für ihre neoklassizistische Architektur bekannt ist.

Am Ende der Fußgängerzone überqueren wir den Platz „Zum Saarbrücken Platz", der an die 1975 geschlossene Städtepartnerschaft erinnert. An der folgenden Hauptstraße gehen wir nach rechts, überqueren diese an der nächsten Ampel nach links, gehen ein Stück parallel zur Hauptstraße und durchqueren dann die Unterführung. Etwas oberhalb auf einer Anhöhe liegt linker Hand der 2009 fertiggestellte 09 **Ceremonial Palace of Georgia (397 m)**. Der Zeremonialpalast und Präsidentenpalast wird dominiert von der Glaskuppel des Palastes, einem Gemeinschaftswerk des georgischen Architekten Vakhtang Zesashvili und des inzwischen verstorbenen italienischen Architekten Franco Zagari. Das gläserne Ei wurde in Deutschland aus dreidimensional gebogenem Glas gefertigt. Nicht weniger spektakulär ist die 2017 fertiggestellte „Rike Concert Hall“, eine futuristisch anmutende Konzert- und Ausstellungshalle mit zwei Röhren. Die beiden Periskope sind mit einem Mosaikmuster aus Stahl- und Glaspaneelen verkleidet und blicken auf den Fluss und die historische Altstadt von Tiflis.

Hinter dem Rikepark befindet sich die Talstation der Seilbahn zum Sololaki mit weiteren besonderen Sehenswürdigkeiten. Ein weiteres Mal überqueren wir den Kura-Flus, diesmal über die hochmoderne Fußgängerbrücke **10** **Peace-Brücke (402 m)**. Sie wurde 2010 fertiggestellt und verbindet den Rike-Park mit dem Stadtzentrum. Das Glasdach funkelt nicht nur im Sonnenlicht, sondern auch nachts – dann leuchten nämlich 30.000 LED-Lampen in verschiedenen Farben entlang der 156 m langen Brücke.

Auf einem der vielen Wege geht es zurück zum Start- und Zielpunkt an der **01** **Public Service Hall (413 m)**.

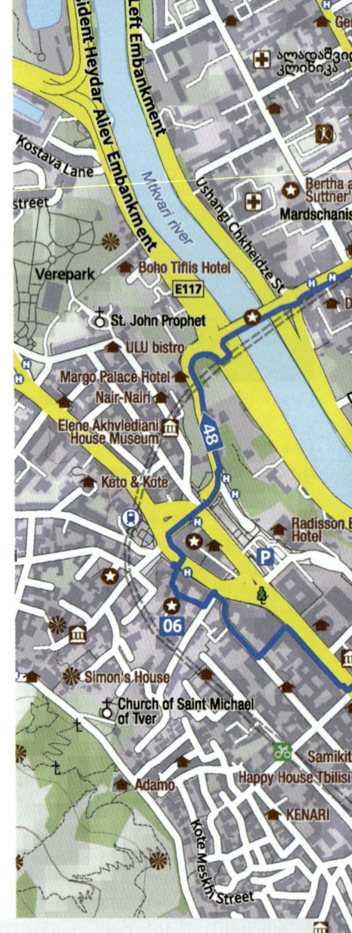

Weitere Bauwerke

Nicht Bestandteil dieser Rundwanderung, aber der Vollständigkeit halber weitere beeindruckende architektonische Bauwerke in Tiflis:
Die Glaspaläste „Axis Turms Tbilisi“. Zur Google-Navigation: 41.711577 44.756970.
Das Glasgebäude des Georgischen Innenministeriums. Zur Google-Navigation: 41.686483 44.865922.
Das ehemalige schwebende Ministerium, die heutige „National Bank of Georgia Tbilisi“ zur Google-Navigation: 41.735533 44.771083.
Das ehemalige Archäologische Museum. Zur Google-Navigation: 41.763716 44.766778.

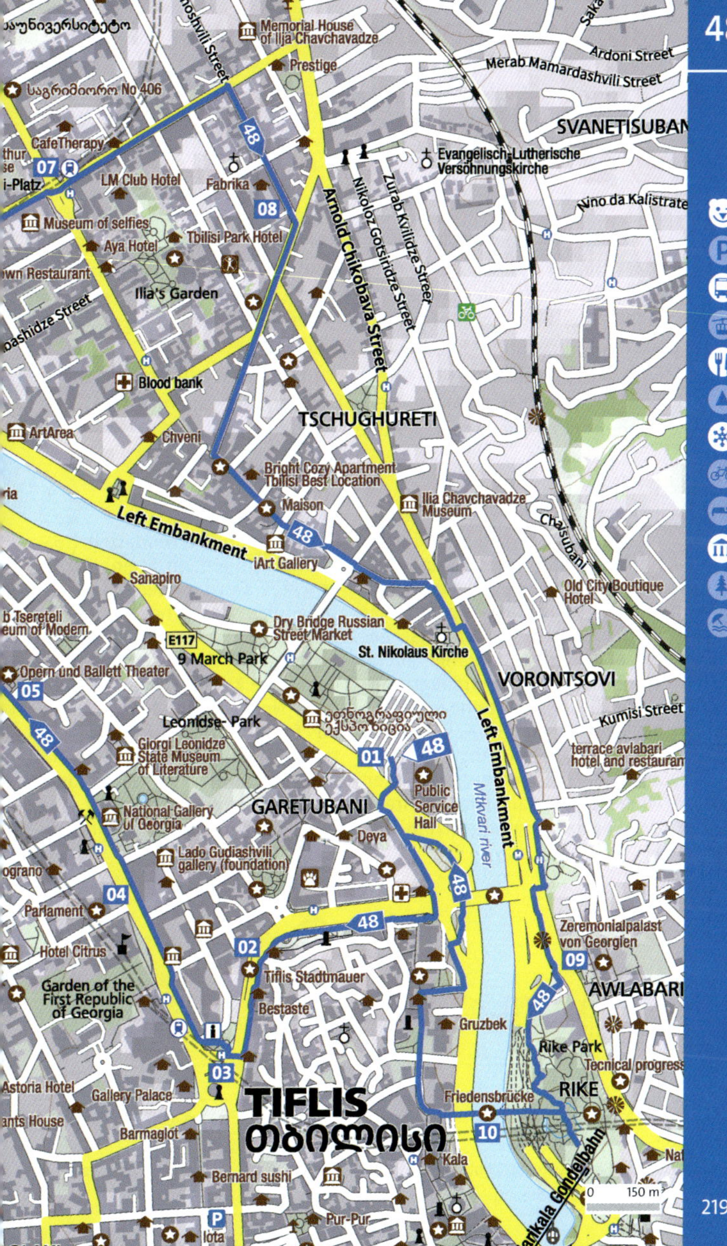

Memorial House of Ilia Chavchavadze
Prestige
Ninoshvili Street
Merab Mamardashvili Street
Ardoni Street
Sakari Street
SVANETISUBAN
CafeTherapy
LM Club Hotel
Fabrika
Evangelisch-Lutherische Versöhnungskirche
Nino da Kalistrate
Museum of selfies
Aya Hotel
Tbilisi Park Hotel
Arnold Chikobava Street
Nikoloz Gotsiridze Street
Zurab Kvlividze Street
Ilia's Garden
Blood bank
TSCHUGHURETI
ArtArea
Chveni
Bright Cozy Apartment Tbilisi Best Location
Maison
Ilia Chavchavadze Museum
Left Embankment
iArt Gallery
Sanapiro
Old City Boutique Hotel
Dry Bridge Russian Street Market
E117
St. Nikolaus Kirche
9 March Park
Opern und Ballett Theater
VORONTSOVI
Leonidse- Park
Kumisi Street
Giorgi Leonidze State Museum of Literature
Public Service Hall
terrace avlabari hotel and restaurant
National Gallery of Georgia
GARETUBANI
Deya
Mtkvari river
Lado Gudiashvili gallery (foundation)
Parlament
Zeremonialpalast von Georgien
Hotel Citrus
AWLABARI
Tiflis Stadtmauer
Garden of the First Republic of Georgia
Bestaste
Gruzbek
Rike Park
Tecnical progress
RIKE
Astoria Hotel
Gallery Palace
TIFLIS
თბილისი
Friedensbrücke
Barmaglot
Kala
Narikala Gondelbahn
Bernard sushi
Pur-Pur
lota
OLAKI
0 150 m

KARSANI UND NINO KAPELLE

Schöne Aussicht vom Trialeti-Bergrücken

  12,5 km  4:45 h  620 hm  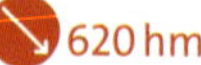 620 hm

START | 20 km nordwestlich von Tiflis an der Zufahrtsstraße nach Mzcheta, wo sich das Salobie Restaurant (Holzhaus) befindet. Parkplätze befinden sich gegenüber der Gaststätte.
ÖPNV: Bus, Minibus, Marschrutka, Taxi und Bolt-Taxi.
Startkoordinaten: 41.828926 44.725286
CHARAKTER | Ein ein guter Orientierungssinn ist erforderlich, da der Pfad teilweise zugewachsen ist. In den Weg ragende Äste können meist zur Seite geschoben werden

Abseits von Tourismus und Straßenlärm führt diese Rundwanderung durch ein reizvolles Seitental zur Karsani-Kapelle (war während der Recherchereise geöffnet). Deren Vorgängerkirche war bis auf die Grundmauern zerstört, dieser Backsteinbau wurde 2019 auf der Ruine errichtet. Nach einem weiteren Anstieg erreichen wir die Kirche der Heiligen Nino von Karsani (war während der Recherchereise geschlossen). Sie wurde in der Feudalzeit (16.-17. Jh.) aus großen Steinblöcken errichtet. Der anschließende Abstieg über den lang gezogenen Bergrücken ist eine Augenweide. Sehenswert: der Zusammenfluss der Flüsse Kura und Aragwi. Richtung Norden fällt der Blick auf das Dorf Mzcheta mit der mächtigen „Swetizchoweli-Cathedral“. Und auf einem Nachbarhügel in östlicher Richtung liegt das „Jvari Monastery“. Noch ein Hin-

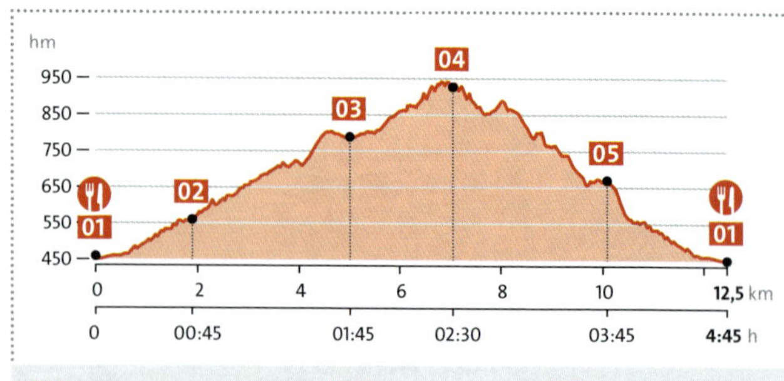

01 Salobie Restaurant, 465 m; 02 Linkskurve, 575 m; 03 Karsani Kapelle, 793 m; 04 Nino Kapelle, 958 m; 05 Trialeti-Kamm, 665 m;

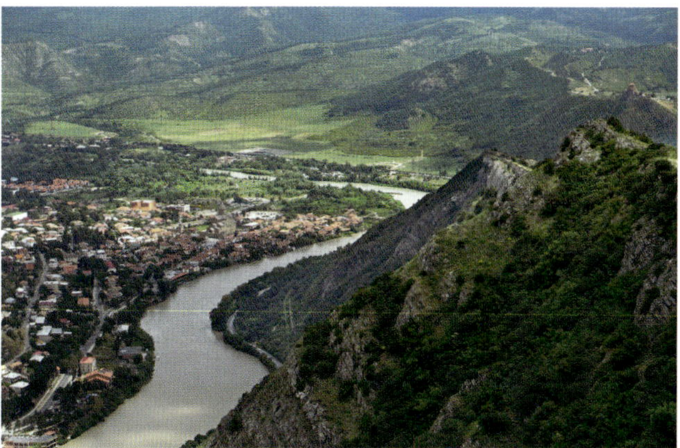

Die Stadt Mzcheta mit der mächtigen Swetizchoweli-Kathedrale.

weis: Wer mit der in Mitteleuropa üblichen Erwartung auf diese Tour geht, den Wanderweg problemlos zu finden, wird leider enttäuscht werden. Da der Weg nur selten begangen wird, ist die Wegfindung schwierig.

▶ Wir verlassen das 01 **Salobie Restaurant (465 m)** entlang der Hauptstraße in Richtung Mzcheta. Ein alternativer Weg beginnt auf der Straßenseite des Restaurants und einem weiteren Parkplatz entlang der Bahnlinie. Dort muss man ein kurzes Stück durch tieferes Gras gehen, aber der Weg führt nicht an der Hauptstraße entlang. An der nächsten Möglichkeit biegen wir nach links ab und folgen dem Wegweiser nach Karsani. Nachdem wir die Bahnlinie unterquert haben, steigt der Schotterweg leicht an. Nach einer 180-°-Rechtskurve folgt eine nach 02 **Links (575 m)**. Zur Information: Hinter dem Zaun in der Linkskurve befinden sich die Ausgrabungen von der antiken Stadt Armaz, die ursprünglich sogar die Hauptstadt des frühen georgischen Königreichs Kartli, beziehungsweise Iberien war, aber in den 730-er-Jahren zerstört wurde.

Zurück zur Wanderung: Es folgt ein längeres Wegstück. Danach ignorieren wir zwei Abzweigungen nach rechts und gehen an Häusern vorbei. An der Vierwegekreuzung wählen wir den halb rechten Arm an der Ruine vorbei. Der Weg auf dem wir laufen mündet gleich zweimal in andere Wege. An der nächsten Gabelung mit dem blauen Wegweiser nehmen wir den Weg halb links. Zuerst geht es durch einen schattigen Wald, dann über eine Lichtung und weiter bis zur 03 **Karsani Kapelle (793 m)**.

Wir kehren auf dem Hinweg zurück, gehen aber am Ende der Lichtung halb links auf einen unscheinbaren Weg, der erst im Wald richtig sichtbar wird. An einer Gabelung nehmen wir den halb linken Fahrweg, der schwer zu erkennen ist, da er zugewachsen ist. Dieser mündet in einen breiteren Weg, dem wir halb links

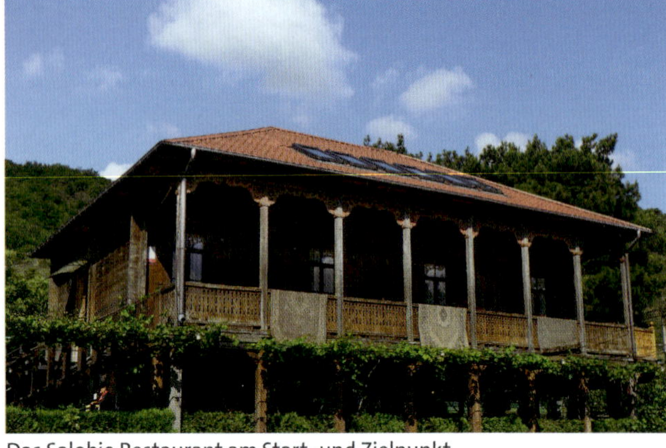
Das Salobie Restaurant am Start- und Zielpunkt.

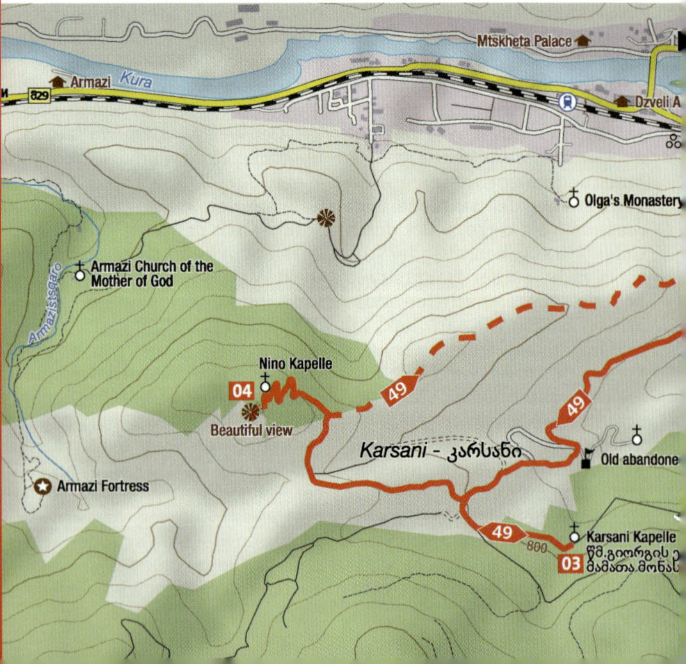

bergauf folgen. Auch der rechts abzweigende Weg ist ebenfalls schwer zu erkennen. Wenn möglich, bitte den heruntergeladenen GPS-Track benutzen. Aber schon nach 100 m biegen wir nach links auf die querende Piste ab. Am Ende der Piste befindet sich rechts des Weges auf einer Anhöhe die **04 Nino Kapelle (958 m)**. Auf der linken Seite des Weges befindet sich das Haus des Mönches oder geistlichen Vaters, auf der rechten Seite ein wunderschöner Aussichtspunkt auf die umliegende Bergwelt. Der Hinweg führt zunächst bergab. Nach dem ersten ebenen Wegstück verlassen wir aber genau in der Rechtskurve den Weg und steigen halb links weglos ab. Wir überqueren eine schmale Lichtung. Im anschließenden Wäldchen ist ein Pfad zu erkennen. Immer wieder müssen in den Weg ragende Äste zur Seite geschoben werden. Über den folgenden weglosen Grat steigen wir in Richtung Felswand auf. Dabei orientieren wir uns an einer kleinen Rinne zwischen den Felsen und erreichen so den 05 **Trialeti-Kamm (665 m)**.

Die Wanderung über den Bergrücken kann beginnen. Es geht aber nicht nur bergab, sondern auch mal bergauf, z. B. zu zwei verrosteten Masten. Wir gehen rechts an einem weiteren rostigen Pfeiler vorbei. Immer öfter ist der Weg zugewachsen oder schwer zu finden. Schöne Aussichtspunkte versüßen uns die Suche. Mitten im Nirgendwo finden wir einen Wegweiser. Auch der Abzweig nach links zu einem „Panoramic Viewpoint" ist ausgeschildert. Von hier aus gehen wir etwa 100 m auf dem Hinweg, verlassen dann aber den Pfad nach links, um über einen grasbewachsenen, weglosen Rücken abzusteigen. Kurz vor dem Aufstiegsweg wird das Gelände steil. Hier weichen wir nach rechts in Richtung einer Schlucht aus und gelangen so auf die Schotterpiste, auf der wir bis zum Start- und Zielpunkt 01 **Salobie Restaurant (465 m)** wandern.

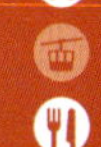

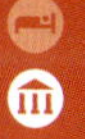

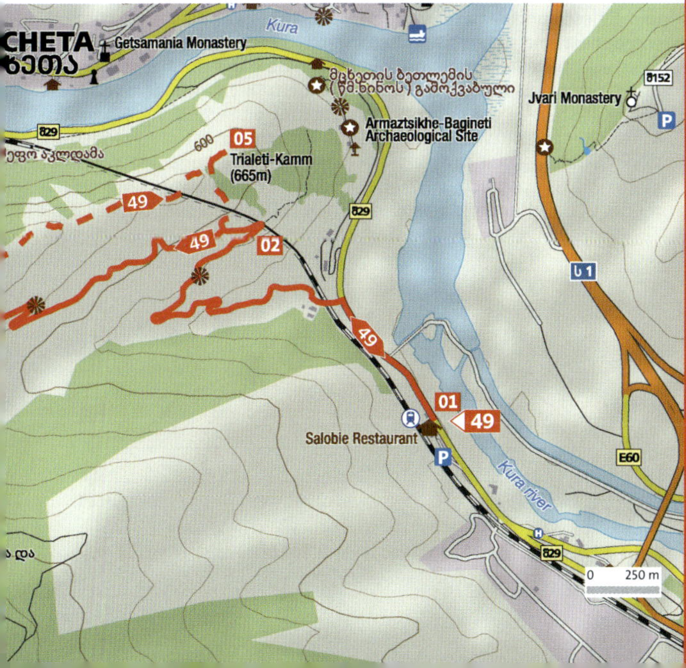

50

FESTUNG BIRTWISSI UND SCHLUCHT

Burg im mystischen Wald

  9,1 km  4:30 h 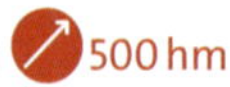 500 hm 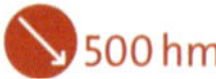 500 hm

START | 50 km südwestlich von Tiflis. Von Tiflis kommend biegen wir noch vor der Ortschaft Tbisi halb links auf die Schotterpiste ab, siehe auch Wegweiser Richtung Fischrestaurant. Hier parken wir am Straßenrand.
Startkoordinaten: 41.589193 44.545647
CHARAKTER | Gutes Orientierungsvermögen ist erforderlich. Absolute Trittsicherheit und Schwindelfreiheit sind für den Aufstieg über die Felsen zu Wegpunkt 02 erforderlich. Bei feuchtem Untergrund besteht Abrutschgefahr.

Die erste urkundliche Erwähnung der Festung Birtwissi stammt aus dem Jahr 1038. Die Wehrtürme und Befestigungsmauern wurden von den Baumeistern mit großem Geschick zwischen die von der Natur vorgegebenen kegelförmigen Kalksteinfelsen gebaut. Im Mittelalter galt Birtwissi aufgrund seiner strategischen Lage als uneinnehmbar, was auch wir Eroberer des 21. Jahrhunderts zu spüren bekommen, denn die Wege sind eng und rutschig. Der Ruf als uneinnehmbare Festung hielt sich bis 1403, als es dem türkisch-mongolischen Emir Timur gelang, bis ins Innere der Burg vorzudringen. Ab dem 18. Jahrhundert verlor die Festung an Bedeutung. Ein besonderes Erlebnis ist die Wanderung durch den verborgenen Wald mit seinen moosbewachsenen Steinen, plätschernden Quellen und

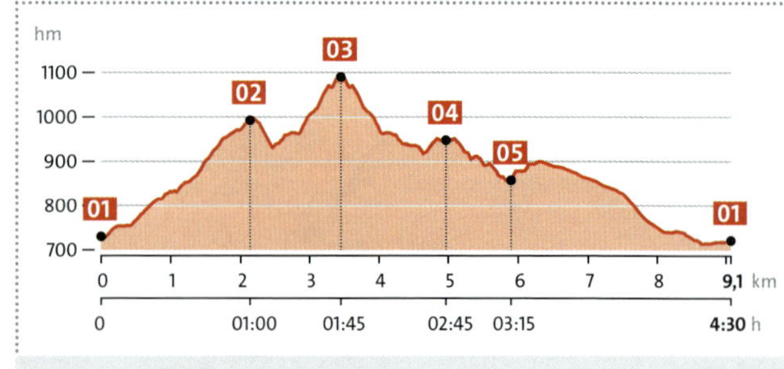

01 Tbisi, 742 m; 02 Devis Napralli, 1014 m; 03 Birtwissi, 1144 m; 04 Aussichtspunkt, 1006 m; 05 Schlüsselstelle, 851 m;

Bächen und Waldfarnen – umgeben von den mächtigen Felsen der Schlucht. Immer wieder eröffnen sich unerwartete Perspektiven und mystisch anmutende Orte ziehen uns in ihren Bann. Die Faszination uralter Burgen, Kirchenruinen aus dem 9. Jahrhundert, Wehrtürme, verbliebene Befestigungsmauern, mächtige Felsblöcke und das stille Naturerlebnis regen die Fantasie an.

Am Ortseingang von 01 **Tbisi (742 m)** überquert man die Zufahrtsstraße nach Norden und wandert auf einem Pfad zwischen den Ruinen hindurch. Weiter geht es entlang einer Steinmauer, an der schwer erkennbaren Weggabelung halb links bergauf und dann an der kreuzenden Piste rechts. Nach wenigen Metern geht es scharf links zu einem weiteren Parkplatz und einer Informationstafel. Nach einem kurzen Anstieg geht es durch schattigen Wald. Der Fahrweg verengt sich zu einem Pfad. Dort, wo sich der sonst dichte Wald lichtet, sieht man die von Wind und Regen ausgewaschenen Kalkfelsen. Wir ignorieren die halb rechts und halb links abzweigenden Pfade und folgen dem Aufstieg über den felsigen Bergrücken. Auf einem ebenen Wegstück ignorieren wir den nach rechts abzweigenden Pfad und erreichen die 02 **Devis Napralli (1014 m)**, zu Deutsch „Spalte des Riesen". Durch die sehr steile und mit nur 50 cm Breite die engste Stelle, steigen wir durch die Rinne in den Talgrund der Schlucht ab. Dort, wo der Weg endet, wenden wir uns nach links. Zuerst denken wir, dass es nach paar Metern nicht mehr weitergeht, doch dann sehen wir, wie sich eine Klamm mit überhängenden Wänden durch den Fels zwängt. Wir passieren die Arsenas Burg. Bei einer mit Steinen eingefassten Feuerstelle am Campingplatz wählen wir den Weg halb rechts. Der weitere Aufstieg wird durch die Enge der Schlucht bestimmt. Besonders eindrucksvoll ist ein hoch zwischen den Talwänden eingeklemmter Felsen, unter dem wir hindurchgehen. Es folgt ein Stück durch lichten Wald. An der Lichtung wählen wir den halb rechten Arm. Einen nach rechts abzweigenden Durchgang in der alten Befestigungsmauer ignorieren wir. Über in den Fels gehauene Stufen geht es nun sehr steil bergauf. Bei Regen besteht hier Abrutschgefahr! Dann noch ein kurzes Stück über den Bergrücken und wir haben den höchsten Punkt der Festung 03 **Birtwissi (1144 m)** erreicht. Auf dem bekannten Hinweg geht es zurück zum Talboden der Schlucht, den wir nach dem Abstieg durch die Riesenspalte

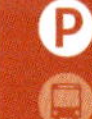

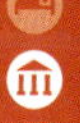

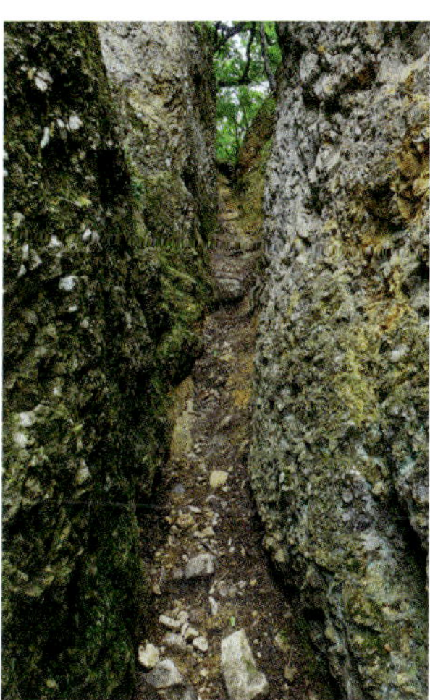
Abstieg durch die nur 50 cm breite Rinne Devis Napralli.

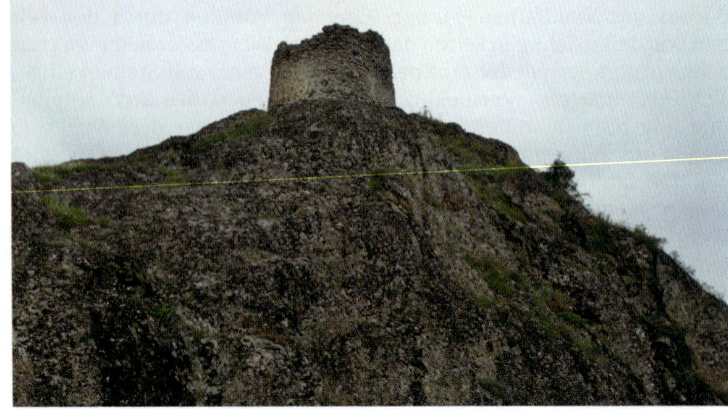

Der unerreichbare „Sheupovari Turm“.

erreicht haben. Hier geht es weiter geradeaus durch die Schlucht. Vor einem riesigen Felsen wählen wir den halb linken Arm, ignorieren die links abzweigenden Pfade, kommen an einem Kletterfelsen vorbei, überqueren einen Campingplatz und klettern unter Zuhilfenahme der Hände in eine ca. 10 m tiefer gelegene Schlucht. An der nächsten Weggabelung wählen wir den Weg, der nach links weiterführt. Diese Schlucht ist wegen umgestürzter Bäume und rutschigem Untergrund schwieriger zu begehen als die vorherige. An einigen Stellen muss man sogar die Hände zu Hilfe nehmen. Nach einem Waldstück führt links eine schmale Rinne bergauf und unter einer Steinmauer hindurch. Bei dieser Steinmauer beginnt rechts ein Pfad nackte Felsen zum „Sheupovari Turm“. Da auf diesem Wegabschnitt Absturzgefahr besteht, ist er nicht Bestandteil dieser Tour! Links von der Steinmauer befindet sich ein schöner 04 **Aussichtspunkt (1006 m)**. Zurück geht es auf dem bekannten Hinweg bis zur 10 m tiefer gelegenen Schlucht. Hier biegen wir nicht nach rechts ab (der Hinweg), sondern nach links ab. In der folgenden Schlucht muss man immer wieder den richtigen Weg suchen und finden. Dort, wo der Weg vor einer hohen Felswand endet, wählen wir den Weg, der nach rechts weiterführt. Kurz darauf folgen wir dem Lauf eines Baches, bei Niedrigwasser bleiben die Schuhe trocken. Immer wieder verengt sich die Schlucht, der einzig verbleibende Weg führt dann durch den Bach. Wir erreichen die 05 **Schlüsselstelle (851 m)**. Verpasst man hier die Abzweigung nach rechts, führt der weitere Weg ins Nichts. Zur Orientierung: Links des Weges befindet sich eine riesige Buche, rechts des Weges ein Steinhaufen. Hier verlassen wir den Pfad nach halb rechts und steigen durch das Seitental aufwärts. Die schwer erkennbare Trittspur geht in einen Pfad und später in eine Piste über. Ein längeres Wegstück ist deutlich zu erkennen, nur dort, wo der Hauptweg eine Linkskurve macht, gehen wir geradeaus weiter. Rechts entlang des Wasserkanals erreichen wir die Zufahrtsstraße und nach wenigen Metern auf dieser den Start- und Zielpunkt 01 **Tbisi (742 m)**.

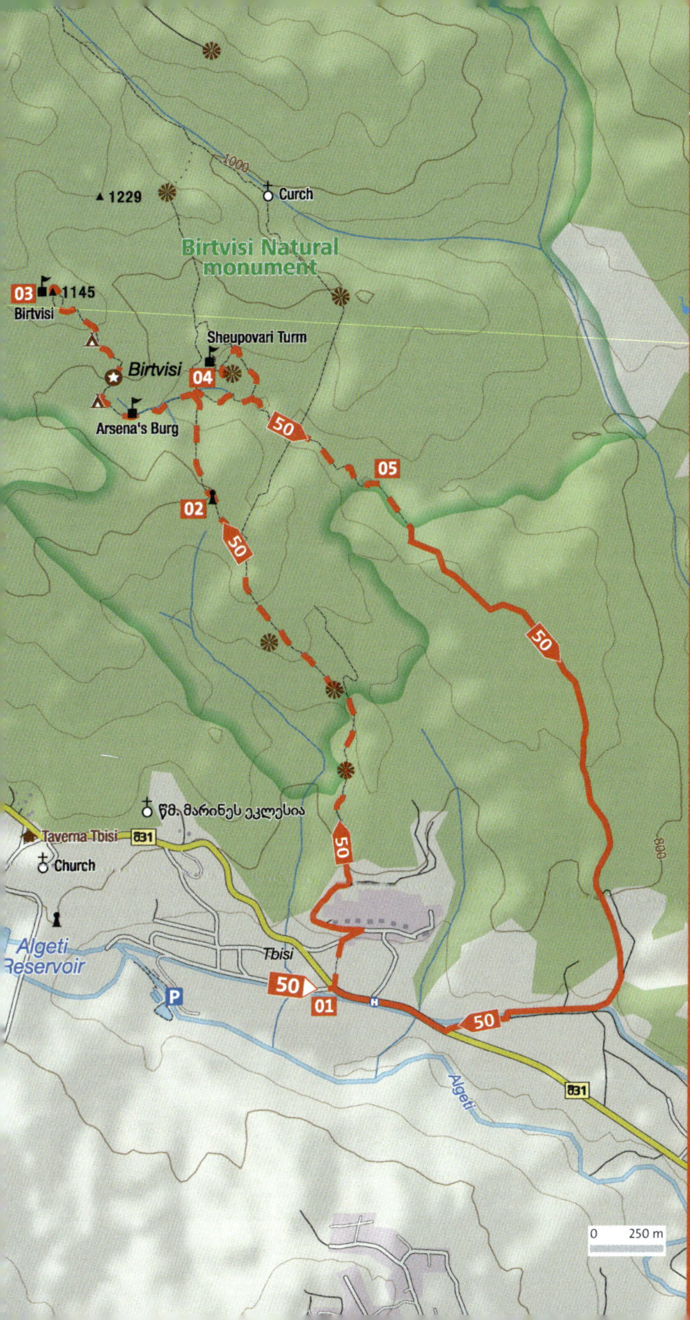

1229
Curch
1000
Birtvisi Natural monument
03 1145
Birtvisi
Sheupovari Turm
Birtvisi
04
Arsena's Burg
50
05
02
50
50
წმ. მარინეს ეკლესია
Taverna Tbisi
გ31
Church
50
800
Algeti Reservoir
Tbisi
50
01
P
50
Algeti
გ31
0 250 m

Chroniken Georgiens

Eines der markantesten Denkmäler in der Nähe von Tiflis ist das historische Denkmal der „Chroniken Georgiens". Es erinnert an die Geschichte und religiöse Vergangenheit Georgiens. 16 Säulen zwischen 30 und 35 m hoch sind im Quadrat angeordnet. Auf den Säulenwänden sind monumentale Bronzereliefs angebracht, die im oberen Teil Könige, Königinnen und Nationalhelden darstellen. Im unteren Teil sind die Namen auf einem großen Grabstein eingraviert. Außerdem werden Geschichten aus dem Neuen Testament gezeigt und ein Bronzekreuz in Form einer Weinrebe errichtet – das sogenannte Kreuz der Heiligen Nino. | Der Eintritt ist frei. | Öffnungszeiten: 09:00–22:00 Uhr. | Siehe Wikipedia *en.wikipedia.org/wiki/Chronicle_of_Georgia.* | Zur Google-Navigation: `41.770561 44.810582.` |

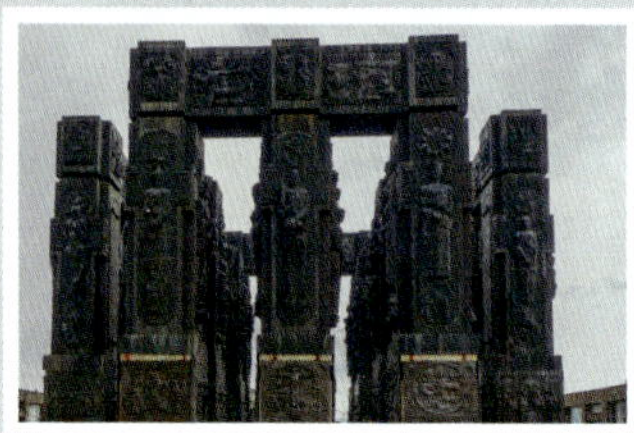

Dschwari-Kloster

Der Überlieferung nach wurde das Christentum im Jahre 337 von König Mirian und Königin Nana zur Staatsreligion erklärt. Daraufhin wurde an der Stelle des heutigen Klosters ein Holzkreuz errichtet. Im Laufe der Jahrhunderte wurde neben der Kirche eine kleinere Kirche gebaut, die aber bald zu klein wurde. So entstand zwischen 586 und 604 das heutige Meisterwerk frühchristlicher Architektur, die Kathedrale von Dschwari. Der Sockel des alten Kreuzes ist noch erhalten. Ungewöhnlich reiche Reliefskulpturen schmücken die Fassaden, unter anderem die der Könige, die die Kirche erbauen ließen. Das Kloster gehört zum UNESCO-Weltkulturerbe. | Öffnungszeiten: 09:00–19:00 Uhr. | Der Eintritt ist frei. | Zur Google-Navigation: `41.838399 44.733519.` |

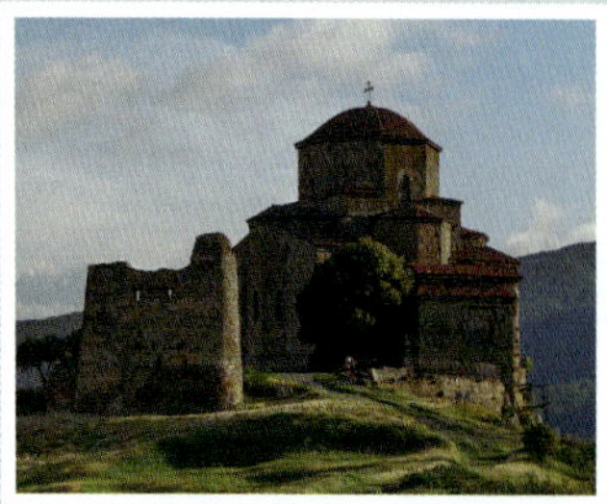

Svetitskhovel-Kathedrale

Mzcheta war die Hauptstadt des antiken Königreichs Iberia und ist heute das wichtigste religiöse Zentrum des Landes. Das Herz von Mzcheta ist die Svetitskhoveli-Kathedrale, die zwischen 1010 und 1029 erbaut wurde. Auch ein Jahrtausend später zählt sie zu den schönsten Kirchen

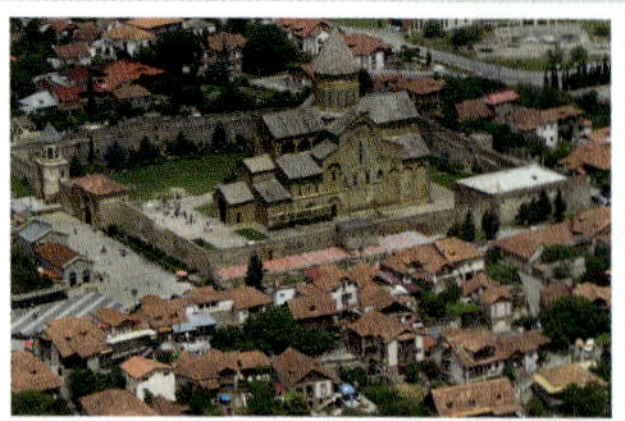

des Landes. Sie ist ein Meisterwerk des frühen und hohen Mittelalters, sagt auch die UNESCO und hat das Bauwerk zum Weltkulturerbe erklärt. | Öffnungszeiten: Täglich 09:00–20:30 Uhr. | Der Eintritt ist frei. | Zur Google-Navigation: `41.842303 44.720998`. |

Giant Plane Tree

Eine monumentale Morgenländische Platane gehört seit über 900 Jahren zum Stadtbild von Telavi. Die Einwohner von Telavi behaupten, die Platane sei der älteste Baum Georgiens. Die Krone ist etwa 46 m hoch, der Stamm hat einen Durchmesser von 3,6 m und einen Umfang von 12 m. Im Laufe der Jahrhunderte pilgerten alle literarischen und politischen Helden Georgiens zur Riesenplatane. Im Herbst verliert die Platane ihre Blätter. Die vermeintliche Rinde, die die Bäume umgibt, ist in Wirklichkeit Borke. Das ist der abgestorbene Teil der Rinde, der langsam nach außen wandert. Die Rinde besteht aus den abgestorbenen Zellen des Bastes, der sich ständig erneuert und den Baum vor Eindringlingen und äußeren Einflüssen schützt. Der Baum steht in einem Park schräg gegenüber dem Denkmal von König Erekle II. | Zur Google-Navigation: `41.916613 45.478526`. |

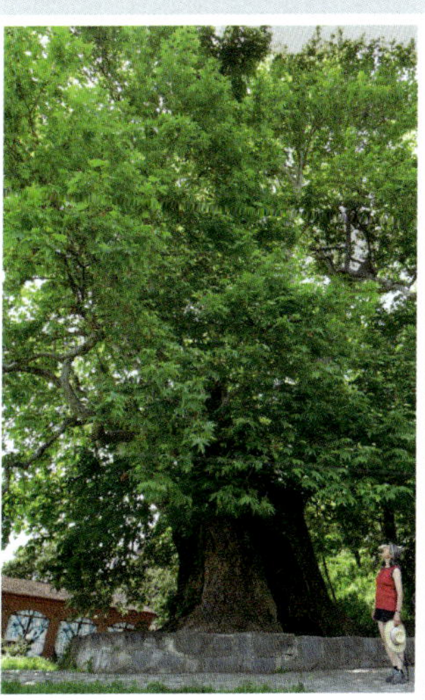

Khareba Winery – Kvareli Wine Cave

In den insgesamt 7,7 km langen Weinkeller des Weingutes Khareba lagern 26.000 Flaschen Qualitätswein. Mit dem Bau der Höhle wurde in den 1950er-Jahren für militärische Zwecke begonnen. Während der Bauphase stellte man fest, dass die Höhle den Anforderungen nicht genügte; sie wurde für die Weinlagerung umgebaut. Die Luftfeuchtigkeit von 70 % und die ideale Temperatur (12-14 °C) für die Lagerung und Reifung des Weins bleiben das ganze Jahr über erhalten. Bei einer Besichtigung des Weingutes Khareba besteht auch die Möglichkeit zur Weinprobe. | Zur Google-Navigation: `41.936090 45.833395`. | Webseite *winery-khareba.com/en/company/Cave* |

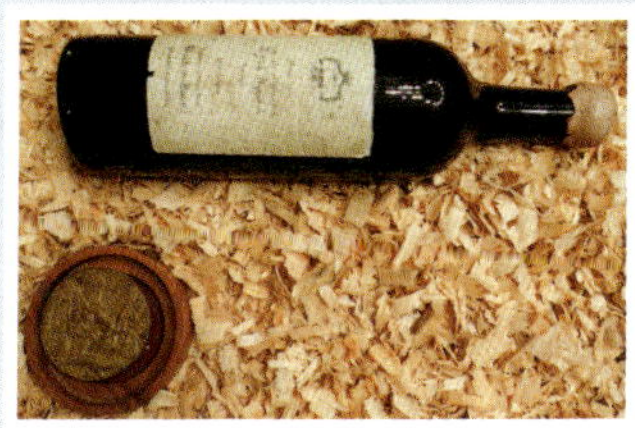

Schloss Mukhrani

Das Schloss und Weingut Mukhrani wurde Ende des 19. Jahrhunderts von Fürst Ivane Mukhranbatoni gegründet. Die Weine von Mukhrani waren von Anfang an international anerkannt und das Weingut gehörte zu den exklusiven Lieferanten des russischen Zarenhofes. Das Schloss und die Gärten gehörten zu den kulturellen Zentren der georgischen Elite und des russischen Königshauses. Während der Sowjetzeit wurde das Château Mukhrani verlassen und fast zerstört, doch 2002 fand sich eine Gruppe von Investoren zusammen, um das Anwesen wieder aufzubauen und das Weingut wiederzubeleben. Seit 2007 produziert das Château Mukhrani wieder Wein, der in den eigenen Weinbergen geerntet wird. Auch der Weinkeller wurde nach den Originalplänen rekonstruiert und fasst heute mehr als 60.000 Barrel Wein. Heute können Besucher das restaurierte Schloss, die Gärten und den Weinkeller besichtigen. Im Restaurant des Parks kann man Mukhrani-Weine und georgische Küche probieren. | Webseite *chateaumukhrani.com.* | Öffnungszeiten: Täglich 10:00–18:00 Uhr. | Siehe Wikipedia *en.wikipedia.org/wiki/Palace_of_Mukhrani.* | Zur Google-Navigation: `41.942297 44.582416.` |

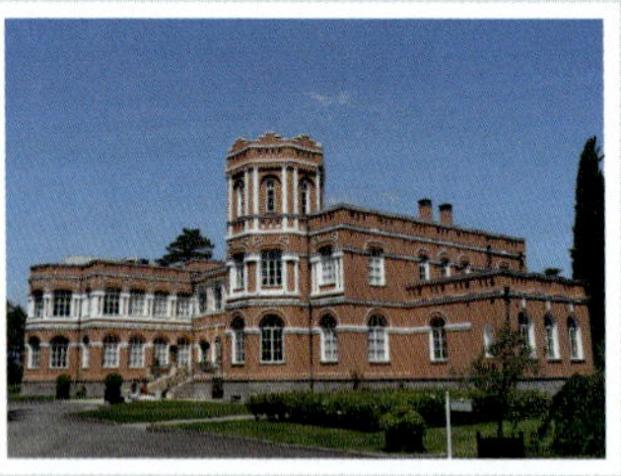

Alawerdi Monastry

Das das orthodoxe Alawerdi-Kloster wurde im 6. Jahrhundert von Ioseb von Alawerdeli mitbegründet. Die Überreste dieser Kirche und der Grabstein von Ioseb Alawerdeli befinden sich in der heutigen Kathedrale, die im 11. Jahrhundert im Auftrag von König Kwirike III. errichtet wurde. Im 15. Jahrhundert, nach einem Erdbeben im Jahre 1742 und nach umfangreichen Restaurierungsarbeiten im Jahre 1967, wurde die Kirche wieder aufgebaut und ist heute mit 53 Metern die drittgrößte Kirche Georgiens. | Zur Google-Navigation: `42.032462 45.377204.` |

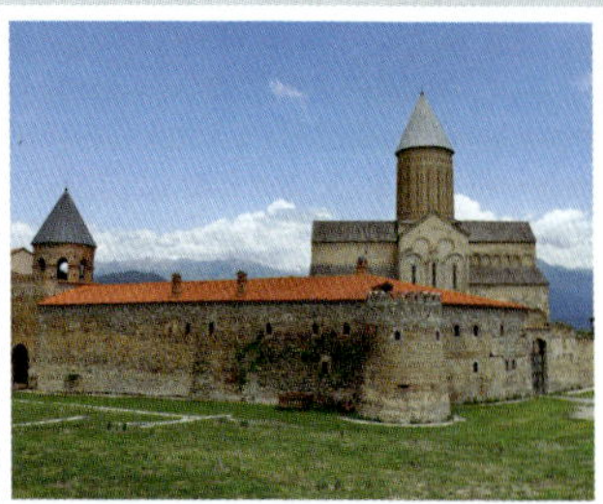

Dikhashkho Sulfur Pool

Im Gegensatz zu einem luxuriösen Spa ist die Dikhashkho-Schwefelquelle eine sehr naturnahe Variante der Entspannung. Die beiden kleinen Becken werden von einer natürlichen, ca. 36-38 °C warmen Schwefelquelle gespeist, die inmitten eines großen Feldes liegt. Es gibt keine touristische Infrastruktur, die beiden Becken sind nicht überdacht, es gibt keine Toiletten, eine etwas klapprige Umkleidekabine aus Holz steht zur Verfügung. Die Becken sind 24 Stunden geöffnet, der

Eintritt ist frei. Die Zufahrt erfolgt über eine extrem holprige Piste! | Zur Google-Navigation: `42.104521 42.586826`. |

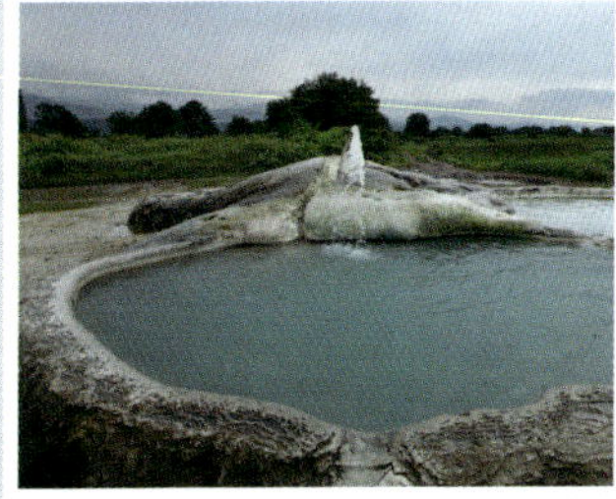

Ananuri

In spektakulärer Lage auf einem Felssporn über dem Shinwali-Stausee liegt der Festungskomplex Ananuri – Festung, zwei Kirchen und ein georgisch-orthodoxes Kloster in einem. Der Grundstein wurde im 13. Jahrhundert an einem strategisch wichtigen Verkehrsknotenpunkt zwischen dem nördlichen und dem südlichen Teil des Kaukasus gelegt. In der heutigen Festung befinden sich die kleinere und ältere Erlöserkirche und die 1689 erbaute Mariä-Himmelfahrt-Kirche. In dieser Kirche sind gut erhaltene Fresken zu bewundern. Die Festung ist von einer Ringmauer mit mehreren Aussichtstürmen umgeben. Zu Beginn des 19. Jahrhunderts verlor die Anlage ihre strategische Bedeutung und wurde aufgegeben. Im Jahr 2007 wurde der Komplex in die vorläufige Liste des UNESCO-Weltkulturerbes aufgenommen. | Öffnungszeiten: 09:00-19:00 Uhr. | Zur Google-Navigation: `42.163789 44.702950`. |

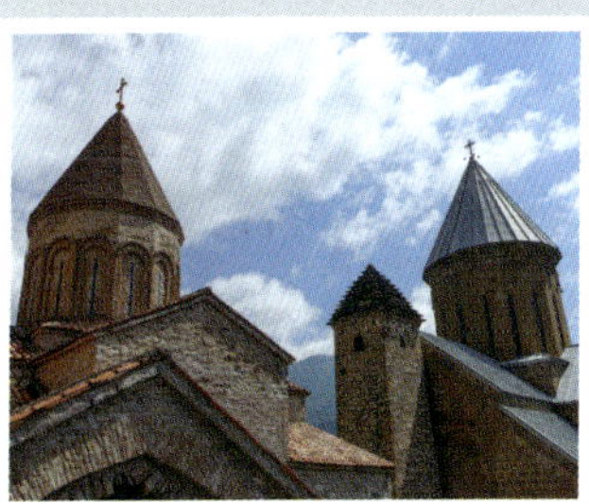

Prometheus Cave

Die Prometheus-Höhle ist die größte Karsthöhle Georgiens. Die bunt beleuchteten Stalaktiten, Stalagmiten, ein unterirdischer Bach und Seen vermitteln einen mystischen Eindruck. Die Tour ist 1060 Meter lang und führt über Stahltreppen auf und ab. Wer zusätzlich eine zehnminütige Bootsfahrt bucht, kann die Höhle vom Wasser aus besichtigen. Die Temperatur in der Höhle beträgt das ganze Jahr über konstant 14 Grad. Anschließend geht es mit dem Bus ein kurzes Stück zurück zum Ausgangspunkt. | Die Führung ist kostenpflichtig. | Öffnungszeiten: Täglich 10:00–18:00 Uhr. | Google-Navigation: `42.376496 42.600562`. |

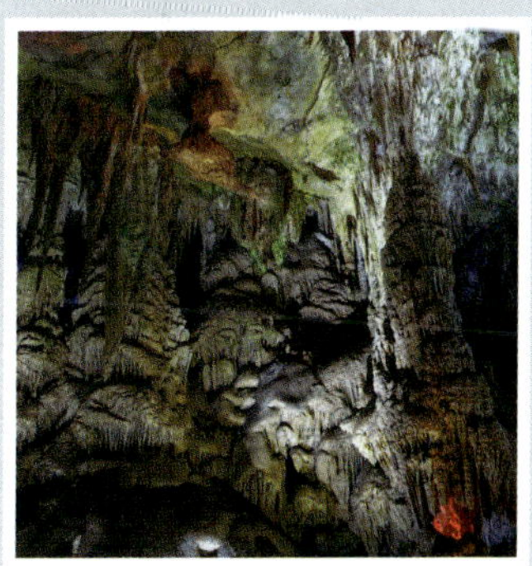

40 Praktische Reiseinformationen von A bis Z

Auslandsüberweisungen

Für Unterkünfte, die in Georgien nur direkt beim Vermieter gebucht werden können, wird in der Regel auch eine Anzahlung verlangt. Da Georgien nicht zur EU gehört und da sich die meisten deutschen Hausbanken sich mit Überweisungen in ein Nicht-EU-Land sehr schwer tun und diese dann auch noch sehr teuer sind, bin ich auf der Suche nach einer Alternative auf „*Wise: The international account | Money without borders*" gestoßen und habe damit sehr gute Erfahrungen gemacht. Wise hat sich auf den grenzüberschreitenden Zahlungsverkehr spezialisiert. Siehe Webseite *wise.com.*

Anreise – Fährverbindung – Schwarzes Meer

Über die Schwarzmeerpassage von Varna Bulgarien (zur Google-Navigation: `43.185717 27.678033`) nach Batumi ist Georgien auch mit der Fährgesellschaft **Navibulgar** (siehe Webseite *www.navbul.com*) erreichbar. Der einfache Preis (Stand 2023) für eine erwachsene Person beträgt 200 €, der einfache Preis für einen Pkw bis 1,83 m Höhe beträgt 500 €. Wer diese Anreisemöglichkeit wählt, muss mit Verzögerungen bei der Zollabfertigung rechnen.

Anreise mit dem eigenen Fahrzeug

Lässt man sich vom **Routenplaner** des ADAC die Strecke von Frankfurt `50.107818 8.694881` nach Tiflis `41.692915 44.808314` berechnen, so erhält man: 39 Stunden und 59 Minuten Fahrzeit, 3875 km, ca. 65 € Mautkosten und ca. 600 € Kraftstoffkosten – **einfach!**

Zur Berechnung der Fahrstrecke mit den entsprechenden Mautkosten und Ländern, in denen eine Vignette gekauft werden muss, bietet die Webseite des ADAC *maps.adac.de* eine sehr gute Übersicht. Auf der folgenden Webseite des ADAC *www.adac.de/reise-freizeit/maut-vignette/* gibt es zusätzlich eine sehr nützliche Übersicht über Maut oder Vignette im jeweiligen Urlaubsland. Die aktuellen Kraftstoffpreise finden Sie auf der Webseite des Automobilclubs von Deutschland:
avd.de/wissensbasis/rund-ums-auto/artikel/benzinpreise-europa

Anreise mit dem Flugzeug

Es gibt drei internationale Flughäfen: Tiflis, Kutaisi und Batumi.

Wizz Air fliegt Kutaisi von Berlin-Brandenburg, Dortmund , Frankfurt Hahn, Hamburg, Memmingen und Wien an.
wizzair.com.

Austrian Airlines fliegt täglich von Wien nach Tiflis. *www.austrian.com.*

Georgian Airways fliegt von Wien (zweimal wöchentlich) und Berlin (dreimal wöchentlich) direkt nach Tiflis.
flights.georgian-airways.com

Air Baltic fliegt dreimal wöchentlich via Riga nach Tiflis.
www.airbaltic.com.

Swiss Airlines fliegt täglich von Zürich via München mit Lufthansa nach Tiflis. *www.swiss.com.*

Turkish Airlines fliegt täglich via Istanbul nach Tiflis. Siehe Webseite *www.turkishairlines.com.*

Pegasus Airlines fliegt täglich von Berlin über Istanbul nach Tiflis. *web.flypgs.com.*

Eurowings fliegt zweimal wöchentlich von Berlin und auch Düsseldorf direkt nach Tiflis.
www.eurowings.com.

Flyone aus Moldawien fliegt zweimal wöchentlich nach Tiflis mit einer sehr langen Umsteigezeit in Chinsinau. *flyone.eu.*

Lufthansa fliegt täglich von allen deutschen Städten via München direkt nach Tiflis.
www.lufthansa.com.

Condor fliegt zweimal wöchentlich direkt von Frankfurt nach Tiflis. *www.condor.com.*

Weitere Flugverbindungen bestehen mit **Polish Airlines, Czech Airlines** und **Aegan Airlines.**

Botschaften

Botschaft von **Georgien in der Bundesrepublik Deutschland** | Rauchstraße 11, 10787 Berlin | Tel.: +49304849070 | *berlin.emb@mfa.gov.ge* | Webseite *botschaftgeorgien.de* | Öffnungszeiten: Mo. bis Fr.: 09:00–13:00 Uhr, 14:00–18:00 Uhr. |

Botschaft von **Georgien in der Schweiz** | Seftigenstrasse 7, 3007 Bern | Tel.: +41313515855 | *bern.emb@mfa.gov.ge* | Webseite *switzerland.mfa.gov.ge* | Öffnungszeiten: Mo. bis Fr.: 09:00–18:00 Uhr. |

Botschaft von **Georgien in Österreich** | Rudolfsplatz 2/8, 1010 Wien | Tel.: +43140398480 | *vienna.emb@mfa.gov.ge* | Webseite *austria.mfa.gov.ge* | Öffnungszeiten: Mo.bis Fr.: 09:00–18:00 Uhr. | Öffnungszeiten: Mo. bis Fr.: 09:00–18:00 Uhr. |

Botschaft der **Bundesrepublik Deutschland in Georgien** | Nino Chkheidze Str. 38, 0102 Tbilisi | Bereitschaftsdienst für Notfälle Tel.: +995599586191 | *info@tiflis.diplo.de* | Webseite *tiflis.diplo.de/ge-de* | Öffnungszeiten: Mo. bis Do.: 08:30–17:30, Fr.08:30–14:30 Uhr. |

Botschaft der **Schweiz in Georgien** | Shalva Radiani Street 12, 0179 Tbilisi | Tel.: +995322753001 | *tbilisi@eda.admin.ch* | Webseite *www.eda.admin.ch/tbilisi* | Öffnungszeiten: Mo. bis Do.: 09:00–12:30 und 14:00–16:30 Uhr, Fr. 09:00–12:30 Uhr. |

Botschaft von **Österreich in Georgien** | Inoffice Business Centre, 5. Stock 4 Chovelidze Straße, 0108 Tbilisi | Tel.: Tel.: +995577044856| *tiflis-ob@bmeia.gv.at* | Webseite *www.bmeia.gv.at/oeb-tiflis* | Bereitschaftsdienst für Notfälle | Öffnungszeiten: Mo. bis Do.: 09:00–17:00 Uhr. |

Briefmarken – Post

Nachdem es in Georgien lange Zeit keine Briefkästen gab, hat die georgische Post im September 2014 wieder damit begonnen, Briefkästen aufzustellen. Die Briefkästen sind hellblau! Die Standorte der Briefkästen sind auf der folgenden Webseite *www.gpost.ge/* zu finden. Teilweise sind sie auch in Google Maps eingetragen. Wenn man dann eine Postkarte kaufen möchte, so kann das

REISEINFORMATIONEN

Feier- und Festtage

1. und 2. Januar	Neujahr
7. Januar	orthodoxes Weihnachtsfest
19. Januar	orthodoxer Dreikönigstag
3. März	Muttertag
8. März	Weltfrauentag
9. April	Nationalfeiertag (Tag der Unabhängigkeit 1991)
März/April	orthodoxer Karfreitag (jährlich wechselnd)
März/April	orthodoxer Ostermontag (jährlich wechselnd)
9. Mai	Tag des Sieges/Tag der Befreiung
12. Mai	Sankt-Andreas-Tag
26. Mai	der zweite Unabhängigkeitstag (von 1918)
28. August	Maria Himmelfahrt
14. Oktober	georgisch-orthodoxes Fest, benannt nach der Stadt Mzcheta
23. November	Giorgoba – St.-Georgs-Tag

außerhalb von Tiflis wirklich zur Herausforderung werden! Sollte man im unwahrscheinlichen Fall aller Fälle nun wirklich eine Postkarte finden, so sollte man sie unbedingt zusammen mit einer Briefmarke kaufen. Sonst muss man sie in einem der wenigen Postämter kaufen!

Einreise

Deutsche, österreichische und Schweizer Staatsangehörige benötigen für die Einreise nach Georgien einen Reisepass, der mindestens 6 Monate über die Ausreise hinaus gültig ist.

Fremdenverkehrsämter

Georgian National Tourism Administration | 4 Sanapiro Street, 0105 Tbilisi | Tel.: +995322436999 | *info@gnta.ge* | Webseite *gnta.ge* |

Insgesamt gibt es 25 Tourismusbüros, die über ganz Georgien verteilt sind. Auf der Webseite *places.georgia.travel* von Georgia Travel und unter Service findet sich eine Liste mit Standort, E-Mail-Adresse, Öffnungszeiten und Telefonnummer.

Kein Fremdenverkehrsamt, aber eine sehr gute Internetpräsenz hat Reisebüro Georgia Insight in Tiflis. | Tabukashvili Str. 41, 0108 Tbilissi | Tel.: +995322295532 | Mobil Tel.: +995599084500 | Aus Deutschland Tel.: +4971146050129 | *info@georgia-insight.eu* | Webseite *www.georgia-insight.eu* |

Gaskartusche für Mehrtagestouren

Für mehrtägige Wanderungen wird in der Regel eine Gaskartusche von mit einem Brennstoffgemisch benötigt. Die Vorschriften verbieten jedoch das Mitführen im Fluggepäck, so das diese vor Ort gekauft werden muss. Die „MSR IsoPro Fuel Canister“ sind im Fachgeschäft MPLUS für Outdoor-Kleidung und Ausrüstung erhältlich. | 25 Vazha-Pshavela Ave. | *info@mplus.ge* | Tel.: +995322319101 | Siehe Webseite *shop.mplus.ge.* | Zur Google-Navigation: `41.727069 44.759653`.

Lebenshaltungskosten

Die Lebenshaltungskosten in Georgien liegen bei 44,67 % (Deutschland 100 %). Hotels und Restaurants sind nur in Tiflis, Batumi und Kutaisi annähernd so teuer wie in europäischen Städten. Essen gehen ist in Georgien sehr preiswert. Im Restaurant kostet eine Suppe 3-6 €, ein Hauptgericht ab 8 €, ein Stück Kuchen 2 €, ein Cappuccino 2 € und ein Bier 2-4 €. Benzin kostet ca. 1,1 € pro Liter. Wie überall auf der Welt variieren die Hotelpreise je nach Anspruch und Lage. Bevorzugt man 3-Sterne-Hotels, liegen die Preise zwischen 40 und 110 € pro Person und Nacht.

Medizinische Versorgung

Die **medizinische Versorgung** in Georgien ist nicht optimal. Krankenhäuser mit Fachärzten und ausreichender apparativer und technischer Ausstattung gibt es nur in den größeren Städten. Jede Stadt verfügt inzwischen über mindestens ein Krankenhaus und ein ambulantes Behandlungszentrum. In den Dörfern gibt es jeweils einen Hausarzt und eine Krankenschwester. Für Arztbesuche außerhalb der Großstädte ist in der Regel die Landessprache erforderlich. In Tiflis und Batumi gibt es einige Privatkliniken, die in etwa europäischem Standard entsprechen. Im Notfall ist es ratsam, ein **Privatkrankenhaus** aufzusuchen. Die folgende Ärzteliste des Auswärtigen Amtes für Tiflis ist nach Fachgruppen gegliedert und alphabetisch sortiert. Sie enthält nicht alle Ärzte vor Ort, sondern eine repräsentative Auswahl. Die Liste basiert auf den Informationen, die der Botschaft der Bundesrepublik Deutschland in Tiflis zum Zeitpunkt der Erstellung vorlagen.

Die **Europäische Krankenversicherungskarte** (EHIC) gilt in Georgien nicht. Bei Vorlage der Arztrechnungen aus Georgien werden die **meisten** Kosten dann im Nachhinein von der europäischen Krankenkasse übernommen. Aber bei hausärztlicher Behandlung, fachärztlicher Behandlung, zahnärztlicher Behandlung, besonderen Medikamenten, einer Behandlung im Krankenhaus oder Fahrtkosten entstehen in der Regel zusätzliche zahlungspflichtige Gebühren, die nicht von der Krankenkasse übernommen werden. Arztbesuche müssen grundsätzlich bar bezahlt werden. So ist das Abschließen einer **Auslandskrankenversicherung** mit Rückholgarantie (die dürfen nicht von der gesetzlichen Krankenkasse bezahlt werden) für den Fall der Fälle sehr wichtig.

Apotheken gibt es inzwischen in jeder Stadt. Grundsätzlich sind in Georgien alle Arten von Medikamenten des westeuropäischen Marktes als Originalpräparate oder Generika erhältlich. Die Mitnahme von Medikamenten, d. h. eine individuell zusammengestellte Hausapotheke, ist dennoch empfehlenswert, insbesondere für Personen, die auf spezielle Medikamente angewiesen sind.

Medizinische Versorgung – Tollwutimpfung

Das Tropeninstitut und das Robert-Koch-Institut empfehlen eine Impfung gegen Tollwut. Auf Wanderungen in abgelegenen Bergregionen begegnet man immer wieder dem Kaukasischen Owtscharka mit seinem genetisch verankerten Wach- und Schutzverhalten. Mit einem Gewicht von über 50 Kilogramm und einer über Schulterhöhe von über 70 Zentimetern (Rüden) ist er sehr unerschrocken. Ich bin schon in vielen Ländern gewandert, aber selten mit so vielen Hunden in Kontakt gekommen. Im Gespräch mit einem Ranger wurde mir sehr eindrücklich erklärt, dass dieser Hund gefährlicher als ein Bär ist. Eine Tollwutimpfung ist in Georgien sehr sinnvoll. Die Impfung ist im Zweifelsfall lebensrettend. Eine Infektion ohne Impfung zu überleben, ist unwahrscheinlich.

Mobilität – Erfahrungen im Straßenverkehr

Es gelten die folgenden **Geschwindigkeitsbegrenzungen:** Innerorts 50 km/h, außerorts 90 km/h und auf der Autobahn 120 km/h.

Parkplätze sind in den größeren Städten relativ leicht zu finden, mit Ausnahme der großen Einkaufsstraßen. Zu beachten ist, dass das Parken auf öffentlichen Straßen nur mit einer Parkgenehmigung erlaubt ist, die zuvor über die Website *ct-park.ge* reserviert werden muss.

Der georgische Autofahrer **überholt**, auch wenn es uns Mitteleuropäern aussichtslos, ja lebensgefährlich erscheint - überholt wird trotzdem. Aus einer zweispurigen Straße kann schnell eine Fünfspurige werden.

Trotz dieser zahlreichen und unerwarteten kritischen Fahrmanöver gehen die georgischen Autofahrer nur bis zu einem gewissen Punkt an ihre Grenzen und riskieren keinen Unfall. Der **Risikofreudigere und Stärkere** bahnt sich seinen Weg durch den Verkehr und nicht derjenige, der im Recht ist.

Und dann sind da noch die vielen Kühe, Schweine, Hunde, Pferde, Ziegen, Enten und Hühner, die alle meinen, die Straße gehöre ihnen. Hinter jeder Kurve kann eines dieser **tierischen Hindernisse** den Weg versperren.

Unerwartet sind auch die **riesigen Schlaglöcher,** Buckelpisten und Steine bis hin zu Felsbrocken, die einfach so auf der Straße liegen. Oft wechseln sich gut asphaltierte Straßen mit Schlaglochpisten ab.

Die Karten von Google Maps sind nur zu 80-90% zuverlässig. Es ist sinnvoll, weitere Karten von „Open Street“ oder Maps.me als „Backup“ mitzuführen. Navigieren sollte man nicht mit Straßennamen, sondern am besten nur mit GPS-Koordinaten in Dezimalgrad. Es gibt nur eine Schreibweise.
Und Vorsicht, georgische Autos sind nachts oft **unbeleuchtet**.

In abgelegene Regionen wie Mestia, Ushguli und Omalo sollte man immer mit vollem Tank fahren. Dort gibt es nur wenige oder gar keine **Tankstellen**.

Mobilität – Busverbindungen in Tiflis

Auf der Webseite *ttc.com.ge/en* der „Tbilisi Transport Company“ findet man einen Überblick über die Fahrpläne der Busse und U-Bahnen mit den Haltestellen auf einem Stadtplan. Man kann auch in Echtzeit verfolgen, wo sich welcher Bus gerade befindet. Ein Routenplaner hilft, den Weg zum Ziel zu finden.
Übersicht der Minibusverbindungen in Tiflis *www.tm.ge.*

Mobilität – Wohnmobile

Auf der Webseite *overlando.com/vehicles/* von Overlando Campers werden Wohnmobile mit Allradantrieb und Dachzelt angeboten: Lada Niva, Toyota Hilux Expedition, MAN TGE, KIA Bongo mit Dachzelt von UAZ Buhanka. Da man sich in Georgien frei bewegen kann, ist es möglich, die schönsten Orte des Landes zu erreichen und dort zu übernachten.

Mobilität – Haftpflichtversicherung für das eigene Fahrzeug

Fahrzeuge, die nicht in Georgien zugelassen sind, müssen zusätzlich zu der im Heimatland abgeschlossenen Versicherung eine georgische Haftpflichtversicherung abschließen. Diese kann online unter *tpl.ge/en* abgeschlossen werden. Achtung: Bei Polizeikontrollen wird der Nachweis einer gültigen Versicherung verlangt. Während sich deutsche Staatsangehörige bis zu einem Jahr visumfrei in Georgien aufhalten können, ist die zollfreie Einfuhr von Kraftfahrzeugen für 90 Tage möglich

Mobilität – Inlandsflüge

Inlandsflüge zwischen den internationalen Flughäfen von Tiflis und Batumi werden von **Georgian Airways** *georgian-airways.com* angeboten.

Inlandsflüge zwischen Tiflis (Natakhtari), Batumi, Mestia und Ambrolauri werden von **Vanilla Sky** angeboten *vanillasky.omedialab.com/en/air-services.* Die Fluggesellschaft Vanilla Sky fliegt vom „Natakhtari Airfield" ab. Dieser befindet sich in Natakhtari, ca. 30 km nördlich des Stadtzentrums von Tiflis. Flüge zwischen Natakhtari und Mestia sind eine echte Alternative zu einer acht- bis neunstündigen Autofahrt. Im Preis des Flugtickets von/nach Natakhtari ist der Transport zwischen dem Flugplatz Natakhtari und Tiflis. Das zulässige Gepäck pro Passagier beträgt 15 kg (einschließlich Handgepäck).

Mobilität – Marschrutka

Die fahrende Lebensader Georgiens sind die meist privat betriebenen sogenannten Marschrutkas. Diese Kleinbusse oder auch Sammeltaxis genannt, ergänzen den öffentlichen Personennahverkehr und haben vor allem auf längeren Strecken eine kürzere Fahrzeit. Der große Vorteil und für uns Europäer sehr ungewöhnlich ist, dass die Marschrutkas überall am Straßenrand angehalten werden können, ohne dass die Fahrgäste vorher eine Haltestelle aufsuchen müssen und dass sie auch die entlegensten Orte und viele touristische Sehenswürdigkeiten anfahren. Das Problem für uns Europäer: Wie finde ich heraus, welche Strecken bedient werden? Das geht nur durch Fragen! Die sehr klapprigen Gefährte rasen zum Teil schnell über die georgischen Pisten und gelten als unfallträchtig. Der Fahrpreis wird erst beim Aussteigen bezahlt. Manchmal ist der Fahrpreis angeschlagen, meistens muss man ihn beim Fahrer erfragen.

Mobilität – Mietfahrzeuge

Um Georgien unabhängig und bequem zu erkunden, empfiehlt sich ein Mietwagen. Die meisten Sehenswürdigkeiten und größeren Städte sind aber auch mit öffentlichen Verkehrsmitteln erreichbar. Der Mietvertrag sollte bereits im Heimatland abgeschlossen werden. Viele Autovermieter verbieten das Fahren auf nicht asphaltierten Straßen, was in Georgien sehr schwierig ist, da immer wieder Strecken über Schotterpisten führen. Im Idealfall enthält der Mietvertrag diese Ausnahme nicht. Eine gute Vollkaskoversicherung mit möglichst geringer Selbstbeteiligung - idealerweise ohne Selbstbehalt - ist unbedingt zu empfehlen! Bei Abholung des Fahrzeugs unbedingt darauf achten, dass alle vorhandenen Mängel im Übergabeprotokoll dokumentiert werden. Eventuell zusätzlich eigene Fotos und ein kleines Video von allen Kratzern, den Reifen und dem Motorraum machen. Dies minimiert das Risiko, bei der Rückgabe des Fahrzeugs für bereits vorhandene Schäden aufkommen zu müssen.

Die meisten Autovermietungen befinden sich an den beiden internationalen Flughäfen und in den größeren Städten. Die Preise für einen Kleinwagen liegen zwischen 90 und 120 € pro Tag (Vollkasko) und für einen einfachen Geländewagen etwa 135 € pro Tag (Vollkasko). Voraussetzung für die Anmietung ist ein gültiger Führerschein, ein Reisepass und ein Mindestalter von 18 Jahren, wobei der Führerschein seit einem Jahr besessen werden muss. Für Fahrer unter 25 Jahren kann ein „Young Driver Surcharge" erhoben werden. Die klassischen Mietwagenvergleichsportale: **billiger-mietwagen, CHECK24** oder **HAPPY CAR** vergleichen meist die großen internationalen Autovermieter, die in der Regel teurer sind als die nachfolgend aufgeführten ortsansässigen Mietwagenfirmen.

Welches Fahrzeug dann tatsächlich benötigt wird hängt stark davon ab welche Strecken man zurücklegen möchte. Auf den Hauptrouten des Landes (auch bis Mestia und Stepanzminda) reicht ein normaler Pkw vollkommen aus. Sobald aber die größeren Straßen verlassen, oder ein Pass auf dem Weg liegt, ist eine allradgetriebene Fahrzeug unverzichtbar!

Eine Übersicht der **ortsansässigen Mietwagenfirmen:**

GSS Car Rental
gsscarrental.com.
Bemerkung: Bewertung 4,9 bei 480 Google-Bewertungen.

CARS 4 RENT
cars4rent.ge.
Bemerkung: Bewertung 4,9 bei 893 Google-Bewertungen. Teuer, da neue Modelle.

CITY RENT CAR
cityrentcar.ge/en/.
Bemerkung: Bewertung 4,9 bei 71 Google-Bewertungen, Fahrten auf unbefestigten Straßen sind verboten.

CAR RENT IN GEORGIA
www.carrentingeorgia.ge.
Bemerkung: Bewertung 4,9 bei 71 Google-Bewertungen, sehr günstig.

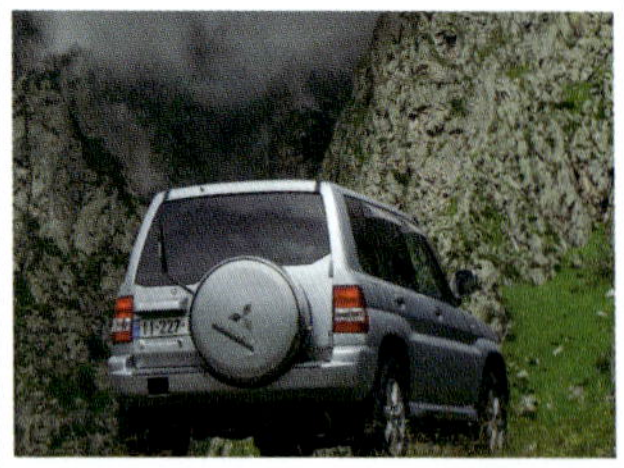

Car Rental Georgia/Star Rentacar
carrentalgeorgia.ge.
Bemerkung: Bewertung 4,8 bei 136 Google-Bewertungen, Fahrten auf nicht asphaltierten Straßen sind erlaubt!

FSTS
fstarentcar.com.
Bemerkung: Bewertung 4,6 bei 66 Google-Bewertungen.

greenmotion
greenmotion.com.
Bemerkung: Bewertung 4,0 bei 21 Google-Bewertungen

GEO RENT CAR
www.georentcar.ge.
Bemerkung: Bewertung 3,8 bei 126 Google-Bewertungen.

Kaukasusreisen
*kaukasus-reisen.de/*mietwagen/.
Bemerkung: Nur Vermittler, daher höhere Preise.

Mein Fazit:
Der Mitsubishi Pajero IO oder der Dacia Duster sind die perfekten Allradfahrzeuge für Georgien. Mit der Firma Car Rental Georgia/Star Rentacar war ich mit dem Preis-Leistungs-Verhältnis sehr zufrieden. Das Fahrzeug hat während der 8-wöchigen Recherchereise gute Dienste geleistet. Bei der Rückgabe hat alles reibungslos geklappt.

Mobilität – Mietwagen mit Fahrer

Eine weitere Möglichkeit, bequem zu reisen, ist die Buchung eines komfortablen Geländewagens mit deutschsprachigem Fahrer. Der Vorteil: Die Fahrer kennen sich in ihrem Land bestens aus, verhalten sich umsichtig im Straßenverkehr und haben immer den einen oder anderen Geheimtipp parat. Die Kosten liegen bei ca. 200 € pro Tag und beinhalten die Verpflegung des Fahrers bei max. 8 Stunden Fahrzeit pro Tag. Benzin ist nicht im Preis enthalten.

Mobilität – Schienenverkehr

Um die Infrastruktur Georgiens zukunftsfähig zu machen, hat das Ministerium für Regionalentwicklung und Infrastruktur massiv in den Ausbau der Eisenbahninfrastruktur investiert. Die Züge sind moderner als vor einigen Jahren. Da die meisten Strecken jedoch sehr kurvenreich sind, ist die Bahn zwar ein bequemes, aber eher langsames Verkehrsmittel.

Buchungsportal der Georgian Railway
www.railway.ge/en/passenger-traffic/.

Übersichtskarte der Zugverbindungen der Georgian Railway
www.facebook.com/InfrastructureOfGeorgia/photos/a.112074493874047/112074347207395/?type=3.

Übersichtskarte der Zugverbindungen von Wander-Lush
www.google.com/maps/d/u/0/viewer?mid=1LykAihnNiA0uF3szar3Cwk5cc9bs5UI&ll=41.80801048164031%2C43.16429037090712&z=9.

Siehe bei Wikipedia Informationen zum Schienenverkehr in Georgien *de.wikipedia.org/wiki/Schienenverkehr_in_Georgien.*

Mobilität – Taxi

Taxis kann man jederzeit am Straßenrand heranwinken. Vor dem Einsteigen unbedingt den Preis mit dem

Fahrer aushandeln! Eine beliebte und sehr günstige Alternative ist der **Taxi-Anbieter Bolt,** der in fast allen Städten Georgiens vertreten ist und zuverlässig arbeitet. Dazu lädt man sich die App des Anbieters auf sein Smartphone und kann dann den Fahrzeugtyp (Economy, Premium, XL, Isolated), den Startpunkt und das Ziel auswählen. Die Preise sind in der Regel günstiger als bei Straßentaxis, müssen aber nicht ausgehandelt werden. Bezahlt werden kann entweder bar oder mit Kreditkarte, deren Daten zuvor auf der Webseite hinterlegt werden müssen.

Mobilität – Trampen

Trampen – das kostenlose Mitfahren in einem fremden Fahrzeug – ist in Georgien weit verbreitet. Man stellt sich einfach an den Straßenrand oder versucht, an Tankstellen mit den Fahrern ins Gespräch zu kommen. Hebt man den Arm, erhält man nach relativ kurzer Zeit einen „Lift or Ride“, das heißt, jemand hält an und bietet die Mitfahrt an. Auf allen Nebenstraßen sind die Wartezeiten auf eine Mitfahrgelegenheit allerdings sehr lang! Und wer mit dem eigenen Auto durch Georgien fährt, sollte natürlich Anhalter mitnehmen.

Mobiltelefon – SIM-Karte

Die **Vorwahl** nach Georgien aus dem Ausland ist +995 .

Fazit: Mit der „Prepaid“ SIM-Karte für Georgien gehören horrende Roaming-Gebühren der Vergangenheit an. Die Prepaid SIM-Karte für Georgien ist für jedes freigeschaltete Handy geeignet. Das Land verfügt über eine gute mobile Datenabdeckung, Magti spricht von 99 % Abdeckung, was selbst auf den meisten Wanderwegen in den Bergen auch zutrifft. Am Flughafen gibt es zunächst nur Touristen-SIM-Karten, die auch etwas teurer sind als die in den Geschäften in den Städten. Diese Mehrkosten spart man sich dann gleich wieder, wenn man das sehr günstige Bolt Taxi bestellt. In den größeren Städten wie Tiflis und Kutaisi gibt es zahlreiche Magti-Verkaufsstellen. Siehe Webseite: *www.magticom.ge/en/about-company/offices.* Angebote (1 GB kostet 5 Lari, 3 GB kostet 9 Lari, 5 GB kostet 12 Lari, 20 GB kostet 30 Lari, unlimitiert 32 Lari, alle gültig für 30 Tage) finden sich auf der Webseite *www.magticom.ge/en/mobile/tariffs/mobile-internet-packages.* Neues Prepaid-Guthaben kann jederzeit bequem online oder über die App aufgeladen werden.

Netzspannung und Adapter

Die Netzspannung beträgt 230 V bei einer Frequenz von 50 Hz, also die gleiche Netzspannung wie in Deutschland. Adapter werden nicht benötigt. Ihre Geräte mit C-Stecker und F-Stecker passen in Georgien.

Notrufnummer

Unter der **Notrufnummer 112** können in Not geratene Personen und Bergsportler*innen in Georgien kostenlos die Notrufzentralen von Rettungsdienst, Krankenwagen, Feuerwehr oder Polizei erreichen. Wenn das Handy keinen Empfang hat, kann man es aus- und wieder einschalten und dann statt der PIN die Nummer 112 eingeben.

Wer in den Bergen unterwegs ist, sollte wissen, welche **Nummer im Notfall** oder bei einem Unfall zu wählen ist!

Doppelt hält besser. Hier noch einmal der Hinweis, für Georgien gibt es eine **App für den Notruf.** Herunterzuladen bei Google Play und im Apple Store.

Öffnungszeiten – Geschäfte

Die Geschäfte sind in der Regel montags bis samstags von 9:00–17:00 Uhr geöffnet, wobei **Supermärkte** oft durchgehend von 9:00–22:00 Uhr geöffnet haben. **Banken** sind montags bis freitags von 10:00–18:00 Uhr und samstags 10:00–13:30 Uhr geöffnet. **Tankstellen** sind in den Ballungszentren rund um die Uhr geöffnet. In den ländlichen Regionen schließen sie zwischen 18:00–20:00 Uhr. **Souvenirläden** sind in den Sommermonaten bis spät in die Nacht geöffnet. Die **Post** hat in Tiflis ist montags bis freitags 9:00– 17:00 Uhr und samstags 10:00–16:00 Uhr geöffnet. **Apotheken** sind in den Stadtzentren von 8:30–22:00 Uhr geöffnet.

Reiseveranstalter – Bergführer

Im Jahr 2021 wurde die „Georgian Mountain Guide Association" (GMGA) offizielles Mitglied der „International Federation of Mountain Guides" (IFMGA). Eine Übersicht der derzeit 30 IFMGA-zertifizierten **Bergführer** befindet sich auf der Webseite climbinggeorgia.com/guides/. Der GMGA gehören etwa 150 professionelle Reiseführer an, die in verschiedenen Bereichen des Abenteuertourismus tätig sind. | Tel.: + 995597336653 | *info@mountainguide.ge* | Webseite *www.mountainguide.ge* |

Climbing Georgia bietet an: Bergsteigen, Trekking, Skitouren, Catskiing, Heliskiing und Skitouren.

Ein gutes Angebot an geführten Wanderungen auf Georgien bieten die Reiseveranstalter **Wikinger Reisen GmbH, Hauser Exkursionen, highländer Reisen, ASI Reisen, biss Aktivreisen** und **Weltweit Wandern.**

Georgia Insight ist ein deutschsprachiger Reiseveranstalter für Kultur- und Wanderreisen mit Sitz in Tiflis.

Weitere gute Angebote an klassischen Urlaubsreisen oder Kulturreisen nach Georgien bieten die Reiseveranstalter: **REISENMTSINNEN, Geoplan, biss Reisen, MYCAUCASUS, Georgiano** Reisen- Urlaub- & Routenplaner und **Kaukasus Reisen.**

Sicherheit

Laut der Webseite Numbeo hat Georgien eine der niedrigsten Kriminalitätsraten der Welt: Deutschland auf Platz 98 mit 38,04 %, Österreich auf Platz 119 mit 27,65 %, Georgien auf Platz 124 mit 26,24 % und die Schweiz auf Platz 130 mit 24,87 % von 144 verglichenen Ländern. Als Tourist kann man sich also sehr sicher fühlen und sich frei bewegen, auch wenn man alleine unterwegs ist. Eine der wichtigsten Eigenschaften der Georgier ist ihre Gastfreundschaft. Sie werden überall feststellen, dass man Ihnen mit großem Respekt begegnet und dass Sie im Notfall immer jemanden finden, der Ihnen gerne seine Hilfe anbietet.

Für eine größtmögliche Sicherheit in Georgien sind folgende Vorsichtsmaßnahmen zu beachten. Die übliche Kleinkriminalität wie Taschen- und Handtaschendiebstahl kommt an touristisch stark frequentierten Orten vor. Gewalttaten wie

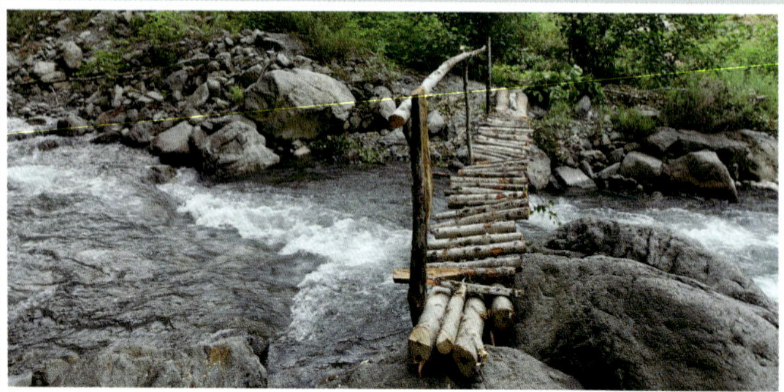

Brücke beim Abstieg des Ninoskhevi-Wasserfalls.

sexuelle Übergriffe, Autodiebstahl („Carjacking“) und gewaltsame Wohnungseinbrüche sind selten. Meiden Sie nach Einbruch der Dunkelheit einsame Gegenden. Bewahren Sie Geld, Ausweispapiere, Führerschein und andere wichtige Dokumente an einem sicheren Ort auf; speichern Sie gegebenenfalls elektronische Kopien/Fotos. Dies erleichtert die Ausstellung von Ersatzdokumenten bei Diebstahl oder Verlust. Bevorzugen Sie bargeldlose Zahlungsmittel und nehmen Sie nur so viel Bargeld mit, wie Sie für den Tag benötigen. Seien Sie in großen Menschenmengen wie auf Flughäfen, Bahnhöfen und in öffentlichen Verkehrsmitteln besonders aufmerksam und achten Sie auf Ihre Wertsachen. Leisten Sie bei einem Überfall keinen Widerstand. Seien Sie skeptisch bei unbekannten E-Mails, Telefonanrufen, Gewinnmitteilungen, Angeboten und Hilferufen von angeblichen Bekannten. Geben Sie keine persönlichen Daten preis, sondern vergewissern Sie sich gegebenenfalls persönlich oder wenden Sie sich an die Polizei.

Vor Reiseantritt ist es immer sinnvoll, einen kurzen Blick auf die Website des **Auswärtigen Amtes** zu werfen, um sich einen Überblick über die aktuelle Lage zu verschaffen.

Sicherheit beim Wandern und Bergsteigen

Eine sehr sinnvolle Alternative, um die eigene Sicherheit zu erhöhen, ist der Einsatz des nur 100 g leichten Garmin inReach® Mini 2. Es verfügt über 100 % weltweit verfügbare Satellitenortung & SMS/E-Mail Zwei-Wege-Kommunikation ohne Funklöcher, ohne Roaming-Gebühren, ohne Mobilfunknetz und 24/7 SOS-Notruf dank weltweiter Iridium-Satellitenabdeckung. Nützliche Funktionen wie manuelle oder automatische SOS-Aussendung, „Crash-Detection“, Totmannschaltung, Alarmmeldungen mit 2-stufiger Eskalation, z.B. zuerst an Friends & Team oder Zentrale/Sportcenter, danach manuelle oder automatische Eskalation an GEOS oder 112/911 Notrufzentralen erhöhen die eigene Sicherheit erheblich. Der weltweit einzige Anbieter, der erstmals eine 100%ige globale Abdeckung realisiert, ist die **Firma Global SafeTrack Systems GmbH.**

Sicherheit – Konfliktregionen/ Grenzgebiet zu Russland

Nach dem Kaukasuskrieg zwischen Russland (Aggressor) und Georgien im August 2008 gab es keine weiteren militärischen Zwischenfälle. Die international nicht anerkannten Republiken Abchasien und Südossetien sind Sperrgebiete und von Georgien aus nur mit Sondergenehmigung erreichbar!

Um die Sicherheit im georgisch-russischen Grenzgebiet zu erhöhen, wurde eine Pufferzone eingerichtet. Möchte man diese durchqueren, ist dies nur mit einem „Permit" möglich. Dieses ist kostenlos bei den örtlichen Militärposten in Omalo (Zur Google-Navigation: `42.363602 45.636119`.) gegen Vorlage des Reisepasses erhältlich und muss den Posten bei der Ein- und Ausreise vorgelegt werden. Betroffen sind die Wanderungen 33 und 35-39.

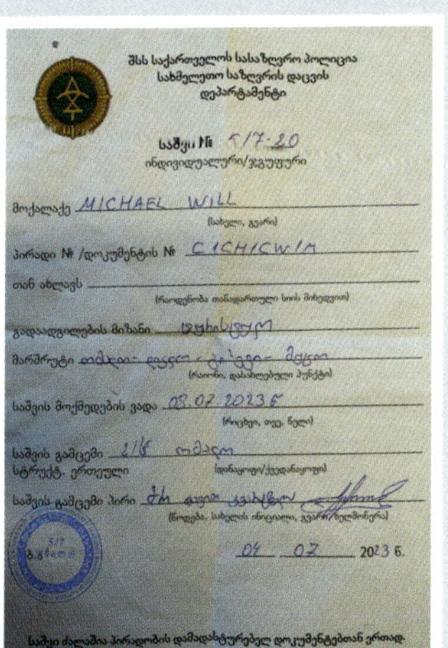

შსს საქართველოს სასაზღვრო პოლიცია
სახმელეთო საზღვრის დაცვის
დეპარტამენტი

საშვი № 517-20
ინდივიდუალური/ჯგუფური

მოქალაქე MICHAEL WILL
(სახელი, გვარი)

პირადი № /დოკუმენტის №

თან ახლავს
(რაოდენობა თანმხლები პირის მითითებით)

გადაადგილების მიზანი

მარშრუტი
(რაიონი, დასახლებული პუნქტი)

საშვის მოქმედების ვადა 08.07.2023 წ.
(რიცხვი, თვე, წელი)

საშვის გამცემი სტრუქტ. ერთეული
(დანაყოფი/ქვედანაყოფი)

საშვის გამცემი პირი
(წოდება, სახელის ინიციალი, გვარი/ხელმოწერა)

04 07 2023 წ.

საშვი ძალაშია პირადობის დამადასტურებელ დოკუმენტებთან ერთად.

Vokabular – Sprache

Unter dem Begriff kaukasische Sprachen werden die Sprachen des Kaukasusraumes zusammengefasst. Die georgische Sprache bildet zusammen mit den fast ausschließlich mündlich gesprochenen Sprachen Swanisch, Megrelisch und Lasisch eine eigene Sprachgruppe innerhalb der iberokaukasischen Sprachen, die nicht zu den indoeuropäischen Sprachen zählen. Das georgische Alphabet besteht aus 33 Buchstaben, die jeweils einen der 28 Konsonanten und 5 Vokale bezeichnen. Die Anordnung der Buchstaben im Alphabet entspricht der Reihenfolge im griechischen Alphabet, obwohl die Buchstaben keine Variationen der griechischen Schrift sind. Am Ende des georgischen Alphabets stehen alle Laute, die im Altgriechischen keine Entsprechung haben. Georgisch wird von links nach rechts geschrieben.

Die offizielle Amtssprache in Georgien ist Georgisch. Die meisten Einwohner sprechen jedoch auch Englisch. Die Kommunikation findet auf Englisch statt. Nachfolgend finden SIe daher eine englisch-deutsche Übersetzung der wichtigsten Begriffe.

Wasserqualität

Quellwasser und Wasser aus abgelegenen Gebirgsbächen kann bedenkenlos getrunken werden. Das Leitungswasser in Georgien ist zwar sauber, soll aber von Urlaubern mit Magenproblemen nicht vertragen werden. Wir empfehlen daher, vor allem in den Städten sicherheitshalber nur abgefülltes Wasser zu trinken.

Wichtige Apps

„In Your Pocket Tiflis City Essentials" ist ein interaktiver **Stadtführer**. Bei Google Play *play.google.com/store/apps/details?id=com.inyourpocket.inyourpocket* und im Apple Store *apps.apple.com/us/app/in-your-pocket-city-essentials/id1073713305*

Eine verlässliche **Wettervorhersage** liefert die App Meteoblue. Für Google Play *play.google.com/store/apps/details?id=com.meteoblue.droid* und im Apple Store *apps.apple.com/de/app/meteoblue-wetter-karten/id994459137.*

Bolt: Request a Ride. Bei Google Play *play.google.com/store/apps/details?id=ee.mtakso.client* und im Apple Store *apps.apple.com/us/app/bolt-request-a-ride/id675033630.*

112 Georgia Notruf. Für Google Play play.google.com/store/apps/details?id=mia.emergency_georgia_112 und im Apple Store *apps.apple.com/us/app/112-georgia/id1155386092*

MyMagti – Prepaid Datenkarte aufladen. Für GooglePlay *play.google.com/store/apps/details?id=com.mymagti* und im Apple Store *apps.apple.com/us/app/mymagti/id1005596171*.

Zahlungsmittel

Kreditkarten von American Express, Visa und Mastercard werden fast überall in Georgien als Zahlungsmittel akzeptiert. Tanken ist teilweise nur mit Kreditkarte möglich! Zu beachten: Bei vielen Kreditkarten wird bei Zahlungen im außereuropäischen Ausland eine Auslandseinsatzgebühr von 1-4 % erhoben. EC-Karten werden in Georgien selten (teilweise nur in Tiflis) bis gar nicht zur bargeldlosen Bezahlung von Rechnungen akzeptiert. Geldabhebungen mit Kreditkarten funktionieren in Georgien in der Regel problemlos. Geldautomaten sind fast überall vorhanden. Die Transaktionsgebühren werden von den Banken festgelegt. Der Umtausch von Euro in georgische Lari ist in allen Banken oder in den zahlreichen Wechselstuben an der Straße möglich. Im Umlauf sind Banknoten im Wert von 1, 2, 5, 10, 20, 50, 100, 200, 500 Lari und georgische Münzen im Wert von 1, 2, 5, 10, 20 und 50 Tetri, 1 und 2 Lari. In kleinen Gasthäusern oder Restaurants ist Bargeld immer ein akzeptables Zahlungsmittel. Nach vorheriger Absprache können Rechnungen auch in Euro und bar beglichen werden. Allerdings rechnen die meisten mit einem ungünstigen Wechselkurs, sodass dies nur für Notfälle zu empfehlen ist.

Fazit: Nur ein bunter Mix aus Kreditkarte, Bargeld in € und Lari garantiert keine Zahlungsengpässe.

Zeitzone

In Georgien wird eine einheitliche Zeit ohne Sommerzeit verwendet. Das bedeutet, dass die Differenz zur Berliner Zeit in der Winterzeit eine Stunde beträgt. Anders ausgedrückt: In Tiflis ist es 12:00 Uhr, in Berlin 11:00 Uhr. Während der europäischen Sommerzeit beträgt der Zeitunterschied zwei Stunden. Mit anderen Worten: In Tiflis ist es 12:00 Uhr, in Berlin 10:00 Uhr.

180-°-curve	180-°-Kurve
5-ways-crossing	5-Wegegabelung
aqueduct	Aquädukt
arch/natural bridge	Felsbogen
asphalt road	asphaltierte Straße
basilica	Basilica
bay	Bucht
beach	Strand
bench	Sitzbank
boat	Boot
bridge	Brücke
cape	Kap
castle	Burganlage
caves	Höhle
chapel	Kapelle
church	Kirche
cliff	Klippe
copper mining	Kupfermine
creek	Bach
corry	Kar (Talform)
crossing	Kreuzung
dam	Staudamm
dead end	Sackgasse
dry creek bed	Trockenbachbett
dunes	Dünen
end	Ende, Endpunkt
fence	Zaun
ferry	Fähre
forest	Wald
forest road	Waldweg
fork	Gabelung
gate	Tor
glacier	Gletscher
gorge	Schlucht
gravel road	Schotterpiste
harbor	Hafen
highest altitude	höchster Punkt
hill	Hügel
house	Haus
how far is it to...?	Wie weit ist es nach...?
information board	Informationstafel
island	Insel
key point	Schlüsselstelle
lake	See
left turn	Linkskurve
lighthouse	Leuchtturm

main entrance	Haupteingang
market	Markt
medieval castle	mittelalterliche Burg
mining tunnel	Bergbaustollen
momument	Denkmal
monastery	Kloster
mosque	Moschee
mountain crest	Bergkamm
mountain	Berg
museum	Museum
nature park	Naturpark
north	Norden
oak tree	Eiche
old mill	Alte Mühle
one way street	Einbahnstraße
parking	Parken
parking spot	Parkplatz
pass in the mountains	Pass im Hochgebirge
path	Pfad
pathless	weglos
paved path	asphaltierter Wanderweg
pre peak	Vorgipfel
ridge	Bergrücken
right turn	Rechtskurve
river	Fluss
rock breakout	Felsdurchbruch
saddleback	Einsattelung
salt marsh	Salzmarsch
sea, ocean	Meer
south	Süden
spring	Quelle
square	Straßenkreuzung
start, beginning	Start, Ausgangspunkt
stream	Flores
street	Straße
supreme court	Oberster Gerichtshof
temple of zeus	Zeustempel
terraced fields	Terrassenfelder
to the left	links
to the right	rechts
trail	Wanderweg
turning point	Wendepunkt
viewpoint	Aussichtspunkt
village	Dorf
village square	Dorfplatz
visitor center	Besucherzentrum

walkway	Fußweg
waterfall	Wasserfall
watermill	Wassermühle
way	Weg
where is the road to?	Wo ist die Straße nach?
winery	Weingut

UNTERKUNFTSEMPFEHLUNGEN

Wild campen ist in Georgien ganz einfach: Man braucht keine Genehmigung um Zelten zu dürfen, denn es gibt keine Gesetze oder Vorschriften, die das regeln. Man kann sein Zelt oder Wohnmobil aufstellen, wo es einem gefällt. In Nationalparks gelten natürlich andere Regeln. In den Bergen des Kaukasus sollte man vorsichtig sein und generell nicht alleine reisen. Die Bergvölker leben nach ihren eigenen Gesetzen, die man akzeptieren sollte.

Zu jeder Wanderung geben wir auch eine **Unterkunftsempfehlung.** Gute Hotels und Übernachtungsmöglichkeiten gibt es längst nicht mehr nur in der gehobenen Klasse. Doch woran erkennt man ein außergewöhnliches Haus? Das hängt sehr vom persönlichen Geschmack ab. An diesen Kriterien orientieren sich meine Empfehlungen: Jedes Zimmer sollte individuell mit originellen Wohnaccessoires eingerichtet sein, ohne unnötigen Schnickschnack auskommen, sich durch eine besondere architektonische Gestaltung auszeichnen, der Gast wird kulinarisch verwöhnt, ein herzlicher Service erwartet den Gast und die Unterkunft liegt an einem der schönsten Plätze des Landes, dann spricht man von einem außergewöhnlichen Haus. In den folgenden Kapiteln finden Sie eine Liste besonderer Unterkünfte mit Richtpreisen pro Person und Frühstück: unter 20 €, 20 bis 60 €€ über 60 €€€.

Unterkunft in Becho

Grand Hotel Ushba

Das Hotel liegt am Fuße des Berges Uschba. Es bietet ein Restaurant mit Blick auf die kaukasischen Berge, eine kleine Bibliothek, einen Balkon mit Sitzbank und gemütliche Zimmer mit Bergblick. Im Restaurant werden lokale Spezialitäten und georgische Weine serviert. Das Personal des Grand Hotel Ushba ist gerne bei der Organisation von Ausflügen behilflich. Fazit: Sehr ruhige Lage, sehr schöne Zimmer und gemütlicher Speisesaal. | €€ | Webseite *www.grandhotelushba.com* | Zur Google-Navigation: `43.078704 42.598392`. | Siehe Wanderung(en): #2 und #1. |Unterkünfte in Mestia

Bapsha Guesthouse

Das von Ralf und seiner georgischen Frau geführte Bapsha Guesthouse ist mit umweltfreundlichen Produkten ausgerüstet. Privatparkplätze stehen an der Unterkunft ebenfalls zur Verfügung. Die schallisolierten Zimmer sind traditionell eingerichtet und mit natürlichen Holz- und Steinmöbeln ausgestattet. Einige Zimmer bieten Garten- oder Bergblick. Sie finden eine Dusche in allen Zimmern. Ein kontinentales Frühstück wird täglich in der Unterkunft serviert. Fazit: Schöne Zimmer und persönliche Atmosphäre. | € | Webseite *www.facebook.com/bapshaguesthouse/* | Zur Google-Navigation: `43.046320 42.731201`. | Siehe Wanderung(en): #3, #4, #5, #6, #7, #8, #9 und #10. |

Old House Hotel
Das Hotel Old House Mestia bietet Unterkünfte mit einem Garten, kostenfreie Privatparkplätze, eine Gemeinschaftslounge, ein Restaurant und eine Terrasse. Alle Zimmer verfügen über ein eigenes Bad. Einige Zimmer bieten einen Balkon, andere einen Blick auf die Stadt. Das Frühstück ist kontinental, vegetarisch oder vegan. Fazit: Sehr leckeres Essen, mitten in der Altstadt zwischen den alten Wehrtürmen gelegen, sehr nette Atmosphäre, familiär geführt. | € | Webseite *www.facebook.com/oldhouse1/* |Zur Google-Navigation: `43.047579 42.730952`. | Siehe Wanderung(en): #3, #4, #5, #6, #7, #8, #9 und #10. |

Gistola Hotel
Das 4-Sterne-Hotel Gistola bietet Unterkünfte mit einer Gemeinschaftslounge, kostenfreien Privatparkplätzen, einer Sauna, einer Terrasse und einem Restaurant. Die Zimmer sind mit einem Flachbild-Sat-TV, einem Kühlschrank, einem Wasserkocher, einem Bidet, kostenlosen Pflegeprodukten und einem Schreibtisch ausgestattet. Die Zimmer im Hotel bieten Stadtblick und ein eigenes Bad mit Dusche und Haartrockner. Alle Zimmer sind mit einem Safe ausgestattet. Das Gistola Hotel Mestia serviert täglich ein vegetarisches und veganes Frühstück. Fazit: Modernstes und bestes Hotel in Mestia. | €€ | **Unterkunft für nachhaltiges Reisen** | Webseite *www.hotel-gistola.ge/* | Zur Google-Navigation: `43.046578 42.740128`. | Siehe Wanderung(en): #3, #4, #5, #6, #7, #8, #9 und #10. |

Heshkili huts Svaneti
Die Heshkili huts Svaneti in Keshkili bieten einen Garten, ein Restaurant, eine Bar, eine Gemeinschaftsküche, eine Gemeinschaftslounge und eine Terrasse. Einige Zimmer verfügen über eine Küche mit Kühlschrank, Geschirrspüler und Backofen. Fazit: Mitten in der Natur mit schöner Aussicht. | € | Webseite *www.facebook.com/heshkilihuts/* | Zur Google-Navigation: `43.017700 42.707400`. | Siehe Wanderung(en): #3, #4, #5, #6, #7, #8, #9 und #10. |

Nino's Guesthouse
Abseits der großen Städte sind einfache Apartments und Pensionen manchmal die einzigen Übernachtungsmöglichkeiten. Besonders schön ist das Nino Ratiani's Guesthouse in Swanetien. Mit eigenem Restaurant, kostenlosem Privatparkplatz und Sauna. Fazit: Wohnung schön und geschmackvoll eingerichtet, Abendessen sehr lecker und Sauna perfekt! | € | Webseite *nino.tripcombined.com/* | Zur Google-Navigation: `43.042343 42.718684`. | Siehe Wanderung(en): #3, #4, #5, #6, #7, #8, #9 und #10. |

Unterkunft in Ushguli

XII CENTURY
Die Unterkunft XII CENTURY liegt ruhig zwischen alten Wehrtürmen und

bietet Garten, Terrasse, Restaurant und Bar. Die Zimmer teilen sich ein Badezimmer. Einige Zimmer haben einen Balkon, andere bieten Bergblick. Jeden Morgen wird ein kontinentales Frühstück serviert. Fazit: Günstig, schön, familiär und in besonderer Lage. | € | Webseite *www.facebook.com/12thcenturyushguli/* | Zur Google-Navigation: `42.914353 43.009237`. | Siehe Wanderung(en): #13, #15, #16, #17, #18, #0, #0 und #19. |

Unterkünfte in Stepanzminda

Northgate Hotel

Die Zimmer im Northgate Hotel Kazbegi verfügen über ein eigenes Bad mit einem Bidet und kostenfreien Pflegeprodukten sowie kostenfreies WLAN. Ausgewählte Zimmer bieten Bergblick. Ein kontinentales Frühstück wird täglich in der Unterkunft serviert. Fazit: Modernes und frisches Design. | €€ | **Unterkunft für nachhaltiges Reisen** | Webseite *www.facebook.com/northgatekazbegi/* | Zur Google-Navigation: `42.656941 44.644049` | Siehe Wanderung(en): #23, #24, #25, #26, #27, #28, #29 und #30. |

Hotel Memoir

Das 4-Sterne-Hotel Memoir Kazbegi bietet Unterkünfte mit einer Gemeinschaftslounge, kostenfreien Privatparkplätzen, einer Bar, einer Terrasse und einem Restaurant. Das Hotel bietet Ihnen klimatisierte Zimmer mit einem Schreibtisch, einem Wasserkocher, einer Minibar, einem Safe, einem Flachbild-TV, einer Terrasse und einem eigenen Bad mit einem Bidet. Einige Zimmer verfügen über eine Küche mit einem Kühlschrank und einem Herd. Fazit: Unbedingt ein Zimmer mit Bergblick buchen. | €€ | **Unterkunft für nachhaltiges Reisen** | Webseite *hotelmemoir.ge/* | Zur Google-Navigation: `42.661651 44.646468` | Siehe Wanderung(en): #23, #24, #25, #26, #27, #28, #29 und #30. |

ALOFT

Das ALOFT bietet Familienzimmer, eine Terrasse, eine rund um die Uhr besetzte Rezeption, Flughafentransfer und eine Gemeinschaftslounge. Die Zimmer im Hotel sind mit einem Wasserkocher ausgestattet. Einige Zimmer im ALOFT bieten Bergblick und ein eigenes Bad mit einer Dusche und einem Haartrockner. Fazit: Unbedingt ein Zimmer mit Bergblick buchen. | € | Webseite *www.facebook.com/profile.php?id=100084015069367* | Zur Google-Navigation: `42.657206 44.643038` | Siehe Wanderung(en): #23, #24, #25, #26, #27, #28, #29 und #30. |

Rooms Hotel

Das Rooms Hotel Kazbegi liegt am Fuße des Berges Kasbek im Dorf Stepanzminda. Freuen Sie sich auf eine Lobbybar und eine Bibliothek. Im Rooms Kazbegi erwartet Sie ein stilvolles Restaurant mit Holzmöbeln. Hier wird Ihnen internationale Küche serviert und Sie können Ihre Mahlzeiten auf der Terrasse mit Blick auf die Berge genießen. Fazit: Das beste Hotel in Stepandsminda hat seinen Preis. | €€€ | **Unterkunft für nachhaltiges Reisen** | Webseite *roomshotels.com* | Zur Google-Navigation: `42.658916 44.650669` | Siehe Wanderung(en): #23, #24, #25, #26, #27, #28, #29 und #30. |

Landscapes Hotel

Das Landscapes Hotel bietet Unterkünfte mit einem Garten, kostenfreien Privatparkplätzen, einer Terrasse und einer Bar. Die Unterkunft bietet einen Zimmerservice, einen Conciergeservice und organisiert Ausflüge für Sie. Alle Zimmer im Hotel verfügen über eine Klimaanlage, einen Schreibtisch, einen Flachbild-TV, ein eigenes Bad, Bettwäsche, Handtücher und einen Balkon mit Bergblick. Alle Zimmer sind mit einem Kleiderschrank und einer Kaffeemaschine ausgestattet. Jeden Morgen wird im Landscapes Hotel ein kontinentales Frühstück serviert. Fazit: kleines, gemütliches Hotel mit schöner Aussicht. | € | Webseite *www.landscapes.ge* | Zur Google-Navigation: `42.658916 44.650669` | Siehe Wanderung(en): #23, #24, #25, #26, #27, #28, #29 und #30. |

Hotel Fifth Season

Das Hotel Fifth Season liegt oberhalb des abgelegenen Bergdorfes Jut'a. Die Unterkunft verfügt über eine Sonnenterrasse mit Bergblick. Genießen Sie eine Mahlzeit im Restaurant oder einen Drink an der Bar. Fazit: Traumhafte Alleinlage und Bergblick. | €€ | Webseite *www.facebook.com/fifth.season.juta* | Zur Google-Navigation: `42.575031 44.753189`. | Siehe Wanderung(en): #23, #24, #25, #26, #27, #28, #29 und #30. |

Unterkunft in Gudauri

Monte Hotel

Das Monte Hotel bietet Sauna und Whirlpool gegen Aufpreis. Jeden Morgen wird ein kontinentales Frühstück serviert. Das Restaurant serviert georgische und europäische Küche. Die Zimmer verfügen über einen Balkon mit Bergblick, ein eigenes Bad mit kostenlosen Hausschuhen und einen Flachbild-Sat-TV. Die Skilifte sind 3 Autominuten entfernt. Fazit: Zimmer mit Bergblick und nicht an der Straße. Fazit: auf jeden Fall die Zimmer mit Bergblick und nicht an der Straße wählen. | €€ | **Unterkunft für nachhaltiges Reisen.** | Webseite *montegudauri.com* | Zur Google-Navigation: `42.476713 44.475955`. | Siehe Wanderung(en): #30. |

Unterkünfte in Omalo

Hotel Samzeo

Das Hotel Samzeo in Omalo bietet eine Gemeinschaftslounge, eine Terrasse, ein Restaurant und eine Bar. Die Privatparkplätze nutzen Sie kostenfrei. Jedes Zimmer im Hotel ist mit einem Schreibtisch ausgestattet. Einige Zimmer verfügen über einen Balkon, andere bieten Bergblick. Fazit: das beste Haus in Omalo. Modern und gemütlich eingerichtet, nettes Personal, aber leider kein schöner Bergblick. | €€€ | Webseite *www.samzeo.ge* | Zur Google-Navigation: `42.375260 45.629504`. | Siehe Wanderung(en): #31, #32, #33, #34 und #35. |

Hotel Kepney

Das Hotel Kepney in Omalo bietet einen Garten, Familienzimmer und eine Sonnenterrasse. Einige Zimmer bieten Bergblick und ein eigenes Bad mit einer Dusche und kostenfreien Pflegeprodukten. Ein englisches/irisches Frühstück wird serviert. Fazit: Natia, die Besitzerin, kocht gerne, das schmeckt man. Sehr familiär und herzlich. | €€ | **Unterkunft für nachhaltiges Reisen** | Webseite *travel-in-tusheti-by-delica.business.site/* | Zur Google-Navigation: `42.370258 45.632963`. | Siehe Wanderung(en): #31, #32, #33, #34 und #35. |

Unterkünfte im Alasani-Becken

Chateau Tetri Bairagebi

Das Chateau Tetri Bairagebi bietet Unterkünfte mit einem Außenpool, kostenfreien Privatparkplätzen, einem Garten und einer Terrasse. Das tägliche Frühstück umfasst kontinentale, vegetarische und vegane Gerichte. Das Hotelrestaurant serviert regionale, internationale und europäische Küche. Vegetarische, Halal- und vegane Gerichte sind auf Anfrage erhältlich. Fazit: Sehr schön gelegen, sehr gutes Essen. | €€ | **Unterkunft für nachhaltiges Reisen.** | Webseite *chateau-tetri.business.site/* | Zur Google-Navigation: `41.899313 45.532908`. | Siehe Wanderung(en): #40, #41, #42, #43, #44 und #45. |

Villaggio Mirzaani Resort

Das Villaggio Mirzaani Resort bietet Unterkünfte mit einem Garten, kostenfreie Privatparkplätze, ein Restaurant und eine Bar. Die klimatisierten Zimmer verfügen über einen Schreibtisch, eine Terrasse mit Bergblick, ein eigenes Bad, einen TV sowie Bettwäsche und Handtücher. Die Zimmer verfügen über einen Kühlschrank. Jeden Morgen wird ein kontinentales Frühstück serviert. Fazit: sehr ruhige Lage mit schönem Blick auf den Kaukasus. | €€ | **Unterkunft für nachhaltiges Reisen.** | Webseite *www.facebook.com/VillaggioMirzaaniResort/* | Zur Google-Navigation: `41.563462 45.979939`. | Siehe Wanderung(en): #40, #41, #42, #43, #44 und #45. |

Giuaani Winery

Das Giuaani-Weingut in Manavi verfügt über einen saisonalen Außenpool, einen Garten, eine Terrasse, einen Privatparkplatz und ein Restaurant. Das Hotel bietet klimatisierte Zimmer mit Schreibtisch, Wasserkocher, Kühlschrank, Minibar, Safe, Flachbild-TV und eigenem Bad mit Dusche. Es gibt ein Frühstücksbuffet oder Frühstück à la carte. Fazit: sehr gutes Essen und gute Weine. | €€ | **Unterkunft für nachhaltiges Reisen.** | Webseite *giuaani.ge/hotel/* | Zur Google-Navigation: `41.719926 45.463687`. | Siehe Wanderung(en): #40, #41, #42, #43, #44 und #45. |

Chateau-Marani

Das Giorgi Ushikishvilis Chateau-Marani bietet Unterkünfte mit einem saisonalen Außenpool, kostenfreien Privatparkplätzen, einem Garten und einer Gemeinschaftslounge. Das Hotel bietet eine Terrasse und Bergblick. Genießen Sie eine Mahlzeit im Restaurant oder einen Drink an der Bar. Das tägliche Frühstück umfasst ein Buffet, Gerichte à la carte und kontinentale Optionen. Fazit: gemütliche, ruhige Unterkunft mit ausgezeichneter Küche. | €€ | **Unterkunft für nachhaltiges Reisen.** | Webseite *www.facebook.com/ChateauMaranI/* | Zu buchen. | Zur Google-Navigation: `42.015730 45.207137`. | Siehe Wa#40, #41, #42, #43, #44 und #45. |

Hotel Duende

Das Hotel Duende bietet klimatisierte Zimmer mit Zugang zu einem Garten mit einer Terrasse. Die Unterkunft verfügt über einen Whirlpool. Einige Zimmer bieten einen Balkon und/oder eine Terrasse mit Bergblick. Ein kontinentales Frühstück wird in der Lodge serviert. Fazit: spannende Baumhäuser mitten im Wald. Für georgische Verhältnisse zu teuer! | €€€ | Webseite *duendehotels.com/* | Zur Google-Navigation: `41.848499 46.231588`. | Siehe Wanderung(en): #40, #41, #42, #43, #44 und #45. |

Unterkünfte in Tiflis

Kolorit Old Tbilisi

Das 3-Sterne-Hotel Kolorit Old Tbilisi bietet Unterkünfte mit einem Garten, kostenfreien Privatparkplätzen, einer Terrasse, einer Bar und einem Restaurant. Das Hotel bietet klimatisierte Zimmer mit einem Kleiderschrank, einem Wasserkocher, einem Kühlschrank, einem Safe, einem Flachbild-TV, einem Balkon und einem eigenen Bad mit einer Dusche. Ein kontinentales Frühstück wird täglich serviert. Fazit: Die Rezeption ist 24 Stunden besetzt. Sehr günstiges Hotel in Tiflis. Ideal, wenn man mit dem Nachtflug ohnehin sehr spät (na ja, früh) ankommt. | € | Webseite *koloritoldtbilisi.business.site* | Zur Google-Navigation: `41.697351 44.793071`. | Siehe Wanderung(en): #46, #47, #48, #49 und #50. |

Tbilisi View Hotel

Etwas oberhalb des Stadtzentrums von Tiflis bietet dieses klimatisierte Hotel eine 24-Stunden-Rezeption, eine Sonnenterrasse und Zimmer mit eigenem Bad. Die Zimmer sind geschmackvoll eingerichtet. Ein Frühstück wird jeden Morgen serviert und Restaurants sind zu Fuß erreichbar. Fazit: sehr ruhige Zimmer. Reichhaltiges Frühstück über den Dächern von Tiflis. Zimmer mit Balkon unbedingt buchen. | €€ | **Unterkunft für nachhaltiges Reisen.** | Webseite *www.facebook.com/profile.php?id=100067943695612* | Zur Google-Navigation: `41.701192 44.787570`. | Siehe Wanderung(en): #46, #47, #48, #49 und #50. |

Gvino Minda

Das Gvino Minda verfügt über ein Restaurant, eine Bar, einen Aufenthaltsraum, eine Terrasse und einen Garten. Die Zimmer des Hotels sind mit einem Wasserkocher ausgestattet. Die klimatisierten Zimmer verfügen über ein eigenes Bad mit einer Dusche und Hausschuhen, einen Flachbild-TV und einige über einen Sitzbereich. Ein kontinentales Frühstück wird im Gvino Minda täglich serviert. Fazit: Das familiengeführte Hotel ist ein Kleinod inmitten der georgischen Altstadt. | €€ | **Unterkunft für nachhaltiges Reisen.** | Webseite *gvinominda.com/Accommodation* | Zur Google-Navigation: `41.687751 44.812372`. | Siehe Wanderung(en): #46, #47, #48, #49 und #50. |

Hotel Flower

Alle Zimmer in diesem 4-Sterne-Hotel bieten Stadtblick. Freuen Sie sich auf eine Gemeinschaftslounge, eine Terrasse und Privatparkplätze. Alle Zimmer sind klimatisiert und mit einem Sitzbereich, einem Flachbild-Sat-TV, einem Safe und einem eigenen Bad mit einer Dusche ausgestattet. Einige Zimmer verfügen über einen Balkon. Das Hotel bietet ein reichhaltiges Frühstücksbuffet. Fazit: einzigartige Aussicht vom Frühstücksraum. Geräumige und helle Zimmer. | €€€ | **Unterkunft für nachhaltiges Reisen.** | Webseite *hotelflower.business.site/* | Zur Google-Navigation: **41.6895222,44.7979834** | Siehe Wanderung(en): #46, #47, #48, #49 und #50. |

RESTAURANTEMPFEHLUNGEN

Im folgenden Abschnitt finden Sie eine Liste von besonderen Restaurants mit Richtpreisen für ein Essen pro Person mit Getränk: unter 10 €, 10 bis 20 €€ über 30 €€€.

Restaurants in Stepanzminda

Good Food

Leckeres Essen, ohne Schnickschnack, mit gutem Hauswein und natürlich Chacha/ Tschatscha. Die Besitzer, ein älteres Ehepaar, sind super nett - ein echter kleiner Familienbetrieb. | € | Öffnungszeiten: 11:30–20:00 Uhr. | Tripadvisor 4.0 – 149 | Google Bewertungen 4,4 – 1312 | Zur Google-Navigation: `42.659104 44.640984`

Tiba

Geschmackvolle und kreative gerogische Küche in modernem Ambiente mit gigantischem Blick auf den Kasbek (Mount Kazbek). Für mich das beste Restaurant der Stadt. | €€€ | Öffnungszeiten: 9:00–23:00 Uhr. | Google Bewertungen 4,7 – 140 | Zur Google-Navigation: `42.651673 44.649265`

Maisi

Fusion aus georgischer und europäischer Küche, vom Frühstück über Kaffeespezialitäten bis zu Gourmetgerichten. Alles wird frisch vor den Augen der Gäste zubereitet. | €€ | Öffnungszeiten: 12:00–20:00 Uhr. | *www.mountaway.com/services-8* | Tripadvisor 5,0 – 43 | Google Bewertungen 4,8 – 396 | Zur Google-Navigation: `42.666054 44.628389`

Cozy Corner

Grillspezialitäten und georgische Küche, auch für Vegetarier geeignet. Klassische georgische Gerichte werden in großen Portionen zu günstigen Preisen serviert und schmecken sehr gut. In den wärmeren Monaten kann man auch draußen am plätschernden Bach sitzen. | €€ | Öffnungszeiten: 10:00–22:00 Uhr. | *cozy.ge/* | Tripadvisor 4,0 – 379 | Google Bewertungen 4,2 – 1180 | Zur Google-Navigation: `42.660916 44.641117`

BeBa Bar

Georgische Hausmannskost vom Feinsten. Auf der Speisekarte stehen Khachapuri Adjaruli, Khinkali und verschiedene georgische Eintöpfe sowie Pizza. | € | Öffnungszeiten: 16:00–22:00 Uhr. | Google Bewertungen 4,4 – 579 | Zur Google-Navigation: `42.656949 44.642151`

Maia

Es erwarten Sie typisch georgische Gerichte und hausgemachter Wein. Es gibt auch vegane und vegetarische Gerichte. Das Essen ist unglaublich gut. Es gibt keine Speisekarte, nur tagesfrische Gerichte. Sehr authentisch mit gutem Preis-Leistungs-Verhältnis. Im Sommer auch schön draußen. | € | Öffnungszeiten: 13:00–22:00 Uhr. | *www.facebook.com/lunchatmaia* | Tripadvisor 5,0 – 11 | Google Bewertungen 4,6 – 618 | Zur Google-Navigation: `42.656949 44.642151`

Restaurants in Mestia

The Old House Cafe

Sehr rustikales Ambiente mit der Möglichkeit, im Sommer zwischen den alten Wehrtürmen draußen zu sitzen. Sehr gute Hausmannskost. | €€ | Öffnungszeiten: 09:00–22:00 Uhr. | *www.facebook.com/cafeoldhouse* | Tripadvisor 4,0 – 85 | Google Bewertungen 4,6 – 320 | Zur Google-Navigation: `43.047539 42.730907`

WO MAN IN GEORGIEN GUT ESSEN KANN.

Blue Mountains
Schmackhafte Gerichte. Besonders gut waren Lobio mit Brot und die Pilzsuppe. Guter Wein. Tolle Aussicht, wenn man auf der Terrasse sitzen kann! | €€ | Öffnungszeiten: 10:00–22:00 Uhr. | *www.facebook.com/profile.php?id=100076668846099* | Tripadvisor 4,0 – 85 | Google Bewertungen 4,6 – 320 | Zur Google-Navigation: `43.044834 42.729043`

Restaurants in Ushguli

Tekla
Wunderschöne Aussicht vom Restaurant, besonders wenn man auf der Terrasse sitzen kann. Das Essen war sehr lecker. 100 % empfehlenswert. | € | Öffnungszeiten: 12:00–20:00 Uhr. | *tekla.tripcombined.com/* | Google Bewertungen 4,0 – 69 | Zur Google-Navigation: `43.044834 42.729043`

XII Century
Kleines, versteckt gelegenes Café-Restaurant, in dem man auch draußen sitzen kann. Rustikale Einrichtung und kreative Küche. | € | Öffnungszeiten: 12:00–20:00 Uhr. | *www.facebook.com/12thcenturyushguli/* | Google Bewertungen 4,6 – 39 | Zur Google-Navigation: `42.914442 43.00932`

Restaurants in Tiflis

Restaurant OtsY
Eines der besten Restaurants in Tiflis, wenn nicht das beste. Hier stimmt einfach alles, frisch und sehr lecker. Natürlich etwas teurer. | €€€ | Öffnungszeiten: Täglich 13:00–23:00 Uhr. | *www.facebook.com/OtsY20* | Tripadvisor 5,0 – 104 | Google Bewertungen 4,9 – 360 | Zur Google-Navigation: `41.695561 44.806469`

Salobie Bia
Eine besondere Atmosphäre zwischen all den gemalten Kunstwerken. Interessante Weine. Das Essen war kreativ und lecker. Ein guter Ort, um die georgische Kultur und Küche kennenzulernen. | €€€ | Öffnungszeiten: Täglich 12:00–23:00 Uhr. | *www.facebook.com/salobiebia/* | Tripadvisor 4,5 – 681 | Google Bewertungen 4,6 – 1603 | Zur Google-Navigation: `41.699589 44.797462`

Craft Wine Restaurant
Das Essen im gemütlich eingerichteten Restaurant ist einzigartig, kreativ und interessant, mit guter Qualität und Frische. Die Aubergine war geräuchert und ist mein Lieblingsgericht! Das Restaurant ist sehr gemütlich. | €€€ | Öffnungszeiten: Täglich 15:00–24:00 Uhr. | *www.facebook.com/craftwinerestaurant* | Tripadvisor 5,0 – 108 | Google Bewertungen 4,8 – 168 | Zur Google-Navigation: `41.715656 44.798257`

Barbarestan
Die 1833 in Georgien geborene Prinzessin Barbare Eristavi-Jorjadze hat nicht nur Gedichte geschrieben, sondern auch die georgische Küche verändert. Der Geist dieser Küche wird heute im Restaurant Barbarestan weiter gelebt. | €€€ | Öffnungszeiten: Täglich 14:00–23:00 Uhr. | *www.facebook.com/barbarestan/* | Tripadvisor 4,5 – 1568 | Google Bewertungen 4,6 – 1976 | Zur Google-Navigation: `41.713208 44.794485`

Shin

Ansprechendes Interieur in gemütlicher Atmosphäre. Serviert wird gut zubereitete georgische Küche mit modernen Akzenten. | €€ | Öffnungszeiten: Täglich 12:00–24:00 Uhr. | *shin-restaurant.business.site/?utm_source=gmb&utm_medium=referral* | Tripadvisor 5,0 – 87 | Google Bewertungen 4,4 – 193 | Zur Google-Navigation: 41.690413 44.806087

ATI Rooftop

Das ATI ist ein Dachrestaurant, eine Bar und eine Lounge im 10. Stock des Sheraton Grand Tbilisi mit einem malerischen Blick über die Stadt. Die Küche bietet moderne Interpretationen klassischer georgischer Spezialitäten. Fazit: Essen auf hohem Niveau mit Blick über Tiflis. | €€€ | Öffnungszeiten: Täglich 18:00–00:02 Uhr. | *www.marriott.com/en-us/hotels/tbssi-sheraton-grand-tbilisi-metechi-palace/dining/* | Tripadvisor 5,0 – 96 | Google Bewertungen 4,6 – 74 | Zur Google-Navigation: 41.688581 44.822875

Ninia's Garden

Das Essen ist ausgezeichnet und der Garten und das Restaurant strahlen eine gemütliche Atmosphäre aus. | €€ | Öffnungszeiten: Täglich 13:00–24:00 Uhr. | *www.facebook.com/niniasgarden.restaurant* | Tripadvisor 4,5 – 719 | Google Bewertungen 4,6 – 74 | Zur Google-Navigation: 41.711569 44.793177

Café Littera

Mitten in der Altstadt, in einem schönen Gebäude oder in einem lauschigen Innenhof befindet sich eines der besten Restaurants von Tiflis. Serviert wird eine Fusion aus klassischer regionaler und nationaler Küche. Sehr aufmerksamer Service mit guter Wein- und Speisenberatung. Ein weiteres kulinarisches Highlight in Tiflis, das sich ohnehin schon auf sehr hohem Niveau bewegt. | €€€ | Öffnungszeiten: Täglich 13:00–24:00 Uhr. | Webseite *culinarium.ge/emenu/littera/* | Tripadvisor 4,5 – 308 | Google Bewertungen 4,2 – 601 | Zur Google-Navigation: 41.690238 44.799651

Keto and Kote

Man isst leger auf der Terrasse oder fein im Salon, auf jeden Fall frische Salate und originelle Interpretationen georgischer Klassiker. Überhaupt herrscht hier eine tolle Atmosphäre. Die Bedienung ist jung und freundlich. Die Weine sind vielfältig. Großartig. Die Preise sind explodiert. | €€€ | Öffnungszeiten: Täglich 14:00–00:00 Uhr | *www.facebook.com/ketodakote* | Tripadvisor 4,0 – 514 | Google Bewertungen 4,4 – 1920 | Zur Google-Navigation: 41.704722 44.788576

Sofiko

Der Blick auf die Altstadt von Tiflis ist mindestens so verlockend wie das exzellente und liebevoll zubereitete Menü. Der Service ist ausgezeichnet. An warmen Tagen kann man auch auf der Terrasse sitzen. | €€€ | Öffnungszeiten: Täglich 12:00–23:00 Uhr | *www.facebook.com/Sofikostan/* | Tripadvisor 4,5 – 542 | Google Bewertungen 4,4 – 261 | Zur Google-Navigation: 41.689126 44.808495

IMPRESSUM

1. Auflage 2024 Verlagsnummer 5979 ISBN 978-3-99154-130-1

Titelbild: Die Lamaria-Kirche (© Michael Will)

Text und Fotos (soweit nicht anders angegeben): Michael Will

Grafische Herstellung: © KOMPASS-Karten GmbH
Wanderkartenausschnitte: © KOMPASS-Karten GmbH
OpenStreetMap Contributors (www.openstreetmap.org)
Kartengrundlage für Gebietsübersichtskarte S. 10-11, U4:
© MairDumont, D-73751 Ostfildern 4

Wir aktualisieren unsere Karten und Touren in regelmäßigen Abständen. Dies kann unter Umständen dazu führen, dass sich die Inhalte der digitalen Version eines freigeschalteten Wanderführers bzw. einer Karte, von dem erworbenen Printprodukt unterscheiden. Diese Aktualisierungen sind aus rechtlichen oder sicherheitsrelevanten Gründen erforderlich und ein kostenloser Service mit Mehrwert für alle Nutzer.

Alle Angaben und Routenbeschreibungen wurden nach bestem Wissen gemäß unserer derzeitigen Informationslage gemacht. Die Wanderungen wurden sehr sorgfältig ausgewählt und beschrieben, Schwierigkeiten werden im Text kurz angegeben. Es können jedoch Änderungen an Wegen und im aktuellen Naturzustand eintreten. Wanderer und alle Kartenbenützer müssen darauf achten, dass aufgrund ständiger Veränderungen die Wegzustände bezüglich Begehbarkeit sich nicht mit den Angaben in der Karte decken müssen. Bei der großen Fülle des bearbeiteten Materials sind daher vereinzelte Fehler und Unstimmigkeiten nicht vermeidbar. Die Verwendung dieses Führers erfolgt ausschließlich auf eigenes Risiko und auf eigene Gefahr, somit eigenverantwortlich. Eine Haftung für etwaige Unfälle oder Schäden jeder Art wird daher nicht übernommen. Für Berichtigungen und Verbesserungsvorschläge ist die Redaktion stets dankbar. Korrekturhinweise bitte an folgende Anschrift:

KOMPASS-Karten GmbH
Karl-Kapferer-Straße 5, A-6020 Innsbruck
www.kompass.de/service/kontakt

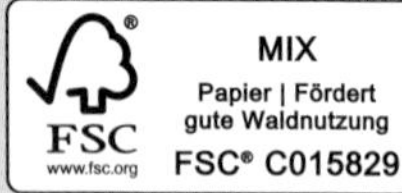